A. Schüller · H. Leipold · H. Hamel
Innovationsprobleme in Ost und West

Schriften zum Vergleich von Wirtschaftsordnungen

Herausgegeben von
Prof. Dr. G. Gutmann, Köln
Dr. H. Hamel, Marburg
Prof. Dr. K. Pleyer, Köln
Prof. Dr. A. Schüller, Marburg

Unter Mitwirkung von
Prof. Dr. I. Bog, Marburg
Prof. Dr. D. Cassel, Duisburg
Prof Dr. H.-G. Krüsselberg, Marburg
Prof. Dr. H.-J. Thieme, Bochum
Prof. Dr. U. Wagner, Pforzheim

Redaktion: Dr. Hannelore Hamel

Heft 33: Innovationsprobleme in Ost und West

Gustav Fischer Verlag · Stuttgart · New York · 1983

Innovationsprobleme in Ost und West

Eingetragen im
Bestandsverzeichnis
S........................ Nr........................

Herausgegeben von
Alfred Schüller
Helmut Leipold
Hannelore Hamel

Mit Beiträgen von

Ronald Amann, Oleg T. Bogomolow, Béla Csikós-Nagy, Ulrich Fehl, Joachim Garscha, Heinz-Dieter Haustein, Helmut Leipold, Jan Mujžel, Svetozar Pejovich, Gerhard Prosi, Jochen Röpke, Otto Schlecht, Alfred Schüller, Ljubo Sirc, Márton Tardos und Heinrich Vogel

14 Abbildungen und 12 Tabellen

Gustav Fischer Verlag · Stuttgart · New York · 1983

Anschrift der Herausgeber:

Prof Dr. Alfred Schüller
Priv.-Doz. Dr. Helmut Leipold
Dr. Hannelore Hamel
Universität Marburg
Forschungsstelle zum Vergleich wirtschaftlicher Lenkungssysteme
Barfüßertor 2, 3550 Marburg

CIP-Kurztitelaufnahme der Deutschen Bibliothek

Innovationsprobleme in Ost und West / hrsg. von Alfred Schüller ... Mit Beitr. von Ronald Amann ... Stuttgart ; New York : Fischer, 1983.
  (Schriften zum Vergleich von Wirtschaftsordnungen ; H. 33)
  ISBN 3-437-50274-3

NE: Schüller, Alfred [Hrsg.]; Amann, Ronald [Mitverf.]; GT

© Gustav Fischer Verlag · Stuttgart · New York · 1983
Wollgrasweg 49, 7000 Stuttgart 70 (Hohenheim)
Alle Rechte vorbehalten
Gesamtherstellung: Mayr Miesbach, Druckerei u. Verlag GmbH, Miesbach
Printed in Germany

ISBN 3-437-50274-3
ISSN 0582-0243

Vorwort

Aus Anlaß ihres 25jährigen Bestehens veranstaltete die Forschungsstelle zum Vergleich wirtschaftlicher Lenkungssysteme der Philipps-Universität Marburg vom 20. bis 22. Mai 1982 ein internationales Symposion zum Thema «Innovationsprobleme in Ost und West». In diesem Buch werden die Beiträge dieser Tagung veröffentlicht.

Die Wahl des Themas ergab sich aus dem Interesse an neueren ordnungstheoretischen Ansätzen zur Innovationsforschung, einem Schwerpunkt der Arbeiten der Forschungsstelle. Dabei wurde von folgenden Überlegungen ausgegangen:

Forschung und Entwicklung, Wirtschaft und Technik sind die Grundlagen menschlicher Existenz und materiellen Wohlstands in Ost und West. Im Osten haben die Bemühungen um wirtschaftlich-technischen Fortschritt nach wie vor einen hohen Stellenwert, die Ergebnisse bleiben jedoch vielfach hinter den Erwartungen zurück. Im Westen sind bei vergleichsweise günstigen innovatorischen Erfolgsaussichten verstärkte Neigungen bemerkbar, die moderne industrielle Entwicklung in ihrem Wert für die menschlichen Lebensbedingungen grundsätzlich in Frage zu stellen und neue Wege zu vernachlässigen. Offensichtlich stehen der Mobilisierung und Förderung von Neuerungskräften in allen Wirtschafts- und Gesellschaftssystemen starke Beharrungskräfte entgegen. Es drängt sich deshalb zum einen die Frage nach ihren unterschiedlichen Ursachen, Erscheinungsformen und Wirkungen auf. Zum anderen richtet sich in einer Zeit nachlassender Wachstumsimpulse in Ost und West das besondere Interesse auf die systemspezifischen Möglichkeiten einer nachhaltigen Verbesserung der Innovationsbedingungen und -anreize.

Die vor dem Hintergrund dieses Sachverhaltes behandelten Themen sind in diesem Band in vier Teile gegliedert.

Im *ersten Teil* geht es um den Wandel der gesellschafts- und wirtschaftspolitischen Bedingungen, der ein verändertes Innovationsverhalten herausfordert. Im einleitenden Beitrag von Alfred Schüller werden die systemspezifischen Lösungen des Innovationsproblems in Ost und West behandelt. Als grundsätzliche Lösungswege stehen danach die staatlich organisierte und die spontane wettbewerbliche Strategie zur Verfügung, deren Vor- und Nachteil im Kontext alternativer Wirtschaftssysteme und veränderter Anwendungsbedingungen näher untersucht werden. In den beiden folgenden Beiträgen nehmen verantwortliche Wirtschaftspolitiker Stellung zur Bedeutung der Ordnungspolitik für die Initiierung und Durchsetzung von Neuerungen. Sowohl Otto Schlecht, Staatssekretär im Bundesministerium für Wirtschaft, als auch Béla Csikós-Nagy, Staatssekretär im ungarischen Preisamt, lassen keinen Zweifel an der Wünschbarkeit und Notwendigkeit technischer Fortschritte aufkommen. Ebenso übereinstimmend heben sie den Markt als innovationsfördernde Institution hervor.

Fragen des Einflusses alternativer Ordnungsbedingungen auf das Innovationsverhalten stehen im Mittelpunkt sowohl des *zweiten* als auch des *dritten Teils*. In den Beiträgen von Svetozar Pejovich, Helmut Leipold und Ulrich Fehl werden *allgemeine* institutionelle Bedingungen innovativen Verhaltens, wie eigentums- und marktspezifische Verfügungsrechte, untersucht. Hieran schließen sich Beiträge aus *system- und länderspezifischer* Sicht an. Die Hauptursachen der Innovationsschwäche westlicher Marktwirtschaften liegen nach Jochen Röpke in der zunehmenden staatlichen Beschränkung privater Verfügungsrechte auf Märkten. Eine weitere Barriere für die Innovationsbereitschaft ist, wie Gerhard Prosi darlegt, in der deutschen Mitbestimmungsregelung und deren Einfluß auf die Risikokapitalbildung und Unternehmensautonomie zu sehen. Diese Feststellung wird durch die Erfahrungen mit der jugoslawischen Arbeiterselbstverwaltung bekräftigt. Als wesentliche Ursache für die Innovationsschwäche dieser Wirtschaftsordnung nennt Ljubo Sirc das Dominieren kurzfristiger Einkommensinteressen der Beschäftigten gegenüber dem Erfordernis einer längerfristigen Kapitalbindung in innovationsträchtigen Investitionen. Die Innovationsprobleme in sogenannten «Sozialistischen Marktwirtschaften», wie heute in Ungarn und in den Reformvorstellungen Polens, werden von Márton Tardos und Jan Mujżel behandelt. Dabei geht es vor allem um die *Dezentralisierung* der Wirtschaftsleitung und die Gestaltung einer Unternehmensverfassung, die dem Management breitere Spielräume für innovative Aktivitäten einräumt. Im Gegensatz zu diesen Vorstellungen betonen Heinz-Dieter Haustein, Joachim Garscha und Oleg Bogomolow für die sozialistischen Planwirtschaften der DDR und der Sowjetunion den günstigen Einfluß der *zentralisierten* staatlichen Planung und Leitung auf die Durchsetzung und Verbreitung technischer Fortschritte; der besondere Vorzug dieser Lenkungsmethode wird vor allem in der Konzentration auf Schwerpunktvorhaben gesehen.

Im abschließenden *vierten Teil* wird der Systemvergleich auf empirischer Grundlage fortgeführt. Die Beiträge von Ronald Amann und Heinrich Vogel befassen sich insbesondere mit dem innovatorischen Leistungsstand der sowjetischen Planwirtschaft im Vergleich zu westlichen Marktwirtschaften. Beide Autoren diagnostizieren anhand einer Reihe von Indikatoren, wie z. B. der Patent- und Außenhandelsstatistik und der vergleichenden Technologiebewertung, einen technologischen Rückstand der sowjetischen Wirtschaft gegenüber dem Westen, der nur durch den Übergang zu einer stärker dezentralisierten und weltmarktorientierten Lenkung verringert werden könne.

Die in den vorliegenden Beiträgen vertretenen Auffassungen reflektieren unterschiedliche Positionen und methodische Ansätze der Innovationsforschung in Ost und West und vermitteln insgesamt einen Einblick über den aktuellen Stand der systemvergleichenden Arbeiten auf diesem Gebiet. Aus Gründen der Authentizität wurden die Vorträge des Symposions weitgehend im Wortlaut in diesen Sammelband aufgenommen.

Die *Hanns-Martin-Schleyer-Stiftung* hat die Durchführung des Symposions und die Veröffentlichung dieses Bandes großzügig unterstützt. Hierfür sind die Herausgeber Vorstand und Geschäftsführung der Stiftung zu großem Dank verpflichtet. Dem Anliegen der Stiftung, das Gespräch zwischen Theoretikern und Praktikern zu fördern, konnte diese Veranstaltung in besonderer Weise entsprechen, weil sie Teilnehmern aus unterschiedlichen Wirtschafts- und Gesellschaftssystemen Gelegenheit zur Darlegung und freimütigen Diskussion der jeweiligen Erkenntnisse und praktischen Probleme bot.

Marburg, im Mai 1983   Die Herausgeber

Inhalt

Vorwort V

Erster Teil
Wirtschaftlicher Fortschritt als ordnungspolitische Herausforderung

Alfred Schüller
Innovationsprobleme und wirtschaftspolitische Experimente im Systemvergleich   1

Otto Schlecht
Die Innovationskraft im Spannungsfeld zwischen Markt und Staat 17

Béla Csikós-Nagy
Die Bedeutung von Innovationen für sozialistische Wirtschaftssysteme in den achtziger Jahren 31

Zweiter Teil
Allgemeine Ordnungsbedingungen des Innovationsverhaltens

Svetozar Pejovich
Innovation and Alternative Property Rights 41

Helmut Leipold
Eigentumsrechte, Öffentlichkeitsgrad und Innovationsschwäche – Lehren aus dem Systemvergleich 51

Ulrich Fehl
Die Theorie dissipativer Strukturen als Ansatzpunkt für die Analyse von Innovationsproblemen in alternativen Wirtschaftsordnungen 65

Dritter Teil
Systemspezifische Bedingungen des Innovationsverhaltens

Jochen Röpke
Staatsversagen als Ursache der Innovationsschwäche in westlichen Industrieländern 91

Gerhard Prosi
Mitbestimmung und Innovationen 115

Ljubo Sirc
Workers' Self-Management and Innovative Behaviour 123

Márton Tardos
Institutionelle Determinanten von Innovationen in sozialistischen Wirtschaftssystemen – Der Fall Ungarn 135

Jan Mujżel
Innovations in the Polish Economic Reform 151

Heinz-Dieter Haustein
Wissenschaftlich-technischer Fortschritt in der Industrie der DDR – Entwicklung, Probleme, Aufgaben 155

Joachim Garscha
Zur Planung von Wissenschaft und Technik in Industriekombinaten der DDR . 175

Oleg Bogomolow
Der wissenschaftlich-technische Fortschritt in der UdSSR und seine außenwirtschaftlichen Aspekte 189

Vierter Teil
Empirische Befunde zum Innovationsverhalten

Ronald Amann
Technical Progress and Political Change in the Soviet Union 197

Heinrich Vogel
Vergleichende Analysen der Innovationskraft in West und Ost 213

Anschriften der Autoren 227

Teilnehmer des internationalen Symposions 229

Erster Teil

Wirtschaftlicher Fortschritt als ordnungspolitische Herausforderung

A. Schüller, H. Leipold, H. Hamel (Hrsg.): Innovationsprobleme in Ost und West · Schriften zum Vergleich von Wirtschaftsordnungen · Heft 33 · Gustav Fischer Verlag · Stuttgart · 1983

Innovationsprobleme und wirtschaftspolitische Experimente im Systemvergleich

Alfred Schüller

I. Einführung

Neigung und Fähigkeit zur Entwicklung des technischen Fortschritts hängen in jedem Wirtschaftssystem – in marktwirtschaftlichen wie in zentralverwaltungswirtschaftlichen – von der Beschaffenheit der jeweiligen handlungsrechtlichen Bedingungen und Anreize ab. Sie entscheiden darüber, in welchem Maße die – überall vorhandenen – unternehmerischen Fähigkeiten zur Entdeckung und Durchsetzung technischer, wirtschaftlicher und organisatorischer Neuerungen genutzt werden. Ob es um verbesserte Faktorqualitäten, kostengünstigere Faktorkombinationen, leistungsfähigere Organisationsformen, neue Produkte oder um die Erschließung neuer Märkte geht – Voraussetzung hierfür ist immer, daß dem innovationsfähigen Potential entsprechende Entfaltungsmöglichkeiten und hinreichende Anreize eingeräumt werden. Dies ist eine Frage der jeweiligen Ordnungsbedingungen und wirtschaftspolitischen Gestaltung (siehe den Beitrag von Schlecht in diesem Band). Die hiervon ausgehenden Einflüsse sind in Ost und West als die entscheidenden Variablen des Innovationsverhaltens anzusehen. Welche Wirkungen von diesen Einflüssen ausgehen, soll im folgenden am Beispiel von drei ordnungspolitischen Handlungsbereichen untersucht werden, die für das Innovationsverhalten der Wirtschaft besonders wichtig erscheinen: das *Bildungs-*, das *Beschäftigungs-* und das *Finanzsystem.*

Für die Gestaltung dieser Handlungsbereiche kommen *prinzipiell* zwei Lösungen in Frage:
1. Die direkte und zentrale staatliche Lenkung, also die Ausübung eines *exogenen* Innovationsdrucks durch vorgegebene Strukturen und Maßstäbe der künftigen Produktionsentwicklung: Innovationsdruck durch staatlich organisierte *Instruktion.*
2. Die spontane marktmäßige (dezentrale) Koordination, bei der ein *endogener* Innovationsdruck durch wettbewerbliche Anreize zur Erlangung von Marktvorteilen ausgeübt wird; hierbei sind Struktur und Maßstäbe der künftigen Produktionsentwicklung im Innovationsprozeß stets aufs neue zu entdecken und gegen konkurrierende Lösungen durchzusetzen: Innovationsdruck durch spontane wettbewerbliche *Selektion.*

Für die vergleichende Analyse wird davon ausgegangen, daß in den realen Wirtschaftssystemen ein Zwischenbereich von totaler Exogenität und totaler Endogenität des Innovationsdrucks besteht. In den realtypischen Zentralplanwirtschaften dominiert das erste, in den Marktwirtschaften das zweite Lenkungsprinzip. Weiterhin ist festzustellen, daß die verschiedenen Wirtschaftssysteme in Ost und West vielfach nicht die Neuerungseffizienz haben, die die jeweiligen Regierungen erwarten. Diese versuchen deshalb, den Innovationsdruck durch wirtschaftspolitische Reformen zu erhöhen. Aus diesen Bemühungen, die häufig den Charakter von Experimenten haben, lassen sich für die systemvergleichende Forschung interessante Fragestellungen und Erkenntnisse gewinnen.

II. Das Innovationsproblem als Ursache wirtschaftspolitischer Experimente in den sozialistischen Ländern

In den sozialistischen Ländern wird der technische Fortschritt, insbesondere für die Erhöhung der Arbeitsproduktivität, als die wichtigste wachstumsfördernde Kraft angesehen. Ihre Entwicklung gilt als die entscheidende Ursache für die Anhebung des Niveaus der Produktivkräfte, die nach marxistischer Auffassung in dialektischer Verbindung mit den Produktionsverhältnissen (vor allem der Eigentumsordnung) die Produktionsweise, also die Wirtschaftsordnung bestimmen, und über diese die sittlich-kulturelle Verfassung (einschließlich des Bildungssystems) und die rechtlich-politische Verfassung der Gesellschaft prägen. Der wissenschaftlich-technische Fortschritt wird demzufolge von Lenin (1963, S. 239) als «Hauptkriterium der gesamten gesellschaftlichen Entwicklung» angesehen. Da diese Entwicklung nach marxistisch-leninistischer Auffassung in der kommunistischen Gesellschaft ihre höchste Vollendung finden soll, bezieht der technische Fortschritt überall dort, wo diese Ansicht geteilt wird, seine uneingeschränkte Legitimation aus der Funktion, als Triebkraft des Geschichtsgesetzes zu dienen. So ist für den DDR-Autor Nick (1977, S. 54) «Kommunismus ohne Wirtschaftswachstum... nicht ein anderer Kommunismus, sondern überhaupt keiner», und für Honecker (1981, S. 49f.) «sind die Möglichkeiten der wissenschaftlich-technischen Revolution unmittelbar zur Hauptreserve für Leistungswachstum und Effektivität (der) Volkswirtschaft geworden».

Im Hinblick auf eine möglichst günstige Ausschöpfung dieser Reserve wird das *Bildungs-, Beschäftigungs- und Finanzsystem* in Ländern wie z. B. der UdSSR oder der DDR einer zentralkoordinierten Planung, Lenkung und Kontrolle unterworfen. Dementsprechend sieht das Gesetz über das *«Einheitliche sozialistische Bildungssystem»* der DDR vom 25. 2. 1965 (GBl. I, 1965, S. 83) insbesondere vor, alle Bürger zu befähigen, «die technische Revolution zu meistern»; dabei wird von der Verbindung von Bildung und Erziehung mit dem «Leben», vor allem mit der Betriebspraxis, eine möglichst weitgehende Übereinstimmung zwischen individuellen Beschäftigungsneigungen und volkswirtschaftlichen Erfordernissen erwartet. Die schwerpunktmäßig auf die Wahl bestimmter Berufsgruppen und Berufsrichtungen hinwirkenden Maßnahmen der zentralen Berufsberatung und Berufslenkung haben dafür zu sorgen, daß in Zweifelsfällen die persönlichen Berufsinteressen hinter den von der marxistisch-leninistischen Ideologie bestimmten «gesellschaftlichen Erfordernissen» zurücktreten. Folgerichtig wird in der DDR versucht, das gesamte *Beschäftigungssystem* auf solche Aufgaben hin zu konzentrieren, «die auf die Durchsetzung der Wirtschaftsstrategie der Partei gerichtet sind». Dieses Vorhaben wiederum wird «weitgehend über die Planung von Wissenschaft und Technik und die Überführung ihrer Ergebnisse in die Produktion gesteuert» (Stiller, 1982, S. 27). Die Verknüpfung dieser Aufgaben mit dem *Finanzsystem* erfolgt nach der Direktive des X. Parteitages der SED zum Fünfjahrplan 1981–1985 (1981, S. 23) dadurch, daß der gesamte volkswirtschaftliche Neuerungsprozeß übergreifend über Zweige und Kombinate «mit Staatsaufträgen zu planen und ihre Realisierung einheitlich zentral zu leiten und abzurechnen ist».

Die relativ hohe und steigende Zahl der im Bereich der Forschung und Entwicklung Beschäftigten, die Entwicklung der dafür aufgewendeten Finanzmittel, spezielle preis- und außenwirtschaftliche Förderungsmaßnahmen und vieles andere mehr (siehe Haffner, 1982, S. 29 ff. sowie die Beiträge von Bogomolow und Haustein in diesem Band) lassen die großen Anstrengungen erkennen, die z. B. in der UdSSR und in der DDR zur Durchsetzung des wirtschaftlich-technischen Fortschritts unternommen werden. Gleichwohl klagen die politischen Führungsgremien dieser Länder, aber auch der übrigen RGW-Staaten, ständig über das mangelnde Interesse der Betriebe an der Entwicklung und Einführung des technischen Fortschritts. Die vielzitierte Feststellung von Breshnew aus dem Jahre 1971, wonach die Betriebe vor der Einführung neuer Verfahren und Produkte zurückschrecken «wie der Teufel vor dem Weihrauch», ist als offen zugegebener Widerspruch zwischen einzel- und gesamtwirtschaftlichen Innovationsinteressen zu deuten (Gutmann, 1982; Leipold, Amann und Vogel in diesem Band). Diesen Konflikt versuchen die sozialistischen Länder durch Reformen des Lenkungssystems zu meistern. Hierbei können sich die Maßnahmen zum einen konzentrieren auf eine Verstärkung des *exogenen Innovationsdrucks* durch Straffung und Verkürzung der staatlichen Lenkungszügel und durch Zusammenfassung der Forschungs- und Entwicklungsaktivitäten in sozialistischen Großbetrieben, ein Weg, den im Augenblick neben anderen RGW-Ländern besonders die DDR beschreitet (siehe die Beiträge von Garscha und Haustein in diesem Band). Zum anderen können die Maßnahmen eine Auflockerung der *exogenen Instruktionspolitik* bezwecken, indem versucht wird, durch Dezentralisierung des staatlichen und betrieblichen Lenkungssystems und mit Hilfe entsprechender indirekter (pretialer und finanzieller) Stimulierungsmittel den *endogenen Innovationsdruck* zu verstärken, ein Weg, den insbesondere Ungarn zu bevorzugen scheint (siehe die Beiträge von Csikós-Nagy und Tardos) und der zuletzt auch von Polen angestrebt wurde (siehe den Beitrag von Mujzel in diesem Band).

Bei Experimenten dieser und anderer Art entstehen, wie die Erfahrung lehrt, häufig unbedachte Wirkungen, die zu neuen unwillkommenen Problemen führen. Zu ihrer Lösung werden dann erneute Kursänderungen notwendig, die vielfach zur Sicherung der gewünschten Gesamtordnung in der entgegengesetzten Richtung der vorangegangenen Reform wirksam werden müssen. In diesem «Zyklus der Reformen» oder «Systemzwang zum wirtschaftspolitischen Experiment», wie K. Paul Hensel (1970; 1977, S. 173 ff.) diesen ordnungspolitischen Zick-Zack-Kurs nennt, wird mit unterschiedlichen Maßnahmen versucht, die lenkungswirtschaftlichen Ineffizienzen auf der betrieblichen und auf der staatlichen Ebene zu bekämpfen, die sich in Form von «weichen» Plänen, Koordinationslücken und – im Zusammenhang damit – in einer chronischen Neigung zur Innovationsträgheit äußern. So lassen sich der seit 1968 in Ungarn praktizierte *«Wirtschaftsmechanismus»*, die seit Anfang der 70er Jahre in Polen verfolgte *«Neue Entwicklungsstrategie»* und die *«Kombinatsverordnung»* der DDR aus dem Jahre 1979 erklären, um nur einige Beispiele aus jüngerer Zeit zu nennen.

Es gibt deutliche Anzeichen dafür, daß das Problem einer innovationsfördernden Gestaltung des *Bildungs-, Beschäftigungs- und Finanzsystems* in keinem der RGW-Länder bislang zufriedenstellend gelöst werden konnte. So üben in der DDR-Wirtschaft – laut regierungsamtlichem Pressedienst vom März 1982 – tausende von Hoch- und Fachschulkadern eine Tätigkeit aus, die unter ihrer erworbenen Qualifikation liegt. Wertvolles Wissen bleibe so für die Lösung wichtiger volkswirtschaftlicher Aufgaben weitgehend ungenutzt, was «Vergeudung des Bildungspotentials» bedeute, zumal gleichzeitig ein großer Mangel an Facharbeitern und angelernten Fachkräften bestehe. Deshalb wird neuerdings in der DDR die Facharbeiterausbildung forciert, der Hochschulzugang hingegen erschwert. Insgesamt scheinen die Anstrengungen zur besseren Beherrschung der *planmäßigen* Leitung volkswirtschaftlicher Neuerungsprozesse in der DDR nicht den erhofften Erfolg gebracht zu haben. Die Betriebe ziehen es vor, die Plankennziffern möglichst mit der laufenden Produktion zu erfüllen und nicht mit Neuerungen, so daß die «Hervorbringung wissenschaftlich-technischer Neuerungen regelrecht erzwungen» werden muß (Morawe, 1982, S. 56). Der Grund dafür wird u. a. in einer unzureichenden Mobilisierung der Leistungs- und Risikobereitschaft auf allen Leitungsebenen gesehen, hervorgerufen durch Stimulierungsmängel des *Beschäftigungs-* und *Finanzsystems*. An diese Beobachtungen lassen sich folgende Feststellungen knüpfen:

1. Die Annahmen, auf die sich die verantwortlichen Organe stützen, wenn es um die Prognose ihrer Fähigkeit geht, das Innovationspotential der Volkswirtschaft durch zentrale Steuerung des Bildungs- und Beschäftigungssystems, der Investitionen und der Stimulierungsmittel zu mobilisieren und planmäßig in die gewünschte Richtung zu lenken, scheitern offensichtlich immer wieder an der Wirklichkeit. Dies läßt vermuten, daß es im Hinblick auf die systemspezifischen Innovationsprobleme, die es in den sozialistischen Ländern insbesondere beim Übergang vom extensiven zum intensiven Wachstum zu lösen gilt, einen beachtlichen Mangel an hinreichend erklärungskräftigen Theorien gibt. In der westlichen systemvergleichenden Forschung wird im Anschluß an die Ansätze der Ökonomischen Theorie der Politik, der Bürokratietheorie, der Organisationstheorie und vor allem der Ökonomischen Theorie der Eigentums- oder Handlungsrechte (Property Rights-Theorie) versucht, die Eigeninteressen der staatlichen und betrieblichen Entscheidungs- und Lenkungsorgane, die für die Initiierung und Durchsetzung von Neuerungen wichtig erscheinen, sowie deren organisationsstrukturelle, handlungsrechtliche und finanzielle Restriktionen zum Gegenstand ökonomischer Analysen zu machen. Die Organisationsprobleme des Lenkungsmechanismus sozialistischer Länder mit Hilfe *ökonomischer* Theorien zu analysieren, liegt eigentlich sehr nahe, weil nach der marxistischen Lehre die wirtschaftlichen Kräfte nicht nur den ethisch-kulturellen Rahmen einer Gesellschaft, sondern auch deren politische und rechtliche Organisation bestimmen, also auch die Funktionsweise der verschiedenen wirtschaftlichen Lenkungsorgane; so bietet das Property Rights-Programm für die Analyse des Innovationsverhaltens sozialistischer Wirtschaftssysteme, für die es im Vergleich zur Theorie (privat-)marktwirtschaftlicher Ordnungen bislang keine auch nur annähernd so leistungsfähige Mikrotheorie gibt, einen vielversprechenden Ansatz (siehe die Beiträge von Leipold und Pejovich in diesem Band). Dies gilt auch für den Versuch, die ursprünglich für die Erklärung *natürlicher* Prozeßabläufe entwickelte Theorie der dissipativen Strukturen für die Analyse von Entwicklungs- und Neuerungsprozessen in alternativen Wirtschaftssystemen nutzbar zu machen (siehe den Beitrag von Fehl in diesem Band).

2. Es ist nach den Erfahrungen mit dem jugoslawischen Selbstverwaltungssystem (siehe den Beitrag von Sirc in diesem Band) und mit dem polnischen Reformexperiment der 70er Jahre (Schüller, 1982, S. 3–38) mehr denn je eine offene Frage, ob Maßnahmen der Dezentralisierung sozialistischer Lenkungssysteme für die Entwicklung des technischen Fortschritts im allgemeinen und für die Nutzbarmachung des aus dem Westen importierten technischen Wissens im besonderen förderlicher sind als solche der Zentralisierung. Es gibt, wie insbesondere den Beiträgen des Dritten Teils zu entnehmen ist, offensichtlich ganz unterschiedliche begriffliche Vorstellungen, Zielset-

zungen und Erfahrungen, die mit Zentralisierungs- und Dezentralisierungsmaßnahmen in Verbindung gebracht werden.

3. Die Erfahrungen mit den im Ost-West-Handel (insbesondere in den 70er Jahren) beschrittenen Wegen zur Übertragung technischen Wissens (west-östlicher Technologietransfer) sind nicht geeignet, jene Auffassung zu bestätigen, wonach sich mit der Anwendung von westlicher Technologie die Komplexität der östlichen Wirtschaftssysteme erhöhe, was zu einer qualitativen Veränderung dieser Ordnungen führe und in einem verstärkten Druck zur Dezentralisierung zum Ausdruck komme. Dadurch wiederum könne die zentralistisch-totalitäre Komponente der östlichen Staats- und Wirtschaftssysteme zurückgedrängt werden.

Tatsächlich ermöglicht ein forcierter Technologieimport aus dem Westen den sozialistischen Ländern ein Ausweichen vor der Aufgabe, die Voraussetzungen für die Entfaltung einer eigenständigen Innovationsdynamik zu schaffen und international wettbewerbsfähige Techniken und Produkte für den Zivilbereich in einem sehr viel größeren Ausmaß als bisher aus eigenem Vermögen zu entwickeln.

So ist der in den 70er Jahren in Polen unternommene Versuch, die Volkswirtschaft durch den Import moderner Kapitalgüter, Patente und Lizenzen aus dem Westen bei weitgehender Kreditierung durch die Lieferanten gleichsam im Zeitraffer zu modernisieren, nicht zuletzt an der Vorstellung der polnischen Regierung gescheitert, dieser Weg könne erfolgreich ohne eine grundlegende Reform der ineffizienten zentralistischen Binnen- und Außenwirtschaftsordnung beschritten werden. Es blieb folglich beim Vorwalten der *systemspezifischen Einflüsse,* die es sozialistischen Planwirtschaften verwehren, eigenen technischen Fortschritt im gewünschten Umfang hervorzubringen und die importierten Neuerungen in der Praxis so wirkungsvoll zu nutzen, wie es für einen nachhaltigen Modernisierungsprozeß bei gleichzeitiger Erfüllung der Schuldendienstverpflichtungen notwendig ist: Unzureichende Finanzierung und Organisation des technischen Fortschritts, mangelnder interner Innovationsanreiz der Staatsbetriebe, fehlender externer Neuerungs- und Modernisierungsdruck auf die Betriebe, mangelnde personelle Zurechenbarkeit von Fehlern und Versäumnissen auf diesem Gebiet, fortschrittsfeindliche Zentralisierung und Bürokratisierung von Forschung und Entwicklung und der damit verbundene Verzicht auf mehrspurige (konkurrierende) Bemühungen um gleichartige und verwandte Lösungen bei mehreren möglichen Wegen, unzureichende Verzahnung von Forschung und Entwicklung auf der einen und von Produktion und Marketing auf der anderen Seite, das Fehlen eines leistungsfähigen Informations- und Kontrollsystems, mit dessen Hilfe der volkswirtschaftlich nützliche Technologieimport bestimmt und in die bestmöglichen Verwendungen gelenkt werden kann.

Es fällt auch sehr schwer, Anzeichen dafür zu erkennen, daß im Gefolge eines intensiveren Technologieimports aus dem Westen eine nachhaltige Liberalisierung und Dezentralisierung der zentralistischen Lenkungssysteme entstehen. Die Erfahrungen – zuletzt durch Polen bestätigt – lehren vielmehr, daß nach Phasen einer gewissen Dezentralisierung ein Gegendruck zur Rezentralisierung entsteht, mit dem die kommunistische Partei ihren totalitären Anspruch in Politik und Wirtschaft allen noch so gutgemeinten westlichen Liberalisierungserwartungen zum Trotz durchzusetzen versucht.

III. Das Innovationsproblem als Ursache wirtschaftspolitischer Experimente in den Marktwirtschaften des Westens

In den westlichen Marktwirtschaften ist ebenfalls eine Art von Zwang zum wirtschaftspolitischen Experiment entstanden, und zwar seitdem die Regierungen begonnen haben, bestimmte Begleiterscheinungen des endogenen Innovationsdrucks, insbesondere die zeitweilige Unterbeschäftigung im Konjunkturzyklus, aus dem Marktgeschehen zu verbannen. Die Entwicklung dieser mannigfaltigen Experimente, die bis heute andauert, läßt sich wie folgt charakterisieren:

1. Bis 1914 wurde der Konjunkturzyklus als eine der Hauptquellen des technischen Fortschritts angesehen. Über entsprechende Beobachtungen im Bereich der Wissenschaft, gewonnen aus einem gewaltigen Zahlenmaterial für die Zeit von 1822 bis 1913, berichtet Arthur Spiethoff in seinem berühmten Artikel «Krisen» (1925, S. 8–91; 1955 I, II). Nach den Feststellungen Spiethoffs dient in einer freien Marktwirtschaft nicht nur die aufsteigende Konjunktur mit der vollen Ausnutzung der persönlichen und sachlichen Produktionsmittel dem technischen und wirtschaftlichen Fortschritt, sondern sehr viel mehr noch der Niedergang der Konjunktur, vor allem die Krise. Sie ist laut Spiethoff für den einzelnen «gewiß überwiegend Leidenszeit[1], aber für die Volkswirtschaft weist auch sie besondere Leistungen auf». Erklärt wird diese Beobachtung mit der zurückgegangenen Nachfrage und dem Preisdruck der Konkurrenten, der auch die immobilen Unternehmer zur Vermeidung von Zusammenbrüchen gebieterisch zwingt, nach neuen Gewinnchancen Ausschau zu halten und alles zu tun, um den leistungsfähigsten Stand der Investitionen, der Produktionstechnik und des organisatorischen Wissens zu erreichen. Auf diesem Boden kann dann als Summe aller Einzelbemühungen eine Modernisierung der Betriebsorganisation und der produktionstechnischen Einrichtungen in der gesamten Volkswirtschaft entstehen.

Allerdings machte die Not nicht bereits aus sich heraus erfinderisch. Erforderlich sind ein genügend elastisches *Bildungs-, Beschäftigungs- und Finanzsystem* mit einem hinreichend großen Handlungsspielraum für die Willensstarken und die erfinderischen Geister, die den alten Rahmen sprengen und durch verschärften Wettbewerb die trägen Mitläufer, die ihre Ruhe lieben und nicht mehr verlangen als sie gewohnt sind, überflügeln können. Diese Voraussetzungen waren offensichtlich in einem heute für kaum noch möglich gehaltenen Ausmaß in der fraglichen Zeit gegeben. Die Folge war, daß zahllose neue Produkte, Herstellungsverfahren und organisatorische Neuerungen hervorgebracht wurden, die in Verbindung mit der nunmehr vorteilhaft gewordenen Nutzung der im vorangegangenen Aufschwung gleichsam auf die hohe Kante[2] gelegten

---

1) Diese Feststellung sollte nicht mißverstanden werden. Es ist nämlich, wie von Hayek (1955, S. 21) feststellt, mehr als zweifelhaft, ob die Summe der durch das konjunkturelle Auf und Ab der Marktwirtschaft verursachte Leiden «mit dem Elend verglichen werden kann, das eine Reihe schlechter Ernten in irgendeiner Gegend hervorrufen konnte, bevor der Kapitalismus die Beweglichkeit von Gütern und Kapital erhöht hatte». Zudem war – nach Feststellung von Borchardt (1981, S. 11 ff.) – der marktwirtschaftliche Konjunkturzyklus z. B. in Deutschland vor 1914 ein Wachstumszyklus, dessen Ausschläge nicht die Vorstellung rechtfertigen, der staatlich unbeeinflußte Zyklus sei unvergleichlich heftiger verlaufen als der staatlich beeinflußte. «Unter bestimmten Aspekten erscheint eher die Entwicklung in der Nachkriegszeit unstetig gewesen zu sein – im großen und ganzen verlief sie nach 1950 weit deutlicher nach einem zyklischen Muster als vor 1914» (ebenda, S. 36).

2) Bei kostensparenden Erfindungen ist nach Spiethoff (1925, S. 84) «zu scheiden die Zeit, da sie zuerst auftreten, und in einem gewissen Umfang, namentlich bei Neuanlagen, eingeführt

Inventionen den neuen Aufschwung vorbereiteten. Getragen wurde diese Entwicklung von technischen Neuerungen größeren Stils, von Unternehmensgründungen und von der Erschließung neuer Märkte.

In der Krise entstand demzufolge ein verstärkter *endogener* Innovationsdruck; der Nachteil dieser Konjunkturlage wurde in ein leistungsmotiviertes Handeln mit Aufschwungkraft verwandelt. Was ist, so folgert Spiethoff, wirkungsvolleres erfindbar, als im Aufschwung das Zuckerbrot des Gewinns und in der Krise die Peitsche der Not!?

Spiethoff betont in seiner Vorbemerkung zum Wiederabdruck seines «Krisen»-Artikels (1955, S. 13), daß seine Lehre als historisch-anschauliche Theorie zu verstehen sei und nur für die freie Marktwirtschaft gelte, nicht aber für eine planvoll beeinflußte oder dirigistisch gelenkte Marktwirtschaft.

Spiethoff hat seine Auffassung auch durchaus vorsichtig formuliert. Er behauptet nicht, daß der marktwirtschaftliche Innovationsprozeß jedes Land stets in einen unaufhaltsamen wachsenden Wohlstand versetzen müsse und daß die Ergebnisse niemanden schädigen würden. Festgestellt wird lediglich, daß der Schaden, den dieser Prozeß anrichte, geringer sei als der Nutzen, den gleichzeitig die übrigen Mitglieder der Volkswirtschaft daraus erzielten.

Tatsächlich galt bis zum Ersten Weltkrieg die Unterordnung bestimmter Sonderinteressen (z. B. der Selbständigen oder der Arbeitnehmer an der Beschäftigung in den bisherigen Tätigkeitsbereichen) unter das Gesamtinteresse an der Dynamik der Wirtschaftsentwicklung als selbstverständlich. Diese Dynamik äußerte sich im Konjunkturzyklus hinsichtlich der Innovations- und Beschäftigungseffekte wie folgt: Im Abschwung und besonders in der Krise wurde der Innovationsdruck verschärft, während die Beschäftigung zurückging. Im Aufschwung und besonders in der Hochkonjunktur erlahmte der Innovationsdruck bei gleichzeitiger Zunahme der Beschäftigung. Der technische Fortschritt wirkte also gleichsam als antizyklischer Stabilisierungsfaktor.

Konjunkturelle Existenzbedrohung und Arbeitslosigkeit wurden als Bedingung für die Erhaltung der Selbstheilungskraft des Gesamtsystems durch Innovationen in Kauf genommen[3]. Dies wurde sicher dadurch erleichtert, daß der technische Fortschritt trotz möglicher Freisetzungseffekte insgesamt positive Auswirkungen auf die Gesamtbeschäftigung hatte. Zwischen 1850 und 1913 lag nach einer Untersuchung von Pohl (1980) die durchschnittliche jährliche Wachstumsrate des Nettoinlandsprodukts bei

---

werden, und die Zeit, da sie wirklich herrschend werden. Viele derartige Neuerungen, die während des Aufschwungs auftreten, gelangen hier nicht zu allgemeiner Verbreitung, weil starke Nachfrage und hohe und steigende Preise nicht unbedingt die vorteilhaftesten Erzeugungsanlagen erzwingen, sondern im Gegenteil gestatten, auch ältere Einrichtungen beizubehalten. Der Aufschwung wurstelt zum Teil mit alter Technik fort. Das ist in der Depression oder Krise unmöglich. Mangelnde Nachfrage und tiefe Preise heischen gebieterisch die Anwendung der vorteilhaftesten Erzeugungsanlagen».

3) Allerdings wurde – was heute häufig übersehen wird – frühzeitig versucht, die sozialen Konsequenzen der Unterbeschäftigung durch Arbeitslosenunterstützung zu mildern. So haben im Verlaufe des 19. Jahrhunderts zahlreiche Verbände der Wirtschaft die Arbeitslosenunterstützung eingeführt. Bis 1914 hatten 43 von 49 Zentralverbänden der Wirtschaft für den Fall der unfreiwilligen Arbeitslosigkeit Schutzmaßnahmen ergriffen; hinzu kamen entsprechende Vorkehrungen durch zahlreiche Firmen und durch die gemeindlichen und gewerkschaftlichen Arbeitslosenkassen, bevor 1923 in Deutschland die staatliche Arbeitslosenversicherung in der heutigen Form eingeführt wurde.

2,6%[4], die der Arbeitsproduktivität pro Arbeitsstunde bei 1,8%; gleichzeitig betrug die reale Wachstumsrate der Beschäftigten 1,2% bei annähernder Verdoppelung der Bevölkerung. Angesichts dieser günstigen Ergebnisse gab es nach Pohl auch gegen die weitaus meisten Erfindungen keinen Widerstand der Arbeiter, die den Vorteil der produktionssteigernden und arbeitsplatzsichernden Wirkung des technischen Fortschritts erkannten.

Die stabilisierende Wirkung des technischen Fortschritts auf Einkommen und Beschäftigung war hauptsächlich der Einhaltung der Spielregeln und Funktionsbedingungen[5] der Goldwährung zu verdanken, dem Kernstück des damaligen *Finanzsystems*. Die Goldwährung wirkte nämlich wie ein Konjunkturgleichrichter: Bei rückläufiger Konjunkturentwicklung mit schrumpfender Gesamtnachfrage und Preissenkungstendenz kam es zu Goldzuflüssen. Damit wurden die für den Konjunkturanstieg erforderlichen monetären Voraussetzungen geschaffen. Umgekehrt konnte eine Hochkonjunktur mit expansiver Gesamtnachfrage und Preissteigerungstendenz in einem Goldwährungsland nicht von Dauer sein. Sie führte zu Goldabfluß und damit zu einer kontraktiven Geld- und Kreditpolitik.

2. Nach dem 1. Weltkrieg wurde – aus Furcht vor einer zur Deflation führenden Goldverknappung – den Notenbanken auf der Währungskonferenz von Genua im Jahre 1922 der Übergang zur Golddevisenwährung empfohlen. 16 Länder folgten bis zum Jahre 1926 dieser Empfehlung (Kruse, 1965, S. 205 ff.). Dementsprechend wurden z. B. in Deutschland 30% der Noten durch Gold, 10% durch Devisen gedeckt. Ein Devisenzufluß bei der Reichsbank führte somit wie beim Goldzufluß zur Geldmengenausdehnung. Dagegen hatte ein Devisenzufluß bei den Schlüsselwährungsländern USA und Großbritannien keinen Einfluß auf deren Deckungslage und Geldpolitik. Auch konnten die Schlüsselwährungsländer ein Zahlungsbilanzdefizit mit eigener Währung ausgleichen. Und da keine Goldumlaufwährung bestand, gab es auch keine Goldan- und Goldverkaufspflicht. Damit fehlte aber die antizyklische Bindung der Geldmengenpolitik aller Golddevisenstandard-Länder an die Deckungsbestimmungen. Bekanntlich ist dieses Währungssystem im wesentlichen daran zerbrochen, daß insbesondere Amerika in der Hochkonjunktur der zwanziger Jahre die Goldreserven ständig erhöhte, ohne die Geldmenge auszudehnen, wie es den Spielregeln der Goldwährung entsprochen hätte.

Im Gefolge von Deflationsentwicklung, Arbeitslosigkeit und Abwertungswettlauf gerieten die Funktionsbedingungen zur Sicherung der erfinderischen Selbstheilungs- und Stabilisierungskraft des Marktsystems im politischen Raum mehr und mehr in Mißkredit. Diese Bedingungen wurden abgelöst durch weitgehende staatliche Eingriffe in den Wirtschaftsablauf und durch vielfältige Experimente einer gezielten nationalen Einkommens- und Beschäftigungspolitik (Meyer, 1967, S. 27 ff.).

3. Nach dem 2. Weltkrieg wurde zunächst in den USA und in Großbritannien, dann aber seit Ende der 60er Jahre verstärkt auch in der Bundesrepublik Deutschland

---

4) Nach Hoffmann/Müller (1959) ist das Pro-Kopf-Realeinkommen der Bevölkerung von 295 Mark im Durchschnitt der Jahre 1851/1855 auf 728 Mark im Durchschnitt der Jahre 1911/1913 angestiegen. Dabei ist zu berücksichtigen, daß zwischen 1851 und 1913 der Anteil der Arbeiterschaft an der Bevölkerung ständig gestiegen ist.

5) Diese Funktionsbedingungen lauten: Verzicht auf autonome nationale Konjunktur- und Beschäftigungspolitik durch marktwidrige staatliche Eingriffe, Sicherung wettbewerblicher Märkte durch Verzicht auf protektionistische Maßnahmen nach innen und außen, Preisflexibilität, Vertrauen in die komparative Überlegenheit der erfinderischen Selbstheilungs- und Stabilisierungskraft des Marktsystems.

versucht, die zyklischen Expansions- und Kontraktionsbedingungen, die wahrscheinlich in der Natur einer ausgedehnten Arbeitsteilung begründet und deshalb unvermeidlich sind, im Interesse einer ständig hohen Beschäftigung systematisch aus dem Marktgeschehen zu verbannen. Dies geschah mit Hilfe des Keynes'schen Konzepts der fiskalpolitischen («antizyklischen») Nachfragesteuerung, finanziert durch eine Politik wachsender Staatsverschuldung. Die von namhaften Wissenschaftlern von Anfang an vorgebrachten Einwände gegen das Keynes'sche Denkschema und den Glauben an seine therapeutische Kraft wurden in verhängnisvoller Weise mißachtet. Dabei hatte Keynes selbst frühzeitig davor gewarnt, seine Lehre auf andersgeartete Probleme anzuwenden, als er sie in den 30er Jahren vorfand. Tatsächlich hat der «makroökonomische Formalismus», wie Lachmann (1975) die schematische Übertragung der Keynes'schen Doktrin auf die völlig anders begründeten Beschäftigungsprobleme der Nachkriegszeit und auf die Herausforderungen von heute (z. B. die Ölpreisexplosionen der 70er Jahre) bezeichnete, in der wirtschaftspolitischen Praxis dazu geführt, daß die Nachfrage der durch den technischen Fortschritt ermöglichten Produktionsausdehnung in einer inflationstreibenden Weise vorauseilte (Heuß, 1980). Im gleichen Maße erlahmte der Konkurrenzdruck und mit ihm die Notwendigkeit, dem Strukturwandel durch Entdeckung und Nutzung neuer gewinnversprechender Innovations- und Investitionschancen zu begegnen und alles zu tun, um den leistungsfähigsten Stand der Investitionen, der Produktionstechnik und des organisatorischen Wissens zu erreichen.

Jene Aufschwungkraft, die im klassischen Konjunkturzyklus dem von der Not angetriebenen Geist erfinderischen Unternehmertums zu verdanken war, wird jetzt von den Politikern und ihrem Einfallsreichtum erwartet, die Programme zur «Belebung» der Wirtschaft im allgemeinen und zur Förderung der Innovations- und Investitionskraft der Unternehmen im besonderen entwickeln sollen. Auf diese Weise hat sich in Verbindung mit einer die Tarifparteien enthemmenden staatlichen Vollbeschäftigungsgarantie und einem leistungshinderlichen Ausbau des Sozialsystems (siehe den Beitrag von Röpke in diesem Band) der Einfluß des Staates auf die Wirtschaft verstärkt. Doch anstatt den ursprünglich damit bezweckten Mangel des Marktsystems, die zeitweilige Unterbeschäftigung, zu beseitigen, wurde eine Reihe neuer schlimmerer Übel hervorgerufen: Dauerinflation, Verlust an Innovationsdynamik (vor allem in Abschwungphasen[6], abnehmende Bereitschaft der Faktoreigentümer, positiv auf die jeweiligen Anpassungserfordernisse des Strukturwandels zu reagieren, wachsende wirtschaftspolitische Flucht in den nationalen und internationalen Protektionismus, strukturelle Arbeitslosigkeit, stagnierende Einkommensentwicklung, Verlust an Handlungsspielraum der Wirtschaftspolitik.

Eine ähnlich verhängnisvolle Wirkung wie die staatliche Vollbeschäftigungsgarantie hatten die seit Ende der 60er Jahre ohne Rücksicht auf die erkennbaren Erfordernisse des Beschäftigungssystems und auf die Leistungsfähigkeit des Finanzsystems eingeleiteten kostspieligen Expansionsbestrebungen und Reformen im staatlich beherrschten *Bildungsbereich*, mit einer krassen Fehleinschätzung der Aufnahmefähigkeit der Arbeitsmärkte. Die damit vielfach geweckten unrealistischen Karriereerwartungen

---

[6] Inzwischen wird beobachtet, daß besondere Schübe des technischen Fortschritts nur noch in Aufschwungjahren auftreten, in Abschwungzeiten dagegen langsam abklingen und am unteren Ende eines Zyklus nahezu völlig zum Stillstand kommen (Wagner, 1978, S. 71ff.). Wirkte der Entwicklungsrhythmus des technischen Fortschritts unter den von Spiethoff vorgefundenen marktwirtschaftlichen Bedingungen konjunkturstabilisierend, so wirkt er unter den staatsinterventionistischen Bedingungen von heute konjunkturverschärfend.

führten zu einer Übernachfrage nach Studienplätzen und Akademikerpositionen. Die Folge dieses «bildungspolitischen Keynesianismus» (van Lith, 1983, S. 9) ist ein völlig unzureichend abgestimmtes Verhältnis von Bildungsqualifikationen und Beschäftigungsmöglichkeiten. Selbst bei günstigeren Wachstumsaussichten, als sie heute bestehen, rechnen Fachleute damit, daß noch für lange Zeit große Diskrepanzen zwischen dem Bildungs- und Beschäftigungssystem sowie innerhalb des Bildungssystems bestehen bleiben. Einerseits würden zu viele Abiturienten und Akademiker zu wenigen geeigneten Arbeitsplätzen gegenüberstehen; andererseits werde ein Zuviel an formal höheren Qualifikationen von einem Mangel an mittleren Qualifikationen, z. B. im Bereich der Facharbeiter und Fachkräfte, begleitet sein.

Als verhängnisvoll für die Entwicklung des *Finanzsystems* hat sich die Tatsache ausgewirkt, daß die politischen Voraussetzungen für die Durchführung einer antizyklischen Fiskalpolitik in einer Demokratie heutigen Zuschnitts[7] nicht gegeben sind. So ist es unter dem Konkurrenzkampf der Parteien und Interessengruppen zu einer einseitigen Ausdehnung der öffentlichen Haushalte durch Verschuldung gekommen. Wie Jochen Röpke (in diesem Band, S. 94) feststellt, ist in den vergangenen Jahren ein «antizyklisch und sozialkonsumtiv motivierter Ausgabenrausch» entstanden, der in die Krise der Staatsfinanzen geführt hat.

4. Die Befolgung der Keynes'schen Doktrin erschwerte nicht nur die Lösung der jeweils anstehenden wirtschaftlichen Probleme, sondern schuf fortschreitend neue schwerwiegendere. Indem diese Konsequenz dann nicht dem staatsbürokratischen Interventionismus, sondern dem Marktsystem selbst als Versagen angelastet wurde, entstand der Verdacht, seine einstige erfinderische Selbstheilungskraft sei ein für allemal erlahmt.

Vor diesem Hintergrund verdient die Thematik «Innovationskraft im Spannungsfeld zwischen Markt und Staat» (siehe die Beiträge von Schlecht und Röpke in diesem Band) besondere Beachtung, zumal in der parteipolitischen Diskussion von ganz unterschiedlichen ordnungspolitischen Positionen aus ein Systemzwang für wirtschaftspolitische Reformen gefolgert wird:

1. Die *Anhänger des Staatsinterventionismus* plädieren für eine konsequentere Fortsetzung des bisherigen Weges mit einer weitgehenden staatlichen oder syndikalistischen Regulierung der Innovations- und Investitionstätigkeit und einer staatlich-administrierten Lenkung zentraler Bereiche des Finanzsystems, insbesondere der Bundesbank, der Geschäftsbanken und des Kapitalmarktes.

Nun hat bislang niemand nachweisen können, daß staatliche oder syndikalistische Bürokratien über höhere Einsichten in die zukünftige Nachfrageentwicklung, in den Gang des technischen Fortschritts, die Entwicklung der Kapitalbildung, der Auslandskonkurrenz und die vielen anderen Faktoren verfügen, die für zuverlässige Prognosen eines volkswirtschaftlich «richtigen» Unternehmensverhaltens und – daraus folgend – für entsprechend effiziente Innovations- und Investitionsinstruktionen an die Wirtschaft unumgänglich sind.

---

7) Darunter versteht Friedrich A. von Hayek (1977, S. 11) eine Regierungsform, in der jede Mehrheit, besonders aber diejenige im Gewand organisierter Gruppen, jede beliebige Frage zum Gegenstand von Regierungsmaßnahmen machen kann. Als unmittelbare Folge dieser «unbeschränkten Demokratie» kommt es nach von Hayek zu einer inflationstreibenden Geldpolitik im Dienste von Sonderinteressen, solange die Geldpolitik durch die staatliche Fiskalpolitik beherrscht wird.

2. Die *Vertreter von liberalen Lösungen* sind dagegen der Auffassung, daß entsprechende Maßnahmen mit einer marktwirtschaftlichen Ordnung unausweichlich in Konflikt geraten und letztendlich auch eine staatsdirigistische Lenkung des *Bildungs- und Beschäftigungssystems* erforderlich machen würden. Zur Vermeidung dieser Konsequenz wird ein Systemzwang für einen wirtschaftspolitischen Kurswechsel in der umgekehrten Richtung gefolgert, ein Systemzwang für eine Politik der Revitalisierung der Marktkräfte und seiner endogenen Innovationskraft. Mit entsprechenden Experimenten wurde in den letzten Jahren in den USA und in Großbritannien begonnen.

Auch in der Bundesrepublik Deutschland gibt es nachdrückliche Bestrebungen, die verlorengegangene Gleichrichtung der Interessen im *Bildungs-, Beschäftigungs- und Finanzsystem* durch eine an den realen Wachstumsmöglichkeiten des Produktionspotentials orientierte Geldmengenbegrenzung und durch Wiederzulassung eines größeren Spielraums für spontane wettbewerbliche Selektion, für Leistungs- und Risikobereitschaft zurückzugewinnen. Hierfür bieten sich folgende Ansatzmöglichkeiten:

a) Damit unser *Bildungssystem* – zur Vermeidung einer fortschreitenden staatlichen Bürokratisierung oder gar einer staatlichen Studienplatz- und Berufslenkung – wieder ein ausgewogenes Verhältnis zu den Erfordernissen des Beschäftigungssystems gewinnen kann, sollte für die Benutzer unserer Bildungseinrichtungen ein individueller Anreiz geschaffen werden, mit der Beanspruchung möglichst so weitsichtig und sparsam zu verfahren, wie es bei der privaten Güternachfrage ganz selbstverständlich ist. Möglichkeiten, die *Nachfrager* nach Bildungsgütern entsprechend zu beeinflussen, sind seit längerem bekannt. Nach Watrin (1974, S. 11) spricht z. B. viel für die Vorschläge, die bei Freiheit des Zugangs zur Universität eine Rückzahlung der Studienkosten in Abhängigkeit vom Lebenseinkommen fordern. In diese Richtung zielt auch ein Vorschlag von van Lith (1980; 1983, S. 45ff.), der besondere Beachtung verdient. Van Lith hält es für denkbar, daß der Staat bei der Geburt eines Bürgers oder mit Beginn seines schulpflichtigen Alters ein Steuerkonto eröffnet und auf diesem Konto in Form eines zweckgebundenen Dispositionskredits Mittel bereitstellt, mit denen die durchschnittlichen Ausgaben für schulische, akademische und sonstige staatlich anerkannte Bildungsleistungen bezahlt werden können. Bezieht dann später die betreffende Person ein Einkommen, das ein bestimmtes (steuerfreies) Mindesteinkommen übersteigt, beginnt die Darlehenstilgung, und zwar durch einen vom Umfang des in Anspruch genommenen und angemessen zu verzinsenden Darlehens abhängigen Aufschlag zur Lohn- und Einkommensteuer. Auf diese Weise kann jeder Studierwillige, unabhängig von den familiären Einkommens- und Vermögensverhältnissen, Bildung im gewünschten Umfang nachfragen, wobei das Risiko der Rückzahlungsfähigkeit versichert werden könnte. Mit Hilfe eines solchen Finanzierungsmodells ließe sich das heute im Bildungsbereich vorherrschende, zur Verschwendung und zu staatlichem Dirigismus führende maßlose Bedürftigkeitsprinzip zugunsten des Äquivalenzprinzips zurückdrängen. In einem derartigen mit demokratischen, marktwirtschaftlichen und sozialen Prinzipien konformen System der Bildungsfinanzierung sorgt «die Einschätzung der eigenen Fähigkeiten und der Leistungsbereitschaft einerseits sowie der persönlichen Möglichkeiten auf dem Arbeitsmarkt andererseits dafür, daß das System zum Gleichgewicht tendiert» (van Lith, 1980, S. 36; 1983, S. 59). Neben einer Fülle von allokativen und distributiven Vorzügen hat dieses Modell auch den Vorteil, daß über die Notwendigkeit zur Einschätzung der eigenen Fähigkeiten, der Leistungsbereitschaft und Aufnahmefähigkeit des Beschäftigungssystems nicht nur Gelegenheiten, sondern – unter dem unvermeidlichen Druck konkurrierender Einschätzungen der übrigen Nachfrager von Bildungsgütern – auch starke Anreize zur Einübung von Selbständigkeit und selbstverantwortlicher Leistungskontrolle entstehen. Die frühzeitige Gewöhnung an die Vorzüge eines hohen Leistungsstrebens wird dann im Erwerbsleben die Entfaltung initiativer unternehmerischer Tätigkeiten erleichtern, die bekanntlich die treibende Kraft von Innovationen und wirtschaftlichem Wachstum sind.

Um auch auf der *Angebotsseite* zu effizienteren Verhaltensweisen und Organisationsformen zu kommen, ist mit Watrin (1974, S. 11) an die Tatsache zu erinnern, daß die berühmtesten Universitäten der Welt trotz des sie stützenden Mäzenatentums Einrichtungen sind, die auf Elementen der Marktkoordination aufbauen. Für die Funktionsfähigkeit dieser Elemente spricht z. B. auch die Leistungsfähigkeit des japanischen Bildungswesens. In Japan kann sich, wie van Lith (1982) in einem Vergleich unterschiedlicher Bildungssysteme feststellt, die private Nachfrage nach Bildungsgütern spontan ohne staatliche Hilfe entfalten. Die dadurch entstandenen Bildungseinrichtungen müssen ohne eine staatliche Subvention auskommen.

Für die positive Bewertung von Leistungsbereitschaft und Leistungsanforderungen und für eine strenge Kontrolle des Bildungsaufwands sorgt ein hinreichender Wettbewerb zwischen Schulen und Universitäten in öffentlicher und privater Trägerschaft. Ein wichtiges Ergebnis dieser Ordnung ist ein vergleichsweise günstiges Entsprechungsverhältnis zwischen dem Bildungs- und dem Beschäftigungssystem. Japans internationale Erfolge auf dem Gebiet des wirtschaftlich-technischen Fortschritts werden nicht zuletzt auf diesen Umstand zurückgeführt.

b) Für die Verbesserung der *endogenen* Innovationskraft des Marktsystems bei Vermeidung struktureller Unterbeschäftigung dürfte eine flexible, den tatsächlichen Knappheitsverhältnissen auf dem Arbeitsmarkt angepaßte Einkommensstruktur außerordentlich förderlich sein. Dies setzt mehr Spielraum für den Preis- und Konditionenwettbewerb im *Beschäftigungssystem*, also ein erweitertes «Recht auf Arbeit» in dem Sinne voraus, daß der einzelne berechtigt ist, Löhne und Gehälter freizügiger als bisher auszuhandeln, die Beschäftigungsform selbst zu bestimmen und zwischen konkurrierenden Arbeitgebern und Arbeitsvermittlungseinrichtungen wählen zu können.

Ein bedeutender Anlaß für unternehmerische Pionierleistungen und knappheitsmindernde Produktivitätsanstrengungen würde hinfällig, wenn die Neuerungsaktivität der Unternehmen sich an der Bedingung zu bewähren hätte, die angestammten Arbeitsplätze nach Zahl und Struktur nicht in Frage zu stellen sowie den sozialen Status der im Unternehmen Beschäftigten zu sichern. Diese Wirkung wird vielfach dem Mitbestimmungsgesetz in der Bundesrepublik Deutschland nachgesagt. Die daraus entstehende «gravierende Innovationsbremse» läßt sich, wie Prosi in diesem Band feststellt, nur in dem Maße lockern, in dem es gelingt, das Arbeitseinkommen vom Unternehmenserfolg abhängig zu machen, d. h. das Kontrakteinkommen zugunsten des Residualeinkommens zu vermindern.

Die damit angesprochene beschäftigungsspezifische Innovationsproblematik stellt sich in einem allgemeineren Zusammenhang wie folgt dar: Wirtschaftliche Neuerungen haben meist unbekannte Wirkungen; diese werden nicht von allen als Vorteil empfunden. Buchanan und Faith (1981, S. 95 ff.) stellen dazu fest, daß die technische und wirtschaftliche Entwicklung in Europa und in den USA dadurch zu erklären ist, daß die Rechtsordnung dem Prinzip der erlaubten Gefährdung bestehender Rechte bei Haftung für bestimmte Schäden *(Haftungsrechtsregel)* gefolgt ist und nicht dem Prinzip des strikten Verletzungsverbots von fremden Verfügungsrechten. Denn eine entsprechende *Eigentumsrechtsregel* würde den Innovator zwingen, alle von ihm (in einer meist nicht genau vorhersehbaren Weise) beeinflußten Verfügungsrechte zu erwerben. Dies könnte prohibitiv hohe Angebotskosten und damit innovationsausschließende Entscheidungen zur Folge haben. Es ist offensichtlich für die Einführung von neuen

Verfahren und Produkten verhängnisvoll, wenn der Innovator durch die Rechtsordnung gezwungen wird, die bestehenden Verfügungsrechte wertmäßig unangetastet zu lassen. Genau dieses innovationshemmende Prinzip wird nun aber bei uns in einer zunehmenden Zahl von Fällen unter dem politischen Druck von wettbewerbsfeindlichen Beharrungsgruppen in den verschiedensten Bereichen des Marktsystems durchgesetzt (Meyer, 1983, S. 40ff.), mit einer ähnlichen Wirkung, wie sie von einer extrem exklusiven Eigentumsrechtsregel ausgeht. Demzufolge unterliegt eine zunehmende Zahl von Neuerungsbestrebungen quasi dem privaten Eigentumsschutz Dritter oder der staatlichen Genehmigungspflicht und starren bürokratischen Auflagen, die von einem aufgeblähten Verwaltungsapparat durchgesetzt werden müssen. Bei der Planung und Durchsetzung bestimmter technologischer Großvorhaben stehen die Entscheidungsträger gar vor ähnlichen Problemen, wie die Hanse bei der Bekämpfung der Seeräuberei im 14. Jahrhundert. Dabei soll es wie in einem Hexenkessel zugegangen sein. Entweder belud man die Schiffe mit Ware, in der Hoffnung, den Kaperschiffen zu entgehen, oder man belud sie mit Waffen, und dann war die Fahrt ziemlich sinnlos; schließlich wollte man ja Handel treiben und nicht Krieg führen.

Eine ökonomische Erklärung für die teilweise massiven Widerstände gegen Neuerungsaktivitäten in der Wirtschaft ist – abgesehen von innovationsfeindlich definierten Eigentums- und Haftungsrechten – darin zu sehen, daß viele Menschen meinen, mit zunehmender Verknappung einer Ressource, etwa von Arbeitsplätzen, von Rohstoffen, von Energie oder sauberer und gesunder Umwelt, werde es notwendig, die individuellen Verfügungsrechte an diesen Ressourcen zugunsten kollektiver Formen der Bewirtschaftung einzuschränken. Dabei lehrt die Erfahrung, daß im allgemeinen der umgekehrte Weg die effektivere Form der Bewirtschaftung ist, weil dadurch Anreize zur Entdeckung wirkungsvollerer Nutzungsmöglichkeiten und neuer Methoden der Knappheitsminderung durch Angebotsvergrößerung entstehen. Daß solche Einsichten in die Prinzipien, nach denen die komplexe Ordnung des wirtschaftlichen Lebens arbeitet, verlorengehen konnten, dürfte wesentlich auf das lange Zeit dominierende Denken in Makrogrößen zurückzuführen sein, eine Methode, die nach von Hayek (1969, S. 95f.) «zum zeitweiligen Vergessen vieler wichtiger Einsichten» führte, «die wir schon gewonnen hatten und die wir dann mühevoll wiedergewinnen müssen». Die Property Rights-Theorie versucht, diese auf die klassische Nationalökonomie zurückgehende mikroökonomische Denktradition zu einem neuen analytischen Institutionalismus weiterzuentwickeln (Meyer, 1983, S. 3ff). In diese Richtung weisen erstaunlicherweise auch Überlegungen des sowjetischen Ökonomen Bunitsch (1982, S. 204ff.), der für die Schaffung eines Mikroklimas plädiert, in dem die Politik der Mangelverwaltung durch ein System positiver produktionsfördernder Maßnahmen zur Bekämpfung der sog. «Defizitkrankheit» ersetzt wird. Leider versäumt es der Autor, auf die hierzu erforderlichen ordnungspolitischen Voraussetzungen näher einzugehen.

c) Eine wichtige Voraussetzung für eine innovationsfreundlichere Finanzierungsbasis ist die Sanierung der staatlichen Haushalte, wobei vorauszusetzen ist, daß das Potential an realisierbaren Innovationen nach wie vor sehr groß ist. Zu beseitigen wäre zunächst der sog. *Crowding out-Effekt*, der zum Nachteil privater Investoren dadurch entstanden ist, daß der Staat auf dem Kapitalmarkt mit Hilfe seiner bekannten Zinsrobustheit in eine beherrschende Nachfrageposition gerückt ist. 1982 nahm der Staat knapp die Hälfte der privaten Ersparnisse in Anspruch (Geiger, 1982, S. 282). Wie sehr der Kapitalmarkt heute im Dienste der Staasfinanzierung steht, zeigt die Entwicklung der Rheinisch-Westfälischen Börse in Düsseldorf zwischen 1972 und 1981. In dieser Zeit hat sich der Anteil der Rentenpapiere am Gesamtumsatz von knapp

einem Drittel auf zwei Drittel erhöht; der Umsatzanteil der Aktien zeigt die umgekehrte Entwicklung (RWB, 1982).
Ein weiteres Hindernis ist im sog. *Leverage-Effekt* zu sehen. Der Fremdfinanzierungsanteil der privaten Unternehmen ist seit Mitte der 60er Jahre von 70% auf 80% gestiegen, bei durchaus günstiger Entwicklung der privaten Geldvermögensbildung insgesamt. Ein hoher Fremdfinanzierungsanteil führt aber dazu, daß die Unternehmen in Abschwungphasen ihren fest kontrahierten Kapitaldienst bei verschlechterten Kosten-Erlös-Relationen aufbringen müssen. Stützel und Krug (1981, S. 14 ff.) weisen darauf hin, daß dadurch – eben wegen des sog. *Leverage-Effekts* – die konjunkturellen Ausschläge in der Gesamtwirtschaft verstärkt werden. Je größer nämlich der Anteil des Fremdkapitals am Gesamtkapital ist, desto ungünstiger wirken sich die Schwankungen des prozentualen Ertrags auf den übrigen Teil (der Eigenkapitalrentabilität) aus. Dies wiederum beeinträchtigt die Bereitschaft zur Risikokapitalbildung. Tatsächlich ist die Bedeutung des Aktiensparens im Vergleich zu anderen Anlageformen in der Bundesrepublik Deutschland schon seit Jahren rückläufig. 1980 wurden nur noch 4% der privaten Ersparnisse in Aktien angelegt. Für risikoreiche Innovationen ist aber ein hinreichendes Potential an risikofreudigen Kapitalgebern erforderlich. Aus der Ökonomischen Theorie der Eigentumsrechte (Property Rights-Theorie) läßt sich folgern, daß volkswirtschaftlich unerwünschte Verknappungen im Bereich des Risikokapitalangebots am wirkungsvollsten dadurch beseitigt werden können, daß die Verfügungsrechte an Risikopapieren, vor allem an Aktien, aufgewertet oder erweitert (Schüller, 1979, S. 325 ff.), nicht aber, wie dies durch das Mitbestimmungsgesetz geschieht (siehe den Beitrag von Prosi in diesem Band), abgewertet und eingeschränkt werden.

Literatur

Knut Borchardt (1982): Wandlungen des Konjunkturphänomens in den letzten hundert Jahren. In: Werner Abelshauser und Dietmar Petzina (Hrsg.): Deutsche Wirtschaftsgeschichte im Industriezeitalter. Konjunktur, Krise, Wachstum. S. 11–46.
P. Bunitsch (1982): Defizit und Produktion. Sowjetwissenschaft, Gesellschaftswissenschaftliche Beiträge, Heft 2, S. 204–209.
Helmut Geiger (1982): Ordnungspolitische Aspekte der Staatsverschuldung. Sparkasse, Zeitschrift des Deutschen Sparkassen- und Giroverbandes, 99. Jahrgang, Heft 7, S. 280–282.
Gernot Gutmann (1982): Intensiviertes Wachstum – Strategie der DDR für die achtziger Jahre. Institut der deutschen Wirtschaft (Hrsg.): Beiträge zur Wirtschafts- und Sozialpolitik, Heft 1, Köln.
Friedrich Haffner (1982): Entwicklungen der Preisbildung und der zugrunde liegenden Theorien in der Sowjetunion. In: Günter Hedtkamp (Hrsg.): Anreiz- und Kontrollmechanismen in Wirtschaftssystemen II. Berlin, S. 9–42.
Friedrich A. von Hayek (1969): Persönliche Erinnerungen an Keynes und die «Keynessche Revolution». In: Freiburger Studien. Gesammelte Aufsätze von F. A. von Hayek. Tübingen, S. 90–96.
Friedrich A. von Hayek (1977): Wohin steuert die Demokratie? Frankfurter Allgemeine Zeitung, Nr. 6 vom 8. 1. 1977, S. 11.
K. Paul Hensel (1970): Der Zwang zum wirtschaftspolitischen Experiment in zentral gelenkten Wirtschaften. Jahrbücher für Nationalökonomie und Statistik, Bd. 184, S. 349–359. Wiederabdruck in: K. Paul Hensel (1977): Systemvergleich als Aufgabe. Aufsätze und Vorträge. Stuttgart/New York, S. 173–182.
Ernst Heuß (1980): Technischer Fortschritt und Beschäftigung im Spannungsfeld zwischen Wettbewerbs- und Gewerkschaftsdruck. Volkswirtschaftliche Korrespondenz der Adolf-Weber-Stiftung, Nr. 6.

Walter G. Hoffmann und Heinz Müller (1959): Das deutsche Volkseinkommen 1851–1957. Tübingen.
Erich Honecker (1981): Bericht des Zentralkomitees der Sozialistischen Einheitspartei Deutschlands an den X. Parteitag der SED. Berlin/DDR.
Alfred Kruse (1965): Außenwirtschaft. Die internationalen Wirtschaftsbeziehungen. Zweite, überarbeitete und erweiterte Auflage. Berlin.
Ludwig M. Lachmann (1975): Makroökonomischer Formalismus und die Marktwirtschaft. Tübingen.
Wladimir I. Lenin (1963): X. Parteitag der KPR (B). Werke, Band 32.
Ulrich van Lith (1980): Demokratie, Soziale Marktwirtschaft und die Ordnung des Bildungswesens. Bonn
Ulrich van Lith (1983): Markt, persönliche Freiheit und die Ordnung des Bildungswesens. Walter Eucken Institut. Vorträge und Aufsätze. Tübingen.
Fritz W. Meyer (1967): Glanz und Elend der Vollbeschäftigungspolitik. Wirtschaftspolitische Chronik des Instituts für Wirtschaftspolitik an der Universität zu Köln, Heft 1, S. 23–42.
Willi Meyer (1983): Entwicklung und Bedeutung des Property Rights-Ansatzes in der Nationalökonomie. In: Alfred Schüller (Hrsg.): Property Rights und ökonomische Theorie. München, S. 1–44.
Andrea Morawe (1982): Erfolgs- und Hemmungsfaktoren in der Leitung von Neuerungsprozessen. Wissenschaftliche Zeitschrift der Hochschule für Ökonomie Bruno Leuschner, 27. Jahrgang, Heft 2, S. 55–57.
Harry Nick (1977): Sozialismus und Wirtschaftswachstum. Berlin/DDR.
Hans Pohl (1980): Technischer Fortschritt und Beschäftigung aus historischer Sicht. Volkswirtschaftliche Korrespondenz der Adolf-Weber-Stiftung, Nr. 10.
RWB (Rheinisch-Westfälische Börse zu Düsseldorf) (1982): Organisationsstrukturen am Rentenmarkt. Düsseldorf.
Alfred Schüller (1979): Eigentumsrechte, Unternehmenskontrollen und Wettbewerbsordnung. ORDO, Bd. 30, S. 325–346.
Alfred Schüller (1982): Die polnische Verschuldung als Ordnungsproblem. ORDO, Band 33, S. 3–38.
Arthur Spiethoff (1925): Artikel «Krisen». Handwörterbuch der Staatswissenschaften, Bd. 6, 4. Auflage, Jena, S. 8–91.
Derselbe (1955): Die wirtschaftlichen Wechsellagen. Aufschwung, Krise, Stockung, Bd. I und II. Tübingen und Zürich.
Edwin Stiller (1982): Komplexe Neuerungsprozesse und gesellschaftliches Arbeitsvermögen. Wissenschaftliche Zeitschrift der Hochschule für Ökonomie Bruno Leuschner, 27. Jahrgang, Heft 2, S. 27–29.
Wolfgang Stützel und Wilfried Krug (1981): Zur Frage nach den Grenzen der öffentlichen Verschuldung. Aus Politik und Zeitgeschichte. Beilage zur Wochenzeitung «Das Parlament», Bd. 5/81, S. 14–22.
Adolf Wagner (1978): Der Wicksell-Effekt. Tübingen.
Christian Watrin (1974): Die Hochschulmisere – ökonomisch gesehen. Frankfurter Allgemeine Zeitung, Nr. 237 vom 12. 10. 1974, S. 11.

A. Schüller, H. Leipold, H. Hamel (Hrsg.): Innovationsprobleme in Ost und West · Schriften zum Vergleich von Wirtschaftsordnungen · Heft 33 · Gustav Fischer Verlag · Stuttgart · 1983

Die Innovationskraft im Spannungsfeld zwischen Markt und Staat

Otto Schlecht

1. Vor zwei Jahren schrieb ein bekannter deutscher Publizist, es gäbe kaum ein Thema, das in einer Diskussion unter Deutschen nicht schnell in den Rang eines Dogmas gerate. Im Zusammenhang mit der Wirtschaftsordnung sind solche «Themenerhöhungen» alltäglich. Daß man über die Innovationskraft der deutschen Wirtschaft nicht unabhängig von der in der Bundesrepublik herrschenden Wirtschaftsordnung diskutieren kann, liegt auf der Hand (dies ist ja auch das Thema dieser Veranstaltung). Für unser Land ist aber sicher typisch, daß auch zu diesem Thema sich längst *zwei große Lager* gebildet haben, von denen das eine *dogmatisch* verkündet: «Die Marktwirtschaft hat ein großes strukturelles Innovationsdefizit, also muß der Staat gezielt für Innovationen sorgen», während man im anderen Lager das Gegenteil für richtig hält: Je mehr der Staat sich aus dem Marktgeschehen heraushalte, desto innovationsfreudiger werde die Wirtschaft.

2. Für die praktische Politik sind *beide Positionen in dieser Absolutheit nicht sehr hilfreich*. Eine Wirtschaftsordnung, die in allen Bereichen ausschließlich wettbewerbsorientiert ist, haben wir nicht, und sie wird sich aus verschiedenen Gründen, auf die ich hier nicht eingehen kann, nie verwirklichen lassen. Bei jeder Ausprägung der Marktwirtschaft ließen sich – aus gesellschaftspolitischer Sicht – verbleibende Innovationsdefizite ausmachen. Darauf komme ich nachher noch zu sprechen. Gleichwohl verkenne ich auf der anderen Seite auch nicht, daß die *ordnungspolitische These «Je mehr Markt, desto weniger Innovationsdefizite»* bei der Diskussion um die richtigen Wege und Maßnahmen eine *wichtige Leitbildfunktion* erfüllt. Bildlich gesprochen, setzen die Ordnungspolitiker immer wieder Leuchtbojen, an denen der Kurs der Wirtschaftspolitik sich orientieren kann. Die Sirenen des wirtschaftspolitischen Interventionismus sind für viele Politiker gar zu verlockend.

Die Dogmatiker des anderen Lagers geben sich gern pragmatisch. Sie neigen dazu, in grundsätzlichen Analysen der Leistungsfähigkeit des Marktes speziell gelagerte aktuelle wirtschaftspolitische Fragestellungen einzubeziehen und sind prinzipiell davon überzeugt, *daß der Staat nur «richtig» zu handeln brauche, um die gewünschten Ergebnisse zu erzielen*.

3. Für meine Person möchte ich vorab bekennen, daß ich *im Zweifel auf die Kräfte des Marktes und deren Stärkung setze*. Man darf *den Markt allerdings nicht überfordern*. Ganz *bestimmte öffentliche Aufgaben* kann er nicht erfüllen oder soll er nicht erfüllen, weil sie in unserer Gesellschaft anders organisiert wurden – denken wir nur an das Bildungswesen oder an das Gesundheitssystem. Andere Aufgaben vernachlässigt der Markt, sofern der Marktpreis kein zuverlässiger Knappheitsmesser ist. Der

Marktpreis berücksichtigt *Knappheitsverhältnisse auf längere Sicht* nicht ausreichend (denken wir nur an den niedrigen Ölpreis vor einigen Jahren); von selbst registriert er auch nicht, daß *die sogenannten «freien Güter» nur begrenzt zur Verfügung stehen* (mit anderen Worten: die Verschmutzung von Luft und Wasser kostete den Verursacher lange Zeit nichts oder zu wenig). Und auch über die Problematik der «freien Güter» hinaus gibt es noch vielfältige *andere Formen von externen Effekten,* die nicht im Marktpreis Berücksichtigung finden.

Es ist Aufgabe der Wirtschafts- und Gesellschaftspolitik, die unzureichende Sensibilität des Preismechanismus bei den genannten Erscheinungen zu korrigieren.

4. Die wenig spektakuläre *Daueraufgabe* zur Stärkung der Innovationskraft der produzierenden Unternehmen heißt *im wirtschaftspolitischen Alltag einer Wirtschaftsordnung mit dominierender Marktwirtschaft kontinuierliche Verbesserung der Rahmenbedingungen* für den Leistungswettbewerb im Markt. Die Politik muß dafür die Ansatzpunkte bei den *drei wichtigsten Determinanten der Innovationsfähigkeit* suchen. Nach allgemeinem Verständnis sind dies: erstens *die Qualifikation des Unternehmers und seines Personals* (Humankapital), zweitens *die Aufnahmefähigkeit und Verwertungsfähigkeit von Informationen* (Wissenstransfer) und *drittens die Verfügbarkeit von Risikokapital.*

Zu diesen drei Punkten möchte ich einige Ausführungen machen, ehe ich im weiteren auf die innovationsfördernden Möglichkeiten der Wettbewerbspolitik, der Strukturpolitik und der Forschungs- und Technologiepolitik zu sprechen komme.

5. Angesichts des schwachen wirtschaftlichen Wachstums einerseits und der schnellen technologischen Entwicklungen andererseits sind die *Unternehmer und ihre Mitarbeiter zunehmend gefordert. Der Produktzyklus wird kürzer.* Das bedeutet, daß es den Unternehmern gelingen muß, die Forschungs- und Entwicklungskosten, die sie für neue Produkte aufwenden, in kürzeren Zeitspannen wieder hereinzuholen. Wenn das nicht gelingt, verjüngt sich zwar durch die Neuentwicklungen das Sortiment, aber das Unternehmensziel wird nicht erreicht. Es gibt Untersuchungen, nach denen bei den untersuchten Produkten – zu denen nicht nur technische Güter zählen – in den zurückliegenden dreißig Jahren eine *Halbierung der Phasen* eingetreten ist, *in denen die FuE-Aufwendungen über die Verkaufserlöse wieder hereinkommen müssen.* Dafür dominieren *drei Gründe:*

Erstens spielt eine wesentliche Rolle, daß der Wettbewerb sich verschärft hat. Da jedes erfolgreiche neue Produkt den Wettbewerb überaus stark reizt, werden Produktionsverbesserungen schneller als früher erzwungen und wird der Höhepunkt beim Verkauf auch eher erreicht.

Zweitens haben sich die Produzenten einfacher Güter immer wieder darauf verlegt, für bestimmte Verbrauchergruppen unterschiedliche Produkte oder Produktvarianten zu entwickeln und am Markt einzuführen. Je stärker diese Spezialisierung zunimmt, desto schneller steigt auch die Bereitschaft, Neuentwicklungen bei Marktänderung wieder rasch aus dem Markt zu nehmen.

Der dritte Grund für die Verkürzung der Markterfolgsphasen ist schließlich in der überaus schnellen technischen Entwicklung zu sehen, vor allem durch die Fortschritte auf dem Gebiet der Elektronik.

6. Um diesen zunehmenden Wettbewerbsdruck aufzufangen, muß sich der Unternehmer vor allem als Organisator bewähren. Ja, angesichts der zahlreichen neuen Erkenntnisse, die die verschiedenen wissenschaftlichen Disziplinen, die sich mit betrieblicher Organisation befassen, in den letzten Jahren für die Personalführung zutage gefördert haben, ist man geneigt, die *unternehmerische Qualifikation als Innovator* mit *«Qualifikation als Organisator»* gleichzusetzen. Innovative Prozesse

bergen vielfältige Konflikte in sich und stellen deshalb sowohl hohe Anforderungen an Kreativität und Flexibilität, als auch an die Fähigkeit zur Kommunikation zwischen den Angehörigen verschiedener Unternehmensbereiche. Die *verschiedenen Phasen des Innovationsprozesses erfordern unterschiedliche Formen der Organisation.* So hat man z. B. erkannt, daß Unternehmen mit einer losen Autoritätsstruktur, mit starker Dezentralisation, lockeren Kontrollen und geringerem Programmierungsgrad zwar für die erste Phase des Innovationsprozesses, die Ideenfindung (Invention), sehr günstige Voraussetzungen bieten. Sie sind jedoch für die nächste Phase, wo es um die zügige Realisierung von Vorschlägen geht, vergleichsweise schlechter geeignet. Dafür bieten Unternehmen mit strengen Autoritätsbeziehungen und eindeutigen Anordnungsbefugnissen weitaus bessere Voraussetzungen. Dieser Sachverhalt, der als «organisatorisches Dilemma» bezeichnet wird, ist von der Wissenschaft eingehend analysiert worden, um für die Praxis Handlungsanleitungen zur optimalen Gestaltung von Innovationsprozessen zu gewinnen.

7. In diesen komplexen Hintergrund müssen die Ergebnisse empirischer Erhebungen eingeordnet werden, die *eindeutige Korrelationen zwischen der Innovationskraft von Unternehmen und der formalen Qualifikationshöhe der bei ihnen beschäftigten Ingenieure und Wissenschaftler* herausgefunden haben. Sie zeigen, daß Unternehmen, die «radikale» Innovationen durchsetzten, einen eindeutig höheren Anteil an Ingenieuren und Wissenschaftlern mit Hochschulabschluß beschäftigten als Unternehmen, deren Innovationen weniger radikalen Zuschnitt hatten. Mit abnehmender Zahl des hochqualifizierten Personals – auch des Ausbildungsgrads des Firmenchefs – dauerte die Adaptionsentscheidung länger. Diese Ergebnisse bieten nicht zuletzt auch interessante Aspekte für die aktuelle bildungspolitische Diskussion und für das System der Beratungsförderung.

8. Ich teile die Einschätzung des Sachverständigenrates zur Begutachtung der gesamtwirtschaftlichen Entwicklung in seinem letzten Jahresgutachten, wonach zur Zeit wenig Anlaß zur Vermutung besteht, daß die Wettbewerbsfähigkeit der deutschen Wirtschaft künftig wegen eines Mangels an *qualifizierten Arbeitskräften* beeinträchtigt werden könnte. Der Anteil der Erwerbstätigen mit einer beruflichen Ausbildung ist in den 70er Jahren ständig gestiegen, und es spricht vieles dafür, daß sich dieser Trend in Zukunft fortsetzen wird. Es ist anzunehmen, daß bis Ende der 80er Jahre die Anzahl der Neuzugänge an Fachkräften deutlich über der Anzahl der Facharbeiter liegt, die aus dem Erwerbsleben ausscheiden. Überhaupt scheint unser *System der beruflichen Bildung flexibel genug* zu sein, um auftretende Engpässe ohne nachhaltige Gefährdung der Wettbewerbsfähigkeit zu überwinden. Dies läßt sich schon äußerlich daran erkennen, daß innerhalb der letzten 10 Jahre rund ein Viertel aller Ausbildungsberufe mit anerkanntem betrieblichem Abschluß neu geschaffen oder inhaltlich in wesentlichen Teilen neu geregelt wurden.

Bei den höher qualifizierenden Ausbildungsgängen übersteigt das Angebot derzeit die Nachfrage. Es gibt Gründe für die Annahme, daß auch in der Wirtschaft – insbesondere in kleinen und mittleren Unternehmen – der *Bedarf an Personen mit höherer Qualifikation größer ist* als lange Zeit von der Wirtschaft angenommen wurde. Noch liegt z. B. in Japan der Anteil der Wissenschaftler und Ingenieure an der Gesamtzahl der im verarbeitenden Gewerbe Beschäftigten höher als in der Bundesrepublik. Das vom Bundeswirtschaftsministerium seit 3 Jahren praktizierte Personalkostenzuschußprogramm für Forschung und Entwicklung scheint – das haben erste Auswertungen ergeben – die Motivation der Unternehmer, höher qualifiziertes Personal zu beschäftigen, deutlich anzuregen.

9. Als zweite wichtige Determinante der Innovationsfähigkeit der Unternehmen hatte ich die ausreichende Beschaffung und Verarbeitung von Informationen genannt. *Innovierende Unternehmen haben einen großen Bedarf an Informationen aus vier Bereichen:* Sie brauchen erstens Informationen über das eigene Unternehmen, zweitens über wissenschaftlich-technische Entwicklungslinien und -tendenzen, über auftauchende technische Probleme und mögliche Lösungen, zum dritten über Bedarf und Nachfrage am Markt und schließlich auch Informationen über staatliche Aktivitäten. Aus verschiedenen Untersuchungen ist bekannt, daß Unternehmer solchen Informationen sehr unterschiedliche Bedeutung zumessen. Oft ist die Beschaffung schwierig, oder es sind für die richtige Suche nach Informationen und ihr Verständnis schon besondere Spezialkenntnisse erforderlich. Nach eigenen Angaben *nutzt die Mehrzahl der Unternehmen wichtige Informationsquellen* wie Kundenbefragung, Lieferantengespräche, Verbandsmitteilungen oder Kammerberichte *nicht intensiv.* Mittelständische Unternehmen lassen auch nur selten Marktstudien anfertigen.

10. Der Präsident des Deutschen Patentamtes weist immer wieder darauf hin, daß die *Patentdokumentation,* die nach seiner Auffassung «das gesamte technisch-praktische Wissen der Menschheit nach dem jeweils neuesten Stand enthält» *viel zu wenig von der Wirtschaft,* insbesondere den mittelständischen Unternehmen, *als Informationsquelle genutzt* wird. Wer im Wettbewerb bestehen will, fordert er, sollte über die «Patentlage» auf seinem Gebiet ständig informiert sein. Auch ist seine Empfehlung sehr einleuchtend, daß Unternehmer vor Beginn einer Neuentwicklung grundsätzlich erst in den einschlägigen Patentklassen nachforschen sollen, welches Wissen auf dem entsprechenden technischen Fachgebiet schon vorhanden ist. Eine solche Nutzung der Patentinformation kann den Anstoß zu eigenständiger erfinderischer Tätigkeit geben, weil eine in den Patentdokumenten offenbarte technische Lehre unmittelbare Anregungen für eine andere und nicht selten bessere technische Lösung gibt. Schließlich können aus der Nutzung der Patentdokumentation neue Entwicklungstrends erkannt werden, lange bevor sich diese auf dem Markt auswirken.

11. Die traditionellen Wege der Informationsbeschaffung, nämlich das Studieren von Fachzeitschriften, der Messebesuch und das Gespräch mit Fachkollegen reichen heute nicht mehr aus. Die Veröffentlichungslawine ist auf die herkömmliche Art und Weise nicht mehr auswertbar. Hinzu kommen Sprachbarrieren. Deshalb *gewinnen Datenbanken und die EDV bei der Informationsbeschaffung* für Manager, Betriebs-, Produktionsleiter oder Wissenschaftler *zunehmend an Bedeutung.* Auf der ganzen Welt sind mittlerweile über 200 Datenbanken online erreichbar. Auch in der Bundesrepublik ist man dabei, bestehende *Datenbanken* auszubauen und ganze *Informationssysteme* (sogen. Fachinformationssysteme) für verschiedene Branchen oder Wissensbereiche aufzubauen. Die *Bundesregierung fördert diese Bemühungen.* Viele kleine und mittlere Unternehmen machen allerdings davon noch zu wenig Gebrauch. Sie nutzen kaum das an vielen Stellen gespeicherte Wissen, scheuen den Kontakt mit Hochschullehrern und betreiben häufig mit unnötigen Kosten eigene Entwicklungen, obwohl fertige Lösungen abgerufen werden könnten. Der Staat fördert deshalb intensiv die Beratung kleiner und mittlerer Unternehmen, seit einigen Jahren auch die spezielle Innovationsberatung. Es ist erfreulich, daß die wenigen von der Bundesregierung als Pilotprojekte eingerichteten Innovationsberatungsstellen so viele Nachahmungen durch private und Verbandsinitiativen gefunden haben. Heute führen z.B. mehr als 50 Industrie- und Handelskammern Innovationsberatungen durch.

Die zunehmende breite Förderung des *Wissenstransfers* durch den Staat hilft vielen Unternehmen bei ihren Innovationsprozessen. Diese Art der staatlichen Förderung ist zudem *ordnungspolitisch unbedenklich,* da der Staat nicht selektiert oder diskriminiert und die Initiative dem Unternehmer überläßt.

12. Als dritte wichtige Determinante der Innovationsfähigkeit produzierender Unternehmen hatte ich die *finanzielle Ausstattung der Unternehmen* genannt. In vielen Untersuchungen wird der Kapitalmangel und der Mangel an liquiden Mitteln als das *größte Innovationshemmnis* genannt. Eine Untersuchung des Instituts für Mittelstandsforschung, Köln, ergab ebenfalls, daß zahlreiche kleine und mittlere Industriebetriebe in den letzten Jahren ihre Forschungs- und Entwicklungsergebnisse aufgrund finanzieller Schwierigkeiten nicht in den Markt einführen konnten. Von den befragten Betrieben konnten 67 Prozent ihre Ergebnisse nur teilweise in den Markt einführen, und rund 6 Prozent der Unternehmen mußten auf eine Innovation gänzlich verzichten. 65 Prozent der untersuchten Industriebetriebe, die ihre Forschungs- und Entwicklungsergebnisse in den Markt einführen konnten, hatten Schwierigkeiten bei der Finanzierung ihrer Innovationen. Als Probleme nannten sie auf der Geldbeschaffungsseite u. a.: unzureichende Gewinnsituation, geringe Möglichkeiten der Eigenkapitalbeschaffung, zu hohe Fremdkapitalkosten und zu hohe Sicherheitsanforderungen seitens der Kapitalgeber.

Eine wichtige Voraussetzung für die Verbesserung der Finanzierung von Innovationen sehen die untersuchten Industriebetriebe in der *Umorientierung der Banken* weg vom alleinigen Kriterium der Sicherheit und hin zu einer stärkeren Einbeziehung von Rentabilitätsüberlegungen bei der Vergabe finanzieller Mittel, außerdem in der Erweiterung des Finanzierungsspielraumes durch die Senkung der ertragsabhängigen Steuern sowie in der Einführung von Sonderabschreibungen für Forschung, Entwicklung und Innovation.

13. Das zuletzt Gesagte zeigt, daß die eigentliche *Innovationsfinanzierung* in vielen Unternehmen weit *weniger problematisch wäre, wenn die Eigenkapitalausstattung und die Ertragslage der Unternehmen allgemein besser wären.*

Die Innovationskraft der Unternehmen hat unter den starken Ertragsrückgängen in den Jahren 1980/81 und der rückläufigen Ausstattung der Unternehmen mit Risikokapital gelitten. Der Sachverständigenrat hat sich in seinem letzten Jahresgutachten über diese Entwicklung sehr besorgt geäußert. Auch die Bundesbank beklagt in einer Untersuchung den Rückgang der Eigenkapitalquote in den letzten 10 Jahren von über 30% auf 20%. Die Eigenfinanzierungsmöglichkeiten vieler mittelständischer Unternehmen, denen es an risikotragendem Eigenkapital fehlt, müssen deshalb spürbar verbessert werden. Dafür hat die Bundesregierung bereits einiges getan. Durch die deutlich erhöhten degressiven Abschreibungssätze für bewegliche Wirtschaftsgüter und Betriebsgebäude können die Unternehmen längerfristige neue Investitionen leichter finanzieren und die damit verbundenen Risiken besser tragen. Ferner verbessert die auf 2 Jahre ausgedehnte Rücktragsmöglichkeit für Verluste bis 5 Mio DM die Liquiditäts- und Finanzierungssituation von mittelständischen Unternehmen und ermöglicht es ihnen, die erhöhten Abschreibungssätze stärker zu nutzen und Durststrecken nach größeren Erweiterungs- oder Umstellungsinvestitionen und Innovationen besser durchzustehen.

14. *Die unzureichende Fähigkeit vieler Unternehmen, ihre Innovationen zu finanzieren ist von größter wachstumspolitischer Tragweite.* Wir brauchen in steigendem Umfang Innovationen und Investitionen, um die bestehenden und noch entstehenden Allokations-, Beschäftigungs- und Verteilungsprobleme zu lösen. Ich möchte diesen Zusammenhang thesenartig verdeutlichen:

(1) In den achtziger Jahren *steigt die Zahl der potentiellen Erwerbspersonen* um 2 Millionen, allein von 1982–1986 um 1 Million. Die meisten von ihnen werden –

zusätzlich zu den bereits vorhandenen Arbeitsuchenden – auf den Arbeitsmarkt drängen.

Der Abbau der derzeitigen Arbeitslosigkeit und die Beschäftigung der wachsenden Zahl von Erwerbspersonen läßt sich *nur mit einer mehrjährigen wachstums- und beschäftigungspolitischen Strategie* überwinden. Im Mittelpunkt dieser Strategie muß über die ganze Breite der volkswirtschaftlichen Angebotspalette hin *eine Verstärkung der Investitionen, der Innovationen und des Produktivitätsanstiegs* stehen. Alle wirtschafts- und finanzpolitischen Entscheidungen müssen zu der mittel- und längerfristig *unerläßlichen Umstrukturierung des Sozialprodukts von konsumtiven zu mehr investiven Verwendungen* beitragen.

(2) *Für den staatlichen Sektor* bedeutet dies, *daß die Zuwachsraten der öffentlichen Investitionen künftig die Zuwachsrate der Übertragungen wieder deutlich übersteigen muß*, so wie es in den 60er Jahren der Fall war. Die Übertragungen dürfen in Zukunft auf keinen Fall mehr stärker wachsen als das Sozialprodukt. Die öffentlichen Investitionen müssen dagegen erheblich stärker steigen, damit sie gegenüber den privaten Investitionen ihre komplementären Aufgaben erfüllen können. Die Arbeitsgemeinschaft deutscher wirtschaftswissenschaftlicher Forschungsinstitute e.V. hat in ihrem Frühjahrsgutachten 1982 sogar Kürzungen bei konsumtiven staatlichen Ausgaben, Übertragungen und Subventionen gefordert, damit sichergestellt werde, daß die Investoren nicht befürchten müßten, die Investitionszulage später über Steuermehrbelastungen selbst zu finanzieren.

(3) Im Steuersystem müssen eine weitere Entlastung bei den direkten Steuern mit investitions-, innovations- und leistungsfreundlicher Gestaltung und eine entsprechende Umschichtung zu den indirekten Steuern erfolgen. Dies hat die Bundesregierung für 1984 vor.

(4) Selbst wenn der Kapitalbedarf pro Arbeitsplatz nur so schwach steigt wie in den vergangenen Jahren, werden *Zuwachsraten der realen Bruttoanlageinvestitionen* nötig sein, die bis zum Ende des Jahrzehnts im Durchschnitt in Größenordnungen liegen, *wie wir sie vor dem Einbruch der letzten Jahre erzielen konnten*, nämlich grob zwischen 6 und 8%. Die Hauptlast muß dabei von privaten Investitionen getragen werden. Dafür müssen in allen Bereichen die Bemühungen um den Abbau von ungerechtfertigten Investitionshemmnissen fortgesetzt werden. Das mittelfristige Vertrauen in die Staatsfinanzen muß gestärkt werden. Die Erfolge bei der Energieeinsparung sind zu konsolidieren, und die Umstrukturierung auf andere Energiequellen muß vorangetrieben werden. Schließlich müssen wir die internationale Zusammenarbeit weiter vertiefen, um protektionistischen Tendenzen, die sich angesichts der schlechten Wirtschaftslage ausbreiten, entgegenzutreten.

(5) Die *Tarifpolitik der Sozialpartner muß deshalb über mehrere Jahre darauf gerichtet sein*, nicht denen, die Arbeit haben, einen möglichst großen Einkommenszuwachs zu verschaffen, sondern darauf, *denen, die arbeitslos sind* oder werden, *einen Arbeitsplatz zu verschaffen*. Um das Ungleichgewicht zwischen dem Mangel an risikobereitem Sachkapital einerseits und der wachsenden Zahl von Arbeitsuchenden andererseits wieder ins Lot zu bringen, *müssen die sogenannten Faktorpreisrelationen entzerrt werden*. Das heißt: die Kosten der Arbeitskraft, die das Unternehmen zu bezahlen hat, müssen im Verhältnis zu den langfristigen Kosten für das im Unternehmen eingesetzte Realkapital relativ billiger werden. Und im Zuge dessen müssen sich die Ertragsverhältnisse in den Unternehmen verbessern, damit sie Risikokapital bilden können. Dann werden die Unternehmen auch verstärkt arbeitsplatzschaffende Investitionen vornehmen und auf Arbeitskräfte freisetzende Investitionen verzichten.

Ich bedauere sehr, daß die *Diskussion über die Gewinnbeteiligung und Beteiligung der Arbeitnehmer am Produktivvermögen* heute praktisch *nicht mehr geführt wird.* Alle erfolgversprechenden Vorschläge, die zu einer Entkrampfung der Lohnverhandlungen und des Verteilungsstreits überhaupt hätten führen können, wurden abwechselnd von der einen oder der anderen Seite zerredet.

15. Ich sagte bereits, daß unter den staatlichen Ausgaben der Anteil der Investitionen wachsen muß. Darüber hinaus ist zu prüfen, *ob der Staat sich als Marktteilnehmer, als Nachfrager, genügend innovativ verhält.* Die staatliche Nachfragemacht über das öffentliche Beschaffungswesen ist groß. In der Bundesrepublik gibt es rd. 13 000 öffentliche Auftraggeber (Bund, Länder, Post, Bahn, rd. 4000 Zweckverbände und rd. 8000 Kommunen), die jährlich für rd. 130 Milliarden DM Aufträge vergeben. Die Beschaffer haben auf viele Regelungen zu achten und wehren sich dagegen, daß ihnen jetzt zugemutet wird, auch noch innovativ zu wirken. Das öffentliche Beschaffungswesen – außerhalb des Verteidigungsbereichs – orientiert sich durchweg an dem bereits vorhandenen Güterangebot.

Das Ifo-Institut und die Industrieanlagen-Betriebsgesellschaft haben in einem kürzlich vorgelegten Gutachten die Möglichkeiten untersucht, *über das Beschaffungswesen eine nachfrageorientierte Innovationsförderung zu betreiben.* Die Gutachter nehmen an, daß fast die Hälfte des jährlichen Auftragsvolumens, nämlich 60 Mrd. DM, «innovationsträchtig» ist. Nach Auffassung der Gutachter müssen innovative Produkte oft spürbare Wettbewerbsnachteile überwinden, um sich in öffentlichen Ausschreibungen überhaupt durchsetzen zu können. Diese Nachteile treffen in vielen Fällen gerade kleine und mittlere Unternehmen. Ein *«Förderkonzept»* sollte nach der Studie *vor allem auf eine Besserung des Informationsniveaus über neue Produkte und Verfahren Bedacht nehmen.*

Aus einer Reihe von Fallbeispielen wird in der Studie der Schluß gezogen, daß nur unter günstigen Rahmenbedingungen innovative Produkte beschafft werden, ohne *daß zusätzliche Anstöße erforderlich sind.* Da die öffentlichen Auftraggeber ausgereifte und bewährte Techniken vorziehen, fallen höhere Betriebsausgaben weniger ins Gewicht als Schwierigkeiten bei der Einführung und Verwendung neuer Produkte und Anlagen. Die Information der öffentlichen Bediensteten über neue Verfahren und Produkte ist oft ungenügend, zumal bei zentraler Beschaffung ohne ausreichende Rückkoppelung.

Über diese Hinweise und Anregungen sollte man nachdenken. Fortschritte in der gewünschten Richtung sind sicher nur allmählich zu erwarten, denn wer kann es einem Beschaffer verargen, daß er bei allen Zwängen, denen er unterliegt, im Zweifelsfall auf die Produkte setzt, die er kennt und die sich bereits bewährt haben. Wir sollten bei der Forderung nach mehr Innovationen deshalb eher auf die Durchsetzungskraft der privaten Unternehmen setzen.

16. Die *staatliche Wettbewerbspolitik muß die notwendigen Voraussetzungen dafür schaffen,* daß im dezentralen Such- und Entdeckungsverfahren ausreichende Motivation und Innovationsdruck herrschen. Es gibt viele Anzeichen dafür, daß ein *dynamischer Innovationswettbewerb eher in einem weiten Oligopol* entsteht als in einem Markt mit einer Vielzahl von Anbietern, von denen jeder nicht stark genug ist, um verkrustete Marktstrukturen aufzubrechen. Deshalb ist eine gewisse *Unternehmenskonzentration nicht prinzipiell unerwünscht.* Allerdings hat eine aufmerksame Fusions- und Mißbrauchskontrolle dafür zu sorgen, daß marktbeherrschende Positionen verhindert werden. Es ist nämlich zu befürchten, daß größenbedingte Produktionsvorteile oder die Errungenschaften des technischen Fortschritts nicht weitergegeben werden, wenn Unternehmen im Verhältnis zu ihren Wettbewerbern so groß geworden sind, daß sie sich dem Wettbewerbsdruck des Marktes entziehen können. Richtig verstandene und

praktizierte Fusionskontrolle verhindert also den technischen Fortschritt nicht, wie Interessenten oft behaupten, sondern fördert seine Verbreitung.

Im *unteren Größenbereich fördert die Wettbewerbspolitik die Kooperation der Unternehmen*. Kleine Unternehmen können durch Zusammenarbeit mit anderen Unternehmen wirksam gegen ihre eigenen Schwächen angehen, ohne an Flexibilität und Anpassungsfähigkeit einzubüßen. Der mittelständische Unternehmer bietet heute noch häufig das Bild des streßgeplagten Einzelkämpfers, der die Zusammenarbeit mit anderen scheut, zu vieles selber macht und zu wenig Aufgaben an andere delegiert. Zwar haben viele kleine Unternehmen es verstanden, in Marktnischen starke Positionen aufzubauen (ein Indiz für fortgeschrittene Spezialisierung), aber es fehlt oft an Zukunftsorientierung. Nur eine Minderheit begreift Marketing-Planung als umfassendes System; auch betreiben *die meisten kleinen und mittleren Unternehmen keine langfristige Forschungs- und Entwicklungsplanung*. Allerdings läßt sich daraus nicht pauschal folgern – wie neulich in einer betriebswirtschaftlichen Untersuchung zu lesen stand –, «daß innovative Elemente eine um so geringere Rolle spielen, je kleiner die Unternehmen sind.»

17. Wenn man die *Forschungs- und Entwicklungsaktivitäten der verschiedenen Unternehmensgrößen* vergleicht, sollte man in die Gegenüberstellung nur solche Unternehmen einbeziehen, die tatsächlich forschen und entwickeln. Tut man das, kommt man zu ganz anderen Ergebnissen als wenn man alle Unternehmen (auch die nichtforschenden) berücksichtigt, weil die nichtforschenden Unternehmen um so mehr den Durchschnitt senken, je kleiner die Unternehmen sind.

Bei der Auswertung der rund 6000 am FuE-Personalkostenzuschußprogramm partizipierenden Unternehmen stellte sich heraus (es handelt sich dabei um Unternehmen mit – einfach ausgedrückt – weniger als 1000 Beschäftigten), daß die relativen Forschungs- und Entwicklungsaufwendungen der Unternehmen um so höher liegen, je kleiner die Unternehmen sind. So wendeten z. B. 1980 die am FuE-Personalkostenzuschußprogramm partizipierenden Unternehmen mit 1–19 Beschäftigten Mittel in Höhe von 8,3% ihres Umsatzes für Forschungspersonal und Forschungsinvestitionen auf, Unternehmen mit 20–49 Beschäftigten 5,5%, Unternehmen mit 50 bis 99 Beschäftigten 3,6%, Unternehmen mit 100 bis 199 Beschäftigten 2,3%, Unternehmen mit 200 bis 499 Beschäftigten 1,9% und Unternehmen mit 500 bis 999 Beschäftigten nur noch 1,7%.

18. Aus diesen Relationen möchte ich keine verallgemeinernden Schlüsse ziehen. Sie bieten aber Hinweise dafür, *daß die üblichen Vergleiche des Innovationspotentials sehr großer Unternehmen mit einem als Durchschnitt gerechneten Innovationspotential kleiner Unternehmen die Vielfalt des innovativen Wettbewerbs auf einen allzu simplen Nenner bringen*. Und selbst bei diesem einfachen Nenner widersprechen sich die Ergebnisse. Weder die Neo-Schumpeter-Hypothese I, wonach Unternehmensgrößen und FuE-Aktivität positiv korreliert sein sollen, noch die Neo-Schumpeter-Hypothese II, bei der die Korrelation mit der Unternehmenskonzentration berechnet wird, noch die sogen. Nelson-Hypothese, bei der die konglomerale Unternehmenskonzentration Gegenstand der Betrachtung ist, sind bisher verifiziert worden. Die meisten Untersuchungen hierzu können noch nicht einmal eine Antwort auf die Frage geben, ob große Unternehmen *relativ* mehr forschen und entwickeln als kleine und mittlere Unternehmen. Ein Vergleich der *Ergebnisse* der Forschung und Entwicklung ist noch schwieriger, weil es dafür nur vage Anhaltspunkte, aber keine sicheren Maßstäbe gibt. Da sich nun die Thesen von Schumpeter und Epigonen weder verifizieren noch falsifizieren lassen, kann man der Diskussion, ob große oder kleine Unternehmen innovativer sind, ein langes Leben voraussagen. Die praktische Wettbewerbspolitik tut auch deshalb gut daran, hier nicht »feinsteuern« zu wollen, sondern im großen und ganzen auf ein

ausgewogenes Verhältnis zwischen kleinen, mittleren und großen Unternehmen zu achten.

19. *Einstimmigkeit* läßt sich *eher* erzielen *bei der Bewertung, in welchen FuE-Phasen die einzelnen Unternehmensgrößen erfolgreicher sind.* Kleine und mittlere Unternehmen scheinen eher komparative Vorteile in den frühen Phasen des einzelwirtschaftlichen Innovations- und Anpassungsprozesses zu haben, große Unternehmen dagegen insbesondere in den kapitalintensiven Phasen der Entwicklung und Umsetzung. Dieser komplementäre Zusammenhang zwischen den verschiedenen Unternehmensgrößen während des gesamten Forschungs- und Entwicklungsprozesses ließe sich durch viele Beispiele verdeutlichen, in denen kleine Unternehmen die von ihnen gemachten Erfindungen wegen der hohen Kosten der erforderlichen Weiterentwicklung der Inventionen bis zur Marktreife oder der anschließenden Serienfertigung oder der Markteinführung und -durchdringung an große Unternehmen verkauft haben. Wir wissen z. B. aus einer Studie, daß auch bei dem riesigen forschungsintensiven Konzern Du Pont nur 40% der Innovationen auf Erfindungen der eigenen FuE-Abteilungen zurückgingen. Den Vorteilen großer Unternehmen wie stärkere Finanzkraft und Risikobelastbarkeit, Vorhandensein großer Stäbe und Spezialisten stehen als Nachteile die größere Unübersichtlichkeit und Unbeweglichkeit, die langen Wege der Bürokratie und das mangelnde Verantwortungsgefühl für das Ganze gegenüber.

20. Wenn Konzentrationsprozesse prinzipiell nicht unerwünscht sein können, wenn aber gleichzeitig die Zahl der Insolvenzen hoch ist, muß der Staat sich darum kümmern, *daß neue Wettbewerber Zugang zum Markt bekommen.* Für Unternehmensgründer gibt es eine Anzahl staatlicher Hilfen, die rege in Anspruch genommen werden. Bei einem Vergleich mit Neugründungen in den USA stellt sich uns allerdings die Frage, *ob wir genug wachstumsträchtige Neugründungen haben.* Wir haben kein «Silicon Valley», wo Kenntnis neuer Technologien und privates Risikokapital zusammenkamen und eine Vielzahl innovativer Unternehmen entstehen ließen. Die Bundesregierung prüft zur Zeit, ob es ein nennenswertes Potential an Unternehmerkandidaten gibt, deren Finanzierungswünsche von den Banken nicht erfüllt werden. Japanischen Banken wird nachgesagt, sie nähmen bei Kreditanträgen die Innovationskraft ebenso wichtig wie Sicherheiten und Rendite. Bei uns fehlen den Banken die Fachleute, um Innovationen einschätzen zu können. Erste Versuche, sogen. Innovationsberater mit Banken zum Zweck der Innovationsbeurteilung zusammenzubringen, laufen inzwischen.

Ich habe den Eindruck, daß man auf diesem Feld nur allmählich und nach sorgfältigem Vortasten weiterkommt. Man sollte allerdings das Risiko auch nicht scheuen und in begrenztem Umfang und in einem begrenzten Zeitraum Finanzierungsmodelle testen, sofern grundsätzliche ordnungspolitische Bedenken dem nicht im Wege stehen.

21. Die Förderung eines wirksamen Wettbewerbs ist in einer Marktwirtschaft das Kernstück jeglicher Industriepolitik. Die Anpassung der Unternehmen an strukturelle Veränderungen muß sich aufgrund von dezentralen Entscheidungen vollziehen. Sie ist primär Aufgabe der Unternehmen selbst. *Eine aktive Strukturpolitik des Staates bedeutet in der marktwirtschaftlichen Ordnung vor allem die Erhaltung der Funktionsfähigkeit des Marktes und die Setzung adäquater Rahmenbedingungen für den Strukturwandel.* Als Rahmenbedingungen sind dabei solche Maßnahmen zu verstehen, die nicht auf einzelne Branchen oder Unternehmen zielen, sondern die für die gesamte Wirtschaft in Kraft gesetzt werden, z. B. Umweltschutzvorschriften, die für alle

Unternehmen gelten, oder steuerliche Investitionsreize, die ein Angebot an alle Unternehmen für vermehrte Investitionen darstellen.

22. International bedeuten günstige Rahmenbedingungen das *Eintreten für eine offene Weltwirtschaft, in der der Handel von künstlichen Hemmnissen zunehmend befreit wird.* Durch Entwicklungshilfe zur Unterstützung der Eigenanstrengungen, technischen Unterstützung und Öffnung der Märkte der Industrieländer muß dabei auch die Integration der Entwicklungsländer in die Weltwirtschaft erleichtert werden.

In der Europäischen Gemeinschaft sollte es vornehmste Aufgabe von Rat und Kommission sein, den gemeinsamen Markt für Erwerbstätige, Güter, Dienstleistungen und Kapital funktionsfähig zu erhalten und zu einem einheitlichen Binnenmarkt weiter zu entwickeln. Das bedeutet entschiedenes Eintreten der Kommission gegen alle Versuche der Mitgliedsländer, neue Handelshemmnisse aufzubauen. Die innovative Kraft der Unternehmen wird durch intensiven Wettbewerb mit ausländischen Unternehmen gefördert. Nicht eine Schutzmauer, sondern die Wettbewerbspeitsche sorgt für internationale Wettbewerbsfähigkeit. Deshalb ist es eine wichtige Aufgabe der Politik, gegen die in verschiedenen Ländern aufkommenden neuen Formen des Protektionismus Front zu machen – angefangen bei den Selbstbeschränkungsabkommen über Verzögerungen bei der Behandlung statistischer Einfuhrerklärungen bis hin zu technischen Normen, Warenkennzeichnungsverpflichtungen, Verboten für den Austausch von Lizenzen und öffentlichen Aufträgen. *Die Argumente der Anhänger des außenwirtschaftlichen Protektionismus sind vielfältig:*
- Gefahr der Freisetzung von Arbeitskräften durch das Vordringen ausländischer Konkurrenten;
- Billigimporte aus sog. Niedriglohnländern, die die eigene Industrie aus dem Markt drängen;
- Vordringen von Staatshandelsländern mit relativ billigen Produkten, ohne daß diese Länder tatsächlich Kostenvorteile hätten;
- Wettbewerbsverzerrungen aufgrund staatlicher Subventionen;
- versorgungs- und sicherheitspolitische Gründe, die es nicht erlauben, den Anteil der heimischen Industrie an der Marktversorgung zu verringern;
- in den Bereichen mit neuen Technologien Notwendigkeit eines ausreichenden Schutzes für den Aufbau eigener Industrien;
- und nicht zuletzt der Hinweis auf die Verringerung der Möglichkeiten für eine eigenständige Gesellschaftspolitik wegen zu starker außenwirtschaftlicher Verflechtungen.

Dieser *Protektionismus* steht in deutlichem Gegensatz zu den Bemühungen in den vergangenen Jahren, den Welthandel möglichst weitgehend von Handelshemmnissen zu befreien und die Entwicklungsländer in die Weltwirtschaft stärker zu integrieren. Er ist in jedem Fall eine *kurzsichtige Politik*. Er belastet den Konsumenten mit höheren Preisen und führt zu einem Ausfall von realer Nachfrage. Eine Milderung der Beschäftigungsprobleme wird dadurch – wenn überhaupt – nur kurzfristig erreicht, da wegen Retorsionsmaßnahmen in der Exportindustrie und bei ihren Zulieferern Arbeitsplätze dauerhaft verloren gehen. Es kommt zu Produktivitätsverlusten, weil komparative Kostenvorteile nicht mehr zum Zuge kommen und eine Verringerung des Wettbewerbs aus dem Ausland die Anpassungs- und Innovationsanreize für die heimische Industrie vermindert. Zugleich bedeutet Protektionismus ein Verzicht auf die Teilnahme an den technologischen Fortschritten der übrigen Welt und ihre rasche Umsetzung in Anschlußinnovationen bei uns.

23. *Weder in der Bundesrepublik noch im Ausland haben sich die Sektoren, die sehr starke Staatseingriffe suchten oder ihnen ausgesetzt waren, als besonders dynamisch und*

leistungsfähig erwiesen. In der Europäischen Gemeinschaft haben in der Stahlindustrie weder die obligatorischen Investitionsmeldungen noch die kurzfristigen Prognosen oder die mittelfristig ausgerichteten allgemeinen Ziele der Kommission für Kohle und Stahl, noch die Beteiligung der Gemeinschaft an der Finanzierung eines wesentlichen Teils der für die Stahlinvestitionen aufgebrachten Fremdmittel über EGKS-Anleihen verhindert, daß zu große und auch vielfach im internationalen Wettbewerb nicht leistungsfähige Stahlkapazitäten geschaffen wurden.

Dagegen haben die Unternehmen der deutschen Textil- und Bekleidungsindustrie, *die frühzeitig dem Einfuhrdruck ausgesetzt* waren, *den Anpassungsprozeß aus eigener Kraft gemeistert,* indem sie auf höherwertige Verfahren und Produkte umstellten und einen großen Teil der weniger anspruchsvollen Produktion ins Ausland verlagerten. Die Arbeitsproduktivität stieg in den letzten 10 Jahren im Textilbereich etwa $1^{1}/_{2}$mal so schnell wie im gesamten verarbeitenden Gewerbe. Damit wurde die Bundesrepublik der Welt größter Importeur und Exporteur von Textil und Bekleidung.

Die feinmechanische und optische Industrie hat die Anpassung ebenfalls geschafft. Obwohl sie bei der Erzeugung von Massenprodukten wie Ferngläser und Kameras durch die Konkurrenz aus Ostasien große Einbußen erlitt, konnte sie ihren Anteil an der Produktion und der Zahl der Beschäftigten in der deutschen Industrie innerhalb von 10 Jahren steigern.

24. Prof. Schüller hat einleitend auch das Thema «Konjunktur und Innovation» angesprochen und ausgehend von Spiethoff die Frage ventiliert, *ob die Wirtschaft* etwa zum Anstoßen von Innovationsschüben *von Zeit zu Zeit eine Krise braucht.* Meine These dazu lautet: Wir brauchen zwar keine ausgesprochenen Krisen und «schöpferische Zerstörungen» à la Schumpeter. Aber sowohl die Theorie der antizyklischen Konjunkturpolitik mit kurzfristigem nachfrageorientiertem Gegensteuern als auch die verabsolutierte Gegentheorie der mittelfristigen Verstetigung sind nicht nur deshalb in Mißkredit geraten, weil die praktische Wirtschaftspolitik damit überfordert ist und dann oft das Gegenteil herauskommt. Es scheint sich wieder mehr die Erkenntnis durchzusetzen, daß *eine dynamische* – und das heißt auch innovationsfähige – *Wirtschaft ein Mindestmaß an Konjunkturzyklus braucht,* daß die Konjunktur ausreichend ein- und ausatmen können muß, damit sie auf einem angemessenen Wachstumspfad am Laufen bleibt. Mit anderen Worten: Die Globalsteuerung soll gelassener reagieren, d. h. sich auf die Rahmenbedingungen für die Marktkräfte und auf konjunkturpolitische Interventionen gegen extreme Ausschläge konzentrieren.

25. Zum Schluß erlauben Sie mir bitte noch *einige Bemerkungen zur staatlichen Forschungs- und Technologiepolitik.* Die öffentliche Diskussion erweckt leider oft den Eindruck, als würden nur durch diesen speziellen Bereich der Politik Innovationen stimuliert und als sei das zentrale Problem dabei nur eine Frage der richtigen Verteilungsrelationen und ordnungspolitisch angemessener Verteilungsmethoden. *Wirtschaftspolitik und Technologiepolitik dürfen nicht unterschiedlichen Zielvorstellungen folgen, sondern müssen sich gegenseitig ergänzen.* In einem gewissen Umfang sind *Zielkonflikte sicher unvermeidlich:* Auch die *unvermeidliche* Projektförderung selektiert, gibt also gezielte Anreize, während dies im allgemeinen im Bereich der Strukturpolitik nicht geschehen sollte.

Im Grundsatz teile ich die Meinung vieler Kritiker, *daß das Regulativ des Marktes im Bereich der staatlichen Forschungsförderung noch mehr Gewicht erhalten könnte* und sollte. Bei der Projektförderung wird immer noch nicht ausreichend auf das *Subsidiaritätsprinzip* geachtet, so *wie es in Ziffer 42 des Bundesforschungsberichts VI beschrieben* ist. Als Voraussetzung für Direktförderung muß danach erstens das wissenschaftlich-technische und wirtschaftliche Risiko sehr hoch einzuschätzen sein, zweitens muß der finanzielle Einsatz für die in Frage kommenden Unternehmen zu groß sein, und drittens muß der Markt langfristig wünschenswerte technologische Lösungen unterbewerten, oder die Nachfrage am Markt reicht nicht aus, um neue technologische Lösungen hervorzubringen, die ausschließlich oder überwiegend im Interesse der Allgemeinheit oder im öffentlichen Anwendungsbereich liegen. Unter diese drei Kriterien könnten m. E. die Entwicklung alternativer Energien und Energieeinsparung, der Umweltschutz, der Zivil- und Katastrophenschutz, die Gesundheitsforschung, die Luft- und Raumfahrttechnik, Arktisforschung und Meeresforschung fallen.

26. Daneben gibt es aber *auch unnötige und wettbewerbsverfälschende Projektförderung*, die mit dem überzogenen Anspruch auftritt, die Zukunft sicherer zu machen. Die Grenze, an der man haltmachen sollte, ist in manchen Fällen schwer auszumachen. *Die Projektförderung sollte wirklich auf jene Vorhaben und Bereiche beschränkt bleiben, bei denen gesamtwirtschaftlich zentrale Probleme zu lösen sind, für die es keine ausreichenden Marktanreize gibt.* Deshalb begrüße ich z. B. die Entscheidung des Bundesforschungsministeriums, die »Autos der Zukunft«, die auf den Entwicklungsständen verschiedener deutscher Automobilhersteller stehen, nicht mehr weiter zu fördern. Marktanreize für umweltschonende, verbrauchsarme Autos sind ausreichend vorhanden; finanzielle Kapazitäten auch. Ich würde mir wünschen, daß auch in anderen Bereichen früher getroffene Förderentscheidungen nach diesen Kriterien überprüft werden. Dazu zwingt nicht zuletzt auch die Haushaltssituation.

27. Je unspezifischer das staatliche Förderziel ist, desto geeigneter sind indirekte Fördermethoden. Wir haben in den letzten Jahren bei der Durchsetzung der indirekten FuE-Förderung wichtige Durchbrüche erzielt: Die Mittel für die Gemeinschaftsforschung wurden angehoben, die Investitionszulagenregelung wurde zugunsten der kleinen Unternehmen verbessert, die externe Vertragsforschungsförderung und das Personalkostenzuschußprogramm wurden eingeführt. Mit diesen Maßnahmen *hat sich die Beteiligung kleiner und mittlerer Unternehmen an der Forschungsförderung des Bundes sprunghaft erhöht.* Allein am Personalkostenzuschußprogramm partizipieren jährlich rd. fünf- bis sechsmal so viele Unternehmen der privaten Wirtschaft wie an allen technologischen Fachprogrammen des BMFT. Insgesamt entfällt heute ein gutes Viertel der FuE-Förderung des Bundes für die Wirtschaft auf kleine und mittlere Unternehmen.

28. In diesem Zusammenhang noch 3 Eckzahlen zur FuE-Entwicklung in der Bundesrepublik:
1. Der Anteil der gesamten FuE-Ausgaben am BIP betrug 1979/80 2,4% und nahm damit lt. OECD weltweit einen vorderen Rang ein.
2. Die staatlichen FuE-Ausgaben sind in den 70er Jahren real um durchschnittlich knapp 3% p. a. und damit stärker als in vielen anderen Industrieländern gestiegen.
3. Der vom Staat finanzierte Anteil der gesamten FuE-Ausgaben lag 1979/80 bei knapp der Hälfte; in anderen Industrieländern lag er überwiegend etwas höher.

29. Es ist ein großes Mißverständnis, wenn immer wieder beklagt wird, daß «mit der Forschungspolitik auch oder gerade gesellschaftspolitische Ziele» verfolgt werden. Gesundheit, reine Luft und sauberes Wasser, Lärmminderung, Selbstverwirklichung, sinnvolles Freizeitnutzen, Verbesserung der Arbeitsbedingungen, Katastrophenschutz, Strahlenschutz, Genforschung usw. sind *wichtige gesellschaftspolitische Ziele, für die es keine oder zu wenig Marktanreize gibt.* Gerade die Forschungspolitik muß dazu ihren Beitrag leisten. Und in dem Umfang, in dem dafür Mittel reserviert werden, gibt es logischerweise auch *eine Art «Investitionssteuerung» nach gesellschaftspolitischen Prioritätsvorstellungen.*

30. Dieser Art Ehrenerklärung für den Primat der (Gesellschafts-)Politik auch auf dem Gebiet der staatlichen Innovationsförderung möchte ich eine kritische Bemerkung anschließen. *Der gesellschaftspolitische Willensbildungsprozeß hat durch die Einflußnahme zahlreicher Beiräte, Kommissionen, beamteter Titelverwalter und beamteter Entwurfschreiber eine Eigendynamik entwickelt, die unbedingt eingedämmt werden sollte.*

Erlauben Sie mir bitte zum Schluß dazu ein Zitat aus dem neuen Buch von Prof. Heinz Maier-Leibnitz «Der geteilte Plato. Ein Atomphysiker zum Streit um den Fortschritt» (Zürich 1981, S. 66 f.). Bekanntlich war der Verfasser 1974 bis 1979 Präsident der Deutschen Forschungsgemeinschaft. Er erlebte die Eigendynamik der gesellschafts- und forschungspolitischen Willensbildung in Bonn so:

«...Dies alles fällt in eine Zeit, in der eine Regierung oder eine Partei glaubt, daß die wichtigen Beschlüsse und Planungen auf einer hohen Ebene, oberhalb von denen, die die Forschung und die Lehre machen oder die Güter produzieren, stattfinden müssen. Die Ziele der Forschung... werden festgesetzt nach dem (ebenfalls festzusetzenden) Interesse der Gesellschaft. Dabei wird auch der ‹richtige› Weg zu diesen Zielen erkannt: über die Bedingungen der Mittelvergabe erreicht man seine Einhaltung.

Daß dieses System sich ausbilden konnte und daß es funktioniert, hat verschiedene Gründe, die man sich merken muß. Da ist zunächst die obere Ebene. Sie entsteht dadurch, daß in den Ministerien mehr und mehr Erfahrung kumuliert und daß dabei die Selbstkritik abnimmt. Dazu kommt der politische Wille des Ministers, der durch das im Parlament vorhandene kritische Bewußtsein gestärkt wird, denn das hilft ihm, sich durchzusetzen.

Das zweite ist, daß Komitees wie die deutsche Atomkommission (Maier-Leibnitz nennt dieses Komitee stellvertretend für die vielen Beiräte) auf die Dauer selbstzerstörerisch wirken. Die eigenen Interessen gewinnen an Gewicht; man will dem anderen nicht mehr wehtun; viele verlieren die Lust, ernsthaft mitzuarbeiten, und stimmen immer für den bequemsten Weg. Unter diesen Umständen wird der Apparat, der die Sitzungen vorbereitet, immer mächtiger, mehr und mehr ist durch Programme und Richtlinien vorbestimmt. Die Abneigung dagegen vergällt noch den letzten aktiven Mitgliedern die Mitarbeit.

Das dritte sind die Wissenschaftler oder Geförderten selbst. Sie werden bald von der Förderung abhängig, schon des Nachwuchses wegen, für den sie sich verantwortlich fühlen, oder wegen der Mitarbeiter oder der Existenz ihres Betriebes. Und – ein oft rührendes und zugleich erschreckendes Phänomen – sie wollen brav sein, sie überschlagen sich mit gesellschaftsnützlichen Vorschlägen, die genau den Planungen von oben entsprechen, und verzichten auf das, was sie bei ruhiger Betrachtung für richtig halten würden.»

Ein besseres Plädoyer für mehr Markt und Eigeninitiative und weniger staatliche Planung hätte auch ein Nationalökonom nicht halten können. Ich finde, die Bemerkungen von Professor Maier-Leibnitz können den Übergang erleichtern zu der Darstellung von Erfahrungen in anderen Wirtschaftsordnungen mit entscheidend mehr Bürokratie und staatlichem Einfluß. Herrn Csikós-Nagy dürfte in dem Zitat sicher manches sehr bekannt vorgekommen sein.

A. Schüller, H. Leipold, H. Hamel (Hrsg.): Innovationsprobleme in Ost und West · Schriften zum Vergleich von Wirtschaftsordnungen · Heft 33 · Gustav Fischer Verlag · Stuttgart · 1983

Die Bedeutung von Innovationen für sozialistische Wirtschaftssysteme in den achtziger Jahren

Béla Csikós-Nagy

1. In der Geschichte der Menschheit gab es auch früher Epochen, in denen der Staat die verwickelten Aufgaben der Wirtschaftsorganisation übernahm. Dennoch kann die sozialistische Planwirtschaft diesbezüglich als einzigartige Errungenschaft unseres Jahrhunderts betrachtet werden. Mit der Vergesellschaftung der Produktionsmittel mußte man sich nämlich auf die umfassende staatliche Lenkung, d. h. die Planung, Regelung und Organisation der Wirtschaft einrichten. Nach der Verstaatlichung mußte darüber entschieden werden, ob die historisch entstandene Unternehmensstruktur aufrechterhalten wird oder ob Umstrukturierungen erfolgen und wenn ja, was sollen die Hauptkriterien sein. Geht das kapitalistische Privateigentum in Staatsbesitz über, dann ist die staatliche Planung objektiv notwendig, die auch die staatliche Regulierung der Wirtschaft erfordert, mit der die Verwirklichung der im Plan festgelegten Ziele gesichert werden kann.

2. Bei der Herausbildung und Entwicklung des sozialistischen Wirtschaftslenkungssystems konnten die großen sozialistischen Denker des 19. Jahrhunderts wenig Unterstützung leisten. Zu dieser Zeit ging es in den Diskussionen um die Tauschwirtschaft und die Warenproduktion, um den direkten Produktaustausch und die Alternativen des freien Marktes, und man war allgemein der Meinung, daß nicht nur die Produktionsmittel von der sozialistischen Gesellschaft übernommen werden müssen, sondern auch der Marktmechanismus auszuschalten ist.

Marx und andere beschrieben die gesellschaftlich-ökonomische Etablierung als ein System, in dem die Produktion aufgrund der Bedürfnisse vom Staat direkt organisiert wird. Demzufolge verschwindet zusammen mit der Geldwirtschaft der Warenaustausch. Marx setzte die unbeschränkte Befriedigung der menschlichen Bedürfnisse voraus, wenn die Produktion nicht durch das kapitalistische Profitinteresse eingeschränkt wird. Unter anderem sah er darin den Vorteil der auf sozialistischer Basis organisierten Wirtschaft gegenüber der auf kapitalistische Weise organisierten Wirtschaft. Daran dachte auch Engels, als er schrieb, daß durch die Vergesellschaftung der Produktionsmittel die Warenproduktion und damit gleichzeitig auch die Macht der Produkte über die Menschen aufhören.

Die Denker des 19. Jahrhunderts lehnen damit auch die Volkswirtschaftslehre ab, da diese als Theorie der Marktwirtschaft zustande kam und sich als solche entwickelte. Dies bedeutet – gewollt oder ungewollt – gleichzeitig auch den Verzicht auf die Nutzung des geistigen Erbes, das sich über die Warenproduktion und deren Natur sowie über den Mechanismus ihrer Funktion über Generationen angesammelt hatte und das als wichtiger Beitrag dem Verständnis der inneren Zusammenhänge ökonomischer Erscheinungen dient.

3. Nach ihrer Gründung folgte die Sowjetunion den marxistischen Richtlinien. Für die kurze Zeit, die wir *Kriegskommunismus* nennen, richtete sich das Land auf Produktaustausch ein. Es stellte sich aber bald heraus, daß die Beseitigung des Handels und der Geldfunktion unüberwindbare Probleme aufwarf und daß auf diese Weise die während des Weltkrieges zerrüttete Wirtschaft kaum wieder aufgebaut werden konnte. Die Leiter der Sowjetunion führten deshalb eine Wende im staatlichen Wirtschaftslenkungssystem herbei. Die Kategorien der Marktwirtschaft wie Geld, Preis und Handel traten erneut in Funktion. Lenin begründete dies kurz folgendermaßen: Das Leben hat gezeigt, daß wir uns geirrt haben. Entsprechend der von ihm ausgearbeiteten Richtlinien führte die Sowjetunion eine *Neue Wirtschaftspolitik* ein.

Der Aufbau des Sozialismus erfolgt seitdem unter ständiger Überprüfung und Korrektur des Wirtschaftsmechanismus. Die sozialistischen Länder passen einerseits das Lenkungssystem an die sich durch die Entwicklung der Produktivkräfte ändernden Verhältnisse an, andererseits werden zur Beseitigung auftretender negativer Züge von Zeit zu Zeit einzelne Elemente geändert.

Die Schritte zur Innovation der sozialistischen Wirtschaftssysteme basieren auf ökonomischen Diskussionen, die manchmal die Form ideologischer Konfrontation annehmen. Dies scheint natürlich zu sein, wenn man bedenkt, daß in der Sowjetunion die Einführung der Neuen Wirtschaftspolitik nicht gleichzeitig die Klärung der Perspektive der sozialistischen Warenproduktion bedeutete. Noch in den fünfziger Jahren wurde darüber diskutiert, ob die Marktwirtschaft mit dem Sozialismus zu vereinbaren sei.

Daß es derartige Diskussionen gab, die auch noch heute fortgesetzt werden, ergibt sich aus der Natur der Warenproduktion. Die Warenproduktion ist etwas ganz Spezifisches. Die Elemente der Tauschwirtschaft können auch in den Rahmen der Warenproduktion eingegliedert werden. Der Markt kann als umfassender Regler, aber auch als Teilregulator funktionieren. Der Staat kann den Markt durch rechtliche Mittel beschränken. Gleichzeitig gibt es aber in der Warenwirtschaft kein Vakuum. Der Markt regelt alles, wenn der Staat seine Funktion nicht durch Beschränkungen reguliert oder sich nicht durch Rechtsbestimmungen Geltung verschafft. Die Alternativen der Marktbeschränkung ergeben sich also abhängig davon, ob sich der Staat in der wirtschaftlichen Prozeßregelung auf den Marktmechanismus stützen möchte oder nicht, wo und auf welche Weise er marktausschaltende Politik betreibt.

Dies berücksichtigend interpretierte die Politische Ökonomie die *sozialistische Warenproduktion* in den fünfziger Jahren als Übergangskategorie, die deshalb notwendig sei, weil

– neben dem staatlichen Eigentum an den Produktionsmitteln auch noch das Genossenschaftseigentum, ja mit Komplementärcharakter auch der Privatsektor der Kleinproduzenten existierten, weiterhin, weil

– noch kein Warenüberfluß entstand, der den Zwang des Wirtschaftens mit den Produkten beseitigen würde.

Daraus ergibt sich eine Interpretation der Wirtschaftsordnung, in der die Allokationsfunktion des Preises im staatlichen Sektor der Volkswirtschaft, bei den Wirtschaftsbeziehungen zwischen den staatlichen Unternehmen ausgeschaltet wird, die Investitionen und die Produktion zentral festgelegt und durch ein administratives Preis- und Lohnsystem ergänzt werden.

Die Einrichtung auf die so interpretierte Warenproduktion zwischen den zwei Weltkriegen ermöglichte in der Sowjetunion eine früher nicht gekannte Zentralisation des Kapitals und dadurch eine zentrale Lenkung der Produktionsstruktur. Dies erwies sich als gewaltige Triebkraft der Industrialisierung. Die Sowjetunion entwickelte sich zwischen den zwei Weltkriegen von einem zurückgebliebenen Agrarland zu einer Industriegroßmacht. Die Länder, die nach dem Zweiten Weltkrieg zum Aufbau des Sozialismus übergingen, führten gleichermaßen eine umfangreiche Industrialisierung durch.

4. Gleichzeitig kann es aber nicht unserer Aufmerksamkeit entgehen, daß sich der Unterschied zwischen den beiden gesellschaftlich-wirtschaftlichen Systemen im *militärischen* und *bürgerlichen* Sektor abweichend entwickelt. Dies bezieht sich sowohl auf den Zustand der Produktionskräfte als auch auf die Funktion der Innovationskräfte. Der Wettbewerb zwischen der Sowjetunion und den USA auf militärischer Ebene erfolgt aufgrund gleicher Möglichkeiten. Das hätte man sich vor einigen Jahrzehnten im Westen gar nicht vorstellen können. Die in der Sowjetunion angehäuften militärisch-technischen und raumforschungsspezifischen Potentiale zeigen am ehesten die gewaltige Innovationskraft, die das sozialistische System zu sichern und in Funktion zu halten in der Lage ist. Gleichzeitig verfügen die *industriell entwickelten kapitalistischen Gesellschaften in zahlreichen Branchen des bürgerlichen Sektors noch unverändert über einen großen Vorsprung*. Das ist vor allem darauf zurückzuführen, daß die Wirtschaftsstrategie der Sowjetunion während der ganzen Zeit ihrer Existenz vom Gefühl der Bedrohung diktiert wurde. Die traditionelle sozialistische Industrialisierung wurde von der Priorität der Verteidigungsbereitschaft determiniert. Die schon in den dreißiger Jahren proklamierte Parole «strenges Sparsamkeitsregime» brachte das Opfer zum Ausdruck, das die Gesellschaft im Interesse des industriellen Anschlusses zu bringen hatte.

Die Funktionsstörungen der Wirtschaft weisen aber darauf hin, daß es nicht gelungen ist, auf allen Gebieten die potentiellen Reserven hinreichend zu mobilisieren, über die die sozialistische Planwirtschaft verfügt.

Die Gegenüberstellung der Ergebnisse des militärischen und bürgerlichen Sektors erscheint deshalb ein entsprechender Ausgangspunkt für die Untersuchung der Problematik der optimalen Funktion der sozialistischen Wirtschaft zu sein, denn es gibt Meinungen, die wegen der erreichten großen Erfolge in der Weltraumforschung annehmen, daß die hier angewendeten Prinzipien und zentralisierten Methoden am besten für die Ausbreitung auf die gesamte Wirtschaft geeignet seien, damit die sozialistischen Länder die industriell am besten entwickelten kapitalistischen Länder in ihrer ökonomischen Entwicklung möglichst schnell einholen und anschließend überholen könnten. Diese Denkweise deckt sich mit der Antimarkt-Plattform der großen sozialistischen Denker. Deshalb ist es auch in wissenschaftlichen Diskussionen so schwer, ihr die sich aus den Gesetzmäßigkeiten der Warenproduktion ergebenden Forderungen gegenüberzustellen. Doch in Wirklichkeit scheint zur Zeit die Entfaltung der Eigenschaften der sozialistischen Warenproduktion die wichtigste vor uns stehende Aufgabe zu sein. Und es besteht ein gewisses Recht anzunehmen, daß die Bedingungen zur Lösung dieser Aufgabe in den achtziger Jahren günstiger sind als je zuvor.

Die Überprüfung des Systems der sozialistischen Warenproduktion, die erneute Interpretierung einzelner Elemente und die im Wirtschaftslenkungssystem erfolgende bzw. zu erwartende Korrektur werden an einer breiten Front durchgeführt. In bezug auf ihre Bedeutung verdienen die institutionelle Ordnung, der Preis und die Geldfunktion sowie die internationale Arbeitsteilung besondere Aufmerksamkeit.

5. Aus der Sicht der Vervollkommnung der sozialistischen Warenproduktion sind vielleicht die bessere Anpassung der Besitz- und Organisationsformen an die menschliche Natur, das Akzeptieren des realen Maßes der Arbeitsintensität, die Entfaltung der

Schöpferkraft und die Selbstverwirklichung die wichtigsten Faktoren. Die ursprüngliche Annahme, daß lediglich durch die Beseitigung des kapitalistischen Privateigentums und die Übernahme der Produktionsmittel in Gemeineigentum die Arbeitskraft aufhörte, Ware zu sein, und daß die Arbeiter mit solchen Produktionsmitteln, die sich im Volkseigentum befinden, für sich selbst und die Gesellschaft arbeiteten, hat sich nicht als real erwiesen.

Die Unterscheidung zwischen einer niedrigeren und einer höheren Stufe des Kommunismus und die Feststellung, daß im Sozialismus das Volkseigentum noch in zwei Formen, und zwar als staatliches und als genossenschaftliches Eigentum, auftritt, bedeutet schon eine Überprüfung der Originalthese. Dabei spielen sicher auch die nachteiligen Erfahrungen der nach dem Ersten Weltkrieg in Ungarn kurzzeitig bestehenden Räterepublik eine Rolle. Aber es muß gleich hinzugefügt werden: Der Übergang zur höheren Stufe des Kommunismus erschien uns vor Jahrzehnten einfacher, als wir das heute sehen. Aus der Sicht des stufenweisen Überganges vom Sozialismus zum Kommunismus maßen wir den im staatlichen Eigentum organisierten Landmaschinenstationen in den fünfziger Jahren große Bedeutung zu und waren gleichzeitig der Annahme, daß innerhalb kurzer Zeit auch die privaten Hauswirtschaften ihre Existenzgrundlage verlieren würden. Später allerdings wies schon die Abschaffung der staatlichen Maschinenstationen und die erneute Bekräftigung der Existenzberechtigung der individuellen Hauswirtschaften in einzelnen sozialistischen Ländern auf die Erkenntnis hin, daß die Bewußtseinsänderung der Menschen nur das Ergebnis eines langen historischen Prozesses sein kann.

Die Problematik der institutionellen Ordnung ist allerdings noch komplizierter. Aufgrund des Marktmechanismus schafft der Preis theoretisch Einklang zwischen Angebot und Nachfrage. Das trifft aber nur dann zu, wenn die Organisations- und Besitzstruktur den Anforderungen entsprechen. Wenn die Großbetriebe, die Monopolpositionen besitzen, überhand nehmen und der Absatz der Produkte keine Schwierigkeiten bereitet, dann löst die Wirtschaft die umfangreichen Aufgaben der Entwicklung der Produktivkräfte zufriedenstellend, hat aber gleichzeitig *mit einer ganzen Reihe von Mangelwaren zu kämpfen*, und die Beseitigung der damit im Zusammenhang stehenden Probleme scheint unlösbar zu sein. Der Großbetrieb reagiert nicht auf den günstigeren Preis, wenn die Herstellung des Erzeugnisses sich nicht in den technologischen Rahmen des Großbetriebes eingliedern läßt.

Es gibt Produkte und Dienstleistungen, die nur in einem System von Klein- und Mittelbetrieben produziert und durchgeführt werden können. Ist die Betriebsstruktur nicht entsprechend, dann entwickelt sich aus objektiven Gründen eine Mangelwirtschaft. Eine derartige Mangelwirtschaft *verursacht die Zweite Wirtschaft*, denn sie schafft bei den Ansprüchen einen ständigen Mangel, dessen Befriedigung wirtschaftlich nur durch Kleinbetriebe erfolgen kann.

Das Problem der Betriebsstruktur wirft auch die Frage der Eigentumsverhältnisse auf. Die Deformierung der Betriebsstruktur wurde in einigen sozialistischen Ländern, so auch in Ungarn, durch den Wachstumszwang des staatlichen Unternehmens und der Genossenschaft hervorgerufen, weil die *administrativen Forderungen* hoch und nicht selten formell waren. Nimmt der administrative Bedarf bedeutende Dimensionen an und ist demzufolge auch die Beschäftigtenzahl der Administration hoch, dann bringt dies natürlich die andere Tendenz mit sich: Die Betriebsbasis entwickelt sich zu einem Großbetrieb. Die Administration selbst ist an solchen Produkten und Dienstleistungen uninteressiert, die für das Profil der Klein- und Mittelbetriebe charakteristisch sind.

Einzelne sozialistische Länder haben schon länger erkannt, daß viele notwendige Tätigkeiten nicht bzw. nur irrationell in die traditionelle institutionelle Ordnung der sozialistischen Wirtschaft eingeordnet werden können. Die Erfahrungen haben deutlich gemacht, daß die Arbeitskraft auch inmitten der sozialistischen Eigentumsverhältnisse als Ware existiert. Der Besitzer der Arbeitskraft hat die Möglichkeit, nicht das gesamte Arbeitspotential einzusetzen. Es mußte festgestellt werden, daß im Rahmen des unflexiblen inneren Mechanismus eines Großunternehmens und der Gleichmacherei der geistig Beschäftigten die Initiative zu schöpferischer Arbeit und das Streben zur Verwirklichung der Ideen sich nicht immer entsprechend entwickeln können. Die Beschäftigung unter dem Niveau der Fähigkeiten und der Bildung wirkte sich nicht nur materiell aus, sondern auch in den zurückgehaltenen oder nicht gebrachten Leistungen.

Deshalb wurde in mehreren sozialistischen Ländern die breitere Genehmigung des privaten Kleingewerbes auf die Tagesordnung gesetzt. Auf diesem Gebiet ist vielleicht Ungarn am weitesten gegangen. Schon 1968 wurde klar gemacht, daß man Staatsmonopole nicht mit Unternehmensmonopolen identifizieren darf, das heißt: Wettbewerb läßt sich wohl mit der sozialistischen Wirtschaft versöhnen. Die 1982 eingeführten Organisationsformen wie Kleinunternehmen, Kleingenossenschaften, Arbeitsgemeinschaften und Fachgruppen sollen ermöglichen, daß die Beschäftigten in Teilarbeitszeit Arbeit leisten können, daß sich ihr Unternehmungsgeist entfalten kann und die Transmissionskanäle ausgebaut werden können, durch die die staatlichen Unternehmen und der Genossenschaftssektor diese Tätigkeiten unterstützen, nutzen und beeinflussen können.

6. Für die sozialistische Warenproduktion ist eine entsprechende institutionelle Ordnung notwendig, doch genügt dies nicht, um die Wirtschaft an die sich stets ändernde Nachfragestruktur anzupassen und planmäßig zu entwickeln. Dazu muß auch die Preisfunktion entsprechend aktiviert werden. Dieses Thema führt zu der in den Kreisen der Volkswirte der sozialistischen Länder am meisten diskutierten Frage, die folgendermaßen umrissen werden kann: Benötigt denn die sozialistische Wirtschaft zur *Gestaltung der Produktionsstruktur die orientierende Funktion der Preiskategorie oder nicht?* Bis vor kurzem schien es so, daß der sozialistischen Planwirtschaft die strukturdienende Rolle des Preises eher entspricht als die strukturdeterminierende Rolle. Die historischen Wurzeln reichen bis in die Zeit zwischen den zwei Weltkriegen zurück, als die Sowjetunion als einziges sozialistisches Land in der Weltwirtschaft existierte. Die sozialistische Planwirtschaft entwickelte sich dementsprechend als geschlossenes nationales System, was durch die gewaltige territoriale Ausdehnung und den Reichtum an natürlichen Ressourcen der Sowjetunion ermöglicht wurde.

Die Regelung unabhängig vom Preis war deshalb möglich, weil sich der Staat bei der Planung auf die technischen Bilanzgesetze der gesellschaftlichen Produktion stützen konnte. Das marxistische Schema der erweiterten Reproduktion beschreibt die Proportionen zwischen Industrie, Landwirtschaft und Dienstleistungen bzw. im Rahmen der Industrie zwischen den Sektoren A und B im Zusammenhang mit den Veränderungen der Verbrauchsstruktur. Wenn der Staat den Verlauf der sozialistischen Industrialisierung darauf aufbauen möchte, muß die Strukturpolitik der Kontrolle der Preise entzogen werden. Dabei versieht der Preis bloß eine Selbstabrechnungsfunktion und sichert als Strukturfolge nur die materielle Interessiertheit in der geplanten Produktionsstruktur. Dies ist in Wirklichkeit ein durch das Angebot gesteuertes Wachstum, dem ein autarkisches Preissystem dient.

Nach dem Zweiten Weltkrieg entwickelte sich das sozialistische Weltwirtschaftssystem und innerhalb dessen der Rat für gegenseitige Wirtschaftshilfe, der RGW. In dieser Zeit waren die kräftige Konzentration der Produktionsmittel, die schnelle Umstrukturierung der Produktion und die Schaffung neuer Arbeitsplätze in den Nichtagrarsektoren die Hauptaufgaben in der Entwicklung der europäischen sozialistischen Länder. Mit einer extensiven Industrialisierung wollten diese Länder der teilweisen Arbeitslosigkeit in der Landwirtschaft ein Ende bereiten, auch unter Beachtung der Tatsache, daß die Kollektivierung der Landwirtschaft unvermeidlich den Arbeitskräftebedarf in diesem Sektor verminderte. Unter solchen Umständen kam die Entwicklung der Produktivkräfte und die Umgestaltung der Produktionsstruktur primär in den quantitativen Faktoren des Wachstums zum Ausdruck: in der Zahl der Maschinen und der Industriearbeiter sowie in der Expansion der Maschinenindustrie.

Die Bedingungen der extensiven Industrialisierung wurden durch die Arbeitsteilung im RGW, vor allem durch die bilateralen Beziehungen mit der Sowjetunion geschaffen. Der RGW-Markt sicherte den Absatz der Endprodukte und die Beschaffung der zur industriellen Verarbeitung notwendigen Materialien. Diese Tendenz war für die weniger entwickelten Länder von Vorteil, da sie im Einklang mit der extensiven Industrialisierung die schnelle Änderung ihrer Exportstruktur ermöglichte.

Die vom Marktpreismechanismus vollständig abgesonderte Strukturpolitik ist als kardinale These der sozialistischen Industrialisierung auch heute noch vorherrschend, obwohl
– seit 1958 im RGW bei der Preisbildung die Weltmarktpreise zugrunde gelegt werden,
– die Reserven der extensiven Industrialisierung Mitte der sechziger Jahre erschöpft waren und schließlich
– 1971 der Integrationsbeschluß des RGW die Produktionskooperation und Produktionsspezialisierung zwischen den sozialistischen Ländern auf die Tagesordnung setzte.

All dies bedeutet die allgemeine Überprüfung der traditionellen Strukturpolitik. Wenn man nämlich die internationale Wettbewerbsfähigkeit beachten muß, dann kann die Wachstumsbahn nur von der Nachfrage gelenkt werden, und das kann nur durch das Einschalten der Preisfunktion erfolgen.

Trotz alledem läßt die Anpassung des Systems der Zusammenarbeit im RGW an die neuen Bedingungen noch auf sich warten. Die wirtschaftliche Integration ist unverändert im System der Naturalprozesse organisiert, in dem die auf Materialbilanzen basierende Planabstimmung sowie die naturalen und wertmäßig festgelegten Export-Import-Kontingente die entscheidende Rolle spielen. Dieses System der sozialistischen ökonomischen Integration warf in den sechziger, besonders aber in den siebziger Jahren immer mehr Probleme auf. Als sich das sozialistische Weltwirtschaftssystem quantitativ schneller entwickelte als das kapitalistische Weltwirtschaftssystem, erfolgte eine stärkere qualitative Entwicklung der Produktion in zahlreichen Branchen des kapitalistischen Weltwirtschaftssystems. Der quantitative Vorsprung und das qualitative Zurückbleiben der sozialistischen Länder verursachten später quantitative Probleme. Es verringerte sich die Wachstumsrate des Nationaleinkommens.

Nachdem der Umsatz an natürlichen Ressourcen innerhalb des RGW anfangs gemäßigt anstieg, hörte dieser, wegen des spürbaren Absinkens in den Defizitländern, auf, Hauptträger der dynamischen Entwicklung zu sein. Abhängig davon stieg in den RGW-Ländern in unterschiedlichem Maß die Abhängigkeit vom Weltmarkt. So erhielt der Ost-West-Handel, auch seinem Charakter nach, eine veränderte Rolle.

Der Wille zur Aufrechterhaltung der dynamischen Entwicklung ohne die Anpassung an die neuen Bedingungen außerhalb der RGW-Beziehungen brachte das kritisch werdende Defizit der Zahlungsbilanz mit sich. Das ist wahrlich schon eine Kritik an der Wirtschaftslenkung, die die Notwendigkeit der umfassenden Überprüfung des Wirtschaftslenkungssystems aufwarf.

7. Die Innovation wird schon seit langer Zeit durch die Diskussionen verzögert, die darum gehen, ob die Funktionsstörungen der sozialistischen Wirtschaft durch die

Verbesserung der wissenschaftlichen Grundlagen der Planung oder durch die offenere Gestaltung des Plans gemindert werden können. Manche meinen, daß die heutige Rechentechnik, die Input-output-Analyse sowie die moderne Informationstechnik alle Bedingungen für die die ökonomische Effizienz am besten sichernden zentralen Aufgabenstellungen erfüllen. Dementsprechend müßte das Primat der Planung innerhalb der Wirtschaftslenkung unverändert so interpretiert werden, daß die adäquate Regelung und die Organisationssysteme die besten Chancen zur konsequenten Verwirklichung des Planes sichern. Demgegenüber berufen sich diejenigen, die die Offenheit des Planes betonen, darauf, daß die internationalen und nationalen Bedingungen des Wirtschaftswachstums gleichermaßen günstiger, aber auch ungünstiger als geplant sein können, und so ist die planmäßige Entwicklung nur durch die flexible Anpassung an unerwartete Situationen zu sichern. Dazu ist allerdings
– ein solches Regelungssystem notwendig, das die Abweichung von den Plandirektiven nicht nur gestattet, sondern geradezu stimuliert, wenn das den gesellschaftlichen Interessen dient. Die Regelung mit ökonomischen Mitteln leistet diesen Forderungen genüge. Es ist weiterhin
– ein solches Organisationssystem notwendig, das die Realisierbarkeit des Endproduktes zum Kriterium des Erfolges macht. Dieser Forderung entspricht die auf Marketing orientierte Organisation.

Das Wiener Institut für Internationale Wirtschaftsvergleiche veranstaltete in diesem Jahr ein Symposium unter dem Motto: East-West European Economic Interaction, auf dem der Direktor des Moskauer Institutes für Weltwirtschaft, O. Bogomolow, eine Studie unter dem Titel: «Die Wirtschaftsgemeinschaft der RGW-Länder: Herausforderung der achtziger Jahre» einreichte. Er traf den Kern der Sache, als er betonte: Das Wesen der Reformen ist die Ausweitung der betrieblichen Selbständigkeit im Bereich von Erzeugnisprogrammierung, Arbeitskräfte- und Lohnwirtschaft, Beschaffung und Absatz, Preisbildung und anderen Gebieten. Es handelt sich dabei um ein Lenkungssystem – wie er schreibt –, bei dem der Staat bemüht ist, den Plan mit ökonomischen Mitteln und nicht mit obligatorischen Plankennziffern zu erfüllen. In diesem Zusammenhang hielt Bogomolow die Bemerkung für angebracht, daß die ungarische Reformkonzeption in den anderen RGW-Mitgliedsstaaten immer mehr Aufmerksamkeit verursacht.

8. Dies führt zu der vielleicht wichtigsten Frage: Was bezeichnen wir eigentlich als die Haupttendenz des Innovationsprozesses? Viele meinen, daß die Dezentralisierung als zentrales Ziel anzusehen sei. Doch auch dies ist sehr in Frage zu stellen. Es gibt Gebiete, wo nicht dezentralisiert werden darf, wie beispielsweise in der Energiewirtschaft. Dann gibt es Gebiete, wo nicht zentralisiert werden kann, wie beispielsweise in der Mode und der ihr angeschlossenen Industrie. Die Zentralisation und Dezentralisation treten in den Sektoren und Industriezweigen differenziert auf. Um den Preis strukturorientiert zu gestalten, ist die *Entfaltung seiner Geldfunktion* notwendig. Dies ist die Voraussetzung dazu, die Wirtschaft mit monetären und fiskalen, also mit finanziellen Mitteln lenkbar zu machen. Die effiziente Finanzsteuerung ist aber das A und O der auf der Inanspruchnahme ökonomischer Mittel basierenden staatlichen Wirtschaftslenkung. Die Geldfunktion kann dann zur Geltung kommen, wenn
– im Rahmen der wirtschaftspolitischen Strategie die Unternehmen, gesteuert durch die Gewinninteressiertheit, selbständig wirtschaften können (Geltendmachung des Ertragsprinzips),
– sowohl im Kreise der Produktionsfaktoren als auch der Erzeugnisse Gleichgewichtsverhältnisse herrschen (Geld ist Zahlungsmittel) und

– das Geld in die Alimentation der internationalen Operationen eingeschaltet ist (die Währung ist konvertierbar).

Je vollkommener die Geldfunktion ist, um so wahrscheinlicher ist es, daß die Unternehmen in der Lage sind, so zu handeln, wie es die Wirtschaftskalkulation «diktiert». Die Politik versteckt sich dabei «hinter» den die Kalkulation determinierenden Faktoren, sie existiert zwar unverändert, doch unsichtbar. Deshalb kann die Wirtschaftsreform eher durch die Monetarisierung als durch die Dezentralisierung charakterisiert werden.

Aus der Sicht der Aktivierung der Geldfunktion hat in einer außenhandelsempfindlichen Wirtschaft die *Anpassung an das Währungs- und Preissystem der Welt* eine besondere Bedeutung. Deshalb tauchte in den vergangenen Jahren in einzelnen RGW-Ländern die Frage der Währungskonvertibilität auf. Die Bindung an das monetäre System der Weltwirtschaft ist auch aus der Sicht der *Intensivierung der Arbeitsteilung innerhalb des RGW* eine wichtige Bedingung. Der RGW konnte auch bisher nicht auf autarker Grundlage funktionieren. Und dies kann er in Zukunft noch weniger. Abhängig davon steigt in jedem Land in unterschiedlichem Maße die Abhängigkeit vom Weltmarkt. In einer solchen Situation ist die Intensivierung der Arbeitsteilung innerhalb des RGW nur so zu interpretieren, daß die RGW-Mitgliedsländer allen gemeinsamen Integrationsmaßnahmen und den Fällen der Zusammenarbeit, die mit nachweisbarem gegenseitigem Vorteil verbunden sind, Priorität sichern. Wenn das Finanz- und Preissystem des RGW sich dem monetären und preislichen System der Weltwirtschaft anpassen würde, dann würde die *Intensivierung der Verbindungen zwischen den RGW-Ländern von dem Kreis und dem Maß der Präferenzen abhängen, die diese Länder auf Kollektivbasis einander garantieren.*

Die Anpassung des RGW an das Währungs- und Preissystem der Weltwirtschaft ist leichter in bezug auf den *Preis* als die *Valuta* zu verwirklichen. Bezüglich dieses Preises ist die Anpassung deshalb leichter, weil die Basis der Preisbildung bei RGW-Verträgen auch heute der Weltmarktpreis ist. Hier geht es nur darum, die Ausrichtung auf die Preisbewegungen des Weltmarktes flexibler und konsequenter geltend zu machen. Ein größeres Problem ist die Schaffung der *Währungskooperation,* was die äußere Konvertierbarkeit des transferablen Rubels voraussetzt. In Verbindung mit dem Beschluß über die Wirtschaftsintegration ist über die Notwendigkeit in der perspektivischen Lösung grundsätzlich eine Einigung erzielt worden. In der Praxis ist auf diesem Gebiet allerdings wenig unternommen worden.

Es scheint, daß abweichend von den vorangegangenen Vorstellungen *die einzelnen* sozialistischen Länder diesbezüglich getrennt die Initiative ergreifen müssen, und als Synthese kann sich später dann ein abgestimmter RGW-Standpunkt herauskristallisieren. So sind auch die Entscheidungen zu interpretieren, die Ungarn im Interesse der Konvertibilität seiner Nationalwährung und des Anschlusses an die internationalen Finanzorgane unternahm und zu unternehmen beabsichtigt.

Der Anspruch auf Beitritt zum Internationalen Währungsfonds und zur Weltbank ist im Falle einzelner RGW-Länder nicht neu und bietet die Möglichkeit zur Kreditaufnahme unter günstigen Bedingungen. Obwohl auch dieser Vorteil nicht zu vernachlässigen ist, scheint die Beseitigung des Nachteils wichtiger zu sein, der sich daraus ergibt, daß an der Ausführung von Entwicklungsprojekten, die in den Entwicklungsländern durch die Kredite der Weltbank realisiert werden, nur Länder teilnehmen können, die Mitglied der Weltbank sind.

9. Der Übergang von der Tauschwirtschaft zur Warenproduktion wurde in der Sowjetunion mit einer schnellen Wende durchgeführt. Das gleiche erfolgte in der Volksrepublik China mit wiederholten Rückschritten jahrzehntelang. Auch in der

Sowjetunion erforderten die volle Anerkennung der genossenschaftlichen Landwirtschaft und die Erkenntnis der notwendigen Funktion der Hauswirtschaften Jahrzehnte.

Aufmerksamkeit verdient das von der Redaktion der Prawda über die Modernisierung des Wirtschaftsmechanismus veranstaltete Rundtisch-Gespräch, über das die Prawda in ihrer Ausgabe vom 15. Februar 1982 berichtete. Anlaß zu diesem Gespräch war, daß der Beschluß aus dem Jahre 1975, demzufolge bei der Qualifizierung der Unternehmensarbeit von der globalen Produktion zur Anwendung reiner normativer Produktionskennziffern übergegangen werden sollte, bis zum heutigen Tage nicht vollständig Wurzeln schlagen konnte. Die Schlußfolgerung der Rundtisch-Diskussion faßte die Prawda darin zusammen, daß die Ausarbeitung und Durchführung neuer Prinzipien der Wirtschaftslenkung im allgemeinen 10 bis 15 Jahre dauern.

Es scheint also, daß das routinemäßige Denken den Innovationsprozeß auch dort abbremst, wo die Überprüfung der von der Politischen Ökonomie des Sozialismus formulierten Thesen nicht erforderlich ist. Das Festhalten am Alten und die Skepsis gegenüber allem Neuen sind heute in den sozialistischen Gesellschaften bei der Gestaltung der Wirtschaftsorganisation die wundesten Punkte.

Doch der Epochenwechsel in der Weltwirtschaft und die sich relativ schnell ändernden Bedingungen der internationalen Arbeitsteilung verursachten eine Beschleunigung der Ereignisse, die geradezu die entsprechende und schnelle Anpassung diktieren. Die Zuspitzung der Probleme zeigt sich darin:
- Der rechtliche Rahmen, auf dem die ökonomische institutionelle Ordnung basiert, hat zur Ausweitung rechtswidriger Wirtschaftsakte geführt – es existiert und blüht die Zweite Wirtschaft.
- Innerhalb des Lenkungssystems führte das Primat der staatlichen Planung und dessen traditionelle Interpretation zu Wirtschaftsakten, die vom Plan abweichen – es wird die fehlende Vertragsdisziplin bei Lieferungen geduldet.
- Den auf dem Gebiet der Wirtschaftseffizienz formulierten Forderungen, insbesondere den Prinzipien der selektiven Industrialisierung, werden durch das Regelungssystem Schranken gesetzt – die Entfaltung des Preises und der Geldfunktion lassen auf sich warten.

Gleichzeitig weisen aber auch immer mehr Zeichen darauf hin, daß innerhalb absehbarer Zeit ein besserer Einklang zwischen Lenkung und Wachstum geschaffen wird.

Zweiter Teil

Allgemeine Ordnungsbedingungen des Innovationsverhaltens

A. Schüller, H. Leipold, H. Hamel (Hrsg.): Innovationsprobleme in Ost und West · Schriften zum Vergleich von Wirtschaftsordnungen · Heft 33 · Gustav Fischer Verlag · Stuttgart · 1983

Innovation and Alternative Property Rights

Svetozar Pejovich

I. Introduction

The idea of economic progress dominates both the thinking and policy of most countries today. The thinking about economic development ranges from doomsday predictions to a strong belief that man's survival instinct, ingenuity, and innovation guarantee economic prosperity. The purpose of this paper is to argue that innovation is a major source of economic development and that the flow of innovation depends on the prevailing property rights structures in a community.

A view is widely held that an inadequate resource base is a major cause of economic problems in the so-called third world. I believe that this view is quite misleading and incorrect. Professor Haberger has shown that the rate of return of investment in developing nations is just about the same as anywhere else. Thus, it is naive to claim that economic development in the third world is held back for lack of capital. Moreover, resources are *created* via human ingenuity. Worthless things become scarce resources as soon as somebody discovers that they could be converted into marketable goods. To say that the U.S. is a developed country because it has a large resource base is an empty piece of poetry. The midwest prairies and Texas plains were amoung the most uninviting areas of the world until incentive effects of a private property system transformed them into one of the most affluent regions on earth. Japan, South Africa, and Hong Kong are not resource rich but they have done better than India, the rest of Africa and Asia. The USSR is well endowed with resources but is still experiencing problems in clothing, housing and feeding its people.

Another widely held view is that economic development depends on the saving-investment relationship. The rate of growth is determined by the supply of savings and productivity of capital. The rate of growth preferred by the community is then revealed *via* its voluntary savings which, in turn, depend on personal incomes, interest rate, and each person's subjective valuation of present consumption relative to future consumption. To achieve a political objective of higher growth rates many governments have been using taxation and inflation as means of generating «forced» savings. The fact is, however, that any growth in excess of that provided by voluntary savings makes the current generation worse off. It also transfers decision-making powers that affect human lives from the people to the ruling elite.

II. Innovation

In general, innovation means doing something that has not been done before. It could be the development of a new good, the opening up of a new market, or the introduction of a new method of production. The act of innovation then does not necessarily affect the allocation of resources between present and future consumption. It changes the index of significance of inputs relative to output.

Innovation provides the community with a *choice* between the old ways and a new alternative. It enlarges the community's set of opportunity choices. The *voluntary* acceptance of innovation by the community is the innovation's real test. Its voluntary acceptance in the market place means that innovation has made the community better off. Otherwise, innovation would have failed, as indeed many innovations do. In summary, those innovations that are voluntarily accepted by the community contribute in a measurable and meaningful way to the quality of life in society. Innovation is then a major engine of economic prosperity.

The innovator injects something new into the flow of economic life. Innovation is a consequence of his ingenuity and perceptions. Thus, innovation can neither be planned for nor ordered by an authority. The innovator has no previous data to count upon. He faces a substantial risk and uncertainty that are always associated with doing a new thing. If the innovation fails, he stands to lose wealth, prestige and/or influence. If the innovation succeeds, the innovator would have generated benefits over and above the opportunity cost of resources employed by him. The crucial issue is, who captures those benefits from a successful innovation? The issue is quite important because the allocation of benefits determines the innovator's willingness to accept the risk of failure.

Since innovations cannot simply be planned for, the problem of economic development becomes one of searching for institutional structures which provide opportunities as well as incentives to innovate. Clearly, alternative property rights are an important determinant of incentives to innovate.

III. Property Rights and Economic Analysis

In recent years, some significant advances have been made in the direction of a generalization of the standard theory of production and exchange; that is, in the general direction of expanding the scope of its validity. The property rights approach rests on two interrelated factors: (i) people respond to incentives in specific and predictable ways, and (ii) alternative property rights structures generate different penalty-reward systems. The key concepts underlying the property rights analysis are:

(a) Explicit account is taken of the fact that many different patterns of property rights arrangements exist in human communities. They generate different incentives and, consequently, different behavioral patterns. Thus, contrary to conventional theory, detailed analysis of the interrelations between various property rights assignments and economic outcomes becomes possible.

(b) Transaction costs are taken to be positive and variable with respect to changes in the prevailing property rights.

(c) The property rights approach reflects the perspective of methodological individualism. That is, the actions of various groups that may be formed to further some common interest of its members are best understood by focusing attention on the incentives of their decision makers. That is, the unit of analysis is always the individual.

Property rights are the behavioral relations among men that arise from the existence of scarce goods and pertain to their use. They describe the relations among men and not the relations between men and things. Thus, the so-called human rights are, in fact, property rights.

Property rights affect economic life *via* contractual agreements (exchange). People enter into exchange because they seek increments in utility. The purpose of exchange is then independent of institutional structures in the community. However, the *terms* and *extent* of exchange are not. This point emphasizes the relationship between property rights and economic activities. It does so because no one can transfer to others more rights in a good than he himself possesses. Exchange is not merely transfer of goods but the exchange of bundles of rights to do things with goods that are traded.

IV. The Right of Ownership and Innovation

Two major institutions that define a capitalist society are: the right of ownership and contractual freedom. The right of ownership has two basic elements: the exclusivity of rights and voluntary transferability of rights. The exclusivity of rights means that the right of ownership is constrained *only* by restrictions that are explicitly stated in law. Otherwise, the owner decides what to do with his assets and bears the costs (or captures the benefits) of his decisions. Behaviorally, *the exclusivity of rights generates incentives for the owner to seek the best use for his asset.*

However, the best use to which the owner can put his asset is not necessarily the highest-valued use; the asset could be more productive in someone else's hands. Value maximization then requires a vehicle by which resources can be moved from a lower- to a higher-valued user. Voluntary transferability of rights is such a vehicle. Suppose that the present value of an asset owned by X is $ 1,000. If Z could generate a higher stream of earnings from the same asset, its present value would rise to say $ 1,250. It follows that both X and Z have incentives to voluntarily exchange the asset at any price between $ 1,000 and $ 1,250. *A succession of such transfers moves privately-owned resources to their highest-valued uses.*

Contractual freedom is a cost minimizing method for generating information needed to move resources from lower- to higher-valued uses. Voluntarily negotiated contracts reveal relative values that different people attach to the alternative uses of goods. In other words, contractual freedom reduces the cost of translating incentives generated by the right of ownership into efficient outcomes.

The right of ownership and contractual freedom provide for some essential characteristics of a capitalist economy:

(i) The capitalization into the present market value of foreseeable future consequences of current decisions about the use of resources.

(ii) Each and every individual has the right to acquire resources and determine their use.

(iii) The owner captures the benefits and bears the cost of changes in the value of his resources.

To innovate presupposes the right to acquire resources, the freedom to change the allocation of inputs according to the innovator's vision, and incentives to accept the risk of failure. The right of ownership and contractual freedom clearly create an environment and generate incentives that are conducive for maximizing the flow of innovation.

(a) All people in a capitalist society have the right to innovate. Anyone who perceives an opportunity to do something new and is willing to accept the risk of doing it is free to seek to acquire resources and use them to carry out his ideas.

(b) The right of ownership and contractual freedom offer incentives to individuals to accept the risk and uncertainty about the outcome of innovation. By assuring him of his right to capture all the gains from a successful innovation, property rights structures in capitalism generate incentives for the innovator to accept risk and uncertainty. The gains come from the market acceptance of innovations. A successful innovation yields benefits in excess of what the bundle of resources used by the innovator was earning before. Positive profits are then created within the system *via* the emergence of new exchange alternatives that enough people seek to exploit. In the process, a successful innovator has a temporary monopoly position that enables him to capture those gains until they are competed away by imitators.

V. Innovation in the Labor-Managed Economy of Yugoslavia

Major institutional features of the Yugoslav economy are:

(i) The state ownership of capital goods.
(ii) The employees' ownership of the returns from capital goods.
(iii) The employees' right to govern their respective firms (including the right to hire and fire management).
(iv) The system of quasi-voluntary contracts between firms, institutions, and various agencies.

The state ownership of capital goods means that the firm can add to its capital stock as well as change its composition but never let the book value (periodically adjusted for inflation) of its capital stock fall. The firm can sell an asset to another firm but the proceeds from sale must be reinvested. If an asset is sold for less than its book value the firm must make up for the difference from its revenues.

The employees' right to the returns from capital goods is contingent on their employment by the firm. When an employee leaves the firm his rights to participate in its earnings cease. The employees' right to govern the firm means that they control the firm's management, investment policy and all other operations of the firm. The employees govern their firms through the workers' council.

The Yugoslav economy rests on contractual agreements within the prevailing legal constraints. Plants within a firm negotiate contracts which specify their mutual rights and obligations. Institutions and firms in related activities negotiate agreements that specify the pooling of resources, criteria for the distribution of income and other questions concerning their cooperation. Groups bound together through broad common interests such as business firms, trade associations, trade unions, various institutes and government agencies negotiate contracts that specify their mutual rights and obligations. Also, the provision of many services such as welfare, health, education, and power production is negotiated between those who demand social services and those who supply them.

Contractual agreements encompass the entire economic life in Yugoslavia. It does not mean that contractual freedom exists in Yugoslavia as we know it in the West. Contractual agreements are mandated by law and the basic contractual terms are often set by government agencies. It is only within those legal and administrative constraints that economic units are free to negotiate the extent and terms of exchange. However, an important consequence of the system of quasi-free contracts in Yugoslavia is to reduce the role of the state in the nation's economy.

The Yugoslav property rights structures and the system of mandated contracts establish a link between the right to make decisions about the allocation of resources and who bears the costs. They also establish a link between the employees' rewards and the firm's performance. However, property rights structures in Yugoslavia make one essential, efficiency generating, characteristic of capitalism absent from that country's economic life, to wit: The capitalization into the present market value of foreseeable future consequences of current decision *re* the allocation and use of resources. The Yugoslav worker enjoys the right of ownership in the returns from capital goods held by his firm. However, when he leaves the firm he loses all his rights to its future earnings even through he might have, along with others, contributed to the firm's stock of capital.

The prevailing property rights structures in Yugoslavia create incentives for those employed by business firms to allocate resources to those specific uses that shift income forward and/or postpone costs. Incentive structures are such that the employees are expected to favor decisions that promise to maximize the near-term cash flows over those alternatives that would maximize the firm's present worth. Moreover, nontransferability of the employees' right of ownership in the returns from capital goods means that the Yugoslav economic system provides no room for specialization in risk bearing across individuals with different degrees of risk aversion. The Yugoslav employees are forced to bear risks which are insurable by diversification.

In assessing the effects of property rights structures on the flow of innovation in Yugoslavia it is necessary to raise two questions: who can innovate; that is, who is in the position to acquire resources and determine their use; and what incentives does the potential innovator have to accept the risk and uncertainty associated with innovation?

Individuals not employed by business firms are not in the position to acquire resources needed to innovate. The pool of those who can innovate is then reduced to the working collective. Some limitations exist within the collective as well. Individual employees cannot acquire resources, only the collective can. That is, no individual employee is in the position to seek and acquire resources needed to translate his perception into actual outcome. He has to sell his idea to the Worker's Council which is the highest governing body in the Yugoslav firm. The firm's director is perhaps the only individual who can use resources to implement new ideas. However, even the director is supposed to seek the Workers' Council approval for any major change in the firm's operations. I conjecture that to get a group of people with diverse attitudes toward risk, different philosophical and technical backgrounds, and different age distributions to agree to implement a new idea is an obstacle to the potential flow of innovation.

Given the people who can innovate in Yugoslavia: the collective *via* its Workers' Council and the firm's director, an important question becomes, what incentives do they have to assume risk and uncertainty associated with innovation?

The benefits (positive or negative) of a successful innovation in Yugoslavia cannot be capitalized in the present market-value. The benefits from innovation appear as a change in the firm's stream of net earnings. That is, the only way for the employees to capture benefits (or bear costs) from innovation in Yugoslavia is *via* higher (lower) wages. Moreover, those higher wages can be enjoyed only by those who are associated with the firm while the benefits from innovation are being received. It is then quite conceivable that some employees who leave the firm might cease to participate in the gains from innovation that they themselves have voted to approve, while new workers might capture some benefits even though they have not been with the collective when the decision to innovate was made. The relationship between time horizon, that is the worker's expected length of employment by the firm, and the period of time over which net benefits (or costs) of innovation are received is then of some importance to the workers' decision to go ahead with innovation. Incentives to innovate fall as time horizon gets shorter relative to the period over which the benefits of a successful innovation are to be received. In summary, property rights structures impede the flow of innovation in Yugoslavia. First, they reduce the number of people who can innovate. Then, they reduce incentives to accept risk and uncertainty associated with innovation. It is so because property rights not only limit benefits received by the collective to a stream of periodic payments but they also make those benefits contingent on the workers' continued employment by the firm. A prominent Yugoslav exconomist, A. Bajt (1968), recognized both the importance of innovation (he called it entrepreneurship) and the effects of the prevailing property rights in Yugoslavia on the flow of innovation. He said:

«I would not be surprised, therefore, if somewhere in the future this will find its expression in giving enterprises property rights in their means of production (property in the legal sense). If we distinguish the real economic relations are reflected in the structure of distribution from their legal or constitutional counterpart on the one hand, and capital from capital goods or factors which in their actual combination have to be viewed as a result of entrepreneurship on the other, as I have tried to do here, one would be inclined to agree that this would not do any harm to the socialist character of the economy but would very probably improve the quality of its decision-making and, in this way, its efficiency.»

VI. Innovation in the USSR

Major institutional features of the Soviet economy are:

(i) The state ownership of productive assets.
(ii) The centralized system of administrative planning.
(iii) The Communist Party.

State ownership of productive assets has two important consequences. First, under a regime of public ownership no individual has a claim on the capitalized value of productive assets. The benefits and costs of allocative decisions are dissipated throughout the economy. Thus, public ownership generates little incentive for decision makers to move scarce resources to their highest-valued uses. The second consequence of state ownership is that the mode of entry into decision making is *via* membership in the ruling elite. Those two consequences of state ownership create incentives for decision makers to allocate resources in ways that are expected to perpetuate the power of the ruling group.

The function of administrative planning in the Soviet Union is to replace voluntary contracts with governmental controls over both the content as well as terms of exchange. Administrative planning then serves the objective of strengthening the Soviet political order.

The Communist Party determines foreign and domestic objectives in the Soviet Union and monitors their implementation. The best jobs in that country are reserved for members of the Party. A member of the Party gets promotions easier and faster than other Soviet citizens; he finds it less difficult to move up the social and economic ladder. In return, the Party leadership requires and gets total and unquestionable obedience from rank and file. Once the Party leadership makes a decision all Party members must support it, and the government bureaucracy must execute it. The cost of questioning the leadership and its decisions is a reduction in one's flow of income and other benefits. The Party leadership in the Soviet Union is the Politburo. It is the most powerful body in the country. The Politburo is a self-perpetuating elite from which one departs by death or in political disgrace, and joins through personal connections.

State ownership of productive assets, administrative planning and the Communist Party are the means through which the Party leadership seeks to use scarce resources to strengthen and perpetuate its power. The allocation of resources in the Soviet Union then depends on political requirements of the ruling group.

To use economic policy to serve political ends is not costless. Declining rate of growth, overbureaucratization of the system, failure of Soviet agriculture, poor quality of consumer goods and inadequate housing are only a few examples of numerous economic problems in the Soviet Union. Those problems are *generated by the system* itself and should not be attributed to incompetence of Soviet leaders.

The number of those who can acquire resources and control their use is limited to the top of the Soviet hierarchy. The members of the ruling elite have one common objective: to invest resources into those uses that are expected to strengthen and perpetuate their power. They are also likely to have a number of internal conflicts. Most conflicts must arise from the nontransferability of rights and age differences. The incentives confronting young and old members of the ruling elite could clash given differences in the time rate of preference. In any case, the consequences of communal ownership are quite different from the ownership by a single person.

Those who are in the best position to perceive potential innovations, the employees of business firms, face reduced incentives to assume risks. Moreover, they also face a long uphill bureaucratic battle in getting new ideas implemented. A remarkable book by Vladimir Dudintsev, *Not By Bread Alone*, shows how a potential innovator is helpless against the bureaucrats who simply and predictably do not want to take any risk whatsoever.

Bureaucratic impediments to innovation are quite serious in the Soviet Union. Moreover, they are a consequence of the prevailing property relations. Let us look at the process of the implementation of technical inventions in Russia. (For details see Martens, Young 1979.)

When an employee creates a new invention, the invention bureau (BRIZ) of the employee's place of work is notified. The BRIZ patent specialists make a preliminary search of the available patent and technical literature to ascertain whether the proposed invention is in fact new. If the BRIZ search uncovers no materials vitiating the proposed invention's novelty and if the proposed invention does not contradict other rules of patentability, the BRIZ specialists draft the specifications for the inventor's certificate. The drafted application is then filed at the State Committee's examination institute (VNIIGPE).

As soon as an application is received in the State Committee, it is dated and checked for compliance with the Committee's formal requirements-proper number of forms, necessary signatures, an object not obviously unpatentable, etc. If the application is in the correct form, one copy is sent to the appropriate patent examiner and another copy is sent to a relevant industrial organization. During the examination of the application, there may be considerable correspondence between the examiner and the inventor(s) on the exact nature of the claims being made. If the examiner finally considers the invention to be patentable and if the industrial organization has not successfully challenged the usefulness or novelty of the invention, the inventors are granted an inventor's certificate. Once granted, the invention is assigned a number from the state register for inventions and published in the official bulletin of the State Committee.

It is predictable that the flow of innovation in the Soviet Union is impeded by the social system. Moreover, when the invention is approved, it takes a long time to implement it (i. e. to innovate). According to Martens and Young (1979) the elapsed time between the approval data to the implementation date is quite different in the USA and the USSR. In the USA over 50 percent of technical innovations are implemented in little more than a year. In the USSR it takes more than three years to achieve the same percentage of implementation of technical innovations.

Lack of incentives to innovate at the firm's level have been noted by Western economists. A. Nove (1961, p. 167) wrote:

«It remains true that the structure of the Soviet economy does little to encourage the search for new at local level, and not a little do discourage it.»

While N. Spulber (1962, p. 68) said:

«Managers have, furthermore, shown only slight interest in reducing costs – since each cost reduction is integrated into the subsequent plan.»

I conjecture that most Western economists are wrong on this point. I believe that incentives to innovate exist at the firm's level. More specifically, the Soviet manager has strong incentive to innovate but his activities are not easy to detect because they occur *outside* of that country's legal framework. It is precisely the property rights approach that helps understand why and how the Soviet manager contributes to economic development in the USSR by deviating from law.

The output performance of the firm contributes to the Soviet manager's tenure on the job, promotions and material well-being. Since input allocations are frequently delivered late, or not at all or in wrong quantities, the Soviet manager needs an unplanned reserve of stocks in order to obviate production crises. The question is how the manager can accumulate reserves of variable inputs when the firm has no cash balances subject to holding preference, and its flow of real resources is based on the official allocation of inputs. The costs that the state would have to incur to acquire information about true production capabilities of his firm enables the Soviet manager to create a set of opportunity choices for himself. The origin of this set of choices lies in the difference between the firm's *approved* and *true* production functions.

The *approved* production function determines the firm's output quota and its allocation of inputs. Then, given the firm's *true* production function the manager can choose to produce no more than his output quota and accumulate stocks for future emergencies. In this case he foregoes the rewards he could receive for overfulfillment of his production quota. Conversely, the manager can choose to overfulfill his output quota by increasing the flow of variable inputs to current operations. In this case the manager adds less (or nothing) to his inventories and in effect trades future security from stocks for current monetary gains from additional output.

Contrary to the intent of the government's planning procedure, the Soviet manager is able to secure for himself a set of opportunity choices. The manager's ability to *create* and *preserve* that range of choices is his major survival requirement in the Soviet system.

However, the long-term consequences of overfulfillment of quota present a clear danger to the Soviet manager. Each time he overfulfills his quota the state is likely to approve a *revised* production function. A revised production function reduces, in turn, his range of opportunity choices and eventually the approved production function approaches the true production function.

As long as the Soviet manager views the existence of his discretionary range of choices as an essential survival requirement he will be eager to preserve it. In reality it means that he must *raise* the firm's total product curve and *conceal* the shift from the state in order to offset the effect of a revised production function on his area of discretion. It follows that the Soviet system has a built-in incentive for the manager to search for cost-saving improvements, provided the manager can choose the rate at which the effects of these improvements are made known to the state. The Soviet manager's ability to innovate and conceal the effects of the innovation from the state staves off the convergence of the reported and the true production functions of the firm. Moreover, the manager's incentive to generate and promote innovative behavior benefits the economy as a whole.

The manager is obviously interested only in those innovations that he can conceal from the state. Thus, the existing system of planning eliminates some types of innovation altogether and reduces the flow of others.

Literature

Bajt, A. (1968): Property in Capital and in the Means of Production in Socialist Economies, *Journal of Law and Economics*, 11, pp. 1-4.

Martens, J., and Young, J. (1979): Soviet Implementation of Domestic Inventions, in: *Soviet Economy in a Time of Change*, Joint Economic Committee of US Congress, pp. 472-510.

Nove, A. (1961): *The Soviet Economy*, London.

Spulber, N. (1962): *The Soviet Economy*, New York.

A. Schüller, H. Leipold, H. Hamel (Hrsg.): Innovationsprobleme in Ost und West · Schriften zum Vergleich von Wirtschaftsordnungen · Heft 33 · Gustav Fischer Verlag · Stuttgart · 1983

Eigentumsrechte, Öffentlichkeitsgrad und Innovationsschwäche – Lehren aus dem Systemvergleich

Helmut Leipold

I. Problemstellung

In nahezu allen westlichen Marktwirtschaften läßt sich in den siebziger Jahren ein Erlahmen der Innovations- und der Investitionsdynamik beobachten und belegen. Die Ursachen dieser Abschwächung werden kontrovers diskutiert. Als Hauptursachen gelten das Erschöpfen grundlegender Erfindungsmöglichkeiten, die zunehmende Sättigung der Konsumbedürfnisse und die dadurch induzierte nachfragebedingte Stagnation sowie die intensivierte innovative Konkurrenz durch sog. Schwellenländer. Bei diesen exemplarisch angeführten Faktoren handelt es sich jedoch eher um Folgen als um Ursachen der nachlassenden Innovationsdynamik. Der Hauptgrund dürfte vielmehr in den Veränderungen der institutionellen und speziell der motivationalen Rahmenbedingungen liegen, die auf den Ausbau des Sozialstaates zurückzuführen sind. Das charakteristische Merkmal dieser Veränderungen läßt sich thesenartig als «schleichende Erhöhung des Öffentlichkeitsgrades wirtschaftlicher Aktivitäten» kennzeichnen.

Der Einfluß und das Gewicht der institutionellen Determinante auf das Neuerungsverhalten lassen sich in direkter Form nicht exakt belegen und nachweisen, zumal Innovationstätigkeiten von mehreren Faktoren bestimmt werden. Als erfolgversprechende Methode, den Einfluß der institutionellen Rahmenbedingungen analytisch freilegen und begründen zu können, bietet sich der Vergleich alternativer institutioneller Arrangements an. Aufschlußreiche Belege für die oben genannte These erhoffen wir uns dabei aus der Untersuchung der Neuerungsorganisation in sozialistischen Wirtschaftssystemen. Denn obwohl diese Systeme vergleichsweise zu westlichen Marktwirtschaften relativ hohe Forschungs- und Entwicklungsaufwendungen tätigen, weisen sie seit Jahrzehnten einen technologischen Rückstand auf. Es ist folglich anzunehmen, daß die Analyse der systembedingten Ursachen dieses technisch-ökonomischen Zurückbleibens auch Aufschlüsse für den Rückgang der Innovationsbereitschaft in westlichen Marktwirtschaften liefern kann. Im folgenden werden daher zunächst am konkreten Fall der DDR Planung und Organisation der Neuerungsprozesse (II) sowie deren systembedingte Hemmnisse (III) untersucht, um dann zu prüfen, welchen Beitrag die Analyse zur Erklärung der Innovationsprozesse und speziell der erlahmenden Innovationsdynamik in Marktwirtschaften leisten kann (IV). Im abschließenden Kapitel werden die Anreiz- und Kontrollstrukturen in Markt- und Planwirtschaften vergleichend betrachtet (V).

II. Planung und Organisation der Neuerungsprozesse in der DDR

In sozialistischen Planwirtschaften erhält die Förderung der wissenschaftlich-technischen Fortschritte aufgrund ideologischer und aktueller wirtschaftspolitischer Überlegungen einen hervorragenden Stellenwert. Da Wissenschaft und Technik als das tragende Medium der weiteren qualitativen und quantitativen Entwicklung der Produktivkräfte gelten, richtet sich folglich der Ehrgeiz auf die praktische Einlösung der ideologischen Programmatik, nach der sozialistische Produktionsverhältnisse besonders günstige Entfaltungsmöglichkeiten bieten. Daneben gebietet sich die Forcierung des technischen Fortschritts aus schieren wirtschaftspolitischen Zwängen. Auch in sozialistischen Planwirtschaften sind Produkt- und Verfahrensneuerungen die entscheidenden Triebkräfte der ökonomischen Entwicklung und des materiellen Wohlstandes. Da wirtschaftliche Fehlentwicklungen, die zur drastischen Verschlechterung der Güterversorgung führen und öffentliche Unzufriedenheiten auslösen können, gewichtige Gefährdungsmomente der politischen Machtsicherung implizieren, muß die Parteiführung ein elementares Interesse haben, die technologische Leistungsfähigkeit der Volkswirtschaft voranzutreiben. Die Entwicklung und Durchsetzung technischer Fortschritte werden demgemäß als erstrangige Aufgabe der zentralen staatlichen Planung und Leitung betrachtet.

Ein Blick auf die Träger und die Organisation der Planung von Wissenschaft und Technik ergibt folgendes Bild: Das verfassungsrechtlich zuständige Staatsorgan für die Volkswirtschaftsplanung einschließlich der Planung von Wissenschaft und Technik ist der Ministerrat, der sich aus dem Präsidium und der Gesamtheit der Minister zusammensetzt. Die verantwortlichen Träger der Planung und Koordination von Wissenschaft und Technik sind dabei die dem Ministerrat unterstellte Staatliche Plankommission, das Ministerium für Wissenschaft und Technik und die einzelnen Industrieministerien. Deren Kompetenzen lassen sich anhand der Teilpläne der Neuerungsplanung konkretisieren (vgl. Anordnung, 1979a, Teil L, S. 19ff.; Leipold, 1982). Den wichtigsten Teilplan bildet der «Staatsplan Wissenschaft und Technik», der von der Staatlichen Plankommission in Zusammenarbeit mit dem Ministerium für Wissenschaft und Technik und anderen staatlichen Zentralorganen aufgestellt wird. Dieser Teilplan umfaßt:

erstens die Staatsaufträge Wissenschaft und Technik,

zweitens die volkswirtschaftlich bedeutenden Neuerungen außerhalb von Staatsaufträgen,

drittens die zentralen Vorgaben zur Einsparung von Arbeitszeit, Material, Energie sowie die Produkte mit dem Qualitätsgütezeichen «Q» und

viertens die Entwicklungsziele für das Forschungs- und Entwicklungspotential.

Absoluten Vorrang haben die Staatsaufträge, die für volkswirtschaftlich bedeutsame und komplexe Neuerungen erteilt werden. Als aktuelles Beispiel sei etwa die Mikroelektronik genannt, deren Entwicklung und Anwendung über Staatsaufträge koordiniert und durchgesetzt werden (vgl. Garscha, in ds. Bd.). Die im Staatsplan enthaltenen Aufgaben haben für alle beteiligten Leitungs- und Wirtschaftseinheiten einen vorrangigen Stellenwert. Dieser Vorrang gilt sowohl für die Pläne Wissenschaft und Technik der Ministerien und der Räte der Bezirke als auch für die der dezentralen Einheiten, also der Kombinate, Betriebe und Forschungseinrichtungen.

Die Pläne der Kombinate umfassen die detaillierten zentralen Staatsplanaufgaben sowie die eigenverantwortlich initiierten Neu- und Weiterentwicklungen von Erzeugnissen und Verfahren. Die den dezentralen Wirtschaftseinheiten verbleibenden Pla-

nungskompetenzen kommen in den Einzelplänen zum Ausdruck, die von der Unternehmensleitung aufzustellen sind (vgl. Anordnung, 1979b, S. 85 ff. und die neueste Anordnung über die Rahmenrichtlinie, 1982, S. 165 ff.):
Erstens der Plan «Forschung und Entwicklung», in dem die angestrebten wissenschaftlich-technischen Ziele festzulegen und mit den Zielen der anderen Teilpläne abzustimmen sind,
zweitens der Plan der technischen und organisatorischen Maßnahmen, in dem die Maßnahmen der Rationalisierung und der Neuorganisation aufzunehmen sind,
drittens der Plan des ökonomischen Nutzens aus Maßnahmen des wissenschaftlich-technischen Fortschritts, in dem Aufwand und Nutzen zu kalkulieren sind,
viertens der Plan der wissenschaftlichen Arbeitsorganisation, in dem die Wirkungen auf die Arbeitsprozesse und -plätze zu erfassen sind und schließlich
fünftens der Plan der Neuerertätigkeit, in dem die Aufgaben und Maßnahmen der Neuererbewegung zu planen sind.

Die in diesen Einzelplänen festzulegenden Aufgaben sind in verbindlicher Form im «Pflichtenheft» zu dokumentieren, das als wichtiges Führungsinstrument der Kombinatsleitung für die Festlegung, Finanzierung und Leistungsbewertung der Neuerungsprozesse gilt (vgl. Garscha, in ds. Bd.). Nach der Festlegung der wissenschaftlich-technischen Ziele sind diese mit den Zielen der anderen volks- und betriebswirtschaftlichen Teilpläne, also mit den Zielen der Produktions-, Material-, Investitions-, Finanz-, Arbeitskräfte- und Außenhandelspläne abzustimmen. Das Kernproblem der zentralen Planung der Neuerungsprozesse besteht dabei in der hohen Unsicherheit der Informationen, wobei dieses Informationsproblem seinerseits in der arteigenen Beschaffenheit der Neuerungen begründet ist. Entwicklung, Produktion und Einführung von Neuerungen sind unaufhebbar mit hohen technischen und ökonomischen Risiken verbunden. Das zur Planung und Abstimmung benötigte Wissen ergibt sich teilweise erst aufgrund von Fehlschlägen und aktuellen Erfahrungen, also in Prozessen von Versuch und Irrtum. Eine schnelle Reaktion auf neues und sich im laufenden Planvollzug ergebendes Wissen würde eine flexible Korrektur sowohl der wissenschaftlich-technischen Ziele als auch der Ziele und Maßnahmen der laufenden Produktionsplanung erfordern. Gerade dieser Flexibilitätsanforderung kann ein System der zentralen Volkswirtschaftsplanung nur höchst unvollkommen genügen (vgl. Röpke, 1976).

Der Überblick über die Planung und Koordination der wissenschaftlich-technischen Aufgaben vermittelt noch kein vollständiges Bild der Neuerungsplanung. Daneben sind die Preise und die Kosten der neu- oder weiterentwickelten Produkte zu planen, ferner sind den Kombinaten und Forschungseinrichtungen detaillierte und verbindliche Kennziffern über Menge und Qualität der Neuerungen einschließlich des zulässigen Einsatzes an Personal, Material, Energie, Kapazität und Finanzen vorzugeben. Die Grade der Erfüllung dieser Kennziffern sind wiederum für die Leistungsbewertung und damit auch die Höhe der zulässigen Zuführungen zu verschiedenen Fonds entscheidend. Wir können an dieser Stelle lediglich auf einige Probleme dieser Planbereiche aufmerksam machen.

Die Preisfestsetzung für neue oder weiterentwickelte Produkte hat nach dem sog. «Preis-Leistungs-Verhältnis» zu erfolgen. Hierbei soll in bewußter Abkehr von der aufwandsbezogenen Preiskalkulation neben den Kosten auch der Gebrauchswert, also der Nutzen der Neuerungen, berücksichtigt werden. Danach sind die Preise und die Gebrauchswerteigenschaften der Neuerungen zu den Preisen und Gebrauchswerten vergleichbarer Produkte in Relation zu bringen, und zwar gemäß der Maxime, daß Erzeugnisse mit einem höheren Nutzen auch einen höheren Preis als Anreiz verdienen.

In konzeptioneller Betrachtung bedeutet dieses Preisbildungsverfahren eine Abkehr von der Arbeitswerttheorie, nach der dem Nutzen bzw. Gebrauchswert keine selbständige Rolle als Wertbildungsfaktor konzediert wird. Die Anerkenntnis des Gebrauchswertes und damit indirekt der Nachfrage als Preisdeterminante impliziert jedoch noch keine Hinwendung zu Markt- oder Knappheitspreisen. Der entscheidende Unterschied ergibt sich aus der Tatsache, daß es sich bei der Preisbildung gemäß dem Preis-Leistungs-Verhältnis um eine behördlich attestierte Form der Leistungsbewertung handelt, denn die Preisfestsetzung erfolgt hierbei im Zusammenspiel zwischen staatlichen Preisämtern und der Kombinatsleitung (vgl. zu den Preisregelungen und zu Ergebnissen Beyer, Erdmann, Lauterbach, Melzer, 1980).

Zusätzlich zu den Preisen erhalten die Kombinate und Betriebe noch Vorgaben über die Menge der zu produzierenden Neuerungen und des zulässigen Faktoreinsatzes. Die Leistungsbewertung durch die staatlichen Aufsichtsorgane und demgemäß die Zuführungen zu den verschiedenen Fonds orientieren sich am Grad der Planerfüllung. Grundlage der materiellen Sanktionierung der innovativen Leistungen bilden die Neuerungskoeffizienten, in denen das naturale oder wertmäßige Volumen der neuen oder weiterentwickelten Produkte ins Verhältnis zum naturalen oder wertmäßigen Volumen der gesamten betrieblichen Warenproduktion gesetzt wird (Hartmann, Haustein, 1979, S. 83 ff.). Die an diesem Verhältnis orientierte Leistungsbewertung stößt auf verschiedene Probleme: Soll beispielsweise der Neuheitsgrad der Produkte am betrieblichen, nationalen oder internationalen Standard gemessen werden? Sind Weiterentwicklungen von Produkten als Neuerungen oder nur als geringfügige Modifikationen einzustufen? Sowohl für die Unternehmensleiter als auch für das übergeordnete Aufsichtsorgan verbleibt ein breiter Raum für subjektive Auslegungen, abgesehen davon, daß der behördlich attestierte Nutzen der Neuerung keineswegs dem Wert oder Nutzen entsprechen muß, den die Benutzer der Neuerung zumessen. Die mit der behördlichen Leistungsbewertung verbundenen Auswirkungen auf die Neuerungsmotivation werden im folgenden Abschnitt näher untersucht.

III. Institutionelle Mängel der Neuerungsmotivation in der DDR

Die Dynamik und Qualität der Neuerungsprozesse werden in jeder Volkswirtschaft maßgeblich von dem Stand des technischen Wissens und von der Motivierung risikobereiter Verhaltensweisen geformt. Zum innovatorischen «Können», zur Innovationsfähigkeit also, hat das «Wollen», d.h. die Innovationsbereitschaft als zweite Innovationsdeterminante hinzuzutreten. Bezüglich der ersten Determinante des technischen Wissens weisen die DDR und alle anderen sozialistischen Wirtschaftssysteme außerordentlich günstige Bedingungen auf. Ende der 70er Jahre wurden 4,2 vH des Nationaleinkommens für Forschung und Entwicklung verausgabt. Im Jahre 1978 waren dies 6,5 Mrd. Mark, wovon 2,3 Mrd. aus dem Staatshaushalt und 4,2 Mrd. von den Betrieben finanziert wurden. Auch Quantität und Ausbildungsqualität der Beschäftigten deuten auf einen hohen technischen Wissensstand hin. Ende der 70er Jahre waren im gesellschaftseigenen Sektor rd. 1,4 Mill. Beschäftigte mit Hoch- und Fachschulstudium tätig. Die Zahl der in Forschung und Entwicklung Beschäftigten betrug im Jahre 1980 182 000, von denen 113 000 als Hoch- und Fachschulkader qualifiziert waren (vgl. Haustein, in ds. Bd., und Statistisches Jahrbuch der DDR 1981, S. 105).

Das hohe Niveau des wissenschaftlich-technischen Humankapitals der DDR wird in der vergleichenden Betrachtung deutlich: Das Forschungspersonal der Sowjetunion wird Ende der 70er Jahre auf 434 557, von anderen Autoren sogar auf 928 200 Personen geschätzt, wobei die Unterschiede auf die unterschiedliche Abgrenzung des Personals in hochqualifizierte und weniger qualifizierte Fachkräfte zurückzuführen sein dürften. Demgegenüber waren in der Bundesrepublik im Jahre 1977 193 066 Personen im Forschungs- und Entwicklungsbereich beschäftigt, von denen rd. zwei Drittel qualifizierte Wissenschaftler und Ingenieure repräsentierten. Das Forschungspersonal der USA belief sich in 1977 auf 389 600 Personen, während in Japan im gleichen Jahr etwa 331 500 Wissenschaftler und Techniker beschäftigt waren (vgl. diese Angaben bei Amann, in ds. Bd., und Sachverständigenrat, 1981, S. 196). Die gleichermaßen für die Wirtschaft der DDR wie auch anderer sozialistischer Planwirtschaften beklagte Innovationsschwäche und der konzedierte und durch eine Reihe von empirischen Vergleichsstudien belegte innovatorische Rückstand gegenüber dem führenden westlichen Standard können deshalb nicht ursächlich und primär in Defiziten des wissenschaftlich-technischen Wissenstandes begründet sein (zu empirischen Belegen vgl. Amann und Vogel, in ds. Bd.; Schwartau, 1981; Nick, 1980). Das wesentliche Neuerungshemmnis ist vielmehr in Mängeln der Innovationsbereitschaft, also in der Motivationsdeterminante zu suchen. Das planwirtschaftliche Anreizsystem stimuliert risikobereite und innovatorische Verhaltensweisen offensichtlich nur unzulänglich. Folglich ist zu vermuten, daß die Analyse der Motivationsbedingungen am aufschlußreichsten für die Diagnose der Innovationsschwäche sein dürfte.

In Anlehnung an die Theorie der Leistungsmotivation lassen sich folgende Motivationsdeterminanten identifizieren (McClelland, 1966; Hamel, Leipold, 1979): Danach ergibt sich die Intensität der Leistungs- und Neuerungsmotivation maßgeblich in Abhängigkeit vom Umfang der Entscheidungskompetenzen oder – anders formuliert – vom Umfang selbstverantwortlichen Verhaltens, ferner von der Möglichkeit, die eigene Tüchtigkeit möglichst objektiv erfahren und überprüfen zu können, und schließlich vom Grad, in dem Leistungen herausgefordert werden oder – anders formuliert – vom Grad der Aufgabenschwierigkeit, mit dem die verantwortlichen Entscheidungsträger konfrontiert werden. Es wird daher zu untersuchen sein, in welchem Maße diesen Anforderungen auf den Ebenen der zentralen Leitungsorgane und der Unternehmensleitung entsprochen wird. Als repräsentative staatliche Leitungsorgane werden die Zweig- und speziell die Industrieministerien ausgewählt, die als die einflußreichsten Planungs- und Entscheidungsträger der Neuerungsprozesse zu gelten haben.

Die Zweigminister als die verantwortlichen Leiter der staatlichen Bürokratie sind zugleich die repräsentativen Träger des Staatseigentums. Ihr eigentumsrechtlicher Status zeichnet sich dadurch aus, daß der Umfang der Verfügungsrechte beträchtlich, jener der Nutzungsrechte eng begrenzt ist. Die Verfügungsrechte manifestieren sich in den Planungskompetenzen, also auch in der Initiierung und Abstimmung von Neuerungen, ferner in der Durchsetzung der Planziele per Anweisungen an die Betriebe und schließlich in den Kontrollrechten, die neben der Planerfüllungskontrolle die generelle Unternehmensaufsicht einschließen. Demgegenüber stehen den staatlichen Leitern nur geringe Nutzungsrechte zu. Sie können weder abgrenzbare Anteile am staatlichen Produktivvermögen erwerben noch sich Vermögenserträge exklusiv aneignen. Ebensowenig haften sie mit ihrem Vermögen für Fehlentscheidungen, die zu betrieblichen Vermögensminderungen oder Verlusten führen. Zwar gibt es in der DDR rechtliche Regelungen, nach denen die staatlichen Leitungsorgane für Fehler materiell verantwortlich gemacht werden können. In der Rechtspraxis kommt diesen Regelungen jedoch keine Bedeutung zu, zumal eventuelle materielle Entschädigungen an die betroffenen Betriebe nicht aus dem Privatvermögen des Ministers oder Planungsfunktionärs, sondern aus kollektiven Fonds oder Staatshaushaltsmitteln finanziert werden. Die ungleiche Zuordnung der Verfügungs- und Nutzungsrechte ist das charakteristische Merkmal des Staatseigentums. Der Sanktionsmechanismus der materiellen Verantwortlichkeit für positive und negative Entscheidungskonsequenzen greift daher bei dieser Eigentumsform nicht wirksam. Motivationstheoretisch formuliert, erfahren die staatlichen Eigentümer den Erfolg oder Mißerfolg ihrer Entscheidungen nur in sehr eingeschränktem Maße, zumindest nicht in der direkten Erhöhung oder Minderung ihres Einkommens oder Vermögens. Da die materielle oder finanzielle Erfolgs- und Leistungsüberprüfung keine praktische Bedeutung hat, gewinnen nichtpekuniäre Erfolgsmotive an Bedeutung. Im Falle der Zweigminister sind es bürokratische und politische Motive. Der Minister ist Leiter einer staatlichen Behörde und zugleich bedeutsamer Repräsentant des politischen Systems. Da die Leistungen der Behörde, also Planung, Leitung und Kontrolle der Zweigprozesse, unentgeltlich bereitgestellt werden, entfällt auch die Möglichkeit einer output-orientierten Bewertung. Die Finanzierung der Leistung und Kosten erfolgt durch Budgetzuweisungen aus dem Staatshaushalt. Angesichts der spezifischen Leistungsbewertung bilden hohe und zudem möglichst kontinuierlich wachsende Budgetzuweisungen den erfolgversprechenden Indikator für die Kompetenzen und Leistungen des Bürokratieleiters (vgl. zur Bürokratietheorie Roppel, 1979). Die Zuteilung von möglichst umfangreichen Budgetmitteln ist für die staatlichen Leiter nur Mittel zum Zweck, denn ihre Motivation richtet sich auf die Budgetverwendung und hierbei auf die Expansion der Zweigproduktion. Dieses Motiv ergibt sich aus dem politischen Amt und verbindet sich nahtlos mit dem bürokratischen Eigeninteresse nach Expansion des Kompetenzumfangs (Leipold, 1979 u. 1982).

Mit dem Erfolgsziel der expansiven Zweigentwicklung in Form der Expansion der zweiglichen Produktion verbindet sich kein Interesse an einem effizienten und sparsamen Ressourceneinsatz. Dieses Vorhaben könnte mit dem bürokratischen Interesse an der Kompetenzexpansion kollidieren; zudem sind aufgrund der Divergenz der Verfügungs- und Nutzungsrechte weder starke Anreize noch ein wirksamer Druck dazu vorhanden. Aus dem mangelnden Interesse am sparsamen Ressourceneinsatz leitet sich kein Anreiz zu kostensparenden Verfahrensneuerungen ab, wodurch auch keine originären Impulse für die Entwicklung neuer Produkte im Investitionsgüter- und mittelbar im Konsumgütersektor ausgelöst werden. Die staatlichen Bürokratieleiter präferieren vielmehr die Expansion der Zweigproduktion mit bewährten Gütersortimenten und bekannten Produktionsverfahren. Die Neuerungsbereitschaft reduziert sich weitgehend auf geringfügige Modifikationen der bekannten Sortimente und eingefahrenen Abläufe.

Die geringe Neuerungsbereitschaft der staatlichen Leiter auf der zentralen Ebene findet ihre Fortsetzung und ihr Pendant bei den Unternehmensleitern in den Kombinaten und Betrieben. Als destimulierende Bedingungen erweisen sich hier die eng begrenzten Entscheidungsspielräume. Wegen der Zentralisierung der Planungs- und Durchsetzungskompetenzen verfügen die Unternehmensleiter nur über geringe Neuerungskompetenzen. Ihre Verfügungsrechte reduzieren sich auf die Möglichkeit, Neuerungen zu initiieren, wobei die Inangriffnahme und Überleitung von Forschungs- und Entwicklungsaufgaben regelmäßig der zentralen Genehmigung und der Aufnahme in den Plan bedürfen, ferner auf die Detaillierung und Ausführung der von oben angewiesenen Aufgabenstellungen. Da der Leistungserfolg nach Maßgabe der Planerfüllung bewertet wird, erweisen sich Neuerungen aufgrund der technischen und ökonomischen Risiken als unangenehmer Störfaktor. Neue Produkte oder Verfahren erfordern Umstellungen der laufenden Betriebsprozesse. Der Abzug von Ressourcen aus der laufenden Produktion und deren Einsatz für risikoreiche Neuerungen erschweren die Erfüllung des vorgegebenen Plansolls, weshalb die Unternehmensleiter innovative Eigeninitiativen meiden wie «der Teufel das Weihwasser» (zu dieser Klage von Breschnew vgl. Hewer, 1977, S. 131). Sie präferieren routinemäßige Abläufe und warten zumindest ab, bis die Entwicklung und Durchsetzung von Neuerungen im Plan vorgegeben und durch planmäßige Ressourcenzuweisungen abgesichert werden. Die auf die Planerfüllung ausgerichteten Strategien führen nach Nick (1978, S. 417) «zur Verzögerung der Investitionsfrist und Überleitungszeiten wissenschaftlich-technischer Ergebnisse... (und) verringern das Interesse am wirtschaftlich-technischen Fortschritt überhaupt». Als Folge der mäßigen Neuerungsbereitschaft sowohl der staatlichen Leiter als auch der Unternehmensleiter vermag sich kein wirksamer Nachfragesog nach neuen Produkten zu entfalten und auszubreiten, womit der in Marktwirtschaften wichtigste Neuerungsantrieb in sozialistischen Planwirtschaften weitgehend erlahmt (zu Innovationsdeterminanten in Marktwirtschaften vgl. Freemann, 1979). Dieser Neuerungsträgheit versucht die Parteiführung durch einen politisch motivierten Neuerungsdruck entgegenzuwirken. Die wichtigsten Maßnahmen zu Forcierung wissenschaftlich-technischer Fortschritte bilden erstens die Konzentration der Forschungs- und Entwicklungskapazitäten auf wenige Schwerpunkte, wie z.B. auf die Mikroelektronik, die Robotertechnik und energiesparende Technologien, und zweitens die Initiierung und Organisierung breit angelegter Wettbewerbs- und Neuererkampagnen. Es ist hier nicht der Platz, auf Einzelheiten und Erfolgsaussichten dieser Maßnahmen einzugehen. Wie an anderer Stelle dargelegt, sind sie nicht geeignet, die systembedingte Neuerungsträgheit der zentralen und dezentralen Entscheidungsträger zu kompensieren (Leipold, 1982 und 1983).

Faßt man die erörterten Anreiz- und Kontrollbedingungen zusammen, so erweist sich die mangelhafte Motivierung risikobereiter und unternehmerischer Verhaltensweisen als systemspezifisches Hindernis. Auf der Ebene der staatlichen Leiter als den verantwortlichen Trägern des Staatseigentums wird die geringe Innovationsbereitschaft durch die Divergenz von Verfügungs- und Nutzungsrechten begründet. Wie angeführt, wird dadurch kein unmittelbares Interesse induziert, die Ressourcen bedarfsgerecht und sparsam zu verwenden oder eine effiziente Verwendung in den dezentralen Wirtschaftseinheiten zu kontrollieren. Dieses Vorhaben ist mit Anstrengungen und spezifischen Aufwendungen verbunden, denen kein direkter und persönlich zurechenbarer Nutzen entspricht. Der Nutzen einer effizienzbedachten Leitung und Kontrolle streut vielmehr über eine Vielzahl von Personen, beispielsweise in Form einer verbesserten Güterversorgung oder einer geringeren Steuerlast. Die ökonomischen Vorteile kommen folglich nicht dem Initiator, sondern unbeteiligten Dritten zugute. Aufgrund des Auseinanderfallens von Kosten (Leistung) und Nutzen (Gegenleistung) weisen die Aktivitäten der staatlichen Leiter und Eigentümer einen hohen Öffentlichkeitsgrad auf (vgl. generell dazu Bonus, 1980). Unter diesen institutionellen Bedingungen bestehen keine wirksamen Anreize zu einem ökonomisch rationellen Ressourceneinsatz.

Auch auf der Ebene der Unternehmensleiter existieren analoge Defizite. Die Kombinats- und Betriebsleiter verfügen faktisch nur über geteilte, weil genehmigungsabhängige Kompetenzen. Die dadurch vorgegebenen Beschränkungen selbstverantwortlichen Handelns sowie die mit der Planerfüllung verbundene behördliche Leistungsbewertung lassen keine objektive Überprüfung und Zurechnung der persönlichen Tüchtigkeit zu. Um Neuerungsleistungen genau bewerten zu können, wäre eine Steigerung der betrieblichen Effektivität als Folge neuer Produkte oder Verfahren sowohl auf der Erlös- als auch der Aufwandseite differenziert auszuweisen und adäquat in materieller Form zu honorieren. Diese Anforderung konnte bisher weder durch eine synthetische Kennziffer noch durch ein differenziertes Kennziffernsystem erfüllt werden (vgl. Ludwig, 1981). Bei beiden Bewertungsformen verbleiben den Unternehmensleitern aufgrund des überlegenen Wissens über die besonderen Umstände von Ort und Zeit ausreichende Manipulierungsstrategien. Dieses Wissen hat jedoch zur Folge, daß sie die an die Planerfüllung gebundene behördliche Leistungsbewertung und materielle Stimulierung nicht als verläßliche Leistungsbestätigung und somit nicht als lohnende Herausforderung zu risikobereitem und innovativem Verhalten akzeptieren können. Die behördliche und planerfüllungsgebundene Sanktionierung läßt somit auch auf der Unternehmensebene keine äquivalente und enge Kopplung zwischen Kosten (Leistung) und Nutzen (Gegenleistung) zu. Aufgrund der systembedingten Verzerrung von Leistung und Einkommen sieht Šik «verheerende Folgen» für die Leistungsbereitschaft und somit für die Arbeitsproduktivität (Šik, 1972, S. 157f). Dabei ist zu betonen, daß die Innovationsschwäche und der daraus resultierende technologische Rückstand nicht der Nachlässigkeit der beteiligten Bürokratie- und Unternehmensleiter anzulasten sind. Es handelt sich vielmehr um ein institutionelles und speziell eigentumsrechtliches Versagen des zentralisierten Staatseigentums.

Bleibt zu fragen, welche Aufschlüsse die Analyse der für das Staatseigentum charakteristischen Motivations- und Kontrollstrukturen zur Erklärung der eingangs konstatierten Innovationsschwäche in westlichen Marktwirtschaften vermitteln kann.

IV. Institutionelle Hintergründe der Innovationsschwäche in westlichen Marktwirtschaften

Die in den westlichen Marktwirtschaften beobachtbare Innovationsschwäche zeigt sich in folgenden Fakten: In den siebziger Jahren sind die Zuwachsraten der Arbeitsproduktivität merklich zurückgegangen. Wuchs das Bruttoinlandsprodukt je Erwerbstätigem in den fünfziger Jahren noch durchschnittlich im Jahr um fast 6 vH und in den sechziger Jahren um 4,5 vH, so waren es in den siebziger Jahren durchschnittlich nur etwas mehr als 3 vH (vgl. Wegner, 1980, S. 88; als Überblick der USA-Diskussion vgl. Denison, 1979, und Griliches, 1980). Die Produktivitätsmalaise ging mit einer deutlich geringeren Investitionsbereitschaft einher. So betrug das Wachstum der realen Anlageinvestitionen im Unternehmenssektor der Bundesrepublik Deutschland in den sechziger Jahren über 4 vH und verringerte sich in den siebziger Jahren auf 2,5 vH (Sachverständigenrat, 1981, S. 198). Da technische Fortschritte maßgeblich über Investitionen durchgesetzt werden, signalisiert der Rückgang der Investitionen auch eine nachlassende Innovationsdynamik. Diese Schwäche kommt in sinkenden Zuwachsraten oder gar in der Stagnation der Forschungs- und Entwicklungsausgaben und im Rückgang der Patentanmeldungen indirekt zum Ausdruck. Beispielsweise verzeichneten die Vereinigten Staaten, Frankreich und England in den siebziger Jahren eine rückläufige Entwicklung der Forschungsausgaben im Verhältnis zum Bruttoinlandsprodukt. In der Bundesrepublik ging die jahresdurchschnittliche Zuwachsrate der Forschungsausgaben im Zeitraum 1971–77 auf 1,9 vH gegenüber 11,3 vH im Zeitraum 1967–71 zurück (Wegner, 1980, S. 89). Die Patentanmeldungen lagen hier Ende der siebziger Jahre um nahezu 20 vH unter dem Stand von 1960.

Die Auffassungen über die Ursachen der Innovations- und Investitionsschwäche gehen auseinander. Vielfach wird auf die ungünstige weltwirtschaftliche Entwicklung im Gefolge der Ölkrise und der Energie- und Ressourcenverknappung verwiesen.

Gerade diese Erklärung kann wenig überzeugen, denn die mit der Verknappung einhergehende relative Energie- und Rohstoffverteuerung hätte erst recht technologische Lösungen stimulieren müssen. Wir vermuten die Hauptursache für die nachlassende Dynamik daher auch nicht in nachfragebedingten Sättigungs- und Stagnationserscheinungen oder in veränderten relativen Knappheiten, sondern in allmählichen Veränderungen der institutionellen und steuerlichen Rahmenbedingungen. Zwar dürfte Wegner (1980, S. 90) zuzustimmen sein, daß es für diese These keinen «direkten Beweis» gibt. Wie jedoch im folgenden anhand von institutionellen Detailbelegen gezeigt wird, sind durch die allmählichen und mittels staatlicher Maßnahmen herbeigeführten Veränderungen der institutionellen Rahmenbedingungen die Anreiz- und Kontrollstrukturen in Richtung auf die Verhältnisse in sozialistischen Planwirtschaften angenähert worden. Die für die sozialistischen Wirtschaftssysteme vorgenommene Analyse der Neuerungsanreize sollte daher auch Aufschlüsse über die Ursachen der Innovationsschwäche im Westen vermitteln.

Sichtbaren Ausdruck finden diese Veränderungen in der Expansion der Staatsquoten. In der Bundesrepublik Deutschland stieg der Anteil der Staatsausgaben am Bruttosozialprodukt von 1960 bis 1980 von 32,5 vH auf 48 vH. Die Folgen der Expansion der staatlichen Leistungen und Aktivitäten für die Neuerungsbereitschaft können beispielhaft an drei eng zusammengehörenden Problembereichen verdeutlicht werden: Erstens an der zwangsweisen Umwidmung knapper Ressourcen vom Markt in das politische System, zweitens an der abnehmenden Leistungs- und Risikobereitschaft der Wirtschaftssubjekte als Folge wachsender Steuerbelastungen und Sozialabgaben, drittens an der zunehmenden Regulierung und Verrechtlichung wirtschaftlicher Prozesse, wodurch die privatwirtschaftlichen Freiräume mehr und mehr eingeengt wurden.

Zu 1: Die im ersten Punkt angesprochene Umwidmung führt – wie Röpke in diesem Band nachweist und wofür die Analyse der staatlich-bürokratisch organisierten Innovationsprozesse in sozialistischen Planwirtschaften indirekt Belege beisteuert – zur Lenkung von Ressourcen aus einem innovativen Sektor in einen Bereich mit geringer Neuerungsbereitschaft und -fähigkeit. Die Motive und Verhaltensweisen der Leiter staatlicher Bürokratien in westlichen Marktwirtschaften weisen große Gemeinsamkeiten mit denen der Leiter staatlicher Planungs- und Verwaltungsapparate in den sozialistischen Planwirtschaften auf. Auch in Marktwirtschaften werden die Leistungen der Bürokratie größtenteils unentgeltlich bereitgestellt, weshalb sich Einnahmen und Ausgaben nicht als Leistungsmaßstab eignen. Als brauchbarstes Kriterium gilt das periodisch zugeteilte Budgetvolumen. Ein hohes und zudem sukzessive steigendes Budget signalisiert nach außen korrespondierende Leistungen und fördert zudem Ansehen und Einfluß der Bürokratieleiter. Bürokratien neigen daher zur Expansion sowohl der angebotenen Leistungen als auch des Faktoreinsatzes, speziell des Personaleinsatzes. Weil kein Anreiz zur sparsamen Wirtschaftsweise besteht, sind die bürokratischen Aktivitäten durch detaillierte Vorschriften und Dienstanweisungen zu regulieren. Die dadurch induzierte korrekte Befolgung von Regeln und Vorschriften führt im Verein mit dem charakteristischen Ressortdenken der Bürokratieleiter zum risiko- und neuerungsscheuen Verhalten: Routinemäßige Abläufe werden präferiert und riskante, weil möglicherweise regelinkonforme, Aktivitäten werden gemieden.

Zu 2: Die Umlenkung knapper Ressourcen in den im Vergleich zur Privatwirtschaft unproduktiven und technisch rückständigen öffentlichen Sektor geht unausweichlich mit einer Erhöhung der Abgabenlast einher. Die gesamtwirtschaftliche Abgabenquote, also der Anteil der Steuern und Sozialbeiträge am Bruttosozialprodukt, erhöhte sich von 33 vH im Jahre 1960 auf 38,4 vH in 1980. Diese Abgabenerhöhung ist vor allem auf den Anstieg der Sozialbeitragsquote zurückzuführen. Die Steuerquote selbst erhöhte sich zwar nur von 23 auf 24,4 vH, jedoch ist bei den Steuereinnahmen der Anteil der Steuern vom Einkommen von 40 auf 47 vH beträchtlich angestiegen. Entscheidend für die Leistungsbereitschaft ist dabei der «Grenzsteuerbetrag», den der Staat kassiert. Aufgrund des inflationsbedingten Übergangs in die Steuerprogression beträgt die Grenzsteuerbelastung selbst bei mittleren Einkommen heute nahezu 50 vH.

Die hohe Steuerbelastung sowie die den Unternehmen durch staatliche oder tarifliche Regelungen aufgebürdeten Sozialabgaben dürften maßgeblich für den Rückgang der Gewinnrendite und der Eigenkapitalquote verantwortlich sein. Die Personalzusatzkosten betrugen 1980 bereits 75 vH des Direktlohnes. Die Nettoumsatzrendite der bundesdeutschen Unternehmen sank im Jahre 1980 gegenüber 1969 um ein Drittel auf 2,4 vH, bei den industriellen Aktiengesellschaften sogar auf 1,3 vH. Die Eigenkapitalquote ging von 30 vH Mitte der sechziger Jahre auf 21,7 vH in 1979 zurück (vgl. Institut der Deutschen Wirtschaft, 1982, S. 51; Monatsberichte der deutschen Bundesbank, Nov. 1981, S. 21). Aufgrund dieser mäßigen Renditeaussichten kann auch keine große Bereitschaft erwartet werden, Risikokapital zu investieren, zumal in einer Zeit, in der festverzinsliche Anlagen hohe und zudem risikolose Renditen garantieren.

Zu 3: Als weitere Innovationsbarriere erweist sich die zunehmende Verrechtlichung und Bürokratisierung der Wirtschaftsprozesse. Im Zuge dieser Entwicklung hat der Staat seine ordnende und produzierende Funktion mehr und mehr in den Dienst der sozialen Funktion gestellt, und zwar auf Kosten marktkonformer Ordnungsregelungen. Beispiele für die soziale, aber marktinkonforme Durchformung der Wirtschaftsordnung bilden das Wohnungsbau- und Mietrecht, das Arbeitsrecht oder das Unternehmensrecht (vgl. Hamm, 1981). Auch bei der Produktion und Finanzierung öffentlicher Güter und Leistungen sind sozialpolitisch motivierte Sonderregelungen zur Regel geworden, so z. B. im öffentlichen Verkehrs- oder Krankenhauswesen. Die soziale Staffelung der Tarife oder Gebühren führt häufig zu Verlusten, die wiederum durch staatliche Zuwendungen, meist aus verschiedenen Budgets, gedeckt werden. Dadurch wird jeglicher Anreiz und Druck für eine effiziente Unternehmensführung beseitigt. Als Folge der aus verschiedenen Budgets finanzierten öffentlichen Leistungen, die entweder unentgeltlich oder nur partiell kostendeckend bereitgestellt werden, sind die konkreten Belastungs- und Verteilungswirkungen nicht mehr durchschaubar und kalkulierbar. Aufgrund der sich ausweitenden Trennung zwischen Belastungen (Kosten) und Begünstigungen (Nutzen) verwundert es nicht, daß öffentliche Betriebe durchweg ineffizienter als private Betriebe arbeiten (vgl. Belege bei Blankart, 1980, S. 153 ff.).

Das Paradebeispiel eines staatlich gesetzten Anreizsystems, das zu ökonomisch irrationalen Verhaltensweisen geradezu auffordert, bildet die Finanzierung der Krankenhausleistungen. Gemäß dem Krankenhausfinanzierungsgesetz vom 29. 6. 1972 und der Bundespflegesatzverordnung vom 25. 4. 1973 sind die Investitionskosten der Krankenhäuser durch Zuwendungen des Bundes, der Länder und der Gemeinden, die Betriebs- oder Benutzerkosten dagegen über Pflegesätze der Kassen bzw. der Patienten zu finanzieren. Die Aussicht auf Zuschüsse stimuliert einmal die Errichtung von Überkapazitäten. Die problemlose Überwälzung der Betriebskosten als Folge der automatischen Kostenübernahme beseitigt zum anderen jeglichen Anreiz zur sparsamen Unternehmensführung. Die überzähligen, leerstehenden Krankenhausbetten und die Kostenexplosion mit Tagespflegesätzen von rund 300,- DM sind das folgerichtige Ergebnis.

Die mit den staatlichen Regelungen begründeten Unwirtschaftlichkeiten bleiben nicht nur auf den Sektor der öffentlichen Wirtschaft beschränkt. Effekte für den privatwirtschaftlichen Bereich ergeben sich einmal aus den wachsenden Belastungen und Abgaben für die Finanzierung der ineffizienten öffentlichen Leistungen; zum anderen wird dieser Bereich selber zunehmenden Regulierungen unterworfen, durch die private Entscheidungsspielräume eingeengt werden. Zwischen beiden Entwicklungen besteht ein enger und sich selbstverstärkender Wirkungszusammenhang. Die steigende Belastung in Form hoher Steuern, Abgaben, Gebühren oder Versicherungsbeiträge führt zur Verschlechterung der Steuer- und Zahlungsmoral sowie zur mißbräuchlichen und verschwenderischen Inanspruchnahme der öffentlichen oder quasiöffentlichen Leistungen, z. B. der Gesundheits- und Versicherungsleistungen oder der Mietzuschüsse, wodurch deren Expansion weiter vorangetrieben wird. Zugleich wird es für immer mehr Personen interessanter, in illegale Wirtschaftsaktivitäten auszuweichen, bei denen fiskalische oder parafiskalische Abgaben unterschlagen werden (vgl. Cassel, 1982; Pommerehne, Frey, 1982). Die staatlichen Maßnahmen zur Verhinderung dieser illegalen Aktivitäten und zur Eindämmung mißbräuchlicher Inanspruchnahme öffentlicher Leistungen induzieren nicht nur weitere Kosten, sondern vor allem weitere Regelungen. Das Vorhaben, regulierungsbedingte Fehlentwicklungen durch zusätzliche Detailregelungen zu beheben, verstärkt die für den staatlichen und bürokratisch organisierten Bereich immanent angelegte Expansion der Regulierungen und Aktivitäten. Beispielsweise kam es im Zeitraum 1969–1977 zu einer volumenmäßigen Verdreifachung des deutschen Bundesgesetzblattes. Allein das Einkommenssteuerrecht hat als Folge der Detailregelungen mittlerweile einen Umfang von rd. 5000 Druckseiten. Gleichzeitig wird die Privatwirtschaft mittlerweile zur Erledigung von rund 187 unentgeltlichen quasiöffentlichen Verwaltungsdiensten verpflichtet, beispielsweise indem ihr die Einziehung von Sozialabgaben oder verschiedene statistische Berichterstattungen auferlegt werden. Berechnungen haben ergeben, daß kleineren und mittleren Unternehmen als Folge der Verordnungsflut reine Bürokratiekosten in Höhe von nahezu zwei Prozent des Umsatzes entstehen und somit der Nettoumsatzrendite entsprechen können (Industrie- und Handelskammer Koblenz, 1977/1978; Cassel, 1982).

Die beispielhaft angeführten Regelungen und Maßnahmen mögen als Belege für die eingangs angeführte Veränderung der institutionellen Rahmenbedingungen genügen, die wir thesenartig als schleichende Erhöhung des Öffentlichkeitsgrades wirtschaftlicher Aktivitäten gekennzeichnet haben. Abschließend sollen die Auswirkungen auf die Neuerungsmotivation zusammengefaßt sowie auf Parallelen zu den Verhältnissen in sozialistischen Planwirtschaften aufmerksam gemacht werden.

V. Zusammenfassung und Vergleich der Motivationsdefizite

Der skizzierte Ausbau des Sozialstaates tangiert die Neuerungs- und Leistungsmotivation der Wirtschaftssubjekte im privatwirtschaftlichen Sektor in mehrfacher Weise. Die motivationalen Auswirkungen lassen sich dabei am Beispiel der oben genannten Motivationsdeterminanten verdeutlichen. Die erste Determinante, nämlich der Grad der selbstverantwortlichen Initiierung, Realisierung und Kontrolle von Neuerungen, wird durch die zunehmende Regulierung und Verrechtlichung der privatwirtschaftlichen Beziehungen beeinträchtigt. Konkret heißt dies, daß bei der Entwicklung und Einführung von Produkt- oder Verfahrensneuerungen heute im Vergleich zu den fünfziger und sechziger Jahren mehr Vorschriften zu beachten, mehr Genehmigungen von öffentlichen Stellen einzuholen und mehr Einigungen mit betriebsexternen oder -internen Instanzen notwendig sind, beispielsweise mit Bürgerinitiativen oder mit den gemäß der Betriebsverfassungs- und Mitbestimmungsgesetzgebung legitimierten Gruppen. Die schlagwortartig als «Demokratisierung der Wirtschaftsprozesse» bezeichnete Entwicklung erhöht die Einigungs- und Durchsetzungskosten von Neuerungen. Diesem regulativ bedingten Anstieg der Transaktionskosten entspricht kein Anstieg, sondern eher ein Rückgang der aus Neuerungsaktivitäten erzielbaren Einkommen, wofür die kontinuierlich gesunkenen und am Beispiel der Nettoumsatzrendite aufgezeigten Unternehmenseinkommen sprechen.

Die Neuerungs- und Risikobereitschaft wird dabei maßgeblich von dem Kalkül bestimmt, ob Mehrleistungen auch durch ein als adäquat empfundenes Mehreinkommen honoriert werden. Das für die Leistungsmotivation ausschlaggebende Gefühl einer möglichst objektiven Bestätigung und materiellen Sanktionierung der Tüchtigkeit wird durch die gestiegenen fiskalischen und parafiskalischen Abführungen untergraben. Die als Folge der sozialstaatlichen Expansion unausweichlich steigende und von der Privatwirtschaft aufzubringende Abgabenlast lockert ebenso unausweichlich den Zusammenhang von Leistung und monetär vermittelter Gegenleistung. Das systemspezifische Kennzeichen ist darin zu sehen, daß die Entkoppelung von Leistung und Gegenleistung nicht schlagartig, sondern schritt- oder scheibchenweise erfolgte. Mit nahezu jeder sozialpolitisch motivierten Regelung ging und geht eine Auflockerung privatwirtschaftlicher Leistungsbeziehungen einher, damit jedoch auch eine allmählich sich summierende Senkung der privaten Leistungsmotivation oder – negativ gewendet – eine Erhöhung der Neuerungsbarrieren. Hierbei kommt nicht nur der Entkoppelung von Leistung und Einkommen Bedeutung zu, denn die Dominanz des Sozialstaatsprinzips hat unbeabsichtigte und nicht monetär vermittelte Nebeneffekte.

Als Folge der Expansion öffentlicher Leistungen wird es für einzelne Personen oder Gruppen immer weniger interessant, sich auf eigene Leistungen zu verlassen. Die bequemere Methode der Interessendurchsetzung besteht darin, durch verbandsmäßig organisierten Druck Ansprüche an den Staat durchzusetzen. Da der Staat in Marktwirtschaften jedoch letztlich eine Umverteilungsinstanz darstellt, geht die Durchsetzung solcher Ansprüche immer zu Lasten der Leistungen anderer Wirtschaftssubjekte bzw. -gruppen. Je mehr sich das Bewußtsein ausbreitet, für andere Gruppen Leistungen zu erbringen oder auf Kosten der Leistungen anderer eigene Vorteile erheischen zu können, desto mehr läßt die Leistungsbereitschaft nach. Dieser den Ökonomen als Gefangenendilemma bekannte und für den Sozialstaat charakteristische Zusammenhang führt zur «Rationalitätenfalle» (Herder-Dorneich, 1982): Niemand der Gesellschaftsmitglieder will eigentlich die gesamtwirtschaftlich negativen Wirkungen des einzelwirtschaftlich zwar legalen, aber unsozialen Verhaltens. Die Einsicht, daß eine individuell korrekte Verhaltensweise angesichts der Umstände von anderen nicht befolgt wird und daher bedeutungslos bleibt, verführt jedoch zur verschwenderischen Inanspruchnahme der sozial angebotenen und von anderen Personen ganz oder teilweise produzierten oder finanzierten Leistungen. Je mehr dieser Zusammenhang durchschaut wird, desto wahrscheinlicher breitet sich das Anspruchsdenken zu Lasten des Leistungsdenkens aus. Insofern höhlt das sozialstaatlich durchgesetzte Wohlfahrtsprinzip das Leistungsprinzip aus. Der überzogene Ausbau des Wohlfahrtsstaates erodiert mithin jenes Ordnungsprinzip, das von Repräsentanten der klassischen liberalen Theorie als wichtigste institutionelle Vorkehrung einer produktiven Wirtschafts- und Sozialordnung postuliert wurde, nach der Leistung (Kompetenz) und Gegenleistung (Verantwortung) möglichst eng zur Deckung zu bringen sind. Die sozialstaatliche Expansion führt mit anderen Worten zur «schleichenden Sozialisierung der Wirtschaftsbeziehungen». Übersetzt man die motivationalen Befunde in Begriffe der Eigentumstheorie, so impliziert die beschriebene Entkoppelung von Leistung und Gegenleistung nichts anderes als eine Verdünnung der privaten Eigentumsrechte und als Folge eine allmähliche Aushöhlung der Leistungsbereitschaft. Auf den engen Zusammenhang von Eigentum und Leistung hat bereits Say (1845, S. 222) hingewiesen. Wenn jemand Eigentümer eines Feldes, nicht aber der Ernte sei, existiere keine Motivation zur pfleglichen Bewirtschaftung des Bodens: «Wenn mir nicht der Genuß des Produkts meiner Mühe gesichert ist, so habe ich keinen Grund, meinen Müßiggang aufzugeben.»

Für die Leistungsbereitschaft ist es unerheblich, ob die Wirtschaftssubjekte entweder über einen wachsenden Anteil ihres Vermögens oder Einkommens nicht mehr autonom verfügen und ihn nutzen können oder aber ob sie die Verfügung und Nutzung durch konkrete Regelungen vorgeschrieben bekommen. Die negative Wirkung der zunehmenden Erosion privater Eigentumsrechte auf die Neuerungsmotivation wird heute allerdings noch wenig beachtet. Einsichten wie die von Chiplin und Coyne (1977, S. 26), daß die englische Krankheit (british desease) und die über Jahrzehnte beobachtbare und für die relative Verarmung Englands verantwortliche geringe Innovations- und Anpassungsdynamik der britischen Wirtschaft wesentlich in der Verdünnung der Eigentumsrechte begründet sei, finden noch wenig Zustimmung. Eine noch überzeugendere Evidenz als die englischen Erfahrungen liefern die Verhältnisse und Ergebnisse in sozialistischen Wirtschaftssystemen, in denen die Erosion exklusiver Verfügungs- und Nutzungsrechte sehr viel weiter fortgeschritten ist. Dementsprechend sind auch hier Leistung und Kompetenz einerseits und Verantwortung bzw. Gegenleistung andererseits am weitesten entkoppelt. Der auf diese Weise herbeigeführte hohe Öffentlichkeitsgrad wirtschaftlicher Aktivitäten und Beziehungen schlägt sich im vergleichsweise hohen technologischen Rückstand dieser Systeme nieder. Die wenig ermutigende technologische Leistungsfähigkeit sozialistischer Wirtschaftssysteme hat die Politiker in den westlichen Marktwirtschaften bisher offensichtlich wenig beeindruckt. Dabei ergibt sich aus dem Systemvergleich unmißverständlich folgende Lehre: Die Fortsetzung der zumindest für die siebziger Jahre charakteristischen Erhöhung des Öffentlichkeitsgrades privatwirtschaftlicher Aktivitäten würde die Innovationsschwäche verstärken und längerfristig zur einseitigen Annäherung der Marktwirtschaften an die bisher unterlegenen sozialistischen Motivations- und Innovationsstandards führen.

Literatur

Anordnung (1979a) über die Ordnung der Planung der Volkswirtschaft der DDR 1981 bis 1985 vom 28.11.1979, in GBl. der DDR – Sonderdruck Nr. 1020, vom 1.2.1980.

Anordnung (1979b) über die Rahmenrichtlinie für die Planung in den Kombinaten und Betrieben der Industrie und des Bauwesens – Rahmenrichtlinie – vom 30.11.1979, in: GBl. der DDR – Sonderdruck Nr. 1021, vom 22.2.1980.

Anordnung (1982) über die Rahmenrichtlinie für die Ermittlung, Planung, Kontrolle und Abrechnung der Effektivität der Maßnahmen des wissenschaftlich-technischen Fortschritts vom 5. Februar 1982, in: GBl. der DDR, Teil I, Nr. 8, vom 11.3.1982, S. 165ff.

Beyer, A., Erdmann K., Lauterbach G., Melzer M. (1980): Preisprobleme in der DDR, 2. erw. Aufl., Erlangen.

Blankart, Ch. (1980): Ökonomik der öffentlichen Unternehmen, München.

Bonus, H. (1980): Öffentliche Güter und der Öffentlichkeitsgrad von Gütern, in: Zeitschrift für die gesamte Staatswissenschaft, 136, S. 50–81.

Cassel, D. (1982): Schattenwirtschaft – eine Wachstumsbranche? Diskussionsbeitrag Nr. 50 des Fachbereichs Wirtschaftswissenschaften der Universität Duisburg.

Chiplin, J., Coyne, J. (1977): Property Rights and Industrial Democracy, in: Can Workers Manage? Published by the Institute of Economic Affairs, London, Lancing, S. 15–48.

Denison, E. F. (1979): Accounting for slower economic growth. The United States in the 1970s, Brookings Institution, Washington DC.
Freemann, Ch. (1979): The Determinants of Innovation. Market Demand, Technology, and the Response to Social Problems, in: Futures, June, S. 206–215.
Griliches, Z. (1980): R & D and the Productivity Slowdown, in: American Economic Review, 70, S. 343–348.
Hamel, H., Leipold, H. (1979): Handlungsspielräume und Unternehmerqualitäten von Managern unter alternativen Ordnungsbedingungen, in: Deutschland Archiv, Sonderheft 30 Jahre DDR, S. 175–187.
Hamm, W. (1981): An den Grenzen des Wohlfahrtsstaats, in: ORDO, 32, S. 117–139.
Hartmann, W.-D., Haustein, H.-D. (1979): Leitung industrieller Forschung und Entwicklung. Theoretische und praktische Probleme von Innovationen, Berlin/DDR.
Herder-Dorneich, Ph. (1982): Der Sozialstaat in der Rationalitätenfalle, in: Frankfurter Allgemeine Zeitung v. 30. April 1982, S. 15.
Hewer, U. (1977): Zentrale Planung und technischer Fortschritt. Probleme seiner Organisation und Durchsetzung am Beispiel der sowjetischen Industrie, Berlin.
Industrie- und Handelskammer Koblenz (Hrsg.) (1977/78): Gängelwirtschaft statt Marktwirtschaft? Paragraphen-Dirigismus lähmt unternehmerische Dynamik. Teil I–III, Koblenz.
Institut der Deutschen Wirtschaft (1982): Zahlen zur wirtschaftlichen Entwicklung der Bundesrepublik Deutschland, Ausgabe 1982, Köln.
Leipold, H. (1979): Zielbestimmung und Instabilitäten als Ergebnis politischer Entscheidungsprozesse, in: H. J. Thieme (Hrsg.): Gsamtwirtschaftliche Instabilitäten im Systemvergleich, Stuttgart/New York, S. 39–53.
Leipold, H. (1982): Staatseigentum und Innovation. Ein Beitrag zur ökonomischen Theorie sozialistischer Eigentumsrechte. Unveröffentlichte Habilitationsschrift, Universität Marburg.
Leipold, H. (1983): Planversagen versus Marktversagen, in: H. Hamel (Hrsg.): Bundesrepublik Deutschland–DDR. Die Wirtschaftssysteme, 4. überarbeitete und erweiterte Auflage, München, S. 199–261.
Ludwig, U. (1981): Politökonomische Probleme der quantitativen Effektivitätsbewertung des wissenschaftlich-technischen Fortschritts, in: Wirtschaftswissenschaft, 1, S. 29–42.
McClelland, D. L. (1966); Die Leistungsgesellschaft. Psychologische Analyse der Voraussetzungen wirtschaftlicher Entwicklung, Stuttgart, Berlin, Köln, Mainz.
Monatsberichte der Deutschen Bundesbank, Nov. 1981.
Nick, H. (1978): Probleme der Vervollkommnung der gesellschaftlichen Leitung des wissenschaftlich-technischen Fortschritts, in: Wirtschaftswissenschaft, 4, S. 396–419.
Nick, H. (1980): Der Zusammenschluß von Wissenschaft und Produktion, in: Wirtschaftswissenschaft, 10, S. 1197–1208.
Pommerehne, W., Frey, B. S. (1982): Ansätze zur quantitativen Erfassung der Schattenwirtschaft, in: WiSt, 4, S. 157–162.
Roppel, U. (1979): Ökonomische Theorie der Bürokratie, Freiburg i. Br.
Röpke, J. (1976): Der importierte Fortschritt, in: ORDO, Bd. 27, S. 223–241.
Sachverständigenrat zur Begutachtung der gesamtwirtschaftlichen Entwicklung (1981): Investieren für mehr Beschäftigung. Jahresgutachten 1981/82, Stuttgart, Mainz.
Say, J. B. (1845): Ausführliches Lehrbuch der praktischen Politischen Ökonomie, 1. Bd., deutsch mit Anmerkungen von M. Stirner, Leipzig.
Schwartau, C. (1981): Die elektrotechnische Industrie in der DDR. Rückstand bei der Anwendung moderner Technologien, in: DIW-Wochenbericht, 42, S. 475–480.
Šik, O. (1972): Der dritte Weg. Die marxistisch-leninistische Theorie und die moderne Industriegesellschaft, Hamburg.
Statistisches Jahrbuch der DDR 1981, Berlin/DDR.
Wegner, M. (1980): Produktivitätsfortschritte in den 80ern. Bedrohung oder Notwendigkeit für die EG? in: Wirtschaftsdienst, 11, S. 86–92.

A. Schüller, H. Leipold, H. Hamel (Hrsg.): Innovationsprobleme in Ost und West · Schriften zum Vergleich von Wirtschaftsordnungen · Heft 33 · Gustav Fischer Verlag · Stuttgart · 1983

Die Theorie dissipativer Strukturen als Ansatzpunkt für die Analyse von Innovationsproblemen in alternativen Wirtschaftsordnungen

Ulrich Fehl

I.

1. Die Theorie dissipativer Strukturen stellt ein Teilgebiet der Physik dar. Der Gedanke, sie mit dem Innovationsverhalten in unterschiedlichen Wirtschaftsordnungen in Verbindung zu bringen, mag daher zunächst überraschen. Bedenkt man jedoch, daß es der Theorie der dissipativen Strukturen um die Erklärung von Entwicklungsprozessen in der Natur geht, so liegt durchaus die Frage nahe, ob diese Theorie nicht auch zur Aufhellung ökonomischer Entwicklungsvorgänge beitragen kann. Für den Sozialwissenschaftler, speziell für den Ökonomen, ist es dabei von besonderem Interesse, daß die Theorie dissipativer Strukturen einen *Ordnungsbegriff* entwickelt, der im Gegensatz zu überkommenen physikalischen Vorstellungen nicht auf Gleichgewichts-, sondern auf Ungleichgewichtszustände abhebt: Ein solcher Ordnungsbegriff ist geeignet, in der Natur ablaufende *Prozesse der Selbstorganisation* zu erfassen und somit auf *Entwicklungsprozesse* geradezu zugeschnitten.

2. Die vorstehenden Bemerkungen machen bereits deutlich, daß sich die Theorie dissipativer Strukturen mit Fragestellungen befaßt, die auch für die ökonomische Ordnungstheorie von Belang sein können. Im folgenden wird nun zunächst die Theorie der dissipativen Strukturen in ihren Grundlinien knapp skizziert. Dann wird der Frage nachgegangen, ob und auf welche Weise diese neuen Erkenntnisse für die Analyse ökonomischer Entwicklungsprozesse fruchtbar gemacht werden können. Bei diesen Überlegungen wird zunächst ein System dezentraler Planung unterstellt. Im Anschluß hieran sollen dann die Konsequenzen diskutiert werden, die sich aus dieser Analyse für Systeme zentraler Planung bzw. für «Mischformen» ergeben. Angesichts des zur Verfügung stehenden Raumes versteht es sich von selbst, daß es hierbei nur um das Sichtbarmachen von «Ansatzpunkten» gehen kann.

II.

3. Der neuartige Ansatzpunkt der *Theorie dissipativer Strukturen*[1] wird besonders deutlich, wenn man zunächst einen kurzen Blick auf die *klassische Dynamik* in der Tradition Newtons wirft:

«In der Welt der Dynamik ist Veränderung gleichbedeutend mit Beschleunigung oder Verlangsamung. Durch Integration der Bewegungsgesetze kommt man zu den Trajektorien, welchen die Teilchen folgen. Das Gesetz der Veränderung, die Wirkung der Zeit auf die Natur, drückt sich in den Merkmalen der Trajektorien aus. Die grundlegenden Merkmale der Trajektorien T sind *Gesetzmäßigkeit, Determiniertheit* und *Reversibilität*. Um eine Trajektorie zu berechnen, benötigen wir, wie gesagt, außer unserer Kenntnis der Bewegungsgesetze eine gewisse empirische Kenntnis von irgendeinem augenblicklichen Zustand des Systems. Das allgemeine Gesetz leitet dann aus diesem ‹Anfangszustand› die Reihe jener Zustände ab, die das System mit der Zeit durchläuft, genau wie eine logische Überlegung die Schlußfolgerung aus den Prämissen ableitet. Bemerkenswert ist, daß, sobald man die Kräfte kennt, ein beliebiger Zustand ausreicht, um das System vollständig zu definieren, und zwar nicht nur seine künftige Entwicklung, sondern auch seine Vergangenheit. Es ist somit in jedem Augenblick alles gegeben» (Prigogine, Stengers 1981, S. 66f.).

Ist aber «alles gegeben», so kann «Entwicklung» im eigentlichen Sinne nicht existieren. Der in dieser Hinsicht letztlich «statische» Charakter der klassischen Dynamik wird besonders eklatant bei den sogenannten «integrablen Systemen». Bei

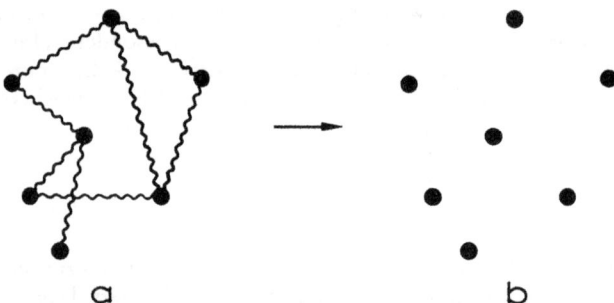

Abb. 1: Übergang von der Darstellung eines dynamischen Systems als Menge wechselwirkender Punkte zu der vorteilhafteren Darstellung, bei der jeder Punkt unabhängig von den anderen ist (potentielle Energie formal eliminiert) (Prigogine, Stengers 1981, S. 79).

---

1) «In der Physik unterscheiden wir heute zwei Arten von räumlicher Organisation: *konservative* und *dissipative* Strukturen. Die uns geläufigere und auch leichter zu verstehende Organisationsform ist die konservative; man nennt sie auch Gleichgewichtsstruktur, weil die sie konstituierenden Elemente sich in einer stabilen Gleichgewichtslage befinden und weil sie ohne Zufuhr von Energie aufrechterhalten werden kann.» *Dissipative Strukturen* «lassen sich nicht einfach aus den Eigenschaften des Mediums herleiten, sie benötigen zu ihrer Aufrechterhaltung ständige Energiezufuhr. Sie dissipieren diese Energie – daher rührt ihr Name –, und sie ergeben nur dann reproduzierbare Formen, wenn auch die Randbedingungen des sie erzeugenden dynamischen Prozesses exakt reproduziert werden. Sie sind auch bei Kenntnis aller Wechselwirkungen nicht aus den kleinsten Teilen rekonstruierbar, sie sind – physikalisch – eine Qualität der Gesamtheit» (Eigen 1981, S. 213 u. S. 219).

derartigen Systemen läßt sich die Wechselwirkung zwischen den Teilchen auf der formalen Ebene der Beschreibung durch eine geschickte Manipulation gleichsam hinwegtransformieren:

«Jedes integrable System kann somit als eine Menge von Einheiten dargestellt werden, die sich jeweils isoliert ändern, völlig unabhängig von allen übrigen... Wir gelangen hier an einen jener dramatischen Punkte in der Geschichte der Wissenschaft, wo es möglich schien, die Beschreibung der Natur auf die Beschreibung eines statischen Bildes zu reduzieren» (Prigogine, Stengers 1981, S. 78)[2]. Vgl. Abb. 1.

4. Das mit den Mitteln der klassischen Dynamik nicht auf befriedigende Weise erklärbare Phänomen «Wärme» führte bekanntlich zur Entfaltung einer «neuen Dynamik», der *Thermodynamik*. Auch in der Thermodynamik stellt der *Gleichgewichtsbegriff* die zentrale *Ordnungskategorie* dar, doch wird er hier – und darin liegt der Unterschied zur klassischen Dynamik – mit der Vorstellung der *Irreversibilität* verknüpft[3]. Betrachtet man beispielsweise eine Eisenstange, die zum Ausgangszeitpunkt ein «heißes» und ein «kaltes» Ende aufweist, so setzt ein Wärmefluß vom «heißen» zum «kalten» Ende ein, der so lange anhält, bis das thermische Gleichgewicht eintritt, das heißt, bis der Eisenstab überall die gleiche Temperatur besitzt. Man wird jedoch vergeblich darauf warten, daß dieser gleichmäßig temperierte Eisenstab jemals spontan wieder den Ausgangszustand annimmt, in dem das eine Ende «heiß» und das andere «kalt» ist[4]. Diesen Sachverhalt erfaßt man bekanntlich durch den zweiten Hauptsatz der Thermodynamik: Die *Entropie* eines *isolierten*[5] Systems strebt einem Maximum zu, wobei letztere gleichsam einen «Indikator der Entwicklung» (vgl. Prigogine, Stengers 1981, S. 128) darstellt, der die nicht-umkehrbare Zunahme von «Unordnung» mißt[6].

---

2) Die Einheiten bewegen sich somit in einer Art prästabilierter Harmonie, so daß es nicht überrascht, wenn Prigogine und Stengers eine Parallele zur Leibnizschen Monadenlehre ziehen: «Die Monadenlehre wird zur konsequentesten Formulierung eines Universums, aus dem jegliches Werden eliminiert ist» (Prigogine, Stengers 1981, S. 291).
3) «Eine träge Masse *erfährt* die Wirkung der Gravitation, ohne davon in anderer Weise berührt zu werden als durch die Bewegung, die sie erlangt oder weitergibt, während die Wärme die Materie *transformiert* und Zustandsänderungen, Modifikationen von inneren Eigenschaften hervorruft... Nun wurde dieser Unterschied zur Grundlage einer Klassifikation der Wissenschaften unter dem gemeinsamen Merkmal der Ordnung, d.h. des Gleichgewichts. Dem dynamischen Gleichgewicht zwischen Kräften fügte die positivistische Klassifikation schlicht das thermische Gleichgewicht hinzu» (Prigogine, Stengers 1981, S. 113).
4) In der Sicht der «thermodynamischen Statistik» ist ein solcher Vorgang zumindest extrem unwahrscheinlich.
5) In der Physik unterscheidet man drei Klassen von Systemen: *Isolierte* Systeme tauschen weder Energie noch Materie mit der Umwelt, ein *abgeschlossenes* System tauscht Energie mit der Umwelt, wohingegen ein *offenes* System sowohl Energie als auch Materie austauscht (Vgl. Prigogine 1979, S. 90f.).
6) In der Thermodynamik wird die Wärme somit als die ungeordnete Bewegung von Molekülen aufgefaßt. Je mehr Energie einem System zugeführt wird, um so heftiger ist nach dieser Vorstellung die Bewegung der Moleküle. Dabei haben die Moleküle das Bestreben, die Bewegung einander weiter zu geben, und zwar dauert dieser Austauschvorgang vom Wärmeren zum Kälteren im Prinzip so lange, bis alles gleich warm ist, das heißt, bis die Bewegungsenergie der Teilchen gleichmäßig und irreversibel verteilt ist. Man kann die *Entropie* daher auch als ein Maß für die *Qualität* der im System befindlichen Energie auffassen. Die Zunahme der Entropie bedeutet dann nichts anderes, als daß ein immer geringerer Teil der Energie in gerichteten Energiefluß oder Arbeit umgesetzt werden kann (Vgl. Jantsch 1979, S. 56f.).

Diese mit der Gleichgewichtstendenz gegebene Tendenz zur Unordnung wird in dem gewählten Beispiel darin sinnfällig, daß mit der Beseitigung des Temperaturgefälles zwischen den beiden Enden des Eisenstabes auch die vorher bestehende *Struktur* oder *«Ordnung»* der Teilchen bzw. Elemente zerstört wird.

Allerdings ist es nur mit Einschränkungen richtig, daß die Annäherung an das thermodynamische Gleichgewicht mit einem Verlust an «Ordnung» einhergeht. Dies wird insbesondere deutlich, wenn man nicht – wie bisher – *isolierte*, sondern *abgeschlossene* (oder *offene*) Systeme betrachtet. Hier ist zugleich der oben angeführte Satz von der Zunahme der Entropie zu modifizieren[7]:

«Im Falle eines geschlossenen Systems, das durch die Randbedingungen derart definiert ist, daß seine Temperatur T durch Wärmeaustausch mit der Umgebung konstant bleibt, wird das Gleichgewicht nicht durch die maximale Entropie, sondern durch das Minimum einer ähnlichen Funktion definiert, der freien Energie F = E – TS, wobei E die Energie des Systems und T die Temperatur ist… In der Struktur dieser Formel kommt zum Ausdruck, daß das Gleichgewicht aus einem Wettbewerb zwischen Energie und Entropie resultiert. Das relative Gewicht der beiden Faktoren wird durch die Temperatur bestimmt. Bei geringer Temperatur ist die Energie vorherrschend; es bilden sich dann *geordnete Strukturen* (schwache Entropie) von *niedriger Energie* wie etwa Kristalle. Innerhalb dieser Strukturen wechselwirkt jedes Molekül mit seinen Nachbarn und die entsprechende kinetische Energie ist gering. Jedes Teilchen wird durch Wechselwirkungen mit seinen Nachbarn ‹festgehalten›. Bei hohen Temperaturen ist dagegen die Entropie und damit die molekulare Unordnung vorherrschend. Der Umfang der relativen Bewegung der Teilchen untereinander wächst, und die Regelmäßigkeit des Kristalls wird zerstört; mit steigender Temperatur kommen wir zunächst zum flüssigen und dann zum gasförmigen Zustand» (Prigogine, Stengers 1981, S. 134).

5. Vorstehende Aussagen beziehen sich auf thermodynamische *Gleichgewichtszustände*. Letztere stellen in gewisser Hinsicht den Sonderfall des *stationären Zustandes*[8] dar (vgl. Prigogine, Stengers 1981, S. 147). Beide Zustandskategorien lassen sich mit Hilfe der Begriffe *Entropiefluß* (Entropieaustausch) und *Entropieerzeugung* voneinander abgrenzen. Entropiefluß und Entropieerzeugung ergeben in ihrer Summe die *Entropieänderung*:

«Bei der Entropieänderung dS müssen wir zwei Terme unterscheiden: der erste, d_eS, ist der Entropieaustausch durch die Systemgrenzen hindurch, und der zweite, d_iS, bedeutet die innerhalb des Systems erzeugte Entropie. Der Zweite Hauptsatz besagt dann, daß die Entropieerzeugung innerhalb des Systems positiv ist, also insgesamt:
$dS = d_eS + d_iS$ und $d_iS \geq 0$.» (Prigogine 1979, S. 28).

Thermodynamisches *Gleichgewicht* liegt vor, wenn $d_iS = 0$ ist[9]; ein *stationärer Zustand* stellt sich ein, wenn $dS = 0$ und $d_eS = -d_iS > 0$. Die letzte Gleichung besagt, daß die (interne) Entropieerzeugung durch einen negativen Entropiefluß gerade ausgeglichen wird: «Im stationären Zustand steigert also die Aktivität des Systems ständig die Entropie der Umgebung.» (Prigogine, Stengers 1981, S. 147).

Bedeutsam ist nun, daß hierbei das Theorem der minimalen Entropieerzeugung gilt: «Das System strebt denjenigen Dauerzustand an, bei dem diese Entropieübertragung auf die Umgebung so gering ist, wie es mit den auferlegten Randbedingungen vereinbar ist.» (Prigogine, Stengers 1981, S. 147). Man kann dies auch so ausdrücken, daß das

---

7) In dem folgenden Zitat bezeichnet das Symbol S das Entropiemaß.
8) Der «stationäre Zustand» im Sinne der Thermodynamik darf nicht mit dem entsprechenden Begriff der ökonomischen Theorie gleichgesetzt werden.
9) Ein isoliertes System ist durch $d_eS = 0$ charakterisiert.

System in den Zustand der «geringsten Dissipation» übergeht (vgl. Prigogine 1979, S. 100).

6. Es muß betont werden, daß diese Aussagen über thermodynamische Systeme nur unter der Bedingung der Gleichgewichts*nähe*[10] gelten.

Im Rahmen der linearen Thermodynamik bleiben die Systeme gleichsam noch unter der «Regie» des Gleichgewichts, mit anderen Worten, die Dissipation von Energie wird nicht zu einer spezifischen Quelle von «Ordnung»[11]. Genau dies aber bewirkt die Dissipation von Energie bzw. die Entropieerzeugung in thermodynamischen Systemen bei Gleichgewichts*ferne*[12].

In der Tat ergeben sich hier Zusammenhänge, die von den Ergebnissen der klassischen Thermodynamik (Minimumtheorem) in gravierender Weise abweichen. Hierzu sei ein sehr anschauliches Beispiel zitiert:

«Stellen wir uns eine große Pfanne – noch größer als die üblichen Küchendimensionen – vor, die von unten gleichmäßig, etwa durch eine ebenso große elektrische Kochplatte, erhitzt wird. Zunächst ist die Temperatur in der Flüssigkeit fast überall die gleiche, das heißt, das System befindet sich nahe seinem thermischen Gleichgewichtszustand.

In diesem Zustand wird die Wärme vom erhitzten Pfannenboden durch *Konduktion* weitergeleitet, wobei die Moleküle in stärkere Schwingungen geraten und beim Zusammenstoß mit ihren Nachbarn einen Teil ihrer Wärme-(oder Schwingungs-)Energie an diese weitergeben, ohne sich im wesentlichen vom Platz zu rühren. Wird der Pfannenboden heißer und damit das Temperaturgefälle in der Flüssigkeit steiler, so nimmt das thermische Ungleichgewicht zu. Es setzt *Konvektion* ein, das heißt Wärmetransport durch die Bewegung von Molekülen. Zunächst werden die entstehenden kleineren Konvektionsströme durch die Umgebung unterdrückt. Jenseits eines kritischen Temperaturgefälles werden diese Fluktuationen jedoch verstärkt, und das dynamische Regime schlägt von Konduktion auf Konvektion um. Es bilden sich makroskopische Molekülströme, die mehr als 10^{20} Moleküle umfassen – ein Maß an Ordnung, das nach den bis vor kurzem allein bekannten thermodynamischen Prinzipien unerklärbar war. Eine neue makroskopische Ordnung entsteht, die auch als Makrofluktuation aufgefaßt werden kann, stabilisiert durch den Energieaustausch mit der Umgebung. Diese Ordnung wird im Auftreten von regelmäßigen, wabenförmigen Konvektionszellen, den sogenannten *Bénard-Zellen*, sichtbar. Vom Blickpunkt

---

10) Es sind mithin drei Bereiche auseinanderzuhalten: «*Im Gleichgewicht* sind die Entropieerzeugung, die Flüsse und die Kräfte jeweils gleich Null. In der *Nähe des Gleichgewichts*, wo die thermodynamischen Kräfte ‹schwach› sind, sind die Raten J_k lineare Funktionen der Kräfte. Den dritten Bereich bezeichnet man als ‹nicht-linear›, da die Rate in ihm allgemein eine kompliziertere Funktion der Kraft ist» (Prigogine, Stengers 1981, S. 145). Entsprechend spricht man von *linearer* und *nicht-linearer* Thermodynamik.
11) «Unabhängig von den Anfangsbedingungen erreicht das System schließlich den von den festgesetzten Randbedingungen bestimmten Zustand. Die Reaktion eines solchen Systems auf eine Veränderung der Randbedingungen ist deshalb so völlig vorhersagbar. Wir sehen also, daß die irreversiblen Prozesse im linearen Bereich grundsätzlich dieselbe Rolle spielen wie im Gleichgewicht. Die Entropieerzeugung verschwindet zwar nicht, ist aber dennoch kein Hindernis, daß die irreversible Veränderung eine Entwicklung zu einem Zustand darstellt, der sich gänzlich aus allgemeinen Gesetzen ableiten läßt. Dieses ‹Werden› enthält nichts Spezifisches» (Prigogine, Stengers 1981, S. 148). Vergleiche auch Prigogine 1979, S. 105: «Das zeigt, daß es zwischen den Gesetzen des Gleichgewichts und denen der Gleichgewichtsferne einen wesentlichen Unterschied gibt. Die Gleichgewichtsgesetze sind *universal*. In großer Ferne vom Gleichgewicht kann das Verhalten jedoch sehr *spezifisch* werden.»
12) «Gleichgewichtsferne Bedingungen sind nur eine notwendige, aber nicht hinreichende Voraussetzung» (Prigogine, Stengers 1981, S. 153). So können zu große Entfernungen vom thermischen Gleichgewicht dissipative Strukturen zerstören (vgl. Prigogine, Stengers 1981, S. 170 f.).

der Moleküle aus betrachtet, entspricht dieses Strukturierungsphänomen einer höheren Ebene von Kooperation» (Jantsch 1979, S. 52).

Die hier zu Tage tretende *Gestaltbildung* wird möglich, weil sich Moleküle in *makroskopischer Anzahl*[13] über *makroskopische Zeitspannen* in kohärenter Weise bewegen[14]. Es handelt sich dabei um eine «Ordnung» der «Kooperation» von Elementen, die sich *spontan* herstellt. Dieser Prozeß der *Selbstorganisation* ist um so bemerkenswerter, als ein solcher Grad an «Ordnung», das heißt diese Abweichung vom thermodynamischen Gleichgewicht, nach den Vorstellungen der klassischen Thermodynamik zwar nichts absolut Unmögliches, aber doch etwas extrem Unwahrscheinliches darstellt:

«Die ursprüngliche molekulare, mikroskopische Zufallsfluktuation wird also nicht, wie bisher angenommen, entweder durch andere Zufälle in der großen Zahl aufgehoben, oder – ganz selten einmal – durch andere, gleichgerichtete Zufälle eine Weile in dieselbe Richtung fortgesetzt, sondern wird in Form dieser Strukturen systematisch in eine andere Größenordnung ‹aufgeschaukelt›, wird damit in ein makroskopisches Ereignis ‹übersetzt›» (Prigogine 1978, S. 9f.).

Bewirkt wird diese Aufschaukelung durch den *Anstieg der Energiezufuhr*[15]. Kommt es dann zur Selbstorganisation der *dissipativen Struktur,* so nimmt die Entropieerzeugung zu[16]. *Fernab* des Gleichgewichts gilt somit das Theorem der minimalen Entropieerzeugung nicht mehr. *Steigende Dissipation von Energie und Bildung von Strukturen stehen in einem unmittelbaren Zusammenhang, woraus sich auch die Bezeichnung «dissipative Struktur» erklärt*[17]. Damit zeigt sich aber die Leistungsfähigkeit der neuen Theorie: Sie vermag – entgegen dem Grundzug der «klassischen» Thermodynamik –, *Entwicklung* mit einem *Mehr an Ordnung* zu verknüpfen, ganz zu schweigen von der klassischen Dynamik, in der Entwicklung überhaupt keinen Platz hat.

7. Wie aus dem obigen Beispiel aus der Hydrodynamik deutlich wird, muß das System gleichsam eine *Instabilitätsschwelle* erreichen, wenn durch «Nichtgleichgewichtsschwankungen» eine «Ordnung aus dem Chaos», also eine dissipative Struktur, entstehen soll. Diese Instabilitäten können unterschiedliche Ursachen haben[18]. In

---

13) «Dissipative Strukturen stellen tatsächlich eine Form von *supramolekularer* Organisation dar» (Prigogine, Stengers 1981, S. 152).
14) Es muß gleichsam das System *als Ganzes* reagieren. Dies setzt aber eine Art «Kommunikation» voraus: «In den dissipativen Strukturen tritt wohl einer der einfachsten physikalischen Mechanismen der Kommunikation zutage» (Prigogine, Stengers 1981, S. 157).
15) Daraus wird deutlich, daß dissipative Strukturen in isolierten Systemen nicht auftreten können.
16) So stellt Prigogine mit Bezug auf die oben geschilderte dissipative Struktur fest: «Die Entropieerzeugung nimmt dann zu, da die Konvektion einen neuen Mechanismus für den Wärmetransport bietet» (Prigogine 1979, S. 101).
17) Jantsch drückt diesen Zusammenhang recht plastisch aus: Für «den schöpferischen Aufbau einer neuen Struktur werden keine Kosten gescheut – und mit Recht, solange ein offenes System in seiner Umgebung ein unerschöpfliches Reservoir freier Energie vorfindet» (Jantsch 1979, S. 87).
18) «Bei der Bénard-Zelle hat die Instabilität eine einfache mechanische Ursache. Wenn wir die Flüssigkeitsschicht von unten her erhitzen, wird der untere Teil der Flüssigkeit weniger dicht, und der Schwerpunkt steigt. Es ist daher nicht überraschend, daß das System jenseits eines kritischen Punktes umkippt und Konvektion einsetzt» (Prigogine, Stengers 1981, S. 153).

chemischen und molekularbiologischen Systemen beruhen diese Instabilitäten auf «Katalyseschleifen»[19], die ein *nicht-lineares* Verhalten[20] des Systems auslösen:

> Dies «bedeutet, daß bestimmte Moleküle an Reaktionen teilnehmen, in denen sie für die Bildung von Molekülen ihrer eigenen Art nötig sind (Autokatalyse) oder zuerst für die Bildung anderer Moleküle und daraufhin ihrer eigenen Art (Crosskatalyse). Daraus resultiert ein Verhalten, das man in Anlehnung an die mathematische Formulierung nicht-linear nennt und das man am besten mit einem ‹Davongaloppieren› vergleichen kann. In der technischen Kybernetik nennt man ein solches Verhalten positive Rückkoppelung – eine Abweichung wird nicht zurückgeregelt, sondern verursacht immer höhere Abweichung» (Jantsch 1979, S. 62).

Dabei ist zu beachten, daß die *positive Rückkoppelung* nicht «unerwünscht» ist, sondern eine durchaus produktive Rolle bei der Gestalt- bzw. Ordnungsbildung spielt (vgl. Jantsch 1979, S. 63). Sie bewirkt nämlich, daß die «Schwankung», welche zur Bildung der dissipativen Struktur führt, das ganze System «erobern» kann:

> «Im Falle der Bénard-Instabilität wird eine *Schwankung*, ein mikroskopischer Konvektionsstrom, der bei der Anwendung des Boltzmannschen Ordnungsprinzips zur Rückbildung verurteilt gewesen wäre, verstärkt, bis er das ganze System erfaßt» (Prigogine, Stengers 1980, S. 151)[21].

Der infolge der Instabilität eintretende «Phasenübergang» des Systems impliziert, daß es dort keine konsistente makroskopische Beschreibung des Systems mehr geben kann:

> «Wir gelangen nämlich zu der Schlußfolgerung, daß die Schwankungsgesetze in Gleichgewichtsnähe *allgemeingültig* sind, während sie in größerer Entfernung vom Gleichgewicht in Systemen mit einer nichtlinearen Kinetik je nach der Art der betreffenden Nichtlinearität spezifisch werden... Schwankungen können sogar die gleiche Größenordnung wie die makroskopischen Mittelwerte erreichen. An eine makroskopische Beschreibung, also an eine Unterscheidung zwischen Schwankungen und Mittelwerten, ist nicht einmal mehr zu denken» (Prigogine, Stengers 1981, S. 180)[22].

Die durch die Schwankungen erzeugte dissipative Struktur entsteht *fernab des Gleichgewichts*, was aber nichts anderes bedeutet, als daß dieser gleichgewichtsferne Zustand des Systems aufrechterhalten werden muß, wenn die *dissipative Struktur* Bestand haben soll:

> «Eine im Gleichgewicht befindliche Struktur wie der Kristall besteht, wenn sie einmal gebildet wurde, unabhängig von jedem späteren Austausch mit der Außenwelt. Dagegen können Ungleichgewichtsstrukturen sich nur aufrechterhalten, wenn sie von Energie- und Materieströmen ‹genährt› werden. Bleiben diese aus, ergeht es genauso wie bei einer Stadt, die ‹verschwinden› würde, wenn sie von ihrer Umwelt abgeschnitten wird» (Prigogine 1977, S. 28).

Die Ordnung im Ungleichgewicht ist gewissermaßen die *Ordnung der Aktivität*[23], das System muß gleichsam «arbeiten»:

---

19) *Die einzigen Reaktionsstufen*, die in einer Kette chemischer Reaktionen innerhalb eines Systems unter bestimmten Bedingungen und Umständen die Stabilität des stationären Zustands gefährden können, sind die ‹Katalyseschleifen›» (Prigogine, Stengers 1981, S. 154).
20) Daraus leitet sich auch die Bezeichnung «nicht-lineare» Thermodynamik ab.
21) Haken spricht in diesem Zusammenhang sehr plastisch von einem «Ordner», der die einzelnen Elemente des Systems «versklavt» (Vgl. Haken 1981, S. 68).
22) Es ist mithin das «Gesetz der großen Zahlen» hier nicht mehr anwendbar.
23) «Die biologische Struktur verknüpft also Ordnung mit Aktivität. Ein Gleichgewichtszustand bleibt dagegen träge, auch wenn er – wie etwa ein Kristall – strukturiert sein kann» (Prigogine, Stengers 1981, S. 140).

Auf der Basis des «Energie- und Materieaustausches mit der Umgebung hält das System sein inneres Ungleichgewicht aufrecht, und dieses Ungleichgewicht hält seinerseits den Austausch aufrecht... Dabei erneuert sich die dissipative Struktur ständig selbst und hält ein bestimmtes dynamisches Regime, eine global stabile Raum-Zeit-Struktur, aufrecht» (Jantsch 1979, S. 63)[24].

8. Bei dem oben betrachteten Beispiel erzeugten die durch die Gleichgewichtsferne des Systems bedingten Schwankungen ein eindeutig bestimmtes Regime einer dissipativen Struktur, die Konvektionszellen. Es gibt aber Systeme, die an den Punkten der Instabilität gleichsam die Wahl zwischen zwei oder mehr dissipativen Strukturen haben. Man spricht hier von *Bifurkations-* oder auch *Verzweigungspunkten*. Welchen Weg das System jeweils nimmt, ist nicht im vorhinein bestimmbar, sondern es ist vom Zufall abhängig, in welches Regime die Schwankungen (bzw. die Fluktuation) das System treiben (vgl. Prigogine, Stengers 1981, S. 167f.)[25]. Berücksichtigt man noch, daß mit zunehmendem *Grad des Ungleichgewichts* – gemessen etwa an der zunehmenden Konzentration eines chemischen Stoffes *(Kontrollparameter)* – weitere Bifurkationspunkte existieren, so läßt sich die «Geschichte» des Systems durch eine Art Entscheidungsbaum illustrieren (vgl. Abb. 2):

«Der ‹geschichtliche› Weg, auf dem das System sich entwickelt, wenn der Kontrollparameter zunimmt, ist charakterisiert durch eine Aufeinanderfolge von stabilen Bereichen, in denen deterministische Gesetze herrschen, und unstabiler Bereiche in der Nähe der Verzweigungspunkte, wo das System zwischen mehr als einer möglichen Zukunft ‹wählen› kann. Der deterministische Charakter der kinetischen Gleichungen, mit deren Hilfe die Menge der möglichen Zustände und deren jeweilige Stabilität berechnet werden können, und die zufälligen Schwankungen, die zwischen den Zuständen in der Nähe von Verzweigungspunkten ‹wählen›, sind unauflöslich miteinander verbunden. Was die Geschichte des Systems bestimmt, ist diese Mischung aus Notwendigkeit und Zufall» (Prigogine, Stengers 1981, S. 170)[26].

Diese *Mischung aus Notwendigkeit und Zufall* führt dazu, daß das Verhalten des Systems nicht mehr *voraussagbar* wird. Es stellen sich die Probleme des *Symmetriebruchs*, der *Komplexität* und der *Zeit,* auf die hier nicht weiter eingegangen werden kann. Vielmehr seien hier nur noch einige Schlüsse aus der Bifurkationsanalyse gezogen.

So ist zu beachten, daß die *gleiche* Variation des Kontrollparameters eine durchaus unterschiedliche Wirkung auslösen kann. Bleibt das System in dem Gebiet zwischen zwei Verzweigungen, so erhält sich seine Struktur, während es in der Nähe des Verzweigungspunktes gleichsam «empfindlich» reagiert. Bedeutsam ist nun, daß dieser Sachverhalt nicht nur in bezug auf die Variation solcher Parameter, die – wie Temperatur oder Konzentration bestimmter Moleküle – den internen Zustand des Systems charakterisieren, gilt, sondern auch hinsichtlich von «Umweltparametern», die den Zustand eines koexistierenden Systems reflektieren. Solche Schwankungen exter-

---

24) Als Beispiel einer dissipativen Struktur kann auch das Stolpern eines Menschen betrachtet werden (vgl. Jantsch 1979, S. 63).
25) Entstehen die Fluktuationen innerhalb des Systems, so spricht man von einer «evolutiven Rückkopplung»:
Schwelle ⟶ Instabilität, Bildung einer
      ↖   neuen dissipativen Struktur
               ↓
        Erhöhung der Entropieproduktion
(Vgl. Jantsch 1979, S. 78).
26) Siehe auch Haken 1981, S. 68.

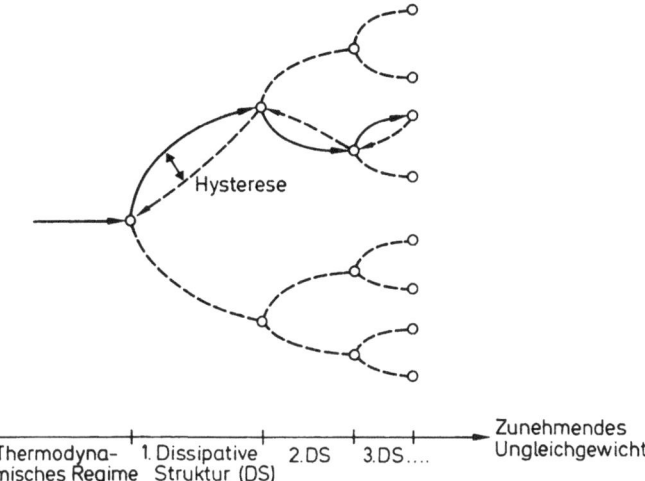

Abb. 2: Makroskopische Unbestimmtheit in der Evolution einer dissipativen Struktur. An jeder Instabilitätsschwelle entscheidet sie sich frei für eine von mehreren (mindestens zwei) Möglichkeiten. Wird aber das Ungleichgewicht von außen her wieder vermindert, so krebst die Struktur auf demselben Weg zurück, den sie gekommen ist, abgesehen vom sogenannten Hysterese-Effekt, der die geleistete Arbeit bei der Umstrukturierung ausdrückt. Die Struktur «erinnert sich» jeweils an ihre Ausgangsbedingungen (Jantsch 1979, S. 85).

nen Ursprungs können ebenso zu neuen Strukturen führen wie diejenigen internen Ursprungs (vgl. Prigogine, Stengers 1981, S. 182)[27]. Das System reagiert also auf externe Schwankungen nur bis zu einem gewissen Grad mit «Stabilität», das heißt, es werden die auftretenden Schwankungen vom System gleichsam wieder gedämpft und damit absorbiert. Gefährdet aber wird die *«Strukturstabilität»* nicht zuletzt durch *«Neuheiten»*:

«Die Stabilität eines Systems wird nicht nur durch Schwankungen von bereits vorhandenen Größen in Frage gestellt, sondern durch Schwankungen von Größen (z.B. neuen Arten von Molekülen), die es zuvor noch nicht gab» (Prigogine, Stengers 1981, S. 177).

Erreicht das System aufgrund solcher Schwankungen einen «Verzweigungspunkt», so mobilisiert die dort herrschende «Empfindlichkeit» des Systems – das heißt, seine mangelnde Fähigkeit, die Schwankungen zu dämpfen[28] – gleichsam einen Selektionsme-

---

27) «Diese Empfindlichkeit von Nichtgleichgewichtszuständen nicht nur gegenüber Schwankungen, die durch ihre interne Aktivität entstehen, sondern auch für solche Schwankungen, die aus der Umgebung herrühren, bestätigt die Idee, daß dissipative Strukturen gewissermaßen ‹Übersetzungen› der Flüsse sind, von denen sie aufrechterhalten werden. Es ist daher keine überraschende Entdeckung, daß die Aktivität eines Systems eine ‹adaptive Organisation› aufweist, die von den schwankenden Randbedingungen abhängig ist, denn das ist nur ein anderer Aspekt der Teilnahme des Systems an seiner Umgebung» (Prigogine, Stengers 1981, S. 182f.).
28) Wenn das System sich ständig bemüht, Schwankungen zu dämpfen, so kann sich eine Schwankung offenbar erst «durchsetzen», wenn sie eine kritische Größe übersteigt: «Eine Schwankung kann nicht auf einen Schlag das gesamte System erobern. Sie muß sich zunächst in einem begrenzten Gebiet festigen» (Prigogine, Stengers 1981, S. 180).

chanismus, der das System in eine neue Struktur treibt. Wenngleich über solche Selektionsmechanismen bisher wenig Konkretes bekannt ist, so scheint es doch bereits festzustehen,

«daß die Präzision dieser Selektionsmechanismen unter weit vom Gleichgewicht entfernten Bedingungen von einer anderen Größenordnung ist als in Gleichgewichtsnähe. Die Materie beginnt, um es ein wenig anthropomorph auszudrücken, fern vom Gleichgewicht ihre Umgebung ‹wahrzunehmen›, zwischen geringfügigen Differenzen zu unterscheiden, die im Gleichgewicht bedeutungslos sein würden. Das hat einen ganz einfachen Grund. Im Gleichgewicht oder in seiner Nähe haben wir nur eine Struktur, die verändert werden kann, wenn wir ihre Umgebung verändern. Fern vom Gleichgewicht gestatten uns Schwankungen, Differenzen in der Umgebung zu nutzen, um verschiedene Strukturen hervorzurufen» (Prigogine, Stengers 1981, S. 177).

Als Beispiel für einen *Selektionsmechanismus* führen Prigogine und Stengers die «Auslese durch Konkurrenz» an. Als Gegenstand der Konkurrenz betrachten sie eine gegebene ökologische Ressource, die von einzelnen, einander folgenden Arten unterschiedlich gut ausgenutzt werden kann. Abb. 3 zeigt die sich ergebende Populationsdynamik (vgl. Prigogine, Stengers 1981, S. 187).

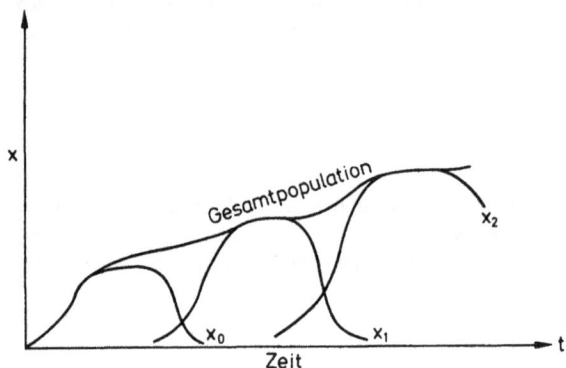

Abb. 3: Zunehmend bessere Ausnutzung der Ressourcen durch Auftreten von Mutanten oder neuen Arten (Jantsch 1979, S. 105).

9. Mit diesen Bemerkungen, die mit dem Stichwort «Konkurrenz» in die unmittelbare Nähe der Ökonomie geführt haben, sei die sehr knappe Skizze der Theorie der dissipativen Strukturen abgeschlossen. Trotz der gedrängten Darstellung dürften die angeführten Passagen deutlich gemacht haben, *daß es darum geht, eine Theorie evolutorischer Prozesse zu entwerfen, die Ungleichgewicht mit Struktur bzw. Ordnung, Ordnung mit Aktivität bzw. Prozeß, Prozeß mit Evolution, Evolution mit Selektion und all dies schließlich mit Selbstorganisation in Verbindung bringt.* Hat dies der «Ordnungstheorie» etwas zu sagen?

III.

10. Wenn der Ökonom in Hinsicht auf Systeme dezentraler Planung von «Ordnung» spricht, so sind zunächst zwei Begriffe zu unterscheiden, nämlich zum einen die

«*Rechtsordnung*» und zum anderen die «*Handelnsordnung*»[29]. Die folgenden Ausführungen beschäftigen sich primär mit der Handelnsordnung oder *spontanen Ordnung*, die als *dissipative Struktur* interpretiert werden soll[30]. Dabei ist zu beachten, daß sich die spontane Ordnung im Falle der Ordnung des Marktes nur in ihren *abstrakten Bezügen* aufweisen läßt, weshalb v. Hayek von einer «*abstrakten Ordnung*» spricht (vgl. v. Hayek 1969, S. 166 ff. sowie v. Hayek 1980, Kapitel II)[31].

Diese «abstrakten» Eigenschaften der spontanen Ordnung gilt es zu analysieren, nicht aber die «konkrete Handelnsordnung»[32] zu bestimmen.

Das Koordinationsgeschehen in Marktwirtschaften wird zwar gemeinhin durchaus als «*Selbstorganisation*» verstanden, aber herkömmlicherweise eher mit der Herausbildung von *Gleichgewichtsstrukturen* in Verbindung gebracht. Bis zu einem gewissen Grade gilt dies selbst noch für v. Hayek:

«Die ökonomische Theorie hat den Idealfall einer solchen Ordnung, in der alle bestehenden Erwartungen wenigstens erfüllt werden *könnten*, (weil sie nicht miteinander im Widerspruch stehen) als das Marktgleichgewicht bezeichnet. So betrachtet, taucht dann freilich die Frage auf, ob ein solches Gleichgewicht je besteht, und auf sie müssen wir wohl antworten, daß es in Wirklichkeit nie besteht. Aber als Ordnung interpretiert, deren vollkommene, nie erreichte Verwirklichung das theoretische Gleichgewicht beschreibt, ist dieser Zustand vieler Grade der Annäherung fähig, und muß jede Vergrößerung der Übereinstimmung der Erwartungen als Gewinn betrachtet werden» (v. Hayek 1969, S. 166 f.)[33].

Es ist eine entscheidende These dieser Arbeit, daß gerade dies nicht mehr gilt, wenn man das Marktsystem als eine dissipative Struktur begreift; denn nicht mehr jede

---

29) Siehe zu dieser Unterscheidung im einzelnen v. Hayek 1969, S. 161 ff. Die Rechtsordnung stellt dabei nur einen Teil der Verhaltensregeln dar, auf deren Basis sich die Handelnsordnung entfaltet: «Selbstverständlich sind dabei die von artikulierten Rechtsregeln bestimmten Regelmäßigkeiten – oder Beschränkungen des Bereichs – des menschlichen Handelns nicht die einzigen zur Bildung einer Ordnung erforderlichen Regelmäßigkeiten dieses Handelns. Es könnte sich wahrscheinlich nie eine Handelnsordnung bilden, wenn das Verhalten der einzelnen nicht auch noch viele andere Regelmäßigkeiten zeigte. Zunächst befolgen wir alle stets auch noch viele Regeln der Sitte, der Moral und der Gewohnheit. Darüber hinaus bringen aber auch die Ähnlichkeit der Umstände, unter denen wir leben, der Kenntnisse, die wir besitzen, und der Bedürfnisse, die wir empfinden, Regelmäßigkeiten des Verhaltens hervor, die uns helfen, richtige Voraussagen über das Verhalten anderer zu machen» (v. Hayek 1969, S. 176).
30) Entwicklungsgeschichtlich freilich entfaltet sich das System der Verhaltensregeln parallel zur Handelnsordnung, das heißt, auch ersteres stellt ein Phänomen der «Selbstorganisation» dar. Siehe hierzu v. Hayek 1980. Diese Problematik bleibt im folgenden ausgeklammert.
31) «Wir können diese Ordnung sinnvoller Handlungen nicht sehen oder auf andere Weise intuitiv wahrnehmen, sondern sind nur fähig, sie geistig zu rekonstruieren, indem wir die Beziehungen verfolgen, die zwischen den Elementen bestehen. Wir beschreiben diese Eigenschaft dadurch, daß wir von einer abstrakten und nicht einer konkreten Ordnung sprechen» (v. Hayek 1980, S. 60).
32) Die «konkrete» Handelnsordnung ergibt sich aus der «abstrakten» gleichsam durch die Hinzufügung besonderer Umstände von Zeit und Ort: «Eine konkrete Handelnsordnung wird vollständig immer erst durch die besonderen Absichten und Tatsachenkenntnisse der Handelnden bestimmt, und die Verhaltensregeln, die sie befolgen, können immer nur Bedingungen sein, die den Bereich ihrer Wahl einschränken» (v. Hayek 1969, S. 173).
33) An anderer Stelle spricht er bezüglich spontaner Ordnungen von dem «Gleichgewicht, das von innen her (oder ‹endogen›) entsteht, sowie jenes, das die allgemeine Markttheorie erklären will». (v. Hayek 1980, S. 58).

«Vergrößerung der Übereinstimmung» in dem genannten Sinne führt zu einer Verbesserung der «Ordnung» im Sinne des Marktes als einer dissipativen Struktur. Dies ist nur die logische Konsequenz der Tatsache, daß im Gleichgewicht oder in der Nähe desselben die Ordnung des Ungleichgewichts zerstört wird.

Die Gleichgewichtsorientierung der Ökonomik – bei vielen ihrer Vertreter, insbesondere bei den sogenannten Neoklassikern, wesentlich stärker ausgeprägt als bei v. Hayek – hat traditionelle Gründe. Die Nationalökonomie als ein Kind des 18. Jahrhunderts übernahm die Gleichgewichtskonzeption von der klassischen Dynamik als der führenden Disziplin der Epoche. Dies hat so nachhaltig[34] gewirkt, daß die Kritik an der sogenannten «Allgemeinen Gleichgewichtsökonomik» selbst noch im Banne des Gleichgewichtskonzepts verbleibt[35]. So ist es nicht verwunderlich, daß diese «Ungleichgewichtstheorien» keine «Ordnung im Ungleichgewicht» zu erkennen vermögen, weil sie von evolutiven Aspekten des Marktgeschehens ebenso abstrahieren wie die «Allgemeine Gleichgewichtstheorie» selbst[36]. Nur die Wettbewerbstheorie betrachtet den Markt als etwas sich «Entwickelndes» und hat auch bereits erkannt, daß der Wettbewerb das Ungleichgewicht schafft und zugleich benötigt. Diese Einsicht blieb jedoch, bedingt durch die Sonderstellung der Wettbewerbstheorie, für die übrigen Theoriebezirke fast ohne Konsequenzen. Was speziell die Ordnungstheorie anbelangt, so empfing sie von der Wettbewerbstheorie selbst keinen auf die «Ordnung im Ungleichgewicht» zielenden Ordnungsbegriff, weil die Wettbewerbstheorie mit dieser Vorstellung eher unbewußt operierte.

11. Die neuere Wettbewerbstheorie betont nicht von ungefähr die Rolle des Wettbewerbs*prozesses*, das heißt, sie stellt auf die permanente Existenz wettbewerblicher Vor- und Nachstöße ab. Diese halten das System «Markt» in Aktion, und diese Aktivität erzeugt eine «Ordnung im Ungleichgewicht», die sich gerade dadurch erhält, daß in diesem System nicht von vornherein «alles gegeben» ist, sondern ständig etwas «Neues» eingebracht wird. Dies sei hier am Beispiel der Verfahrensinnovationen aufgezeigt. So wird sich bei *anhaltendem* Marktprozeß eine Situation einstellen, wie sie in Abb. 4a dargestellt ist. Solange es nämlich Vorstöße einzelner Anbieter gibt, werden diese ein mehr oder weniger niedrigeres Grenzkostenniveau aufweisen als die übrigen Anbieter. Im Falle des homogenen Polypols läßt sich dann durch «Reihung» eine Branchengrenzkostenkurve[37] konstruieren, die die Verhältnisse auf diesem Markt zu einem *bestimmten Zeitpunkt* abbildet. Entscheidend ist nun, daß sich zu einem *beliebigen späteren Zeitpunkt* mehr oder weniger die gleiche Konfiguration, das heißt die gleiche Stufung, zeigt, seien es die gleichen Anbieter in gleicher oder anderer Reihenfolge, seien es neue Anbieter. Mit anderen Worten, es bleibt die *Struktur* der Branchengrenzkostenkurve erhalten[38], weil stets Neuerungen zugeführt werden.

Läßt man diese Bedingung fallen und setzt voraus, daß *kein* Anbieter mehr eine Verfahrensinnovation vornimmt[39], die anderen Anbietern noch unbekannt ist, so ergibt

---

34) Möglicherweise gelingt es der Ökonomie mit Hilfe der Theorie dissipativer Strukturen, sich von dieser Erbschaft nunmehr etwas zu emanzipieren. Vergleiche hierzu Koblitz, Rieter 1979.
35) Dies arbeitet mit aller Deutlichkeit Holub heraus (vgl. Holub 1978).
36) Ganz explizit in dieser Richtung Geipel 1980, S. 130: «Denn ‹Ungleichgewicht› bedeutet eben was gesagt das Fehlen von Strukturen.»
37) An den folgenden Überlegungen würde sich grundsätzlich nichts ändern, wenn man statt auf Grenz- auf Durchschnittskosten abheben würde.
38) Darin zeigt sich eben die «Ordnung im Ungleichgewicht».
39) Dies entspricht der Annahme eines *isolierten* Systems.

sich die Situation[40] der Abb. 4b. Da annahmegemäß nur noch Akte des nachstoßenden Wettbewerbs verbleiben, tritt früher oder später der Gleichstand[41] ein, das heißt, es produzieren schließlich alle Anbieter nach dem gleichen Verfahren. Das Nichtauftreten weiterer Neuerungen hat die zunächst existierende Struktur zerstört[42].

Überträgt man diesen Zustand der «Ruhe» auf das Gesamtsystem, so ergibt sich das allgemeine Gleichgewicht des stationären Zustands. Dieser Zustand wird als Referenzsituation für das in Bewegung befindliche Marktsystem gewählt, weil hier wirklich «Ruhe» herrscht, weil *Arbitrage* und *Akkumulation* ihre Arbeit geleistet, die dem System als «Datum» vorgegebenen *Neuerungen* sich voll verbreitet haben. Die *Triebkräfte des Marktprozesses* werden hier in jeweils weitester Bedeutung verstanden: Bei der *Arbitrage* handelt es sich um das Aufspüren und Ausnützen jeglicher «Differenzen» bzw. «Lücken» in der Koordination der Wirtschaftspläne. Die *Akkumulation* bezieht sich auf die Vermehrung aller Güter des betrachteten Marktsystems. Unter *Neuerung* schließlich werden neue Produkte und Verbesserungen aller Art verstanden: Neue Produkte, Verfahren, organisatorische Erfindungen etc.[43].

Das in Bewegung befindliche System hingegen ist dadurch charakterisiert, daß die Triebkräfte des Marktprozesses, Neuerung, Arbitrage und Akkumulation, *gleichzeitig* aktiv sind. Dann wird sich für das gesamte Marktsystem eine Situation einstellen, die derjenigen der Abb. 4a für einen einzelnen Markt entspricht, das heißt, es existiert zu jedem Zeitpunkt eine Konstellation *«universeller Differenzierung»*. Man kann dies auch so ausdrücken, daß in der Gleichgewichts*ferne* des Marktsystems sich die Momente *prozeßbedingter Verschiedenartigkeit* aufrechterhalten, die in der Nähe des Gleichgewichts zunehmend zurückgedrängt werden, bis sich im stationären Gleichgewichtszustand selbst *Gleichartigkeit* einstellt.

Der Vergleich mit den Verhältnissen in der Thermodynamik liegt daher nahe: Läßt sich der stationäre Gleichgewichtszustand im ökonomischen Sinne mit dem «thermischen Gleichgewicht» in Beziehung setzen, so entspricht der Zustand der Gleichgewichtsferne des Marktsystems den dissipativen Strukturen der Thermodynamik, so daß man den gleichgewichtsfernen Zustand des Marktsystems unter diesem Gesichtspunkt durchaus als dissipative Struktur ansehen kann[44]. Und es springt deutlich ins Auge, daß in beiden Fällen diese dissipativen Strukturen nur dann Bestand haben, wenn das System ständig «arbeitet». Solange das System «arbeitet», manifestiert sich – wie oben festgestellt worden ist – in den dissipativen Strukturen der Physik als Ergebnis des Selbstorganisationsprozesses eine ausgeprägte *Kohärenz* der beteiligten «Elemente»[45]. Genau dies zeigt sich aber auch in den dissipativen Strukturen der Ökonomie. Greift man wiederum auf den in Abb. 4a abgebildeten Sachverhalt zurück, so läßt sich die in

---

40) Von dem Problem der Bestimmung der Kapazitätsgrenzen sei hier abgesehen.
41) Da es gilt, die Charakteristika des Prozesses als solchen herauszustellen, wird hier wie im folgenden von allen wie auch immer gearteten faktischen Imitationshemmnissen abgesehen.
42) Dies entspricht der Situation des thermodynamischen Gleichgewichts, das sich – wie eingangs dargelegt – ebenfalls durch «Strukturlosigkeit» auszeichnet.
43) Zur näheren Analyse dieser marktlichen Triebkräfte siehe Fehl 1981.
44) Da das ökonomische System auch im stationären System «organisiert» ist, ja vom Standpunkt des tradierten Ordnungsbegriffes der Ökonomik her gesehen sogar den höchsten Grad an «Ordnung» überhaupt aufweist, könnte eine gewisse Zurückhaltung gegenüber dem oben gezogenen Vergleich naheliegen. Dem ist jedoch entgegenzuhalten, daß es bei jedem Vergleich entscheidend auf das herangezogene Kriterium ankommt: Unter dem Kriterium Homogenität bzw. Inhomogenität besteht jedenfalls die behauptete Parallelität.
45) Man denke z. B. an die Bénard-Zellen.

Form der «Stufung» der Grenzkostenniveaus erscheinende Kohärenz als Reflex des Zusammenwirkens der beteiligten Anbieter im Prozeß des Vor- und Nachstoßens auf dem Markt interpretieren. Die «Gestalt» der Abb. 4a wird also bewirkt durch «kohärentes Verhalten» der Konkurrenten, das heißt durch Imitations- und Überflügelungsverhalten. Imitationsverhalten aber setzt Informations- und gegebenenfalls auch Lernprozesse und damit ein «Zusammenwirken»[46] voraus, das weit über die in vielen Modellen der Neoklassik unterstellte Preis-Mengen-Mechanik hinausgeht. – Dieses komplexe Zusammenwirken der Elemente *(Selbstorganisation)* ist nicht nur für das angeführte Beispiel des homogenen Marktes charakteristisch, sondern es gilt ebenso für das sich als dissipative Struktur erhaltende Marktsystem als Ganzes.

12. Im letzten Abschnitt ist hervorgehoben worden, daß es die von den Konkurrenten in den wettbewerblichen Prozeß eingebrachten *Neuerungen* sind, durch welche die dissipative Struktur des Marktes aufrechterhalten wird. Mit anderen Worten, die Gleichgewichts*ferne* des Marktsystems ist Konsequenz der Tatsache, daß die Konkurrenten die wechselseitige Anpassung nicht nur mit den Mitteln der *Imitation*, sondern ebenso mit solchen der *Innovation* betreiben. Gerade durch letztere wird das Erreichen des Gleichstandes und damit ein stationäres Gleichgewicht verhindert. Es erhält sich somit auf Dauer ein «Herausforderungspotential» für die Konkurrenten, eine sich ständig erneuernde Aufgabe der Anpassung. All dies weist der marktlichen Triebkraft «Neuerung» in den ökonomischen Systemen die gleiche Position zu, die die Energie bzw. der Energie-Materie-Fluß im geschlossenen bzw. offenen physischen System einnehmen und dort in Gleichgewichtsferne die dissipative Struktur hervorrufen. Ob eine solche Analogie wirklich besteht, hängt davon ab, ob es wirklich die «Neuerung» ist oder nicht einfach Energie- und Materie-Fluß im ökonomischen System selbst sind, die letzteres zum «offenen» System mit dissipativen Strukturen machen. Nun stellen die ökonomischen Systeme gewiß keine isolierten, ja nicht einmal geschlossene Systeme dar, weil sie notwendig einen Energie- und Materie-Fluß implizieren. Dieser Zusammenhang ist zwar in der Vergangenheit wenig thematisiert worden, doch hat sich gerade dies in jüngster Zeit gewandelt, wie die Analyse der Probleme der Umwelt und der Verknappung natürlicher Ressourcen zunehmend belegt. Wenn diese Art der «Offenheit» auch in einem gewissen Zusammenhang mit der «Dissipativität» des ökonomischen Systems stehen mag, so wäre es doch etwas weit hergeholt, letztere lediglich oder primär hierauf zurückzuführen. Deshalb wird im folgenden der physikalische Energie- und Materie-Fluß als Grund für dissipative Strukturen in der Ökonomie ausgeschlossen und ausschließlich auf die ökonomische Form der Energie abgehoben, nämlich auf «Neuerungen» aller Art. Da diese von «außen» in das System kommen, setzt dies voraus, das «System Mensch» nur teilweise innerhalb des ökonomischen Systems anzusiedeln, nämlich insoweit es um die Nutzung von Neuerungen geht; der schöpferische Mensch als Kreator der Neuerungen bleibt eine Kraft, die von «außen» wirkt (ausführlich hierzu Fehl 1981)[47]. – Damit ist die Parallelität zwischen Energie- und Materie-Fluß einerseits und Neuerungen andererseits hergestellt.

13. Ist damit gezeigt, daß die marktliche Triebkraft Neuerung das System zum «Arbeiten» bringt, dort in Gleichgewichtsferne dissipative Strukturen aufbaut und zu

---

46) Dieses Zusammenwirken darf nicht mit bewußter Kooperation gleichgesetzt werden: Es ist spontane Selbstorganisation.

47) Diese Abgrenzung impliziert keineswegs, daß der technische Fortschritt in der Markttheorie als exogene Größe zu behandeln ist.

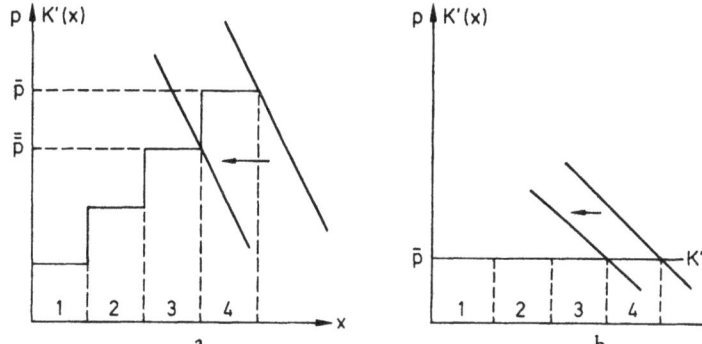

Abb. 4: Marktsituation bei anhaltender (a) und abgeschlossener (b) Diffusion von Verfahrensinnovationen.

Kohärenz im Verhalten der Elemente führt, so ist dennoch nicht gezeigt, daß man in bezug auf diese Strukturen wirklich von «Ordnung», wenn auch von der «Ordnung im Ungleichgewicht», sprechen kann. Zunächst folgt aus der Existenz eines Nichtgleichgewichtszustandes ja nur negativ die Abwesenheit der «Ordnung im Gleichgewicht», aber noch nicht positiv die «Ordnung im Ungleichgewicht». Daß es sich tatsächlich um Ordnung und nicht um «Chaos» handelt, läßt sich durch folgende Überlegung rechtfertigen: Kann man bezüglich der im ersten Abschnitt ausführlich geschilderten dissipativen Struktur die «höhere» Ordnung im Ungleichgewicht darin erblicken, daß nach dem Übergang von der Induktion zur Konvektion der Wärmetransport verbessert wird, so bewirkt im ökonomischen System die Gleichgewichts*ferne* durch die mit ihr verbundenen Differenzierungen eine Erhöhung der Koordinationsleistungsfähigkeit des Marktsystems im Sinne der Anpassungserfordernisse während des Marktprozesses[48]. Tritt zum Beispiel in der Situation der Abb. 4a eine Linksverschiebung der Nachfragefunktion ein, so wird deutlich, welche Anbieter vom Markt verdrängt werden, was für den gleichen Vorgang in der Situation der Abb. 4b keineswegs behauptet werden kann. Wenn der Ausscheidungsprozeß auch nicht so lehrbuchhaft ablaufen muß, wie dies soeben angenommen worden ist, so kann doch gesagt werden, daß infolge der *marktprozeß*bedingten Verschiedenartigkeiten die einzelnen Konkurrenten unterschiedlich starke Impulse erhalten werden, auf die neue Situation zu reagieren, das heißt, die veränderte Situation übt einen unterschiedlich starken Druck auf die Anbieter aus, je nachdem welche Position in der Hierarchie der Grenzkosten-Niveaus sie gerade einnehmen[49]. Mit anderen Worten, die spezifisch durch die Gleichgewichtsferne bedingten Differenzen in den Positionen der Konkurrenten erhöhen die Selektionskapazität des Systems. Da diese aber gerade in der Situation des Ungleichgewichts vonnöten ist, läßt sich somit feststellen: der Markt*prozeß* als der Seinsmodus des Ungleichgewichts schafft sich gerade diejenige Ordnung, die er zu

---

48) Es sei darauf hingewiesen, daß zur Beurteilung der Anpassungskapazität des Systems in Gleichgewichtsferne nur der Prozeß selbst und nicht etwa ein, wenn auch fiktiver, Endgleichgewichtszustand herangezogen werden muß.

49) Dies gilt selbstverständlich auch im Falle der Verschiebung der Marktnachfragefunktion nach außen.

seiner Aufrechterhaltung benötigt, nämlich die «Ordnung im Ungleichgewicht». Im Marktsystem, dessen Evolution permanente Verlagerungen der Produktivkräfte und der Nachfrageströme herbeiführt und auch erfordert, kommt es gerade wegen dieser Evolution auf die erhöhte Wahrnehmung aller prozeßbedingten Differenzen durch die Akteure an[50], und es erhalten sich permanent solche prozeßbedingten Verschiedenartigkeiten, weil aufgrund der oben geschilderten, gleichsam «dialektischen» Reaktionsweise der Wettbewerber die Entwicklung nie bis zum Gleichgewicht vorangetrieben, sondern durch weitere *Neuerungen* gerade fern vom Gleichgewicht gehalten wird[51].

Erst die *«Wahrnehmung»* der durch die Neuerungen erzeugten Differenzen durch die beteiligten Akteure *(Arbitrage)*[52] «ordnet» das Ungleichgewicht, stiftet mit anderen Worten die «Ordnung im Ungleichgewicht». Es kommt also auf beides *zugleich* an, auf die Neuerungen und auf die Arbitrage, das heißt, es kommt auf das permanente *Zusammenspiel* der marktlichen Triebkräfte Arbitrage, Akkumulation und Neuerungen an. Die «Ordnung im Ungleichgewicht» aber ist es, die auf die soeben geschilderte Weise die *Selbstorganisation* der Akteure im Markt*prozeß* fördert.

14. Von nicht zu unterschätzender Bedeutung sind nun jene «Verschiedenartigkeiten», die zwar nicht vom Marktprozeß erzeugt, jedoch von ihm *mobilisiert* werden. Haben unterschiedliche Begabungen (auch und gerade zu unternehmerischer Tätigkeit) und Erfahrungen der Menschen im Gleichgewichtszustand oder in dessen Nähe keine «Funktion», ja sind sie hier eher störend, weil sie Abweichungen von diesem «Zustand» geradezu provozieren, so wirken sie in der Situation anhaltenden Ungleichgewichts ebenso wie die vom Prozeß selbst erzeugten Differenzen. Sie erhöhen damit nicht nur die Selektionskapazität des Marktsystems, sondern tragen auch dazu bei, prozeßbedingte Verschiedenartigkeiten im System zu erhalten. Dies sei an dem besonders wichtigen Beispiel der *Erwartungen* dargelegt. Die Welt des Ungleichgewichts ist zugleich die Welt der Ungewißheit. Um handeln zu können, müssen die Akteure folglich Zukunftsbilder, «Erwartungen», bilden. Da niemand die Zukunft wirklich antizipieren kann, kommt es darauf an, die Konkurrenz der Zukunftsbilder zu gewährleisten. Existieren nämlich unterschiedliche Erwartungen, so werden auch die

---

50) Schaltet man die Evolution des Systems gedanklich aus, indem man alle sie begründenden Variablen zu «Daten» macht, so gelangt man zum Gleichgewichtszustand. Hier sind alle prozeßbedingten Verschiedenartigkeiten verschwunden, aber sie werden zur weiteren «Orientierung» auch nicht mehr benötigt, da man den «Endzustand» ja bereits erreicht hat. Etwas anders liegen die Dinge, wenn man *zufällige* Schwankungen zuläßt und nach der Stabilität des Gleichgewichtszustandes fragt. Diese ist bekanntlich nur dann gesichert, wenn sinkende Skalenerträge, also steigende Grenzkosten der Betriebe – und damit der Branche – unterstellt werden. Es kommt somit bei zufälligen Schwankungen selbst in der Nähe des Gleichgewichtszustandes auf «Verschiedenartigkeit» an. Diese wird in der Modelltheorie allerdings durch Annahmen über die den Anbietern zur Verfügung stehende Technik lediglich postuliert, nicht aber aus den Eigenschaften des Marktprozesses abgeleitet. Darüber hinaus darf nicht übersehen werden, daß die Annahme sinkender Skalenerträge primär im Dienste der Fixierung der Betriebsgröße steht, nicht aber auf den Prozeß der Selektion zwischen den Anbietern im Marktprozeß abhebt.
51) Diese Aussage gilt zumindest für das Marktsystem als Ganzes. Auf einzelnen Märkten hingegen kann in der Stagnations- oder Rückbildungsphase durchaus eine Situation entstehen, die derjenigen der Abb. 4b nahekommt. Bei anhaltendem Nachfragerückgang ergeben sich bei dieser Konstellation, nämlich extremer Gleichartigkeit, die sogenannten Strukturkrisen.
52) Die Wahrnehmung von prozeßbedingten Differenzen in der marktlichen Umwelt vermittelt den Akteuren Informationen, die sie zur Reduktion von Komplexität und damit zum Handeln befähigen.

darauf basierenden Handlungen eine gewisse Varianz aufweisen. Daraus resultiert wiederum die Möglichkeit, daß sich die Folgen bestimmter Handlungen je nach der eintretenden Situation ausgleichen können[53]. Setzen sich hingegen gleichartige Erwartungen im Ungleichgewicht durch, so entsteht, zeitlich versetzt, auch faktisch eine durch Gleichartigkeit charakterisierte Situation, die im allgemeinen[54] die Selektions- wie die Kompensationskapazität des Marktsystems mindert[55].

Damit wird deutlich, daß die Verschiedenartigkeiten, die sich in der «Ordnung des Ungleichgewichts» herausbilden oder wegen der Gleichgewichtsferne vom System als bedeutsam «erkannt» und mobilisiert werden, sowohl die Selektions- als auch die Kompensationskapazität des Marktsystems potentiell erhöhen. Es ist dabei vom Einzelfall abhängig, welche der beiden «Funktionen» stärker zum Tragen kommt[56].

15. Wenn auch kein Zweifel daran bestehen kann, daß sich prozeßbedingt immer wieder Elemente der Verschiedenartigkeit herausbilden werden, so ist doch mit gelegentlichen Tendenzen zu mehr Gleichartigkeit zu rechnen. Dies wirft die Frage auf, ob die «Ordnung des Ungleichgewichts» als Gradbegriff bestimmt werden kann, ganz so, wie dies v. Hayek bezüglich der «Ordnung des Gleichgewichts» praktiziert. Während letztere jedoch in Form der «perfekten Koordination» des allgemeinen Gleichgewichtszustandes einen «festen», wenn auch aus der Sicht der Theorie dissipativer Strukturen irrelevanten, Bezugspunkt besitzt, könnte in bezug auf die «Ordnung des Ungleichgewichts» der Ordnungsgrad wohl nur durch eine Art Optimum definiert werden[57]. Aufgrund der Komplexität des Sachverhalts «Verschiedenartigkeit» hat es aber wenig Sinn, einen Grad der Verschiedenartigkeit als «optimal» auszuzeichnen und den Ordnungsgrad aufgrund von Abweichungen hiervon zu bestimmen. Man benötigt einen solchen Fixierungspunkt auch gar nicht: Können sich die Wirtschaftssubjekte im Rahmen des Systems der allgemeinen Regeln frei bewegen, so wird durch das Zusammenspiel der marktlichen Triebkräfte Arbitrage, Akkumulation und Neuerung zumindest in mittlerer Frist extreme Gleichartigkeit ebenso wie extreme Verschiedenartigkeit in hinreichendem Maße wieder abgebaut.

16. Es ist noch eine weitere Unterscheidung anzubringen, nämlich zwischen *potentieller Selektionskapazität* und dem Grad ihrer Realisierung. So ist bisher stillschweigend davon ausgegangen worden, daß jede Selektionsmöglichkeit auch wahrgenommen wird. Faktisch gilt dies jedoch nur der Tendenz nach. Bestehende Selektionsmöglichkeiten müssen den Akteuren des Systems bekannt sein. Sieht man von börsenartig organisierten Märkten ab, so müssen sich Anbieter und Nachfrager wechselseitig ausfindig machen. Es kann nun sehr wohl vorkommen, daß ein Anbieter mit sehr hohen Grenzkosten überlebt, obwohl er – wenn genügend Transparenz seitens

---

53) Unterschätzt zum Beispiel ein Anbieter die Nachfrageentwicklung und investiert entsprechend wenig, so entsteht gerade dadurch für den anderen Anbieter, der aufgrund zu optimistischer Absatzerwartungen zuviel investiert hat, die Chance der Ausnutzung seiner «Überkapazitäten».
54) Natürlich können durch Zufall gleichartige Erwartungen und Handlungen «zutreffend» sein, so daß eine «Kompensation» gar nicht erforderlich wird.
55) Hier sei noch einmal an den Fall der Strukturkrise erinnert. Es ist aber auch das Konjunkturphänomen zu nennen, soweit es auf Ansteckungsprozesse, das heißt, auf zunehmend gleichartige Erwartungen, zurückgeht.
56) Es spricht einiges dafür, v. Hayeks Aussage, im Marktsystem könne mehr Wissen als in der Zentralverwaltungswirtschaft verarbeitet werden, mit auf dieses hohe Selektions- und Kompensationspotential zurückzuführen.
57) Auf das schwierige Problem einer Messung sei hier nur hingewiesen.

der Nachfrager bestünde – zum Ausscheiden verurteilt wäre. Die Herstellung von Transparenz ist nur als Konsequenz von mit Kosten verbundener Informationssuche denkbar. Man wird aber davon ausgehen können, daß solche Kosten um so bereitwilliger aufgewendet werden, je größer der Marktdruck wird: Es besteht somit eine Tendenz, die Selektionskapazität des Systems stärker auszuschöpfen, wenn es erforderlich wird, und auf diese Weise die «Ordnung des Ungleichgewichts» zu nutzen und gleichzeitig zu stabilisieren[58]. Aber selbst wenn die Informationen richtig ermittelt worden sind, so bedeutet dies noch nicht, daß die Selektionsentscheidungen adäquat getroffen werden, weil alle Handlungen zukunftsbezogen sind und somit notwendig auf Erwartungen gründen. Auch die Selektionsproblematik ist also komplex; und man kann nur der *Tendenz* nach «richtige» Entscheidungen erwarten. – Die volle Nutzung der durch Verschiedenartigkeiten begründeten Selektionskapazität des Marktsystems kann weiterhin durch die oligopolistische Verhaltensweise verhindert werden[59].

Zur Erhaltung und vollen Nutzung der «Ordnung im Ungleichgewicht» sind deshalb unter Umständen gewisse Änderungen in der Organisation der Unternehmen und Märkte geboten[60].

17. Damit sich die «Ordnung des Ungleichgewichts» durch Selbstorganisation erhalten kann, ist ein freier «Austausch» von Informationen und Gütern zwischen den Wirtschaftssubjekten vonnöten. Es liegt auf der Hand, daß Preise in diesem *Kommunikationsprozeß* eine große Rolle spielen. Dabei ist jedoch zu beachten, daß sie mehr leisten müssen als in der «Ordnung des Gleichgewichts». Sie können nicht mehr nur ein Reflex der Gleichgewichtsallokation sein, wenn man ihre Rolle im Markt*prozeß* verstehen will. Preise dürfen auch nicht nur als Informationsvehikel interpretiert werden, durch das schließlich der *Gleichgewichtszustand* erreicht bzw. approximiert wird[61], sondern es geht darum zu erkennen, daß die Preise – wenn auch auf der Basis von *Erwartungen*, so doch ohne Bezug auf irgendeinen *Endzustand* – die *Selektion* der aktuellen Zustände des Systems *im Ungleichgewicht* besorgen, dadurch die dissipative Struktur des Marktsystems modifizieren, gleichzeitig aber aufrechterhalten und gerade hierdurch am Prozeß der *Evolution in Selbstorganisation* beteiligt sind.

Sind die Leistungen des Preissystems in dieser Hinsicht umfassender als in der «Ordnung des Gleichgewichts», so sind sie in anderer Hinsicht wieder bescheidener, denn stärker als in gleichgewichtsorientierten Modellen kommen im ungleichgewichtsorientierten Denken die übrigen unternehmerischen Aktionsparameter zu ihrem Recht, die an der Aufspannung der dissipativen Struktur maßgeblichen Anteil haben. Freilich ändert dies nichts daran, daß Preise (und Gewinne) gleichsam eine Monopolstellung darin besitzen, Verschiedenartigkeiten «meßbar» und damit verwertbar zu machen.

18. Die vorstehenden Überlegungen zeigen insgesamt sehr deutliche Parallelen zwischen den dissipativen Strukturen der Natur und der Ökonomie. In den letzteren scheinen nun aber jene für die Selbstorganisationsprozesse in der Natur so bedeutsamen nicht-linearen Beziehungen, die *Katalyseschleifen*, zu fehlen. Dies ist indessen keines-

---

58) Auch in diesem Zusammenhang wird Verschiedenartigkeit mobilisiert, die im Gleichgewicht belanglos wäre, nämlich die unterschiedliche «Findigkeit» der Menschen, die unterschiedliche Suchkosten impliziert. Zum Begriff der Findigkeit siehe Kirzner 1978, S. 28.
59) Dabei wird auf die Oligopoltheorie von Heuß abgestellt. Siehe zu diesem Fragenkreis ausführlich Fehl 1981.
60) Solche Anpassungen haben durch Änderungen der Handlungsrechte zu erfolgen. Siehe hierzu grundsätzlich Schmidtchen 1982.
61) Eine solche Interpretation liegt manchmal bei v. Hayek bzw. Kirzner nahe.

wegs der Fall. Man braucht hier nur an die Entstehung neuer Märkte zu denken. Kommt es zu der Selbstentzündung der Nachfrage (Heuß), so entwickelt sich ein Prozeß, den man durchaus als «katalytisch» bezeichnen kann, sei er nun «autokatalytisch» – der eigene Absatz stimuliert den eigenen Absatz – oder «crosskatalytisch» – der Absatz der Konkurrenten beflügelt den eigenen Absatz – geprägt[62]. Unter einer solchen heftigen «Schwankung» geht der Gesamtmarkt zu einem anderen Regime, ausgedrückt durch die Struktur der «Einzelmärkte», über. Es handelt sich hierbei gleichsam um einen Bifurkationspunkt des Marktsystems. Stellt man dabei in Rechnung, wieviel Märkte nicht über das Stadium der Experimentierungsphase hinauskommen, so wird deutlich, daß bei solchen Bifurkationen der «Zufall» insoweit eine Rolle spielt, als man ex ante nicht sagen kann[63], welcher Markt schließlich in die Expansionsphase gelangt und damit die dissipative Struktur des Marktsystems vorantreibt[64, 65]. Mit der Verschiedenphasigkeit der Märkte zeigt sich ein weiteres wichtiges Moment der Verschiedenartigkeit, das sich durch das Zusammenspiel aus Zufall (Neuerung) und Notwendigkeit (Arbitrage, Akkumulation) in Selbstorganisation entwickelt.

Der Nachweis der Existenz katalytischer Prozesse und des Problems «Zufall und Notwendigkeit» auch in ökonomischen Systemen berechtigt nun vollends dazu, die Analogie zwischen den dissipativen Strukturen in der «Natur» und in der «Ökonomie» zu behaupten. Die Verfechter der «Theorie dissipativer Strukturen» sprechen zwar über die «Analogie» hinausgehend von «Isomorphie» oder gar «Homologie» (vgl. Jantsch 1979, S. 94 f.), die zwischen den verschiedenen Anwendungsfällen bestehe, doch es fehlen bislang für die Ökonomie formale Beschreibungen von dissipativen Strukturen. Es mag bezweifelt werden, ob diese angesichts der Komplexität in der Ökonomie überhaupt möglich sind[66]. Doch dürfte die Ökonomik von der Fragestellung der Theorie dissipativer Strukturen und ihrer Interpretation der Selbstorganisationsprozesse auch dann profitieren, wenn es sich nur um eine schlichte Analogie handeln sollte.

IV.

19. Die Frage, ob sich auch in Zentralverwaltungswirtschaften dissipative Strukturen herausbilden, ist nicht so einfach wie im Falle der Marktwirtschaften zu beantworten.

---

[62] Synergetische Effekte können sich auch in bezug auf Komplementärprodukte bzw. Komplementärbranchen ergeben.

[63] Dabei kommt es oft auf die zeitliche Reihenfolge von Innovationen an, was man ebenfalls der Kategorie des «Zufalls» zuordnen kann.

[64] Die in Abb. 4a dargestellten Verhältnisse können gewissermaßen als die Abbildung von dissipativen Strukturen *zwischen* Bifurkationspunkten aufgefaßt werden. Hierbei ist es allerdings wichtig zu sagen, daß auf das System «Markt» bzw. «Gesamtmarkt» abgehoben wird. Betrachtet man das System «Unternehmung», so kann der Übergang zu einem anderen Produktionsverfahren seitens eines anderen Unternehmens durchaus eine Bifurkation repräsentieren. Anders ausgedrückt, was auf der Marktebene als normale «Schwankung» in Erscheinung tritt, kann für einzelne Konkurrenten zur heftigen Schwankung bzw. Turbulenz werden.

[65] Abb. 3 läßt sich im übrigen unmittelbar als Darstellung der Entwicklung eines Marktes in seinen einzelnen Phasen, aufgebaut aus Produktphasen, interpretieren.

[66] So mag für das ökonomische System noch eher zutreffen, was Prigogine u. Stengers für die «Natur» behaupten: «Das Problem der Strukturstabilität kann nicht vollständig auf quantitative Weise beantwortet werden, da wir nicht einmal hoffen dürfen, eine erschöpfende Beschreibung aller möglichen Verhaltensweisen zu liefern. Der Erfindungsreichtum der Natur geht über die mathematischen Klassifizierungen hinaus!» (Prigogine, Stengers 1981, S. 184).

Für die Existenz solcher Strukturen spricht die Überlegung, daß in formaler Hinsicht durchaus der Vergleich mit Marktwirtschaften naheliegt: Die Triebkräfte Arbitrage, Akkumulation und Neuerung, deren Zusammenspiel in Marktwirtschaften zu dissipativen Strukturen führt, sind grundsätzlich auch in zentraladministrierten Ökonomien präsent. Es ist daher zu vermuten, daß sich die für dissipative Strukturen typische «Ordnung im Ungleichgewicht» auch dort herausbildet. Allerdings wird sich herausstellen, daß die für Marktwirtschaften erzielten Ergebnisse entscheidend zu modifizieren sind.

Auf den ersten Blick erscheint es zweifellos merkwürdig, daß sich in Zentralverwaltungswirtschaften eine «Ordnung im Ungleichgewicht» einstellen sollte, treten doch gerade diese Systeme mit dem Anspruch auf, eine «Ordnung im Gleichgewicht» aufzubauen[67]. In der Tat ist es schwierig, sich Planung ohne Rückgriff auf irgendein Gleichgewichtskonzept vorzustellen. Nun bedeutet freilich ein solcher Rückgriff nicht, daß die «Ordnung im Ungleichgewicht» dabei völlig zerstört werden müßte. Weiter oben ist die Ordnung des Gleichgewichts im strengen Sinne mit dem stationären Gleichgewichtszustand identifiziert worden. Es liegt aber auf der Hand, daß ein solcher in aller Regel innerhalb einer Planungsperiode nicht erreicht werden kann, so daß die Planbehörde auf irgendein Konzept des kurzfristigen Gleichgewichts zurückgreifen muß[68], [69]. Dies bedeutet aber, daß kurzfristig nicht alle «Gefälle» durch «Akkumulation» beseitigt werden und nicht alle Neuerungen im System völlig diffundieren können. Kurz, es bleiben notgedrungen Elemente der «Verschiedenartigkeit» auch im System zentraler Planung erhalten[70].

Aus der bloßen Existenz von «Verschiedenartigkeiten» und damit einer potentiellen «Ordnung im Ungleichgewicht» darf nun allerdings nicht geschlossen werden, daß letztere im gleichen Maße wie in der Marktwirtschaft auch zu einer «selbsttätigen» Potenz der Koordination arbeitsteiliger Aktivitäten – im Sinne von Selektion und Kompensation – in einem evolvierenden System wird[71]. Dies hängt wiederum ganz eng damit zusammen, daß es sich bei der in Zentralverwaltungswirtschaften bildenden «Ordnung des Ungleichgewichts» nicht um eine solche der «Selbstorganisation»

---

67) Die von der Idee des Gleichgewichts beherrschte ökonomische Theorie wird im Falle der Zentralverwaltungswirtschaft somit in einem weit höheren Maße «praktisch» als im Falle der Marktwirtschaft, die sich als dissipative Struktur grundsätzlich erhält, auch wenn sie theoretisch als System im Gleichgewicht oder in dessen Nähe beschrieben wird. – Besonders deutlich wird diese «praktische» Gleichgewichtsorientierung sichtbar, wenn man Planung und Wirtschaftsrechnung bei vollständig zentraler Lenkung des Wirtschaftsprozesses auf der Basis von Mengenbilanzen betrachtet. Siehe hierzu Hensel 1979, S. 111 ff.

68) So kann die Planbehörde etwa auf das Periodengleichgewicht in dem Sinne abstellen, daß sich die wertmäßigen Grenzproduktivitäten der Kapitalgüter sämtlich ausgleichen, das heißt, die kurzfristig mögliche Akkumulation und entsprechende Substitutionen werden vorgenommen. Oder sie realisiert, was sich insbesondere bei Unteilbarkeiten empfiehlt, eine Situation, in der die einzelnen Sektoren unterschiedlich nahe an das sich abzeichnende stationäre Endgleichgewicht – prognostiziert aus dem gegenwärtigen «Datenstand» – herangeführt werden.

69) Aus Gründen, die an dieser Stelle nicht zu diskutieren sind, wird das angestrebte Gleichgewicht in aller Regel nicht erreicht werden. Zur Vereinfachung der Diskussion wird von diesem faktischen Moment zunächst abgesehen.

70) Man denke z.B. an die Anlagen unterschiedlicher Produktivität, die in einer solchen kurzfristigen Gleichgewichtslage koexistieren werden.

71) Diese Aussage bezieht sich auf das *offizielle* Koordinationssystem der Zentralplanung. Auf einem anderen Blatt steht freilich, daß die Verschiedenartigkeiten gleichsam außerhalb dieses Systems oder sogar gegen dasselbe genutzt werden. Siehe hierzu Haffner 1978.

handelt, welche auf durch *Preise* vermittelten Informations- und Selektionsprozessen gründet.

Aus der Tatsache, daß in Zentralverwaltungswirtschaften die «Ordnung im Ungleichgewicht» organisiert[72], aber nicht «selbstorganisiert» entsteht, folgt nämlich, daß die für das Ungleichgewicht so typischen «Gefälle» bzw. Verschiedenartigkeiten hier nicht zur Bewerkstelligung von «Anpassung» dienen. Dies gilt zumindest insofern, als diese «Gefälle» *geplant* entstanden sind; denn dann kann die Unterrichtung der Planbehörde dieser keine neue Information liefern, auf deren Basis sie ihre Entscheidungen verbessern, also einen höheren «Grad der Selektion» realisieren könnte. Zwar liegt eine andere Situation vor, wenn der Planbehörde Verschiedenartigkeiten gemeldet werden, von denen sie zuvor *keine Kenntnis* besaß – etwa weil diese Abweichungen vom Plan der Vorperiode beruhen – doch haben diese Informationen prinzipiell keine größere Bedeutung als solche, die sich auf Planabweichungen beziehen, in denen es um Phänomene der Gleichartigkeit – z. B. um quantitative Abweichungen homogener Größen – geht[73].

20. Die vorstehenden Überlegungen beziehen sich auf Verschiedenartigkeiten, die der Planzentrale bekannt werden. Die im Vergleich zur Marktwirtschaft mindere Rolle von Verschiedenartigkeiten im Selektionsprozeß beruht aber vor allem darauf, daß sie der Zentrale erst gar nicht zur Kenntnis gelangen. Bekanntlich setzt die Zentralplanung die Zentralisierung von Wissen voraus, das in einem arbeitsteilig organisierten System über viele Köpfe verteilt ist. Wie v. Hayek gezeigt hat, läßt sich die Zentralisierung des relevanten Wissens jedoch nur bis zu einem gewissen Grade vorantreiben. Praktisch äußert sich dies nicht nur darin, daß bestimmte Umstände von Ort und Zeit – wie es v. Hayek umschreibt – nicht genutzt werden können, sondern es bedeutet nicht zuletzt auch, daß «Verschiedenartigkeiten» unter der Hand zu «Gleichartigkeiten» gemacht werden, bedingt durch die Grobmaschigkeit der vorgestanzten Informationskanäle[74]. Die in den auf diese Weise unterdrückten «Verschiedenartigkeiten» angelegten Selektionspotentiale können im System zentraler Planung somit nicht genutzt werden[75].

---

72) So stellt v. Hayek bezüglich des Teilproblems der *Planung* und Erprobung von Neuerungen folgendes fest: «Um zu wissen, welche von den verschiedenen neuen Möglichkeiten in jedem Stadium weiterentwickelt werden sollen, wie und wann einzelne Verbesserungen in den allgemeinen Fortschritt eingepaßt werden sollen, müßte eine Planwirtschaft eine ganze Klasse von Menschen oder sogar eine Hierarchie von Klassen schaffen, die den Übrigen immer einige Schritte voraus sind. Die Situation würde sich gegenüber der in einer freien Gesellschaft nur dadurch unterscheiden, daß die Ungleichheiten das Ergebnis eines Planes wären» (v. Hayek 1971, S. 56).

73) Es kommt bei der Planung sozusagen nur darauf an, daß der Planbehörde die relevanten Informationen vorliegen, nicht ob eine Situation der Gleich- oder Verschiedenartigkeit gegeben ist. Dies läßt sich am Beispiel der Abb. 4a und 4b veranschaulichen: Hat die Planbehörde die Produktmenge festgelegt, so kann sie die Zuordnung auf die Betriebe auch im Falle der Abb. 4b ohne Schwierigkeiten vornehmen. Hier zeigt sich im übrigen, daß die Zentralplanung ihren komparativen Vorteil gerade in einer Welt besitzt, die durch Gleichartigkeit und damit Gleichgewichtsnähe charakterisiert ist.

74) Hinzu kommt eine Art «oligopolistischen Verhaltens» der Betriebe, die im Besitz der Informationen über diese «Verschiedenartigkeiten» sind, im Hinblick auf die Weitergabe eben dieser Informationen.

75) Sie bilden im Gegenteil für die Zentralplanung eine beständige «Störquelle», nämlich insoweit die Verschiedenartigkeiten zu unvorhersehbaren Planabweichungen führen.

Auf die gleiche Ursache geht noch eine weitere Schmälerung des Evolutionspotentials der Zentralverwaltungswirtschaft zurück. Um die Zentralisierbarkeit des Wissens zu erhöhen, besteht nämlich eine Tendenz, Verschiedenartigkeiten nach Möglichkeit erst gar nicht entstehen zu lassen[76]. Insoweit Evolution und Anpassungsfähigkeit durch Differenzierung gefördert wird, entfällt somit eine Antriebskraft, die sich im Prozeß der «Selbstorganisation» der Marktwirtschaft ungehindert entfalten kann.

21. Noch bedeutsamer hingegen dürfte der Verlust an Verschiedenartigkeit sein, der durch das *Entscheidungssystem* der Zentralverwaltungswirtschaft bedingt ist. Es ist oben betont worden, daß das System der dezentralen Planung als dissipative Struktur in Gleichgewichtsferne Unterschiede «wahrnimmt» und dadurch auch freisetzt, die in der Nähe des Gleichgewichts ohne Belang bzw. «kontraproduktiv» sind: unterschiedliche Begabungen, Erfahrungen, Ideen usw., die sich in unterschiedlichen Zukunftsbildern und damit in unterschiedlichen Plänen niederschlagen. Wenn diese Art der Verschiedenartigkeit in der Zentralverwaltungswirtschaft auch nicht völlig eliminiert wird, so führt die Tendenz zu einer Entscheidung «aus einem Guß» durch die Zentrale doch zu ihrer weitgehenden Zurückdrängung. Eine Konsequenz besteht darin, daß das «Kompensationspotential» in der Zentralverwaltungswirtschaft gering ausfällt, wenn die Entscheidung sich ex post – wie z.Z. in Polen – als falsch herausstellt[77]. Die Gleichgewichtsorientierung des Zentralplanungssystems führt dann zu einer gegenüber dem Marktsystem in einer vergleichbaren Situation wesentlich reduzierten Anpassungsflexibilität.

Als weitere Konsequenz des Entscheidungssystems ergibt sich über die Reduktion von «Verschiedenartigkeit» nicht nur eine geringere Breite des Selektionsspektrums und somit ein vermindertes Entwicklungspotential, sondern es stellt sich die viel grundsätzlichere Frage, ob das der Zentralverwaltungswirtschaft inhärente Planungs- und Entscheidungssystem die Dissipativität der resultierenden Struktur nicht überhaupt ausschließt. Durch die Einführung von Planungsperioden wird nämlich das ökonomische System gleichsam «geschlossen» oder besser noch: «isoliert» und damit die «Selbstorganisation» aufgehoben. Bei der Charakterisierung des marktwirtschaftlichen System als dissipative Struktur ist besonders hervorgehoben worden, daß letztere insbesondere durch die *Gleichzeitigkeit* von Arbitrage, Akkumulation und Neuerung, also durch einen *anhaltenden Prozeß* entsteht. In der Zentralverwaltungswirtschaft wird dieser Prozeß nun sozusagen künstlich angehalten, indem das zu einem bestimmten Zeitpunkt vorhandene bzw. für die Planungsperiode zusätzlich plan- und umsetzbare Wissen um Neuerungen allein noch zugrunde gelegt wird: Auf diese Weise wird der Neuerungsstrom zum *Datum* gemacht. Gerade hierdurch aber wird das

---

76) Der geringe Produktdifferenzierungsgrad mag hier als Indiz gelten. Allerdings ist zu beachten, daß dieser teilweise auch politisch gewollt sein kann, insoweit also nicht Ausfluß des Planungssystems sein muß. Als weiteres die Verschiedenartigkeit unterdrückendes Moment ist die Ausrichtung an Durchschnittsgrößen bei der Preiskalkulation sowie der Festsetzung von Belastungen und Subventionen zu erinnern.

77) Diese geringe Kompensationsfähigkeit des Zentralplanungssystems wird noch dadurch akzentuiert, daß sich die Wirtschaftssubjekte streng genommen nur über die Zentrale «vollzugsverbindlich» in Verbindung setzen können. Hier bestehen jedoch aufgrund des Planungs-, Eigentums- und Kontrollsystems informations- und vor allem motivationsbedingte Barrieren (siehe hierzu die Beiträge von S. Pejovich u. H. Leipold in diesem Buch). Allerdings sei darauf hingewiesen, daß gewisse Ausgleichsbewegungen sozusagen an der Planungszentrale vorbei direkt zwischen den beteiligten Betrieben vorgenommen werden. Es handelt sich dabei sozusagen um ein «Subsystem marktlicher Prägung».

System zum isolierten, wird der «Energiefluß» von «außen» aufgehoben. Es wird auf einen bestimmten *Endpunkt* hin orientiert, der nur deswegen nicht mit dem stationären Gleichgewichtszustand zusammenfällt, weil dieser in der zur Verfügung stehenden Zeit nicht erreichbar ist. Daß eine gewisse «Rest-Dissipativität» – wie weiter oben geschildert – erhalten bleibt, ist so gesehen arbiträr. Damit aber wird der prinzipielle Gegensatz von Markt- und Zentralverwaltungswirtschaft deutlich: Während erstere als dissipative Struktur betrachtet werden kann, deren «Ordnung im Ungleichgewicht» den Koordinationsprozeß als Selbstorganisationsprozeß der Agenten via Selektion und Anpassung begünstigt, entfällt für letztere notwendigerweise diese «Koordinationspotenz» infolge der Fixierung des Systems auf einen bestimmten Endzustand, der Schließung des Systems gegenüber Neuerungen und uno actu der Herabstufung der Produzenten zu Erfüllungsgehilfen der Zentralplanung[78]. Sicherlich wird auf diese Weise Entwicklung im zentraladministrierten System nicht beseitigt, da die Neuerung ebenso wie die Arbitrage und die Akkumulation bei der Festlegung des neuen Plans sozusagen wieder «aufgegriffen» werden[79], aber es spricht doch vieles dafür, daß die Entwicklung hier insgesamt sehr viel gebremster vor sich gehen wird, weil das Zentralplanungssystem nicht auf die durch die «Ordnung des Ungleichgewichts» ermöglichte, quasi «automatische», daher kostengünstige, vor allem aber schnelle Selektionsweise zurückgreifen kann, ohne sich selbst aufzuheben, das heißt, die «Selbstorganisation» durch die Individuen wiederherzustellen[80].

---

78) Diese Aussage gilt auf der theoretischen Ebene; tatsächlich lassen sich die Produzenten nicht auf diese Rolle beschränken, das heißt, sie werden auch im Vollzug der Zentralplanung Neuerungen, soweit möglich, zu realisieren trachten. Es geschieht dies jedoch gegen den Plan oder doch zumindest außerhalb desselben (vgl. Haffner 1978). Bei dem Vergleich mit der Marktwirtschaft, in der *permanent* und grundsätzlich ohne Beschränkung Neuerungen eingespeist werden können, und aus Gründen der Sanktionslogik des Systems auch eingespeist werden, scheint es deshalb gerechtfertigt, die nicht zentral geplanten Neuerungen hier außer acht zu lassen.

79) Das Zentralverwaltungssystem «arbeitet» nicht – wie es für offene Systeme fern vom Gleichgewicht zutrifft – *permanent*, sondern *ruckartig*. Dies wird sich insbesondere an Bifurkationspunkten negativ bemerkbar machen, weil die durch katalytische Prozesse gegebenenfalls hervorgerufenen Schwankungen gleichsam *zerhackt* und dadurch möglicherweise in ihrer Wirkung abgeschwächt werden. Überhaupt müssen auch die Bifurkationen hier *geplant* werden, wobei Zufall und Notwendigkeit sich sicherlich auf andere Weise finden müssen, als dies für dissipative Strukturen der Fall ist.

80) Die vorstehende Analyse hat bewußt zwei Problemkomplexe nicht thematisiert, nämlich zum einen, ob das angestrebte Gleichgewicht in der Zentralverwaltungswirtschaft auch tatsächlich erreicht wird und welche Konsequenzen sich für die Koordinationseffizienz dieses Systems daraus ergeben; und zum anderen, wie die zentralkoordinierten Systeme hinsichtlich der Kreation von Neuerungen zu beurteilen sind. Zu beiden Fragen können hier nur knappe Bemerkungen gemacht werden. Was zunächst den ersten Punkt betrifft, so spricht eine ganze Reihe von empirischen Indizien dafür, daß das erstrebte Gleichgewicht in aller Regel nicht erreicht wird. Daß daraus nicht, wie im Falle der Marktwirtschaft, eine Quelle nutzbarer «Ordnung im Ungleichgewicht» wird, hängt nicht nur mit den im Text geschilderten planungssystemspezifischen Gründen zusammen, sondern auch damit, daß es für die Konstitution der «Ordnung im Ungleichgewicht» eben nicht nur darauf ankommt, daß die Triebkräfte Arbitrage, Akkumulation und Neuerung *gleichzeitig* am Werke sind, sondern daß sie auch in einer gewissen Balance zueinander stehen. Ist letzteres nicht gewährleistet, zerfällt die «Ordnung im Ungleichgewicht». Diese Balance der Triebkräfte scheint nun in der Zentralverwaltungswirtschaft deshalb nicht gewährleistet, weil es in aller Regel zur Präponde-

V.

22. Damit ist in groben Zügen dargelegt, daß die Theorie der dissipativen Strukturen auf Marktwirtschaften voll, auf Zentralverwaltungswirtschaften hingegen nur sehr eingeschränkt anwendbar ist. Während sich in den ersteren eine «Ordnung im Ungleichgewicht» voll entfalten kann, gilt dies für die letzteren nur in einem stark reduzierten Maße. Allerdings ist zu beachten, daß Zentralverwaltungswirtschaften aufgrund ihrer Funktionsprinzipien auf diese Ordnung nicht zurückgreifen müssen, Marktwirtschaften hingegen auf sie angewiesen sind, wenn der Koordinationsprozeß effizient ablaufen soll. Dabei zeigt sich zugleich, daß Marktwirtschaften adäquat nur verstanden werden können, wenn man sie als «arbeitende» Systeme, also als Systeme im Ungleichgewicht, analysiert. Zentralverwaltungswirtschaften hingegen sind durchaus als stationäre Systeme vorstellbar, ja finden so geradezu ideale Existenzbedingungen[81]. Oder anders gewendet: Während innovatorische Prozesse der Marktwirtschaft inhärent sind, müssen sie in der Zentralverwaltungswirtschaft «veranstaltet» werden. Letztere kann dabei jedoch nicht auf ein «Evolutionsvehikel» zurückgreifen, wie sie die Marktwirtschaft in ihrer «Ordnung des Ungleichgewichts» besitzt, vielmehr wirkt sich die von ihr präferierte «Ordnung des Gleichgewichts» eher hemmend aus.

Die Systeme völlig dezentraler bzw. völlig zentraler Planung markieren theoretische Grenzfälle. Es spricht allerdings einiges dafür, daß sich die mannigfachen «Zwischenformen» vielleicht danach klassifizieren lassen, inwieweit sie eine dissipative Struktur zulassen bzw. eine Gleichgewichtsstruktur implizieren. Zumindest aber mag es für die

---

ranz der Akkumulation kommt, da sich Arbitrage und Neuerung nicht recht entfalten können. Die *Arbitrage*, soweit sie von der Zentralbehörde vorgenommen wird, steht auf schwachen Füßen, weil das relevante Wissen weitgehend nicht zentralisiert werden kann. Das auf der Basis dieser Informationen entwickelte Preissystem relativiert darüber hinaus die Arbitragetätigkeit der Betriebe (z. B. bei der Auswahl der Produktionsverfahren). Solche, durch das Planungssystem bedingten Schwierigkeiten – und damit ist der zweite, oben bezeichnete Problemkomplex angesprochen – potenzieren sich hinsichtlich der Triebkraft *Neuerung*, und zwar sowohl was die Kreation, aber auch was die Diffusion von Neuerungen betrifft (siehe hierzu ausführlich Röpke 1976). Dabei ist zu beachten, daß die Kreation und Diffusion von Wissen nicht unabhängig voneinander sind. Hinzu kommt, daß die Betriebe aufgrund der ihnen vorgegebenen Kennziffern wenig Interesse haben, technisches Wissen zu realisieren, es jedenfalls nicht zu «offenbaren». Die damit angesprochene Tendenz zur Bildung sogenannter «weicher» Pläne führt andererseits zu überhöhter *Akkumulation* durch die Betriebe (Ansammlung von «Reserven»), was der Zentrale offenbar entgegenkommt. Jedenfalls spricht hierfür die empirisch feststellbare Neigung der Zentrale zu hohen Akkumulationsraten. Die Triebkräfte Arbitrage, Akkumulation und Neuerung treiben sich somit alles in allem, nicht – wie in der Marktwirtschaft – wechselseitig an, sondern stehen in einem «unausgewogenen» Verhältnis zueinander, so daß sich eine wirkliche «Selektionsordnung» nur in bescheidenem Maße herstellt.

81) Hier existiert ein gewisser Bezug zur *Sozialismusdebatte*. Dort wurde in der Frage der Wirtschaftsrechnung auf *Gleichgewichtssituationen* abgehoben, das heißt, es ging um die Möglichkeit der Ermittlung von Gleichgewichtspreisen im System zentraler Planung. Die Ausführungen im Text zeigen, daß im Kontext des Evolutionsproblems diese Zuordnung nicht relevant ist. Vielmehr kommt es darauf an, daß die Preise im Rahmen einer «Ungleichgewichtsordnung» das Geschäft der Information und Selektion möglichst effizient betreiben können. Ob Zentralverwaltungswirtschaften die Voraussetzungen einer *solchen* Art von «Wirtschaftsrechnung» hinreichend erfüllen, mag nun allerdings mit einigem Recht bezweifelt werden.

Analyse des Entwicklungs- und damit des Innovationsproblems in verschiedenen Systemen nützlich sein, darauf zu achten, ob eher eine «Ordnung des Ungleichgewichts» oder eine solche des «Gleichgewichts» vorliegt.

Literatur

Eigen, M.: Goethe und das Gestaltproblem in der modernen Biologie, in: H. Rössner (Hg.), Rückblick in die Zukunft. Beiträge zur Lage in den achtziger Jahren, Berlin 1981, S. 209–255.
Fehl, U.: Wettbewerbsprozesse in walrasianischer Perspektive. Gedanken zum Gleichgewicht und zur Evolution im Rahmen des Gesamtmarktsystems unter besonderer Berücksichtigung des Oligopolproblems, Marburger Habilitationsschrift 1981.
Geipel, U.: Makroökonomische Konjunkturanalyse: Eine Fundamentalistische Kritik, Berlin 1980.
Haffner, F.: Systemkonträre Beziehungen in der sowjetischen Planwirtschaft. Ein Beitrag zur Theorie der mixed economy, Berlin 1978.
Haken, H.: Erfolgsgeheimnisse der Natur. Synergetik: Die Lehre vom Zusammenwirken, Stuttgart 1981.
Hayek, F. A. v.: Rechtsordnung und Handelnsordnung, in: F. A. v. Hayek, Freiburger Studien. Gesammelte Aufsätze, Tübingen 1969.
Hayek, F. A. v.: Die Verfassung der Freiheit, Tübingen 1971.
Hayek, F. A. v.: Recht, Gesetzgebung und Freiheit, Band 1: Regeln und Ordnung. Eine neue Darstellung der liberalen Prinzipien der Gerechtigkeit und der politischen Ökonomie, München 1980.
Hensel, K. P.: Einführung in die Theorie der Zentralverwaltungswirtschaft, 3. Auflage, Stuttgart – New York 1979.
Holub, H. W.: Der Konfliktansatz als Alternative zur makroökonomischen Gleichgewichtstheorie, Göttingen 1978.
Jantsch, E.: Die Selbstorganisation des Universums. Vom Urknall zum menschlichen Geist, München – Wien 1979.
Kirzner, I. M.: Wettbewerb und Unternehmertum, Tübingen 1978.
Koblitz, H. G., Rieter, H.: Wirtschaftliches Gleichgewicht – zum «Glanz-Verfall» der zentralen Konzeption der theoretischen Ökonomie, in: G. Ollenburg u. W. Wedig (Hg.), Gleichgewicht, Entwicklung und soziale Bedingungen der Wirtschaft, Berlin 1979.
Leipold, H.: Eigentumsrechte, Öffentlichkeitsgrad und Innovationsschwäche – Lehren aus dem Systemvergleich, in diesem Band.
Pejovich, S.: Innovation and Alternative Property Rights, in diesem Band.
Prigogine, I.: Wandlungen der Wissenschaft – Kultur und Wissenschaft heute, in: Wirtschaft und Wissenschaft, Heft 3, 1977, S. 22–32.
Prigogine, I: Gespräch mit Niklas Stiller, in: Zur Ansicht: Ilya Prigogine, Ordnung durch Fluktuation, Westdeutscher Rundfunk Köln, Fernsehsendung vom 15.9.1978 (Manuskript).
Prigogine, I.: Vom Sein zum Werden. Zeit und Komplexität in den Naturwissenschaften, München 1979.
Prigogine, I., Stengers, I.: Dialog mit der Natur. Neue Wege naturwissenschaftlichen Denkens, München 1981.
Röpke, J.: Der importierte Fortschritt. Neuerungsimport als Überlebensstrategie zentralkoordinierter Systeme, in: ORDO, Band 27, 1976, S. 223–241.
Schmidtchen, D.: Property rights, Freiheit und Wettbewerbspolitik, Tübingen 1983.

Dritter Teil

Systemspezifische Bedingungen des
Innovationsverhaltens

A. Schüller, H. Leipold, H. Hamel (Hrsg.): Innovationsprobleme in Ost und West · Schriften zum Vergleich von Wirtschaftsordnungen · Heft 33 · Gustav Fischer Verlag · Stuttgart · 1983

Staatsversagen als Ursache der Innovationsschwäche in westlichen Industrieländern

Jochen Röpke

Die Wachstumsraten der Realeinkommen und der Produktivität in den westlichen Industrieländern haben seit Ende der 60er Jahre kontinuierlich abgenommen. In vielen westlichen Industrieländern sind in den vergangenen Jahren erstmalig seit dem 2. Weltkrieg die Realeinkommen einer durchschnittlichen Arbeitnehmerfamilie zurückgegangen. Hohe Inflationsraten, weitverbreitete und zunehmende Arbeitslosigkeit, stagnierende Produktion gehen Hand in Hand. Die Ursache hierfür sehen wir in der Innovationsschwäche dieser Volkswirtschaften. Was hat jedoch die Innovationsschwäche verursacht?

Wenn wir davon ausgehen können, Innovationsverhalten sei wie anderes Verhalten auch die Funktion des erwarteten Nutzens einer Handlung, scheint die Neuerungsschwäche Ergebnis von Veränderungen zu sein, die Neuerungen weniger lohnend machen. Innovationsschwäche wäre die Folge unzureichender Innovationsanreize bzw. zu schwacher Motivierung, Neuerungen durchzusetzen.

Auf abstrakter Ebene lassen sich drei Determinanten des Innovationsverhaltens bestimmen:

1. Das Recht, Neuerungen durchzusetzen. Innovative Handlungsmöglichkeiten sind nicht notwendig auch erlaubte Handlungsmöglichkeiten. Nichterlaubte Innovationen weisen geringere ökonomische Anreize auf. Die Innovationskosten erhöhen sich, weil Entschädigungen bei der Verletzung der Rechte anderer zu leisten sind und/oder weil die Rechte zum eigenen Vorteil zu verändern sind, was den Einsatz knapper Ressourcen erfordert.

Eine Ursache der Innovationsschwäche könnte demnach darin bestehen, daß Innovationsrechte in den vergangenen Jahren kontinuierlich zuungunsten der Neuerer verändert wurden.

2. Aber auch bei gegebener Gestaltung der Innovationsrechte kann der Anreiz, Neuerungen durchzusetzen, schwächer werden: Erlaubte Innovationsmöglichkeiten müssen entdeckt und durchgesetzt werden. Dazu bedarf es personaler und organisatorischer Fähigkeiten aller am Neuerungsprozeß beteiligter Personen. Um produktivitätsgespeiste Steigerungen der Realeinkommen im Zeitablauf zu ermöglichen, ist eine kontinuierliche Steigerung der Fähigkeiten erforderlich. Ein stagnierendes oder gar sinkendes Kompetenzniveau bewirkt

a) ein Absinken der Innovationsrate, wenn man davon ausgehen kann, daß die Entwicklung und Durchsetzung neuer Handlungsmöglichkeiten im Evolutionsablauf höherer Fähigkeiten bedarf (daß es also z. B. aus der Sicht des Kompetenzniveaus des Jahres 1950 heute objektiv schwieriger ist, Innovationen im Markt durchzusetzen);

b) einen Verlust an internationaler Wettbewerbsfähigkeit in innovationsintensiven Gütern und damit geringerer Möglichkeiten von Realeinkommenssteigerungen aus der Teilnahme am internationalen Handel[1].

3. Aber auch wenn Innovationsrechte und Innovationsfähigkeiten gegeben sind, könnte die Innovationsschwäche zusätzlich durch mangelnde Motivation verursacht sein, Neuerungen auch durchsetzen zu *wollen*. Der Herausforderungsgrad der Umwelt wird als zu hoch wahrgenommen oder die Chancen auf Innovationserfolg werden als so gering empfunden, daß Neuerungen auch bei starkem Einsatz von Fähigkeiten und bei unveränderter Gestaltung der Handlungsrechte keinen dem Anspruchsniveau der Individuen adäquaten Erfolg mehr erhoffen lassen[2].

Diese kurze Skizze deutet bereits an, daß einfache Erklärungen des komplexen Neuerungsgeschehens vermutlich unzureichend sind. Innovationsverhalten ist multifaktoriell verursacht.

Wir sind der Ansicht, daß spezifische, historische Veränderungen der oben skizzierten Basisvariablen: Handlungsrechte, Fähigkeiten und Umweltherausforderungen, die Innovationsschwäche in den westlichen Industriegesellschaften verursacht haben.

Mitauslösender, verstärkender oder intervenierender Faktor scheint uns dabei eine Veränderung der Interaktion zwischen ökonomischem und politischem System zu sein, die man – aus der Sicht der Folgewirkungen (Wachstumseinbruch usw.) – als «Staatsversagen» bezeichnen kann. Diese Veränderungen haben unmittelbar auf die Grunddeterminanten des Neuerungsverhaltens eingewirkt oder wirtschaftsendogene Störfaktoren katalytisch verstärkt.

Die historische Ursache der Innovationsschwäche in den marktwirtschaftlich orientierten Industrieländern sehen wir daher in der Unfähigkeit bzw. den Schwierigkeiten politisch-demokratischer Steuerung hochkomplexer Leistungsgesellschaften:

1. Im Versagen des Staates, die für eine Durchsetzung neuer Kombinationen adäquate Struktur der Anreize vor ihrer Erosion durch Interessengruppen zu schützen (Übergang von einer Gewinnorientierung zu einer Rentenorientierung, was sich statistisch im Rückgang des Anteils der Residualeinkommen gegenüber den Kontrakteinkommen ausdrückt; vgl. Tab. 1).

---

1) Ein Land kann sich bei Gültigkeit des Theorem der komparativen Kosten natürlich niemals in allen Produktionszweigen international wettbewerbsunfähig machen. Ein Land mit hohem Realeinkommen wie die Bundesrepublik Deutschland kann jedoch Einkommenszuwächse nur durch eine Steigerung der Innovationsintensität seiner Ausfuhrgüter erzielen. Die seit 1981 verstärkt zu beobachtenden Exporte der deutschen Wirtschaft resultieren in hohem Maße aus einer Verbesserung der Wettbewerbsfähigkeit über den Wechselkurs. Damit wurden lediglich solche Produktionslinien wiederum international wettbewerbsfähig (bzw. importkonkurrenzfähig) oder solche Marktanteile zurückgewonnen, die zuvor der weniger innovativen Auslandskonkurrenz aufgrund von Kostenvorteilen überlassen werden mußten. Die deutschen Produktionsfaktoren bleiben damit aber in relativ innovationsarmen Verwendungen gebunden.

2) Zu einer ausführlicheren Darstellung der vorangehenden theoretischen Grundlagen siehe Röpke 1977 und 1982. Die oben erwähnte Determinante «Herausforderungsgrad oder Schwierigkeitsgrad der Umwelt» entspricht der «pressure»-Komponente in der X-Effizienz-Theorie von Leibenstein, mit der unser Ansatz viele Gemeinsamkeiten aufweist (vgl. Leibenstein 1981).

Tab. 1: Anteil der Einkommen aus unselbständiger Arbeit am Volkseinkommen

	1965–69	1970–73	1974	1975	1976	1977	1978	1979	1980	1981
					Prozent					
USA	72,7	76,5	78,2	77,6	77,4	76,9	77,2	77,5	78,5	78,7
Japan	53,3	57,2	62,8	66,1	66,4	67,9	66,6	67,5	68,3	–
Deutschland (BR)	65,5	69,3	72,4	72,3	71,4	71,4	71,2	71,1	72,2	73,3
Frankreich	62,3	63,9	67,5	70,1	71,5	71,3	71,5	71,3	73,0	75,5
Großbritannien	75,7	75,8	79,5	82,6	80,5	77,9	77,4	78,8	81,4	–
Italien	56,8	61,3	64,1	68,2	67,2	68,5	68,0	66,2	65,6	68,7
Kanada	70,7	72,4	70,6	72,1	72,7	73,5	71,9	69,5	69,9	71,5
Belgien	62,3	64,9	68,0	70,2	71,0	71,9	72,1	72,3	73,5	–
Niederlande	65,1	68,6	70,1	72,5	69,9	70,6	71,1	72,0	72,8	–
Schweden	75,4	76,9	76,3	77,5	81,0	85,5	84,0	81,3	80,3	–
Schweiz	65,6	68,4	70,7	72,5	71,7	72,0	72,8	73,0	73,3	–

Quelle: Bank für internationalen Zahlungsausgleich, 52. Jahresbericht, Basel 1982, S. 33

2. In der vom Staat geförderten oder erzwungenen Umwidmung knapper Ressourcen in weniger produktive, der Konkurrenz des Marktes entzogene (überwiegend, aber nicht ausschließlich) staatliche Tätigkeitsfelder[3].

Als Ursachen der Innovationsschwäche könnte man somit vom politischen System beabsichtigt oder unbeabsichtigt durchgesetzte Veränderungen der relativen Entlohnung für Innovations- und Nicht-Innovationsverhalten betrachten. Neuerungstätigkeit wurde ökonomisch entmutigt, Nicht-Neuerungsverhalten verschiedenster Spielarten bis zum Parasitismus dagegen zunehmend höher entlohnt. Die im wesentlichen von staatlichen Institutionen betriebene Entmotivierung des Neuerungsverhaltens macht den Kern der Innovations-, Investitions- und Wachstumsschwäche aus.

Dieser im folgenden noch ausführlicher zu begründenden These seien zunächst rivalisierende Hypothesen gegenübergestellt.

Rivalisierende Hypothesen

1. Als eigentliche Ursache der Entwicklungsschwäche wird von zahlreichen Ökonomen und Politikern nach wie vor der keynesianische Faktor «Mangel an gesamtwirtschaftlicher Nachfrage» bezeichnet; nämlich das makroökonomische «Versagen» marktwirtschaftlicher Systeme, aus sich selbst heraus nachfragewirksame Impulse zu schaffen, die eine Vollauslastung der verfügbaren Ressourcen ermöglichen könnten.

Hierzu ist zunächst zu bemerken, daß trotz absoluter und relativer (gemessen am Sozialprodukt) Zunahme der Haushaltsdefizite die Wachstumsraten zurückgehen, und gerade jene Länder, die sich am stärksten dem diskretionären Nachfragemanagement verpflichtet fühlten, die stärksten Wachstumseinbrüche zu verzeichnen hatten.

---

[3] Ein grober Indikator für diese Entwicklung ist die Veränderung der Staatsquote (Anteil der Staatsausgaben am Sozialprodukt). So stieg die Staatsquote im Zeitraum von 1961 bis 1981 in der Bundesrepublik Deutschland und Großbritannien von ca. 33% auf 48%, in Italien von 31% auf 51%, in Belgien von 30% auf 57%, in den Niederlanden von 33% auf 60% (1980), in Dänemark von 33% auf 63%, in Schweden von 31% auf 68%, in Japan von 19% auf 32% (1980), in den USA von 29% auf 36% (Bank für Internationalen Zahlungsausgleich 1982, S. 25).

Anscheinend bewirkt die keynesianische Politik in einem bestimmten institutionellen politischen Kontext (insbesondere: Kauf von Massenloyalität durch defizitfinanzierten Sozialkonsum) gerade, was sie zu bekämpfen hoffte: «Gleichgewicht bei Unterbeschäftigung» der Ressourcen, Dauerstagnation bei relativ hoher Arbeitslosigkeit.

Die Gründe für das Scheitern bzw. die Schwierigkeiten keynesianischer Stabilisierungspolitik scheinen aufs engste mit den Ursachen der Innovationsschwäche verknüpft zu sein:

a) Eine zunehmende Fähigkeit und Lernbereitschaft der Akteure im politischen System, makroökonomische Aggregate zum Aktionsparameter im politischen Konkurrenzkampf zu machen (politischer Konjunkturzyklus).

b) Die mikroökonomische Flexibilität, die einer erfolgreichen Makrosteuerung bedarf, ist – vor allem durch politisch motivierte Eingriffe – bedeutend eingeschränkt worden (Scitovsky 1980, S. 8). Makroökonomischer Stabilisierungserfolg ist aber nicht unabhängig von der mikroökonomischen Gestaltung der Verfügungsrechte.

c) Die keynesianische Politik des Nachfragemanagements lebt von Geldillusion und Fiskalillusion. Beide erlauben dem Staat eine Rolle als konjunkturpolitischer «Macher» zu spielen, ohne die realen Kosten für die Bürger offenzulegen. Mittlerweile ist der Staat entzaubert. Trotz vielfacher Kalkulationsirrtümer herrscht bei allen Interessengruppen weitgehende makroökonomische Transparenz. Damit haben sich die Chancen für einen sozialen Konsens verringert. Gruppenspezifische Vorteile und Nachteile makroökonomischer Maßnahmen lassen sich nicht mehr durch monetäre und fiskalische Illusion verschleiern. Dem Einsatz des staatlichen Haushalts für antizyklische Zwecke sind damit enge Grenzen gesetzt: durch Inflationserwartungen (Geldillusion) und durch Interessengruppen (Fiskalillusion). Die von den Politikern in den vergangenen Jahren in einem antizyklisch und sozialkonsumtiv motivierten Ausgabenrausch hochgefahrenen öffentlichen Haushalte sind damit zu einem erstrangigen Wachstumshindernis geworden.

d) Spürbare Kürzungen des defizitfinanzierten sozialen Konsums sind demokratisch kaum durchzusetzen. Makroökonomische Politik muß dann, so scheint es, durch um so stärkere geldpolitische Maßnahmen erfolgen, die dann trotz Stagnation der Wirtschaft zu historisch ungewöhnlich hohen Realzinsen führen, die die Investitionsneigung der Unternehmen in die Knie zwingen und die Stagnation auf einem für die Anregung von Innovationstätigkeiten zu hohen Herausforderungsgrad stabilisieren. Hohe (überhöhte) Realzinssätze in Verbindung mit einem stetigen Anstieg der Nominallöhne (inklusive Lohnnebenkosten) enden unausweichlich in Investitionsschwäche und sinkender Beschäftigung.

2. Uns scheint allerdings, daß die monetaristische Alternative die gegenwärtig in Verbindung mit sogenannter Angebotsorientierung zu einem neuen wirtschaftspolitischen Dogma zu werden scheint, genauso ernsthafte Probleme aufwirft, wie die von ihr abgelöste keynesianische Nachfragepolitik.

Das zentrale Problem von Konjunktur und wirtschaftlicher Entwicklung ist nicht das Inflationsproblem. Folgt man der Schumpeterschen Konjunktur- und Entwicklungslogik – und ich sehe außer der Marxschen keine theoretische Alternative – ist Inflation notwendigerweise mit kreditfinanzierten Innovations- und Aufschwungprozessen verbunden (Schöpfung von Kaufkraft aus dem «Nichts», durch Kreditschöpfung). Das Problem ist vielmehr die zunehmend gleichfalls durch Kredit alimentierte Finanzierung des Staatskonsums (inklusive Transferzahlungen).

Für einen Monetaristen sind jedoch alle Preisniveauänderungen gleichermaßen funktionslos. Für Schumpeter nicht. Eine gewisse Tragik der gegenwärtigen Situation liegt darin, daß staatliche Politik in der Tat «funktionslose» Preisniveauerhöhungen produziert haben mag (und damit auch Situationen, die keinen «trade off» zwischen Inflation und Arbeitslosigkeit zulassen: vertikale Phillipps-Kurve!).

Monetaristen und monetaristische (nicht Schumpetersche) Angebotstheoretiker begehen jedoch den gleichen Fehler wie die keynesianischen Nachfragetheoretiker, wenn sie diese Preisniveauerhöhungen durch ihre bekannten Rezepte sich zu eliminieren anschicken. Einmal übersehen sie die politischen Risiken des demokratischen Prozesses, die verhindern, daß die staatlichen Haushaltsdefizite im gewünschten Ausmaß zurückgeführt werden. Leidtragende der monetaristischen Politik sind dann private Unternehmer (Innovatoren), die vom Staat von den Geld- und Kapitalmärkten via hohe Zinsen und bessere Bonität verdrängt werden.

Das zweite Problem monetaristischer Politik besteht darin, daß es auch unverzichtbare (funktionale), als Folge von Innovationsaktivität entstehende Preisniveauänderungen gibt. Auch diese würden durch eine monetaristische Geldmengenregel eliminiert.

Die von der monetaristischen Theorie beschworene Stabilität des kapitalistischen Systems (im Gleichgewicht!) und die theoretisch auf eine Wirtschaft im Ruhestand bezogene monetaristische Politik scheint uns vor dem Hintergrund der Schumpeterschen Theorie kapitalistischer Entwicklung in demokratischen Systemen kaum brauchbare, da Innovation und Wachstum entmutigende wirtschaftspolitische Rezepte zu liefern. Die marktwirtschaftliche Wirklichkeit wird durch die neoklassische Theorie und ihre monetaristischen Ableger in verschiedener Hinsicht mißverstanden. Monetaristische Neoklassiker versuchen wie «Bastard-Keynesianer» den Politikern zu suggerieren, es sei möglich, eine kapitalistische Ökonomie konjunkturlos, depressionsfrei, konfliktfrei zu steuern[4]. Wirtschaftliche Entwicklung in marktwirtschaftlichen Systemen erfolgt jedoch *durch* Konjunkturen, d. h. durch Depression und Boom, und damit auch Preissteigerungen. Werden letztere monetaristisch eliminiert, bleibt die Entwicklung auf der Strecke.

War früher das Problem eine trivial-keynesianische Nachfragepolitik, scheint es heute ein nicht minder schädlicher naiver Monetarismus zu sein, der über die Ausschaltung angeblich destabilisierender konjunktureller Schwankungen der Geldmenge zu einer weltweiten Destabilisierung ökonomischer Systeme beiträgt. Vom «stop and go» der Nachfragemanager zerrüttete Wirtschaften werden von den Monetaristen potentialorientiert fortgeschrieben[5].

---

4) Bei aller Skepsis gegenüber Monetarismus und naivem Keynesianismus scheint auch F. A. von Hayek dieser Vorstellung nahezustehen. Wenn es nur zu verhindern gelänge, daß die für Investitionen zur Verfügung stehenden Geldmittel größer oder kleiner als die laufenden Ersparnisse sind (und das wichtigste Mittel dazu ist die Sicherung eines stabilen Preisniveaus), würde auch «dieser Mechanismus, durch den die wiederkehrenden Krisen und Depressionen verursacht werden», ausgeschaltet (Hayek 1977, S. 76). Also wirtschaftliche Entwicklung *ohne* Konjunkturen. Aber wie? Im Schumpeterschen System ist es gerade der von Hayek und anderen auszuschaltende Mechanismus, der Innovationen überhaupt finanzierbar macht. Daß eine über die laufende Ersparnis hinausgehende Kreditfinanzierung der Innovationen konjunkturelle Schwankungen auslöst, sieht natürlich auch Schumpeter. Nur hält er diese für eine normale, naturwüchsige, in marktwirtschaftlichen Systemen nur unter Verzicht auf Entwicklungsdynamik eliminierbare Erscheinung.

5) «Das Wirtschaftssystem mag sich noch so sehr destabilisieren, die Einkommen mögen noch zu sehr sinken und die Arbeitslosigkeit steigen, immer gibt es eine richtige Geldmenge, die zu dieser Entwicklung paßt. Eine strikt am Produktionspotential orientierte Geldmengenpolitik ist daher immun gegenüber dem Verlauf einer jeden Krise, sie kann sich durch das Potentialkonzept von wirtschaftspolitischer Verantwortung freizeichnen» (Maier-Rigaud

3. Als weiterer Faktor zur Erklärung der Wachstumskrise ist oftmals die Preiswelle im Energie- und Rohstoffsektor genannt worden (Jorgenson 1980). Wir sind jedoch der Ansicht, daß die Weichen für die Wachsstumsschwäche bereits Jahre vor der Preisexplosion im Rohstoffsektor gestellt wurden. Die Preissteigerung bei Energie und Rohstoffen traf auf Volkswirtschaften, die einen Teil ihrer Anpassungsflexibilität bereits verloren hatten: Die Freiheit von Unternehmen und Haushalten zur freien Substitution war bereits entscheidend eingeschränkt. Die Wachstumseinbrüche in der Folge der Ölkrise waren zum Teil Folgen selbstverursachter Verluste an Multistabilität der westlichen Volkswirtschaften, d. h. der Möglichkeit (Freiheit) und Fähigkeit der Wirtschaftssubjekte, auf Veränderungen ihrer Umwelt schöpferisch zu antworten.

4. Ähnliche Überlegungen gelten für die These, zunehmende Konkurrenz neuindustrialisierter Entwicklungsländer (sogenannter Schwellenländer) habe den Herausforderungsgrad für etablierte Industrien in den hochentwickelten Ländern so beträchtlich erhöht, daß eine nun notwendige Umstrukturierung der Produktionspotentiale – zumindest vorübergehend – zu abgeschwächtem Wachstum führen müsse. Das Argument der Schwellenländerkonkurrenz spielt auch im Zusammenhang mit der These der «Entindustrialisierung» der hochentwickelten Industriegesellschaften eine beträchtliche Rolle. Allerdings findet die Behauptung, der Warenhandel mit Entwicklungsländern habe das Industriewachstum der Industriestaaten ungünstig beeinflußt, keine Stütze in den Statistiken des internationalen Handels. So stieg der Exportüberschuß der Industrieländer im Warenhandel mit den Entwicklungsländern zwischen 1973 und 1978 von 35,6 auf 114,6 Mrd. $[6].

Die volkswirtschaftlichen Schmerzen, die Konkurrenten aus Schwellenländern in den «reifen» Industrienationen verursachen, sind zudem unmittelbar mit der eigenen Innovationsschwäche verknüpft:

a) der Innovationsinkompetenz der «alten» Industrien, die es nicht vermochten, ihre Produktionsanlagen zu modernisieren und ihre Produktsortimente qualitativ zu verbessern;

b) der Innovationsschwäche in neuen Industrien, die nicht in der Lage waren, Erlöseinbußen in von der Auslandskonkurrenz eroberten Märkten durch Schaffung neuer Märkte auszugleichen;

c) der fehlenden strukturellen Flexibilität bei der Umsetzung von Ressourcen aus stagnierenden in expansive Branchen.

5. Eine weitere These zur Erklärung der schwindenden Wachstumsdynamik in reifen westlichen Industrieländern sieht die Ursache im Ende einer imitativen, aufholenden und «leichten» Phase wirtschaftlicher Entwicklung. Eine Steigerung der Realeinkommen sei zunehmend nur noch durch selbstproduzierte Innovationen möglich, was –

1982, S. 359). Vgl. zu diesem gesamten Problemkomplex auch Flassbeck 1982. Hayek hatte aus den Schwierigkeiten der monetaristischen Mengensteuerung bereits den Schluß gezogen: «Keine Behörde kann im vornhinein feststellen, sondern nur der Markt kann entdecken, was die ‹optimale Geldmenge› ist.» (Hayek 1977, S. 71) Er will deswegen «das Auffinden der Geldmenge, bei der die Preise konstant bleiben», dem freien Wettbewerb zwischen Banken überlassen. Es wäre nützlich, diese Überlegungen vor dem Hintergrund der Schumpeterschen Konjunkturtheorie zu durchdenken (Spezialbanken für die Innovationsfinanzierung, die lediglich im konjunkturellen Ablauf – und nicht wie bei Hayek zu jedem Zeitpunkt – den Geldwert stabilisieren), insbesondere weil die jüngsten Erfahrungen mit monetaristischer Geldpolitik die Skepsis Hayeks u. a. voll bestätigen (vgl. Maier 1982) und undogmatische Monetaristen bereits zum Rückzug blasen (Brittan 1982).

6) Vgl. ausführlich zu diesem Argument Balassa 1981.

wegen höheren Kapitalbedarfs, längerer Ausreifungszeit, größerer Ungewißheit, höherer Kompetenzerfordernisse usw. – nur noch eine schwierige und langsame Steigerung der Realeinkommen ermögliche.

Die These eines qualitativen Umbruchs der Wachstumsmuster – vom leichtimitativen zum schwierig-innovativen Wachstum – wird im folgenden von uns nicht direkt überprüft. Zudem sprechen eine Reihe von Tatsachen gegen sie.

Verglichen mit den Innovationsnationen USA und neuerdings Japan befinden sich die europäischen Wohlfahrtsstaaten zunehmend in der Rolle von Aufholern oder Nachzüglern, was bei Gültigkeit der obigen These neue Wachstumskräfte freisetzen sollte. Aber eher ist das Gegenteil zu beobachten:

1. Der Kapitalstock veraltet. Als Beispiel seien die Verhältnisse im neuen industriellen Kernland der Bundesrepublik Deutschland, Baden-Württemberg, erwähnt. Der Anteil der bis zu 5 Jahre alten Ausrüstungen in den gewerblichen Bereichen belief sich Anfang 1979 auf 40,4%, Anfang 1975 auf 47%, Anfang 1970 auf 44,2%. Der Anteil der 5 bis 10 Jahre alten Ausrüstungen belief sich Anfang 1979 auf 33,6%, 1975 auf 27,6%, 1970 auf 29,3%. Auch der Modernitätsgrad (definiert als Verhältnis von Netto- zu Bruttoanlagevermögen), der sich bis 1972 laufend verbesserte, nahm seit 1974 kontinuierlich ab[7].

Für die Erweiterung des Kapitalstocks wurden in der BRD 1981 nur noch 10,5% des Bruttosozialprodukts verwendet, verglichen mit 12% im Durchschnitt der Jahre 1971–1980, und 15,5% im Mittel der Jahre 1961–1970[8].

Die Investitionen in Prozent des Umsatzes sind von 2,8% im Jahre 1970 auf (geschätzte) 1,8% im Jahre 1982 zurückgegangen[9].

2. Die Innovationslücke weitet sich aus. Die Länder der Europäischen Gemeinschaft haben in den vergangenen Jahren kontinuierlich an Innovationskraft eingebüßt, während die USA ihren Rang behielten und Japan in die Spitzengruppe vorgestoßen ist.

Die Europäische Kommission hat die Wettbewerbsfähigkeit der westeuropäischen Industrie mit der der Vereinigten Staaten und Japans verglichen[10]. Der Vergleich basiert auf einer Rechnung, die High-Technology-Exporte mit dem Anteil der Länder am Welthandel in Beziehung setzt. Bei einem Vergleichswert von 1,0 ergibt sich danach folgende Entwicklung:

Tab. 2: Die Wettbewerbsfähigkeit der westeuropäischen Industrie

	1963	1970	1980
Japan	0,56	0,87	1,41
Vereinigte Staaten	1,29	1,27	1,20
EG insgesamt	1,02	0,94	0,88
Bundesrepublik Deutschland	1,21		0,99
Großbritannien	1,05		0,94
Irland	0,43		1,03

Quelle: Europäische Kommission, 1982.

---

7) Siehe Walter 1982; im verarbeitenden Gewerbe der Bundesrepublik hat sich das Durchschnittsalter des Kapitalstocks im Bereich Anlagen von 8,2 Jahren (1960) über 8,7 Jahre (1970) auf 9,8 Jahre (1977) erhöht (Schmidt 1979).
8) Geschäftsbericht der Deutschen Bundesbank für das Jahr 1981, S. 44.
9) Ifo-Schnelldienst Nr. 20 (1982).
10) Siehe Europäische Kommission: The Competitiveness of European Community Industry, Brüssel 1982.

Während die USA ihre Position knapp behaupten konnten, hat die Industrie der Europäischen Gemeinschaft insgesamt und die der Bundesrepublik im besonderen beträchtlich an internationaler Wettbewerbsfähigkeit bei innovationsintensiven Gütern eingebüßt[11].

Nach Berechnungen des Japanese Productivity Center überholte Japan im Bereich der industriellen Produktivität (Ausbringung pro Mann/Tag) die Bundesrepublik Deutschland im Jahre 1978 und Frankreich 1979; gegenüber den USA verblieb 1979 eine Produktivitätslücke von 9%[12].

In den Vereinigten Staaten selber sprechen verschiedene Indikatoren für einen Rückgang der Neuerungstätigkeit. Hier vollzog sich zu Ende der 60er Jahre bis heute ein grundlegender Wandel der Forschungs- und Entwicklungstätigkeit. Insbesondere ging der Anteil der für Grundlagenforschung verwendeten Forschungs- und Entwicklungsressourcen in fast jeder Industrie zurück, im Durchschnitt um 25%. Betroffen waren vor allem grundlegende, risikoreiche und langfristig orientierte Innovationsvorhaben (Mansfield 1980).

Das Beispiel Großbritanniens zeigt die Problematik der These «leichter» Imitation. Während und nach der industriellen Revolution war England das Innovationszentrum der Welt. Diese Rolle hatte es bereits gegen Ende des 19. Jahrhunderts eingebüßt und befindet sich seither auf dem Weg zu einem industriellen Schwellenland (Kilpatrick und Lawson 1980).

Die alten Industrieländer versuchen sich der Konkurrenz der aufholenden industriellen Schwellenländer vermehrt durch Protektionismus zu wehren; und statt Sterbehilfe für alte Industrien erfolgt künstliche Lebensverlängerung; und anstelle von Geburtshilfen für neue Industrien ist industrieller Kindesmord vielfach das unbeabsichtigte und oftmals das gewollte Ergebnis staatlicher Politik.

Staatstätigkeit und Neuerungsverhalten

Innovieren bedeutet eine neue Verwendung von Produktivkräften in einem System (einer Unternehmung, einem Markt, einer Volkswirtschaft) durchzusetzen. Neuerungen sind Bauelemente der Multistabilität (Flexibilität) komplexer Systeme, ihrer Fähigkeit, aus sich selbst heraus – endogen – Entwicklung hervorzubringen oder sich an exogene Veränderungen schöpferisch anzupassen.

Offene Systeme (Personen, Organisationen, Volkswirtschaften) müssen, wenn sie sich gegenüber Konkurrenten behaupten wollen, die Fähigkeit besitzen, sich an ihre veränderliche Umwelt anzupassen. Je größer die Vielfalt (Veränderlichkeit) der Umwelt, desto größer muß die Freiheit sein, einer überlebensgefährdenden Vielfalt der

---

11) Diese Feststellungen ließen sich mit einer Fülle von Einzelfällen dokumentieren. Hierzu ist an dieser Stelle kein Raum. Wir begnügen uns mit dem Hinweis auf: HWWA-Institut für Wirtschaftsforschung, 1981, S. 139 ff., das eine im Vergleich zu Japan und den USA «geringere Präsenz der BRD im Bereich der Spitzentechnologie» beobachtet. Das Ifo-Institut für Wirtschaftsforschung (1982, S. 57) stellt demgegenüber fest: «Wie die empirische Auswertung des Handels mit technologieintensiven Produkten, der Patentaktivitäten und der Anzahl der Beschäftigten in FuE (Forschung und Entwicklung) auf globaler Ebene zeigt, steht die Bundesrepublik Deutschland im technologischen Wettbewerb nach wie vor an zweiter Stelle hinter den USA. ... Auf dem Gebiet der Anwendung der Mikroelektronik liegt die Bundesrepublik allerdings auch deutlich hinter Japan zurück.»
12) Financial Times, 17. Juli 1982, S. 2; Neue Zürcher Zeitung, 22. Juli 1982.

Umwelt durch Hervorbringung eigener Möglichkeiten zu begegnen und d.h. über Handlungsfreiheit zu verfügen. Vielfalt kann nur durch Vielfalt kontrolliert werden.

Der Staat kann durch verschiedene Tätigkeiten das Innovationsverhalten fördern und die volkswirtschaftliche Flexibilität auf hohem Niveau stabilisieren: durch Schaffung oder Aufrechterhaltung von die Innovationsfreiheit sichernden Handlungsrechten (Property Rights); durch Investitionen in Infrastruktur und personale Kompetenzen; durch Schutz der Individuen gegen elementare ökonomische und soziale Risiken. Einen sich auf diese Tätigkeitsfelder beschränkenden Staat bezeichnen wir im folgenden als einen *Leistungsstaat*.

Demgegenüber ist zu vermuten, daß ein *Minimalstaat*, der sich lediglich darauf beschränkt, die Individuen vor der Verletzung der grundlegenden, konstitutionell verankerten Handlungsrechte zu schützen, Stabilitäts- und Entwicklungsverluste hinnehmen müßte: Innovatoren könnten zwar ihre Rechte vor Gericht durchsetzen, würden aber vielfältigem versteckten und offenem Widerstand der von Neuerungen Betroffenen ausgesetzt. Die Innovationskosten würden steigen. Vermutlich würde es lohnen, eine dem Leistungsstaat adäquate Gestaltung der Handlungsrechte durchzusetzen und die staatlichen Tätigkeitsfelder über die des Minimalstaates hinaus auszuweiten.

Auch in *Wohlfahrtsstaaten*, in denen die Regierung zusätzlich zu den Aufgaben des produktiven Leistungsstaates auch das Recht zur Umverteilung nach Kriterien distributiver Gerechtigkeit besitzt, scheinen Innovationswahrscheinlichkeit und Multistabilität zu sinken:

1. Knappe volkswirtschaftliche Ressourcen werden aus dem produktiven (staatlichen wie privaten) in den unproduktiven Sektor transferiert, in dem ideologische Zuteilungskriterien für die Ressourcenverwendung vorherrschen.

2. Die wohlfahrtsstaatlichen Handlungsrechte (Regulierungen) diskriminieren Innovationsverhalten zugunsten solcher Eigentümer, die ihre Ressourcen in traditionalen Faktorkombinationen gebunden haben (was oftmals als Intervention zugunsten sozialer Gerechtigkeit gerechtfertigt wird).

3. Die Anreizstruktur des Wohlfahrtsstaates entmutigt Investitionen in die Steigerung des Fähigkeitsniveaus von Individuen.

Die mit diesen Wirkungen einhergehende Innovationsschwäche und der Verlust an Multistabilität und Entwicklungspotential macht solche Systeme hochgradig krisenanfällig, was ihre Transformation entweder in den produktiven Leistungsstaat oder in den *unbegrenzten Staat* wahrscheinlich macht. Der unbegrenzte Staat ist aus allen konstitutionellen Beschränkungen entlassen. Bürger haben jedes Ergebnis des politischen Prozesses als rechtmäßig anzuerkennen, und das Ausmaß der Freiheit der Individuen bleibt lediglich durch ihre mangelnde Fähigkeit zur Einsicht in die Notwendigkeit ihrer Rechtlosigkeit beschränkt.

Wenn man Innovationen und wirtschaftliche Entwicklung als abhängige Variable staatlicher Tätigkeit betrachtet, scheint es somit eine «kritische» Masse oder Schwelle staatlicher Tätigkeit zu geben, jenseits derer die negativen Einwirkungen des Staates dominieren (Röpke 1982).

Das nachfolgende Schaubild zeigt die Beziehung zwischen dem Wachstum des Bruttosozialprodukts und dem Wachstum des Staatsanteils in den bedeutendsten Industrieländern.

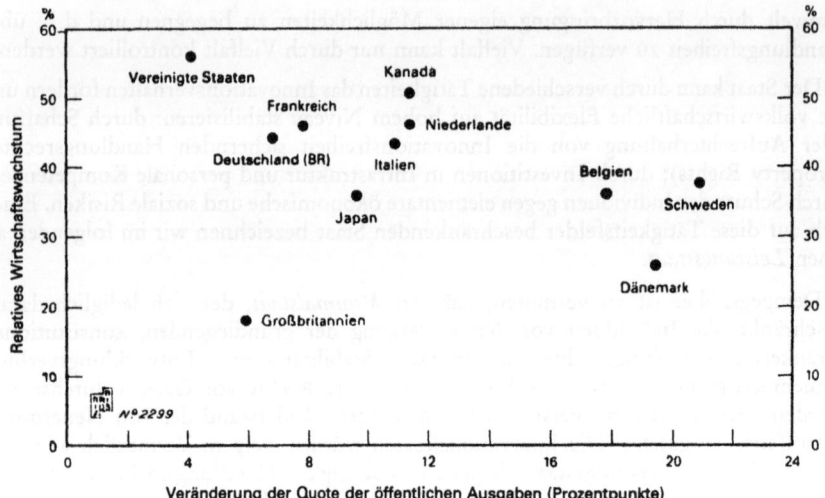

Abb. 1: Wirtschaftswachstum und Anteil der öffentlichen Ausgaben am Bruttosozialprodukt*
Quelle: Bank für Internationalen Zahlungsausgleich, 52. Jahresbericht, Basel 1982, S. 26.

Sie zeigt die Veränderung des Anteils der öffentlichen Ausgaben am Bruttosozialprodukt in den Jahren 1973 bis 1981 und setzt diese in Beziehung zu den am Trend der Jahre 1960 bis 1973 gemessenen Wachstumsraten der Volkswirtschaften im gleichen Zeitraum. Wenn man Großbritannien ausklammert (wo der Anstieg der Staatsausgaben trotz stark verringertem Wirtschaftswachstum relativ begrenzt blieb) ist eine von links nach rechts abfallende Beziehung erkennbar.

In den USA, die im Vergleich zu 1960–1973 ein mehr als halb so großes Wachstum verzeichneten, stieg die öffentliche Ausgabenquote relativ geringfügig an. Am anderen Ende befinden sich Dänemark, Schweden, Belgien, die nur 25% bis 40% ihres vorherigen Wachstums erzielten und eine starke Ausweitung der öffentlichen Ausgaben aufwiesen.

Das Schaubild bestätigt eine von uns vermutete, aber noch im einzelnen zu begründende, negative Korrelation zwischen Innovationswahrscheinlichkeit und Innovationsfreiheit in den industriellen Wohlfahrtsstaaten, wobei wir als sehr groben Indikator der ersteren das Realwachstum und der letzteren die Staatsquote heranziehen.

Eine mit unseren Überlegungen in zentralen Bezügen übereinstimmende Erklärung der Wachstumsschwäche haben Glisman u. a. (1980) vorgelegt. Sie interpretieren die Wachstumsschwäche als Abschwungphase eines langfristigen Entwicklungszyklus, die sie vorwiegend auf «langfristige Schwankungen in der (funktionalen) Einkommensverteilung und der Staatsaktivität» zurückführen (Glisman u. a. 1980, S. 1).

Als Kriterium zur Beurteilung der Rolle des Staates stützen sie sich auf die Entwicklung des Sozialprodukts: «In der Vergangenheit unterschritt im Entwicklungszyklus das Sozialprodukt seinen Trendwert, wenn die öffentliche Konsumquote ihren Trend überstieg (und umgekehrt). Aus dieser Beobachtung kann man folgern, daß

---

* Jahresdurchschnittliche Wachstumsrate 1973–1981 in Relation zu 1960–1973 und Veränderung der Staatsausgabenquote von 1973 bis 1981.

der Staatskonsum durchweg höher war als unter Wachstumsgesichtspunkten vorteilhaft gewesen wäre, andernfalls hätte sich zumindest zeitweilig ein umgekehrter Zusammenhang zwischen der Entwicklung von öffentlichem Verbrauch und Sozialprodukt zeigen müssen» (Glisman u.a. 1980, S.10). Dieser Zusammenhang wird für Deutschland für die Jahre 1850 bis 1977 als statistisch erwiesen behauptet und für eine Reihe anderer westlicher Industrieländer (Großbritannien, Schweden, Italien, Vereinigten Staaten) vermutet. Die oben dargestellte Entwicklung der Einkommen aus unselbständiger Arbeit bestätigt diese Vermutung auch für die vergangenen Jahre.

Im folgenden sei nun erläutert, warum bestimmte Muster staatlicher Tätigkeit, die sich in ihrem Umfang in den westlichen Industrieländern im großen und ganzen kontinuierlich ausgeweitet haben (Beck 1979, Bernholz 1981; DIW 1982), jenseits einer kritischen Schwelle negative Innovationsanreize erzeugen.

In dem folgenden Schaubild haben wir die wichtigsten Wirkungszusammenhänge schematisiert. Aus Raumgründen können wir nicht alle aufgezeigten Zusammenhänge erörtern.

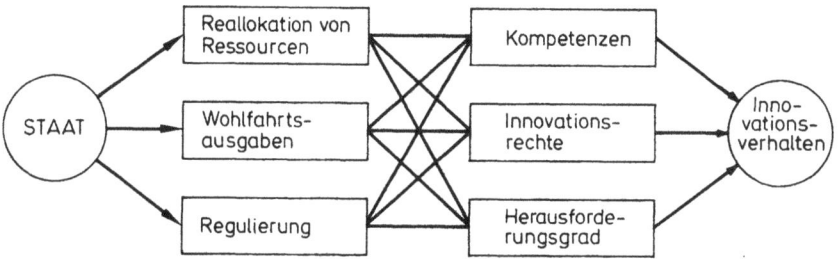

Abb. 2: Einfluß des Staates auf die Innovationstätigkeit.

Bewußt vereinfachend lassen sich drei Muster staatlicher Eingriffe in marktwirtschaftlichen Ordnungen unterscheiden, die wir nach ihrer Budgetintensität geordnet haben:

1. Direkt-Budget-intensive Tätigkeiten (staatlicher Konsum und Investitionen): Hier erfolgt eine Umleitung von Kaufkraft von marktorientierten in politikorientierte Verwendungen (im Schema: Reallokation).
2. Indirekt-Budget-intensive Tätigkeiten (Sozialkonsum, Transferleistungen): Auch bei dieser Ausgabenkategorie lenkt der Staat in der Regel zwangsweise Ressourcen in politisch bestimmte Verwendungsmöglichkeiten; die Verausgabung der Finanzierungsmittel erfolgt jedoch nicht im Staatssektor selber; der Staat begnügt sich mit der Definition der Anspruchsrechte und der Kontrolle der in der Regel halbstaatlichen Sozialbürokratie.
3. Budget-extensive Eingriffe: Hierbei handelt es sich um regelungsintensive Tätigkeiten (Gesetze, Vorschriften, Auflagen usw.); Staatseingriffe erfolgen in der budgetär weniger auffälligen Form staatlicher Regulierungen.

Die Innovationswirkung der Reallokation von Ressourcen im Staatssektor

Es sei nun im einzelnen aufgezeigt, warum man erwarten kann, daß mit einer dauerhaften Erhöhung der Staatsquote jenseits einer bestimmten, in den westlichen Ländern überschrittenen Schwelle (Übergang vom Leistungsstaat zum Wohlfahrtsstaat) negative Innovationsanreize verbunden sind.

Der wichtigste und beinahe triviale Grund: Durch die hoheitliche bzw. zwangsweise Umleitung von Ressourcen aus dem Marktsystem in das politische System erfolgt uno actu eine Umverteilung der Produktivkräfte von einem Sektor mit potentiell hoher in einen Sektor mit potentiell niedriger Neuerungskompetenz.

Theoretische Einsicht und empirische Befunde lassen m. E. kaum noch Zweifel an der Aussage zu, daß die volkswirtschaftlichen Produktivkräfte im staatlichen Sektor allokationsineffizient und technischineffizient eingesetzt werden: Weder werden die im staatlichen Sektor produzierten privaten und öffentlichen Güter hinsichtlich Menge und Qualität den Bedürfnissen der Nachfrager entsprechend angeboten, noch werden die angebotenen Güter kostenminimal erzeugt.

Die Innovationskompetenz des staatlichen Sektors liegt – vor allem, aber nicht ausschließlich, mangels Wettbewerbsdruck – deutlich unter der vergleichbarer privatwirtschaftlicher Produktion. Diese Aussage ist meines Wissens bisher in keinem Land der Welt falsifiziert worden. Die Ausschaltung der Disziplin des Wettbewerbs läßt die X-Ineffizienz im staatlichen Sektor nach oben schießen. Diese Behauptung läßt sich durch eine Fülle von Untersuchungen und Einzelfällen belegen (Frey 1981, S. 166–172). Die Schwierigkeiten, die Effizienz im öffentlichen Sektor zu steigern, sind zur Genüge bekannt. Als Illustration diene folgende Notiz: «Dienstaufsichtsbeschwerde gegen das Hauptprüfungsamt will der Hauptpersonalrat beim Bundesbahn-Vorstand erheben; der Grund: Das Amt hatte empfohlen, mehr Bauarbeiten bei der Bahn an private Firmen zu vergeben» (FAZ, 27. 4. 1982, S. 14).

Der Staat verschwendet Ressourcen, weil er ein in der Regel «falsches» Gütersortiment mit zu hohen Kosten produziert. Das gilt zu einem gegebenen Zeitpunkt wie im Zeitablauf, insbesondere bei Berücksichtigung der Innovationstätigkeit. Je mehr Ressourcen jenseits einer durch leistungsstaatliche Verpflichtungen bestimmten Schwelle in den Staatssektor fließen, desto größer wird ceteris paribus die Abweichung zwischen der tatsächlichen und der potentiellen Wachstumsrate einer Volkswirtschaft. Die volkswirtschaftlichen Kosten einer Erhöhung der Staatsquote sind der Verzicht auf eine Erhöhung des Lebensstandards.

Aufgrund der unterschiedlichen Innovationsintensitäten im staatlichen und marktwirtschaftlich-wettbewerblichen Sektor erhöhen sich die volkswirtschaftlichen Kosten im Zeitablauf auch bei konstanter Staatsquote. Durch die Ausweitung des staatlichen Sektors kommt es also nicht nur zu einem statischen Allokationsverlust (Reallokation von Ressourcen von produktiven in unproduktive Verwendungen), sondern zu einem im Zeitablauf immer größer werdenden Einkommensverlust aufgrund der im Staatssektor nicht erfolgten und im privaten Sektor entmutigten Innovationen.

Der Staatssektor produziert aber nicht nur Wachstumsverluste aufgrund seiner eigenen Innovationsschwierigkeiten, sondern er senkt direkt und indirekt – über die Steigerung des Herausforderungsgrades für private Innovatoren – deren Innovationsanreize.

Dieser Zusammenhang sei kurz erläutert: Wenn wir erstens von einer Innovations- und Produktivitätslücke zwischen dem staatlichen und privat-wettbewerblichen Sektor ausgehen und zweitens unterstellen, die Entlohnung der Beschäftigten im staatlichen Sektor entspreche derjenigen im privaten Sektor, ist folgendes zu erwarten: Bei konstanter nominaler Staatsquote können im Zeitablauf (bei aufgrund der Produktivitätslücke zunehmenden Ausgaben für Gehälter) immer weniger staatliche Güter angeboten werden. Oder bei Aufrechterhaltung des «realen» Staatsanteils müßte die nominale Staatsquote kontinuierlich ansteigen. Die nominale Staatsquote ließe sich bei gegebener realer Staatsquote erst stabilisieren, wenn die Produktivität des privaten auf die des staatlichen Sektors gesunken ist, d. h. bei Null-Wachstum (Stagnation).

Diese Überlegungen scheinen durch empirische Gegebenheiten gestützt zu werden (Felderer 1979, Bernholz 1981, Beck 1979). So ist der Anteil des öffentlichen Endverbrauches am Bruttosozialprodukt zu konstanten Preisen in den meisten hochentwickelten Industrieländern weniger als die laufenden Preise gestiegen, in einigen Ländern sogar zurückgegangen. Die Tatsache allerdings, daß auch in Ländern mit gleichbleibendem oder abnehmendem realem Staatsanteil der Anteil der im öffentlichen Dienst Beschäftigten an der Gesamtzahl der Erwerbstätigen gestiegen ist, deutet auch auf andere Ursachen des Anstiegs der realen Staatsquote – da man wohl nicht generell ein Absinken der staatlichen Produktivität unterstellen kann, obwohl dies für einige stark expandierende Bereiche (z. B. Erziehung, regulierende Behörden) nicht unwahrscheinlich ist.

Aber auch bei nur beschränkter Gültigkeit der obigen Hypothese kann man davon ausgehen, daß der reale Gegenwert für die den steuerzahlenden Bürgern durch Zwang entzogene Kaufkraft im Zeitablauf sinkt. Je länger dieser Trend anhält, desto eher ist zu erwarten, daß auch und gerade solche staatlichen Leistungen, die einen positiven Beitrag zur Erhaltung bzw. Ausweitung der privaten Produktivität leisten, eingeschränkt werden. Denn in demokratischen Systemen wird tendenziell die Produktion politischer Güter mit hohem Öffentlichkeitsgrad durch solche mit geringem Öffentlichkeitsgrad ersetzt: Je geringer der Öffentlichkeitsgrad eines Gutes, desto gezielter kann es seitens der um politische Macht konkurrierenden Parteien für die Befriedigung spezieller Interessen eingesetzt werden. Es ermöglicht damit eine wirksamere Abschöpfung der «Wählerrenten», d. h. Stimmenmaximierung[13].

Oder umgekehrt: Sind Ausgabenkürzungen durchzusetzen, nimmt der Widerstand der Betroffenen mit dem Exklusivitätsgrad der Güter zu, bzw. je höher der Öffentlichkeitsgrad eines Gutes, desto eher sind Produktionskürzungen politisch durchzusetzen. Gerade jene Güter, bei deren Herstellung noch am ehesten ein Marktversagen festzustellen wäre, sind im politischen Prozeß nur schwer durchzusetzen.

Bei Existenz der Produktivitätslücke und im Zeitablauf zunehmendem Steuerwiderstand wäre zu erwarten, daß die im politischen Leistungsstaat erforderliche Produktion von öffentlichen Gütern (Infrastruktur, Verteidigung, Rechtsstaat) im Wohlfahrtsstaat real eingeschränkt wird. Konsequenz wäre somit einerseits eine steigende, bestenfalls konstante Steuerbelastung bei Rückgang der die Produktivität steigernden Wirkungen staatlicher Tätigkeit. Auch bei konstantem nominalen Staatsanteil erhöht sich aufgrund der politisch-ökonomischen Substitutionswirkungen der Aufgabenschwierigkeitsgrad für private Innovatoren.

---

13) «The logic of interest group decisionmaking, however, leads to a set of demands on legislators and elected executives that fly in the face of normatively divined governance. While the agents of government ‹are supposed to› produce an efficient supply of collective goods, those whom they are to represent demand the production of private goods.
The problems inherent in this form of political activity are evident. ... if ‹democracy works›, in converting the preferences of individual citizens or groups of citizens into public policy, then the agents of government proceed to put forth private good after private good, all at public expense. If those agents fail to provide private goods, then the electoral process should supplant them with those who will do so. Thus, elected politicians become not ‹brokers› and not «entrepreneurs», – two outwarn metaphors. Rather, they became ‹caterers› to the interest groups' demands for private goods.» (Aranson and Ordeshook 1977, S. 61–62).

Die Innovationswirkungen wohlfahrtsstaatlicher Maßnahmen

Ein beträchtlicher Teil staatlicher Ausgaben wird nun nicht zur X-ineffizienten Produktion von staatlichen Gütern und Leistungen verwendet, sondern fließt – unter Zwischenschaltung staatlicher und privater Bürokratie – in Form von Transferzahlungen an die Staatsbürger zurück.

In der Bundesrepublik Deutschland erhöhte sich der Anteil der Sozialleistungen am Bruttosozialprodukt von 20,7% (1960) auf 31,2% (1980). Parallel hierzu stieg die Abgabenbelastung (Lohnsteuer und Beiträge zur Sozialversicherung) eines Durchschnittsverdienstes im gleichen Zeitraum von 16,3% auf 31%. Die Personalzusatzkosten der Unternehmen des produzierenden Gewerbes erreichten 1981 einen Wert von 77%, gegenüber 43,4% im Jahre 1966[14].

Die Lohnfortzahlungskosten der deutschen Wirtschaft sind für das Jahr 1980 mit 51 Mrd. DM, für den Zeitraum 1970–1980 mit 403 Mrd. DM beziffert worden. Im Anschluß an das Lohnfortzahlungsgesetz von 1969 hat die Krankheitsquote eine Niveauerhöhung um 50% erfahren (Köster 1982)[15].

«Die überproportionale Dynamik der Sozialausgaben, die im hohen Maße durch gesetzliche Verpflichtungen abgesichert ist, ist fast vollständig der finanzpolitischen Steuerung entzogen, so daß von ihr ein Druck auf Einschränkungen bei anderen, insbesondere auch bei den investiven oder sonst wachstumsfördernden Ausgaben ausgeht. Die Finanzminister von Bund und Ländern sind heute mit Ausgabenzwängen konfrontiert, die oft über 90% der Etatrahmen auffüllen»[16].

Wir wollen uns im folgenden weniger mit den Ursachen als mit einigen Folgen des wohlfahrtsstaatlichen Ausgabenverhaltens beschäftigen, unabhängig davon, ob diese Einkommensübertragungen über staatliche Haushalte, Parafisci oder durch die Kassen von Unternehmen laufen.

Die Ausgaben für soziale Leistungen scheinen in den westlichen Wohlfahrtsstaaten mittlerweile einen Umfang erreicht zu haben, der eine weitere, innovationsgetragene Steigerung der Realeinkommen schwierig macht. Der Sozialkonsum entfaltet eine systemzerstörende Dynamik, der die Wachstumskräfte marktwirtschaftlicher Ordnungen fesselt und sozialpolitisch perverse Reaktionen einer zunehmend größeren Anzahl von Individuen ökonomisch rational macht.

In der Sprache der Systemtheorie haben wir es mit einem Kreislauf positiver, sich selbst verstärkender Rückkopplung zu tun. Dies sei im folgenden erläutert (vgl. dazu das folgende Schaubild).

Zunächst ist ein elementarer Sachverhalt zu berücksichtigen: Die Mitfinanzierung von Teilen der Sozialabgaben durch die Unternehmen verteuert den Preis der Arbeit

---

14) Nach Angaben der Bundesvereinigung der Arbeitsgeberverbände, Handelsblatt, 19. April 1982, S. 7. Zur Entwicklung in anderen Ländern vgl. DIW 1982. In den USA stiegen die Sozialausgaben von 1955 bis 1977 von 13 Milliarden auf 175 Milliarden US-Dollar (Salant 1982, S. 571).
Bei einem Teil der hier aufgeführten Sozialleistungen handelt es sich um «versteckte Transferzahlungen». Der Staat zwingt Unternehmen zur Übernahme bestimmter Lasten (z. B. Lohnfortzahlung) und schont damit seinen Haushalt.
15) Zu vergleichbaren Entwicklungen in Schweden vgl. Strömberg 1981, S. 40–43.
16) So der ehemalige Finanzminister Hans Matthöfer (Handelsblatt, 13. Mai 1982, S. 18).

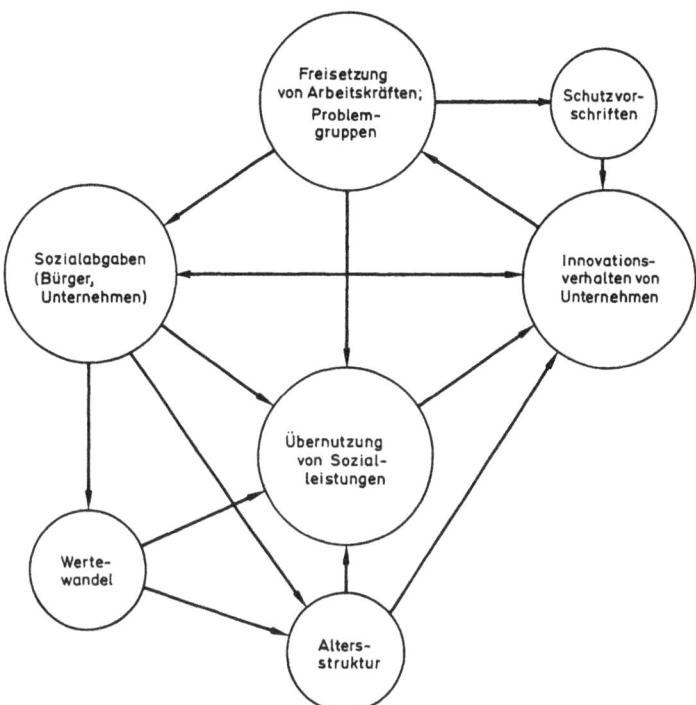

Abb. 3: Das «soziale Netz»: ein Teufelskreis.

relativ zum Kapital[17]. Sie schafft somit Anreiz für relativ kapitalintensive Innovationen – falls überhaupt Neukombinationen durchgesetzt werden. In die gleiche Richtung wirken durch Abgabenbelastung und Sozialgesetzgebung (wie das Lohnfortzahlungsgesetz) ausgelöste Rückgänge der Arbeitsmotivation («Leistungszurückhaltung»).

Von Investitionsflaute und arbeitssparenden technologischen und organisatorischen Neuerungen in den Unternehmen werden nicht alle Arbeitskräfte gleichmäßig betroffen, sondern vor allem jene, die den bezogen auf ihr Arbeitsentgelt relativ geringsten Beitrag zur betrieblichen Wertschöpfung leisten. Dies sind vor allem kompetenzschwache und relativ junge und alte, behinderte, öfters kranke Arbeitskräfte. Die Arbeitsmarktstatistiken weisen dies zweifelsfrei aus[18].

---

17) Während die hohe Beitragsbelastung der Arbeitnehmer die verfügbaren Einkommen reduziert und zu entsprechenden Lohnforderungen führt.
18) Nach der Strukturerhebung der Bundesanstalt für Arbeit waren im Dezember 1981 rund 30% der Gesamtzahl aller Arbeitslosen nicht älter als 24 Jahre. Mehr als die Hälfte aller Arbeitslosen war ohne abgeschlossene Berufsausbildung. – Der Block der aus persönlichen Gründen – gesundheitliche Beeinträchtigung, ausschließliches Interesse an Teilzeitarbeit, höheres Alter – nur schwer zu vermittelnden Arbeitslosen ist 1981 weiter gewachsen. Zur Struktur der Arbeitslosigkeit vgl. Sachverständigenrat 1981, Ziffer 131 ff.; Fels und Schmidt 1980, S. 120 f.

Diese Zusammenhänge sind seit Jahren wirksam. Und sie haben Nachfrage nach staatlichen Maßnahmen ausgelöst und politische Unternehmer auf den Plan gerufen, die neu entstandenen Risiken für diese sogenannten Problemgruppen durch Schutzvorschriften zu verringern. Was deren Lage natürlich nicht verbessert, denn aufgrund der Schutzvorschriften (Beschränkung der Substitutionsfreiheit der Unternehmen) besteht ein zusätzlicher Anreiz zur Freisetzung bzw. Nichteinstellung solcher Arbeitskräfte (Hamm 1981, S. 122).

Die verstärkte Tendenz zu arbeitssparenden Innovationen mit der Folge verstärkter Anreize zu sozialpolitisch induzierter Freisetzung von Arbeitskräften erhöht aber wiederum die durch die Versicherten-Gemeinschaft (Arbeitnehmer, Unternehmen) aufzubringenden Alimentierungsbeiträge (höhere Abgaben usw.), wodurch sich der circulus vitiosus abermals verstärkt.

In diesem Zusammenhang von technologischer Arbeitslosigkeit oder von «wegrationalisieren» zu sprechen ist ein ideologischer Euphemismus, da die Freisetzung zu einem nicht unerheblichen Teil sozialpolitisch verursacht sein dürfte. Es ist nicht das erste Mal in der Wirtschaftsgeschichte, daß als Wohltaten gedachte Maßnahmen sich als wohlfahrtszerstörend herausstellen (Hamm 1981, S. 119: «Der Sozialstaat als Produzent individueller Notlagen»).

Eine zweite Schleife des Regelkreises verstärkt die positive Rückkopplung. Denn für die Mitglieder der sogenannten «Solidargemeinschaft der Versicherten» besteht nur ein geringer Anreiz, den Konsum ihnen legal zustehender Leistungen einzuschränken. Im Riesenheer der Zwangsversicherten ist ein möglicher Solidareffekt kaum zu erwarten, und Mechanismen sozialer Kontrolle bleiben unwirksam.

Die von der Sozialversicherung angebotenen Güter weisen einen hohen – als «sozialen Fortschritt» bewußt herbeigeführten – Öffentlichkeitsgrad auf. Die Kosten der Produktion streuen über eine Vielzahl von Personen, die aus der sozialen Kontrolle und aus der Selbstverantwortung durch finanzielle Sanktionen entlassen sind. Die Nutzen fallen dagegen bei dem einzelnen Verbraucher an. Unter diesen Bedingungen legt rationales Kalkül jedem einzelnen nahe, durch Mehrverbrauch von Leistungen seine Zwangsabgaben «hereinzuholen». Denn er kann dadurch seine individuelle Nutzenbilanz maximieren: Der einzelne privatisiert seinen Nutzen durch Konsum der Leistungen, während die Kosten der resultierenden Übernutzung der knappen Ressourcen «solidarisiert» werden. Aus der Sicht des einzelnen treffen ihn die Kosten der Übernutzung nur mit einem geringen Teil. Es handelt sich um einen typischen Fall von verdünnten Eigentumsrechten (common property), deren Existenz regelmäßig zur Übernutzung bzw. Überbeanspruchung («Kostenexplosion») führt.

In der Bundesrepublik Deutschland ist ein Arbeitnehmer durchschnittlich mehr als 25 Tage krankgeschrieben, in den USA 5 Tage, in Japan 2,5 Tage. In der öffentlichen Diskussion wird dieses Verhalten von Experten als «Krise im Sozialverhalten aller Beteiligten» und «Sozialbetrug» bezeichnet. Die theoretisch leicht erklärbare Tatsache allerdings, daß «Krankfeiern, die mißbräuchliche Inanspruchnahme der gesetzlichen Leistungen im Krankheitsfalle, eine weit verbreitete, von allen Gesellschaftsschichten geübte Praxis» ist («das System korrumpiert uns alle»), zeigt auf, daß es sich hier um die rationale, nutzenmaximierende Adaption des Verhaltens an Handlungsrechte handelt, die zwar als «sozial» bezeichnet, dennoch in einem zumindest in Deutschland und anderen Wohlfahrtsstaaten unbekannten Ausmaß eine Auflösung der Normen von Solidarität und gegenseitiger Hilfe herbeigeführt haben[19].

Die Verdünnung der Handlungsrechte der einzelnen Mitglieder der Versichertengruppe führt nun aber durch Übernutzung zu den bereits oben erörterten Reaktionen der Unternehmen, die ständig neuen sozialpolitischen Handlungsbedarf auslösen. Das Sozialsystem ist faktisch steuerungslos, ohne negative Kopplungen konstruiert. Es kann sich aus sich selbst heraus nicht reformieren, sondern nur zusammenbrechen.

Bislang hat der politische Wettbewerb um die Beschaffung von Massenloyalität lediglich dazu beigetragen, den oben geschilderten Kreislauf auszubauen. Im Namen des sozialen Fortschritts wurden die Handlungsrechte von immer mehr Individuen und Gruppen verdünnt, neue Gruppen dem Kreislauf angeschlossen und/oder der Leistungskatalog ausgeweitet. Und zwar weit jenseits des Schutzes vor schwerwiegenden sozialen und ökonomischen Risiken.

Ein weiteres zu beachtendes Element dieses Rückkopplungsprozeßes: Die Sozialisierung oder Kollektivierung der Kosten der Alterssicherung bei Individualisierung der Kosten der Sicherung des Nachwuchses macht für immer mehr Menschen einen Verzicht auf Kinder ökonomisch rational. Als Folge verschlechtert sich die Altersstruktur der Bevölkerung. Der Altenlastquotient, definiert als das Verhältnis zwischen der nichterwerbsfähigen und erwerbsfähigen Bevölkerung, steigt. Für 1979 wurde er in der Bundesrepublik mit 39 berechnet. Bis 1990 wird er sich leicht auf 37 verringern, bis zum Jahre 2000 auf 43 steigen und sich dann über 45 im Jahre 2010 auf 51 im Jahre 2020 und 72 im Jahre 2030 erhöhen. «Bei einer möglich erscheinenden Verdopplung des Altenlastquotienten bis zum Jahre 2030 müßte bei Beibehaltung des Anpassungsverfahrens der Bestandsrenten nach der bisher angewandten Berechnungsformel ceteris paribus der Beitragssatz zur Rentenversicherung auf 36% ansteigen» (Lampert 1982, S. 86).

Auch hier erschwert eine auf kurzfristige Stimmenmaximierung angelegte Politik der Parteien im Wohlfahrtsstaat Eingriffe in die sozialen Handlungsrechte. Da die älteren Jahrgänge zunehmen und da ältere Arbeitnehmer sowie Rentner mehr Leistungen in Anspruch nehmen und oftmals weniger Beiträge zahlen, werden diese jenen Parteien ihre Stimme geben, die das System nicht in Frage stellen. Es wird daher gefordert, Probleme sozialer Sicherung der Zuständigkeit demokratischer Gremien zu entziehen (Lampert 1982, S. 95).

Schließlich ist ein weiterer «positiver» Regelkreis zu beschreiben, die Beziehung zwischen sozio-kulturellen Handlungsrechten und Anreiz zu sozialem Konsum. Schon jetzt sind Leistungszurückhaltung, Substitution von «offizieller» durch schwarze Arbeit, Vermeidung und Hinterziehung von Steuern allgemein verbreitete Phäno-

---

19) Die Zitate stammen von Diskussionsteilnehmern einer Tagung «Krankschreiben und Krankfeiern», über welche die Frankfurter Allgemeine Zeitung (5.6.1982, S. 14; 11.6.1982, S. 9–10) berichtet hat. Ein Beobachter des schwedischen Wohlfahrtsstaates schrieb bereits vor einigen Jahren: «Die Schweden... sind besessen davon, daß alles reibungslos abläuft, sei das nun in ihrem eigenen Leben, bei ihrer Arbeit oder in ihrer Gesellschaft. *Ihre Haltung ist rein utilitaristisch.* Sie können es sich leisten, alle Erwägungen, abgesehen von den nur materiellen, außer acht zu lassen, da sie wahrhaft materialistisch eingestellt sind. Mit erstaunlich wenigen Ausnahmen lassen sie nichts gelten, was nicht gesehen, gemessen und mit einem Preis versehen werden kann. Ihr Gültigkeitstest ist einzig und allein der materielle Fortschritt. Während... (sie) auch nicht die kleinste materielle Verbesserung außer acht lassen, wird auf andere Werte fast überhaupt nicht eingegangen.» (Huntford 1973, S. 145, unsere Hervorhebung).

mene[20]. Die moralischen und motivationalen Grundlagen marktwirtschaftlicher Systeme sind zunehmender Erosion ausgesetzt. Und es ist nur scheinbar paradox, daß Ausweitung des Sozialstaates und Hedonismus Hand in Hand gehen[21]. Der Wohlfahrtsstaat erlaubt alle nur denkbaren Probleme auf der «sozialen Hängematte» zu kurieren. Er entbindet von der Notwendigkeit disziplinierter Lebensführung und rationaler Lebensplanung, Eigenschaften, die im wettbewerblichen Kapitalismus hoch bewertet werden. Mit der Schwächung der Anreize zur Kompetenzsteigerung (Arbeitsethos usw.) geht die Verstärkung der Anreize zu «unsorgfältigem Verhalten» (moral harzard) einher. Warum sollte man auf Lebensgenuß verzichten, wenn sich mögliche negative Folgen solidarisieren lassen?[22]

Die Verminderung der Leistungsanreize, die Beschränkung und Ausdünnung individueller Verfügungsrechte, Umwertung und Wertezerfall sind Elemente einer «stillen Revolution»: der Herausbildung einer postindustriellen, nachkapitalistischen, geschlossenen Gesellschaft.

Die gegenwärtig hohe materielle Wohlfahrt läßt sich in einer solchen Gesellschaft allerdings nicht aufrechterhalten. Die Sozialisierung aller Lebensrisiken wird nunmehr selbst zum größten Risiko: Das Wohlfahrtsniveau läßt sich nicht mehr reproduzieren. Die Kosten des Systems, seine sozialpolitische Unwirksamkeit und die Überregulierung führen zu sozialem Selbstkanibalismus. Versucht man Risiken von jedem einzelnen Teil eines Systems fernzuhalten, führt dies zum Zusammenbruch des ganzen Systems. Es ist daher zu erwarten, daß nach der Geldillusion und der Fiskalillusion auch die hedonistische Wohlfahrtsillusion platzen wird: Die Vorstellung, man hätte das Recht, Glück und Wohlstand konsumieren zu können, ohne sie vorher produziert zu haben.

Verdünnung der Innovationsrechte

Neue Möglichkeiten durchzusetzen, bedeutet traditionale Möglichkeiten abzuwerten, teilweise zu zerstören. Überlieferte Methoden, Güter herzustellen und zu vermarkten, werden durch höher produktive Methoden ersetzt, im Wettbewerb niederkonkurriert.

Der Anreiz zu innovieren ist, wie eingangs erwähnt, auch von der Gestaltung der Handlungsrechte abhängig. Das Ausmaß gesellschaftlicher Legitimierung innovativen Wandels beeinflußt auf der Ebene einer Volkswirtschaft unmittelbar den ökonomischen Innovationsanreiz. Wettbewerbsgeist, Risikoneigung, Kreativität, Arbeitseifer, Sparwille und andere, oftmals als Bestimmungsgründe der Wirtschaftskraft einer

---

20) Am Beispiel Schwedens zeigt dies Strömberg 1981.
21) Siehe Ditz 1980, Perrin 1981; zum Wertwandel Klages und Kmieciak 1979; Brittan (1973, S. 30) charakterisiert den modernen Hedonismus als «Revolte gegen rationales Denken» und Vorliebe für «Denken mit dem Bauch».
Es mag nützlich sein, sich daran zu erinnern, daß der Westen seinen ökonomischen Aufstieg Werten und Einstellungen verdankte, die eine rational-ethische Bändigung des Erwerbstriebs ermöglichten, die nicht Erwerb, sondern den Genuß des Erworbenen (innerweltliche Askese) verboten und damit den Antrieb zu Sparen, Kapitalakkumulation und Investition verstärkten.
22) Ein extremes Beispiel ist der Schwangerschaftsabbruch auf Krankenschein; für Beamtenfrauen ist Abtreibung beihilfefähig.

Volkswirtschaft angeführte Variable, sind keineswegs gegebene oder nur langfristig veränderbare Grundkompetenzen wirtschaftlicher Entwicklung.

Die grundlegenden Fragen lauten daher auch auf der Ebene der Beziehungen zwischen politischem und ökonomischem System: In welchem Ausmaß verfügen Wirtschaftssubjekte über die Freiheit, neue Kombinationen durchzusetzen oder zu imitieren? In welchem Ausmaß sind Personen mit Rechten ausgestattet, die es ihnen erlauben, die für sie schädlichen Folgen von Neukombinationen abzuwehren oder auf andere Mitglieder der Gesellschaft abzuwälzen?

In einem über mehrere Jahrhunderte andauernden Prozeß wurden in den westlichen Industrienationen und Japan Handlungsrechte durchgesetzt und legitimiert, die Innovatoren starke Rechte gegenüber dem Staat (Gewerbefreiheit), gegenüber Konkurrenten (Wettbewerbsfreiheit) und gegenüber den Eigentümern von Produktionsfaktoren (Substistutionsfreiheit) gaben.

Innovatoren konnten – beschränkt lediglich durch allgemeine rechtsstaatliche Normen – neue Unternehmen gründen, neue Produktionstechnologien durchsetzen, neue Produkte entwickeln und vermarkten, mit neuen Organisationsmethoden experimentieren; auch wenn dadurch Konkurrenten und Industriezweige ruiniert, Arbeitskräfte entlassen wurden, Kapitalisten ihren Einsatz verloren. Innovatoren besaßen das Recht zu «schöpferischer Zerstörung» (Schumpeter). Dieses Recht macht den dualen Charakter der Innovationsfreiheit deutlich. Denn dem Ausmaß an Freiheit, neue Kombinationen durchsetzen zu dürfen, entspricht die Notwendigkeit auf Seiten von Nicht-Innovatoren, eine Erosion ihrer Nutzenströme hinnehmen zu müssen. Je stärker die Abwehrrechte gegenüber einer Reallokation ausgeprägt sind, desto höher sind ceteris paribus die Kosten der Neukombination, desto schwächer die Innovationsanreize, desto geringer der langfristige Anstieg von Produktivität und Lebensstandard.

In den vergangenen Jahren erfolgten in den westlichen Industrienationen Veränderungen der Rechtsnormen zuungunsten der Innovatoren. Insbesondere die Gewerbefreiheit und Substitutionsfreiheit wurden erheblich eingeschränkt.

Im wesentlichen lassen sich zwei Komplexe ausmachen:
1. Die Entstehung neuer Knappheiten und ihre Regulierung durch den Staat;
2. die Stärkung der Abwehrrechte gegenüber schöpferischer Zerstörung.

Beide Komplexe sind aufs engste verknüpft, wie die nachfolgenden Bemerkungen zeigen.

Zu 1: Neuerungen, aber nicht nur diese, rufen Wirkungen nichtvertraglicher Natur hervor, sogenannte externe Wirkungen. Sie bewirken ein Auseinanderfallen von sozialen und privaten Wertungen bestimmter Handlungsabläufe. Anstatt nun durch knappheitsadäquate Änderungen der Verfügungsrechte positive und negative Wirkungen zu internalisieren und damit dem wettbewerblichen Kalkül zugänglich zu machen, haben Regierungen versucht, der externen Wirkungen, insbesondere solcher negativer Natur, durch Regulierungen Herr zu werden[23].

Die Folge dieser Bemühungen war und ist die Renaissance eines merkantilistischen Verordnungs-, Betreuungs- und Auflagenstaates. Daß alle diese Regulierungen den Segen der Parlamente erhalten, zeigt nur, wie weit westliche Demokratien sich mittlerweile von den Idealen der Rechtsstaatlichkeit entfernt haben (Hayek 1979).

Da die Auswirkungen von Neuerungen ungewiß sind, müssen Innovatoren wie Regulatoren sich auf Vermutungen stützen. Die Reduktion solcher vermuteten,

---

23) Zur Problematik beider Lösungswege vgl. die Beiträge in Wegehenkel 1981.

hypothetisch schädlichen Innovationswirkungen[24] auf von Regulatoren tolerierte Werte ist außerordentlich kostenintensiv und hat die Innovationsanreize in zahlreichen Industrien drastisch reduziert. Bekannte Beispiele sind Nuklearindustrie, Energiewirtschaft, Pharmaindustrie, Biotechnologie, Nachrichten- und Kommunikationstechnik[25].

Zu 2: Eine von Innovationen getragene Wettbewerbswirtschaft konfrontiert immer irgendwelche Gruppen von Produzenten, Eigentümern von Produktionsfaktoren und Verbrauchern mit Einkommensverlusten und Risiken. Sie bedroht oder untergräbt temporär die Sicherheit von Einkommen, Arbeitsplatz, eliminiert traditionelle Märkte, führt zur wirtschaftlichen Zerstörung überlieferter Faktorkombinationen und entwertet in traditionellen Verwendungen eingesetzte Vermögen.

Der Innovationsprozeß schafft somit neben neuer Kaufkraft uno actu auch Nachfrage der Innovationsgeschädigten nach staatlichem Schutz. Dieser Umstand bietet Politikern und Vertretern von Interessengruppen (in vielen Fällen identische Personen) zahlreiche Möglichkeiten der Stimmenmobilisierung und des Machterwerbs.

Zum Schutz bedrohter Interessen wurden zahllose Vorschriften erlassen, die sich als Widerstandsrechte gegen Neuerungen verstehen lassen. Durch Neuerungen bedrohte Faktorkombinationen geringer Wertschöpfung bleiben erhalten, Arbeitsplätze werden kurzfristig gesichert, aber langfristig zerstört. Die Ausbreitung neuer Ideen und die mit ihr einhergehenden Produktivitätssteigerungen werden erschwert. Eine Vielzahl staatlich tolerierter oder induzierter Wettbewerbsbeschränkungen auf den Faktormärkten, insbesondere auf dem Arbeitsmarkt, verringert Anreize zur Arbeit, Mobilität und Höherqualifizierung (Soltwedel 1981). Sie erschwert es Innovatoren, Arbeitskräfte aus alten Verwendungen herauszukonkurrieren. Wegen der starken Rechte der Eigentümer von Humankapital auf Beschäftigung in ihren traditionalen Verwendungen und Beschäftigungsorten müssen Innovatoren entsprechend stärkere materielle und immatrielle Mobilitätsanreize bieten, was den Neuerungsanreiz natürlich verringert.

Die Wirkungen dieser wohlfahrtsstaatlich – oder sonstwie motivierten – Interventionen liegen auf der Hand:
1. Die Eintrittsbarrieren in den Markt steigen für Innovatoren, aktuelle und potentielle Innovationskonkurrenz wird beschränkt.
2. Die Austrittsbarrieren für etablierte, traditionale, konservative Unternehmen steigen gleichfalls; Betriebe mit geringer Innovationskompetenz, die bei freier Konkurrenz keine Überlebenschance hätten oder gezwungen wären, selbst Neukombinationen durchzusetzen, werden am Leben erhalten[26].

Vom Staat aufgerichtete Eintritts- und Austrittshindernisse bewirken über die Verringerung von Wettbewerbsintensität eine Senkung der Innovationsrate, ein Veral-

---

24) Wobei in die Schadensfunktion auch immaterielle Werte und machtpolitische Überlegungen der Politik eingehen können, wie die Verhältnisse in der Nachrichten- und Kommunikationstechnik zeigen.
25) Vgl. hierzu die Fallstudien in Hamm 1982, Oberender 1980, S. 166ff.; Schäfer 1982, Broichhausen 1982, Schulze 1982, De Jonquieres 1982, Rudzinski 1982.
26) Staatliches Handeln, z. B. in Form von Subventionen und Bürgschaften, wird hierbei oft durch das Ziel Erhaltung der Arbeitsplätze motiviert. Andere Formen zielen auf eine Erhöhung der Betriebsschließungs- bzw. Unternehmensauflösungskosten, wie «Sozialpläne» («Wer weiter arbeitet, geht leer aus.»), «golden handshakes» etc. Der amerikanische Kongreß hat vorgeschlagen (Baumol 1982, S. 14), die Stillegung eines Betriebes nur dann zu gestatten, wenn dieser seinen Arbeitskräften eine Abfindung von 52 Wochengehältern zahlt, 3 Jahre lang seine Steuer weiter entrichtet und seine Stillegungsabsicht zwei Jahre im voraus (!) mitteilt. Zu Ausweichreaktionen der Wirtschaft bei der Stillegung von Unternehmen oder defizitären Betriebsteilen vgl. Interfinanz, 22. Jahresbericht 1981, S. 21-22.

ten des Kapitalstocks, eine Verringerung der Multistabilität und einen Rückgang von Entwicklungspotential und internationaler Wettbewerbsfähigkeit, eine Vergreisung und Überalterung der Volkswirtschaft.

Bisher liegen keine befriedigenden Versuche vor, die Auswirkungen der Beschränkungen der Innovationsfreiheit für Volkswirtschaften insgesamt zu quantifizieren. Es gibt eine Fülle von Einzelstudien, Hinweisen und Vermutungen. Mansfield (1981) verweist auf den Zusammenhang von Forschung, Entwicklung und staatlichen Vorschriften[27].

Denison (1979) schätzt den regulierungsinduzierten Produktivitätsverlust in den USA zwischen 1967 und 1973 auf 0,13 Prozentpunkte, zwischen 1973 und 1976 auf 0,35 Prozentpunkte. Kendrick (1981, S. 129) erhöht diese Angaben auf 0,2 und 0,4 Prozentpunkte. Beide Schätzungen decken aber nur einen Teil der von uns erörterten Zusammenhänge. Insbesondere die komplexen Innovations- und Wettbewerbswirkungen sind nicht erfaßt. Fellner (1979, S. 10) schätzt den regierungsverursachten Produktivitätsverlust in den USA auf 1 Prozentpunkt, was die Hälfte des beobachteten Produktivitätsrückgang erklären würde.

In der Bundesrepublik bombardieren sich Regierungen und Wirtschaftsverbände gegenseitig mit Schätzungen über den durch Reglementierung verursachten Wachstumsverlust («Investitionsstau»)[28].

Die Bayerische Landesregierung hat bei Wirtschaftsverbänden und -kammern eine Umfrage initiiert, die Anhaltspunkte über den viel diskutierten Investitionsstau ergibt[29]. Trotz zahlreicher Einschränkungen (nicht alle Regionen Bayerns wurden erfaßt, hohe Dunkelziffern vor allem im mittelständischen Bereich, keine Berücksichtigung der Kopplungswirkungen und Folgeinvestitionen)[30] und methodischer Probleme seien die wichtigsten Ergebnisse wiedergegeben, da es sich m. W. um die bisher ausführlichste Dokumentation in Deutschland zu handeln scheint. Zum Zeitpunkt der Umfrage waren 141 Investitionsvorhaben mit einer Investitionssumme von 1,5 Mrd. Mark endgültig verhindert, 401 Vorhaben über 29 Mrd. Mark verzögert. Die Ursachen lagen ausschließlich im politisch-administrativen-juristischen Bereich. Eine exakte Ursachenzurechnung erfolgt allerdings nicht. Bei Hochrechnung auf die Bundesrepublik (wir unterstellen einen Anteil Bayerns an den Investitionen der Bundesrepublik von 18%) würde sich ein «Investitionsstau» im Ausmaß von ca. 170 Mrd. Mark ergeben, was knapp die Hälfte der gesamten Bruttoanlageinvestitionen von Unternehmen und Staat im Jahre 1981 ausmacht.

Bei einem Kapitaleinsatz von rund 120000 DM je Arbeitsplatz (im Jahre 1978) im Unternehmenssektor insgesamt (Fels und Schmidt 1980, S. 120) hätten durch diese

---

27) «When asked why they reduced the proportion of their R & D expenditures going for basic research and relatively risky projects, the reason most frequently given by the firms was the increase in government regulations, which they felt had reduced the profitability of such projects.» (Mansfield 1981, S. 146).
28) Die Bundesregierung schätzt den Stau von Investitionsprojekten im Jahre 1978 auf 31 Milliarden Mark, die Industrie auf etwa 55 Milliarden Mark im gleichen Jahr. In einer Untersuchung vom August 1981 kommt der Bundesverband der deutschen Industrie zu einer Schätzung von 100 Milliarden Mark. Vgl. auch Sachverständigenrat 1981, Ziffer 352.
29) Vgl. Bayerischer Staatsminister für Wirtschaft und Verkehr, 1982; siehe auch FAZ vom 7.4.1982, S. 12 («Erste Untersuchung über den Investitionsstau»).
30) Insbesondere aber wurden Hemmnisse bei Marketing und Endverbrauch von Produkten außer acht gelassen (vgl. «Heizungs-, Klima- und Sanitärtechnik: staatliche Vorschriften werden zur Bedrohung»; Handelsblatt, 7.5.1982, S. 15).

Investitionen – statistisch betrachtet – ca. 1,4 Millionen Arbeitsplätze geschaffen werden können. Was immer man von dieser Rechnung hält, sie vermag doch die beschäftigungspolitische Dimension zu illustrieren, die mit vom Staat ausgelösten oder zu verantwortenden Investitionshemmnissen verbunden ist. Auch wenn wir einen Unschärfebereich von 50% berücksichtigen, bliebe immer noch die Aussage, mindestens eine halbe Million Arbeitsplätze seien «Opfer» der staatlichen Desinvestitionspolitik geworden.

Diese Aussage scheint um so plausibler, als die blockierten oder verzögerten Investitionsvorhaben auch den Strukturwandel verlangsamt, die Anpassungsflexibilität der Wirtschaft verringert und damit vermutlich nicht nur weitere Investitionen erschwert, sondern die Überlebenschancen anderer Unternehmen verschlechtert haben dürften.

Diese Überlegungen führen auf unsere eingangs erläuterte Position zurück. Nicht Ölpreiswelle und andere externe Schocks sind für den Zusammenbruch des Wachstums in den westlichen Industrienationen verantwortlich, sondern primär endogene Faktoren, welche die Entwicklungskompetenz der auf hohe Innovationsraten angewiesenen westlichen Nationen verringert haben. Die Fähigkeit, externe und endogene Störungen zu absorbieren, wurde durch die Umwidmung von Ressourcen in unproduktive staatliche Verwendungen, durch den explosiven Ausbau des Wohlfahrtsstaates und die Verdünnung der Innovationsrechte entscheidend verringert.

Literatur

Aranson, P. H. und Ordeshook, P.: Incrementalism, the Fiscal Illusion and the Growth of Government in Representative Democracies, Vervielfältigtes Manuskript, Interlaken-Konferenz 1977.

Balassa, B.: Die Zukunft des industriellen Sektors und der Industriepolitik in den Industrieländern, in: Helmut Kramer und Felix Butschek (Hrsg.), Entindustrialisierung? Stuttgart 1981, S. 69–82.

Bank für Internationalen Zahlungsausgleich, 52. Jahresbericht, Basel 1982.

Baumol, W. J.: Contestable Markets: An Uprising in the Theory of Industry Structure, American Economic Review, Vol. 72 (1982), S. 1–15.

Bayerischer Staatsminister für Wirtschaft und Verkehr: Antwort der Staatsregierung zur Arbeitsmarktlage und Beschäftigungspolitik, Drucksache 9/10452, 31. März 1982.

Beck, M.: Public Sector Growth: A Real Perspective, Public Finance, Vol. 34 (1979), S. 313–356.

Bernholz, P.: Die Zunahme der Staatstätigkeit: Ursachen und Konsequenzen für den freiheitlichen Rechtsstaat, IHS-Journal, Vol. 5 (1981), S. 87–108.

Brittan, S.: Capitalism and the Permissive Society, Atlantic Highlands, N. J., 1973.

Brittan, S.: Get those Interest Rates Down Further, Financial Times, London, 2. August 1982, S. 13.

Broichhausen, K.: Wie ein Industriestaat lahmgelegt wird, Frankfurter Allgemeine Zeitung, 28. April 1982, S. 12.

Denison, E. F.: Accounting for Slower Economic Growth, Washington 1979.

Deutsches Institut für Wirtschaftsforschung (DIW): Die öffentlichen Haushalte im internationalen Vergleich, Wochenbericht 3/1982, 21. Januar 1982.

Ditz, G. W.: The Protestant Ethic and the Market Economy, Kyklos, Vol. 33 (1980), S. 623–657.

Europäische Kommission: The Competitiveness of European Community Industry, Brüssel 1982.

Felderer, B.: Inflation, Wagnersches Gesetz und Stagnation, Finanzarchiv N.F., Band 37 (1979), S. 223–247.

Fellner, W.: Contemporary Economic Problems, Washington 1979.

Fels, G. und Schmidt, K.-D.: Die deutsche Wirtschaft im Strukturwandel, Tübingen 1980.

Flassbeck, H.: Was ist Angebotspolitik? Konjunkturpolitik, 28. Jahrgang (1982), S. 75–138.
Frey, B. S.: Theorie demokratischer Wirtschaftspolitik, München 1981.
Giersch, H. (Hrsg.): Towards an Explanation of Economic Growth, Tübingen 1981.
Glismann, H., Rodemer H. und Wolter, F.: Lange Wellen wirtschaftlichen Wachstums, Replik und Weiterführung, Kieler Diskussionsbeiträge, Institut für Weltwirtschaft Kiel, Dezember 1980.
Hamm, W.: Staatliche Bremsen für den pharmazeutischen Fortschritt (Walter Eucken Institut. Vorträge auf Aufsätze 84), Tübingen 1982.
Hamm, W.: An den Grenzen des Wohlfahrtsstaates, ORDO, Bd. 32 (1981), S. 117–140.
Hayek, F. A. v.: Entnationalisierung des Geldes, Tübingen 1977.
Hayek, F. A. v.: Law, Legislation and Liberty, Vol. 3: The Political Order of a Free Society, London 1979.
Huntford, R.: Wohlfahrtsdiktatur. Das Schwedische Modell, Frankfurt/M. 1973.
HWWA-Institut für Wirtschaftsforschung: Analyse der strukturellen Entwicklung der deutschen Wirtschaft, Hamburg 1981.
Ifo-Institut für Wirtschaftsforschung: Investitionen und Produktivität, Ifo-Schnelldienst Nr. 17/ 18, 24. Juni 1982.
Jonquieres, G. de: West German Telecommunications, Financial Times, 11. Februar 1982.
Jorgenson, D. W.: The Great Productivity Debate: The Answer is Energy, Challenge, No. 3 (1980), S. 16–25.
Kendrick, J. W.: Why Productivity Growth Rates Change and Differ, in: H. Giersch (Hrsg.), Towards an Explanation of Economic Growth, Tübingen 1981, S. 111–140.
Kilpatrick A. and Lawson T.: On the Nature of Industrial Decline in the UK, Cambridge Journal of Economics, Vol. 4 (1980), S. 85–102.
Klages, H. und Kmieciak P. (Hrsg.): Wertwandel und Gesellschaftlicher Wandel, Frankfurt/Main 1979.
Köster, T.: Wie teuer ist die Lohnfortzahlung, Frankfurter Allgemeine Zeitung, Blick durch die Wirtschaft, 15. April 1982, S. 1, 7.
Lampert, H.: Soziale Sicherung im Alter in den 80er Jahren, Zeitschrift für Wirtschaftspolitik (Wirtschaftspolitische Chronik), 31. Jahrgang, Heft 2 (1982), S. 81–96.
Leibenstein, H.: X-Efficiency Theory, Productivity and Growth, in: H. Giersch (Hrsg.), Towards an Explanation of Economic Growth, Tübingen 1981, S. 187–212.
Maier, G.: Das US-Geldmengenrätsel: Eine Herausforderung an Theorie und Politik, Kredit und Kapital, 15. Jahrgang (1982), S. 293–299.
Maier-Rigaud, G.: Die Fiktion vom Produktionspotential, Wirtschaftsdienst, Nr. 7 (1982), S. 357–360.
Mansfield, E.: Basic Research and Productivity Increase in Manufacturing, American Economic Review, Vol. 70 (1980), S. 863–873.
Mansfield, E.: Comment zu Kendrick, in: H. Giersch (Hrsg.), Towards an Explanation of Economic Growth, Tübingen 1981, S. 141–148.
Oberender, P.: Mehr Wettbewerb im Gesundheitswesen, Jahrbuch für Sozialwissenschaft, Band 31 (1980), S. 145–176.
Perrin, R. G.: The Dynamics and Dialectics of Capitalism, Journal of Libertarian Studies, Vol. 5 (1981), S. 211–236.
Röpke, J.: Die Strategie der Innovation, Tübingen 1977.
Röpke, J.: Handlungsrecht und wirtschaftliche Entwicklung, in: Alfred Schüller (Hrsg.), Property Rights und ökonomische Theorie, München 1983, S. 111–144.
Rudzinski, K.: Neue Reaktortechnologie – Opfer der Bürokratie? Frankfurter Allgemeine Zeitung, Beilage Natur und Wissenschaft, 19. Mai 1982, S. I.
Sachverständigenrat zur Begutachtung der gesamtwirtschaftlichen Entwicklung, Jahresgutachten 1981/82, Stuttgart und Mainz 1981.
Salant, W. S.: The American Economy in Transition, Journal of Economic Literature, Vol. 20 (1982), S. 564–584.
Schäfer, W.: Verzögerung der Kommunikationstechnik gefährdet etwa 100000 Arbeitsplätze, Handelsblatt, 1. 4. 1982, S. 12.

Schmidt, J.: Das Anlagevermögen in der BRD, RWI-Mitteilungen, Essen 1979, Nr. 4, S. 257–275.
Schulze, U.: Sachverständige sprechen von Behinderung der Wirtschaft durch die Medienpolitik, Frankfurter Allgemeine Zeitung, 16. Februar 1982, S. 5.
Scitovsky, T.: Can Capitalism Survive? American Economic Review, Vol. 70, No. 2 (May 1980), S. 1–9.
Soltwedel, R.: Krise der Arbeitsmarktpolitik, Die Weltwirtschaft, Heft 2 (1981), S. 38–52.
Strömberg, D.: Krise des Wohlfahrtsstaates. Beispiel Schweden. Beiträge zur Wirtschafts- und Sozialpolitik, Institut der deutschen Wirtschaft, Nr. 99, Köln 1981.
Walter, I. A.: Zur Anlagevermögensberechnung Baden-Württembergs, Statistisches Landesamt, Baden-Württemberg in Wort und Zahl, 30. Jahrgang, Heft 1 (1982).
Wegehenkel, L. (Hrsg.): Marktwirtschaft und Umwelt, Tübingen 1981.

A. Schüller, H. Leipold, H. Hamel (Hrsg.): Innovationsprobleme in Ost und West · Schriften zum Vergleich von Wirtschaftsordnungen · Heft 33 · Gustav Fischer Verlag · Stuttgart · 1983

Mitbestimmung und Innovationen

Gerhard Prosi

Die gegenwärtige Diskussion um die Innovationsproblematik erweckt den Eindruck, daß es sich dabei um ein ganz besonderes, neues Problem der Wirtschaftspolitik handele. Dieser Eindruck ist falsch. Die ersten Beispiele staatlicher Innovationsförderung finden sich im 14. Jahrhundert, als Könige und Landesherren ausschließliche Rechte an Erfinder und Neuerer für die Ausübung ihrer neuen Fertigkeiten verliehen[1].

Das vermutlich erste Patentgesetz im modernen Sinne wurde bereits 1474 von der Republik Venedig erlassen. Die wirtschaftliche Grundlage des Patentwesens als Form staatlicher Innovationsförderung damals und auch in der Gegenwart ist die Erkenntnis, daß man den Risiken der Erfindungs- und Innovationstätigkeit angemessene Gewinnchancen gegenüberstellen muß bzw., wie im älteren Patentwesen auch, daß man die Erfinder von den Fesseln des Zunftwesens, der Besitzstandswahrung, befreien muß, um diese als gesellschaftlich nützlich betrachtete Aktivität zu stimulieren.

Wenn heute wieder ein Mangel an Innovationen festgestellt wird, dem man mit zusätzlichen Subventionen der direkten und indirekten Innovationsförderung, mit der Einrichtung eines Forschungsministeriums und zahlreicher anderer bürokratischer Innovationsförderungsstellen abhelfen will, so sollte man sich als erstes fragen, was die Ursachen des Mangels sind. Liegt es daran, daß das Verhältnis zwischen Innovationsrisiken und Gewinnchancen gestört ist, so daß das Gewinnanreizsystem für Innovationen nicht mehr wirken kann? Oder bestehen wieder zu starke Fesseln für die potentiellen Innovatoren zum Schutz von mehr oder weniger wohlbegründeten Partikularinteressen vor dem Prozeß der schöpferischen Zerstörung? Oder – sicher das wahrscheinlichste – beides?

Den allgemeinen Fragen der Verschlechterung des Innovationsklimas durch Belastung der Unternehmensgewinne, einschließlich der Innovationsgewinne, sowie durch politische und bürokratische Behinderungen und Fesseln der Innovationstätigkeit kann hier nicht nachgegangen werden, auch wenn es reizvoll wäre zu zeigen, daß der empirische Gehalt moderner Wirtschaftspolitik gelegentlich nicht einmal dem Erkenntnisstand der Verantwortlichen in der Republik Venedig im Jahre 1474 entspricht.

Aufgabe der folgenden Ausführungen ist es darzustellen, ob und in welcher Weise die Mitbestimmung der Arbeitnehmer zu einer Verschlechterung des Risiko-Gewinnerwartungsverhältnisses für Forschung, Entwicklung und Innovation beiträgt, welche zusätzlichen Fesseln der Innovationstätigkeit angelegt werden und wie man gegebenenfalls diese Mängel beheben kann. Dabei wird davon ausgegangen, daß die Mitbestim-

---

[1] Zu den Anfängen des Patentwesens als Politik staatlicher Innovationsförderung siehe Machlup F. (1962): Die wirtschaftlichen Grundlagen des Patentwesens, Weinheim/Bergstraße, S. 9ff.

mung, wie sie im Betriebsverfassungsgesetz von 1972 und im Mitbestimmungsgesetz von 1976 für die Bundesrepublik Deutschland vorgeschrieben wird, grundsätzlich geeignet ist, den Zielen der Arbeitnehmer in den Unternehmensentscheidungen verstärktes Gewicht zu verleihen[2].

Als Hauptziele der Mitbestimmung der Arbeitnehmer ergeben sich aus der umfangreichen Literatur die Sicherung der Arbeitsplätze im Unternehmen, höhere Einkommen ohne Leistungsintensivierung und Verbesserung – «Humanisierung» – der Arbeitsbedingungen für die Belegschaft[3].

Innovationen, die das Erreichen dieser Ziele beeinträchtigen können, werden von den Arbeitnehmervertretern abgelehnt und können durch die Mitbestimmung behindert bzw. verhindert werden. Dies sind vor allem arbeitssparende Prozeßinnovationen, die zu einer Freisetzung oder «Entqualifizierung» von Arbeitskräften führen würden. So wird die Mitbestimmung auch als Instrument gesehen, um bereits in der Forschung und Entwicklung den Arbeitnehmerinteressen stärkeres Gewicht zu geben und z. B. die «technologischen Voraussetzungen für eine demokratische Arbeitsordnung zu schaffen»[4]. Ob das die Rentabilität von Forschungs- und Entwicklungsinvestitionen erhöht oder deren Risiken vermindert, ist zumindest fraglich.

Bereits die Mitbestimmungskommission hatte 1970 festgestellt, daß die Beteiligung der Arbeitnehmer «zu einer stärkeren Betonung der sozialen Aspekte und Notwendigkeiten» geführt hat und daß Voraussetzung für «Rationalisierungsmaßnahmen mit dem Ziel der Kostensenkung» die «Erhaltung des sozialen Status der im Unternehmen beschäftigten Arbeitnehmer» bzw. «die ausreichende Berücksichtigung sozialer Forderungen und Gesichtspunkte» waren[5].

Auch wenn man diesen Schutz der Arbeitnehmerinteressen gegen technischen Fortschritt und Rationalisierung positiv bewertet, muß man berücksichtigen, daß das Kostenminimierungsprinzip auf die beschäftigten Arbeitnehmer nur noch bedingt angewendet wird und somit Ressourcen verschwendet werden (bedingtes Rentabilitätsprinzip).

Eine Behinderung des technischen Fortschritts entsteht bereits dann, wenn die Einführung arbeitssparender Neuerungen mit zusätzlichen Kosten durch Nachteilsausgleich oder Sozialpläne belastet wird. Ein Teil der durch die Innovation möglichen Kostensenkung wird aufgezehrt und steht weder als Innovationsgewinn und Risikoprämie für Investoren noch für Preissenkungen im Wettbewerb zur Verfügung.

Führen arbeitssparende neue Technologien zu einem höheren Kapitaleinsatz, dann werden bei einer Verhinderung der Freisetzung unnötig gewordener Arbeitskräfte die Durchschnittskosten nicht sinken, sondern steigen. Die neue Technik wird unrentabel und deshalb nicht eingeführt. Daraus ergibt sich ein tendenziell höheres Kostenniveau bzw. eine tendenziell geringere Unternehmensrentabilität, als ohne Mitbestimmung erreicht werden könnte.

---

2) Siehe hierzu Prosi G. (1981): Mitbestimmung und volkswirtschaftliche Effizienz, in: F.-J. Säcker, E. Zander (Hrsg.): Mitbestimmung und Effizienz, Stuttgart 1981, S. 29 ff.
3) Siehe hierzu Prosi G. (1978): Volkswirtschaftliche Auswirkungen des Mitbestimmungsgesetzes 1976, in: Grundlagen – Eigentum und Politik, Bd. 4, Köln, S. 10 ff. mit Literaturhinweisen.
4) Fleischmann G. (1976): «Mitbestimmung und volkswirtschaftliche Leistungsfähigkeit», in: O. Vetter (Hrsg.): Mitbestimmung – Wirtschaftsordnung – Grundgesetz, Frankfurt/Main, S. 112 f.
5) Mitbestimmung im Unternehmen, Bericht der Sachverständigenkommission zur Auswertung der bisherigen Erfahrungen bei der Mitbestimmung, BT-Drucksache VI/334, 1970, S. 42 und S. 76 ff.

Die Erhöhung der Innovationskosten bzw. die «Fesseln» in der Anwendung neuer Techniken reduzieren den erwarteten Innovationsgewinn, die Rentabilität von Forschung, Entwicklung und Innovation, und führen tendenziell zu einer Senkung der Forschungs- und Entwicklungstätigkeit bzw. zu einer anderen Ausrichtung dieser Aktivitäten, sofern sie von privatwirtschaftlichen Unternehmen nach Rentabilitätskriterien ausgeführt werden. Der in einem Land mit hohen Arbeitskosten für die internationale Wettbewerbsfähigkeit besonders wichtige Bereich arbeitssparender neuer Technologien wird vernachläßigt.

Neben dieser direkten, insbesondere aus dem Ziel «Sicherung der Arbeitsplätze und des sozialen Status der im Unternehmen Beschäftigten» entstehenden Behinderung von Innovationen ergeben sich indirekte Wirkungen auf Forschung, Entwicklung und Innovationen durch eine Veränderung der Risiken und Gewinnerwartungen der Anteilseigner.

Aus dem bisher Gesagten kann bereits abgeleitet werden, daß sich die Verlustrisiken für Forschungs- und Entwicklungsprojekte erhöhen, weil zusätzliche Unsicherheiten für die Anwendung von Forschungs- und Entwicklungsergebnissen in den Produktionsprozessen entstehen. Diese Tendenz wird verstärkt, weil das Sicherheitsstreben der Arbeitnehmer, die mit Innovationen verbundenen Umstellungs- und Anpassungsprozesse und daraus entstehende Widerstände der Betriebsräte, evtl. Nachteilsausgleichsverhandlungen, die aus Innovationskosten und Verlusten in der Anlaufs- und Umstellungsphase auf eine neue Technik oder ein neues Produkt resultierende geringere Gewinnbeteiligung, d.h. kurzfristige Einkommensminderungen für die Belegschaft, die Innovation verhindern können. Die Umsetzung der Ergebnisse in den Betriebsablauf ist für die Rentabilität von Forschungs- und Entwicklungsinvestitionen jedoch entscheidend. Diese Risikoerhöhung trifft nicht nur für arbeitssparende Innovationen ein, sondern wegen des inhaltlich unbestimmten Ziels «Verbesserung bzw. Humanisierung der Arbeitsbedingungen» für alle Änderungen der Produktionsabläufe. Wird dieses Ziel mit einem Qualifikationsschutz oder Schutz des sozialen Status der betroffenen Belegschaftsmitglieder verbunden, können die Widerstände gegen alle Arten von Prozeßinnovationen erheblich sein. Die normalerweise risikoreichen Forschungs- und Entwicklungsinvestitionen werden somit durch ein mitbestimmungsbedingtes Innovationsrisiko zusätzlich belastet.

Dies wäre dann nicht schädlich, wenn den erhöhten Risiken entsprechend höhere Risikoprämien, d.h. entsprechend höhere Gewinnerwartungen aus Innovationen gegenüberstünden. Dem steht jedoch das Ziel höherer Einkommen der Beschäftigten entgegen. Durch betriebliche oder unternehmensbezogene Mitbestimmung zu erreichende Einkommenserhöhungen müssen sich auf außertarifliche Leistungen beziehen, werden also in der Regel eine Gewinnbeteiligung der Arbeitnehmer beinhalten.

Auch wenn man davon ausgeht, daß die Arbeitnehmervertreter unter Berücksichtigung des bedingten Rentabilitätsprinzips, d.h. Schonung des Faktors Arbeit, an möglichst hohen Gewinnen interessiert sind, bleibt das Problem ungelöst, wie die erzielten Gewinne auf Kapitaleigner, Arbeitnehmer und Rücklagen verteilt werden sollen und wie die unverteilten Gewinne etwa für Erweiterungs-, Rationalisierungs- oder Arbeitserleichterungsinvestitionen, als Reserven zur Finanzierung zukünftiger versteckter Arbeitslosigkeit, um Entlassungen zu vermeiden, oder für Forschungs- und Entwicklungsinvestitionen zu verwenden sind. Es entsteht ein Interessenkonflikt zwischen Vertretern der Kapitaleigner und der Arbeitnehmer bei der Verteilung des Gewinns, auf den nicht mehr die Kapitaleigner allein Anspruch erheben, sondern der z.T. über höhere Lohnforderungen umverteilt, z.T. für die Verbesserung und Sicherung der Arbeitsplätze verwendet werden kann. Auch wenn die Ausschüttungen an die Kapitaleigner mit Prämien, Gratifikationen etc. für die Arbeitnehmer verbunden werden, werden aus Gewinnen Kosten. Daraus folgt, daß die Renditen der Kapitaleigner mitbestimmter Unternehmen tendenziell solange sinken werden, bis sie als Kompromiß des Gewinnverwendungskonfliktes auch den Arbeitnehmervertretern im Aufsichtsrat «angemessen» erscheinen. Das schließt überdurchschnittliche Renditen als Risikoprämie für das Forschungs-, Entwicklungs- und Innovationsrisiko aus, es sei denn, Innovationsgewinne werden grundsätzlich der Umverteilung entzogen und den Anteilseignern zugesprochen. Dies scheitert jedoch schon allein an den Schwierigkeiten, in der Unternehmenspraxis Innovationsgewinne objektiv von anderen Gewinnen abzugrenzen oder auch nur den Zeitraum zu bestimmen, in dem Gewinne als Innovationsgewinne betrachtet werden sollen. Außerdem ist nicht einzusehen, warum im Fall der Innovationsgewinne, wenn sie einmal erwirtschaftet sind, von der Strategie der «angemessenen» Rendite abgewichen werden sollte. Gerade weil Innovationsgewinne überdurchschnittlich hohe Gewinne sind, ist eher zu erwarten, daß eine stärkere Beteiligung der Arbeitnehmer gefordert wird.

Solange die Verteilung der erwarteten Innovationsgewinne nicht festliegt, ist die Innovationsentscheidung für die Kapitaleigner mit zusätzlicher Unsicherheit belastet. Zum allgemein bestehenden Erfolgsrisiko für Forschung, Entwicklung und Innovation kommt ein Gewinnverteilungsrisiko hinzu. Setzt sich die Strategie der «angemessenen» Rendite ohne Berücksichtigung der Risikounterschiede verschiedener Investitionsprojekte durch, wird die Übernahme zusätzlicher Risiken, wie sie im Innovationsbereich entstehen, unattraktiv. Die Anteilseigner werden kein zusätzliches Risikokapital einsetzen, sondern bestenfalls auf der Finanzierung aus nicht ausgeschütteten und ihrem Zugriff entzogenen Gewinnen beharren.

Ob die Arbeitnehmervertreter diesem Verfahren zustimmen, hängt davon ab, ob sie die einbehaltenen Gewinne als Risikokapital des Unternehmens betrachten, das auch verloren gehen darf, oder als Reserve zur Sicherung der Arbeitsplätze und des sozialen Status der Arbeitnehmer im Fall einer Unternehmens- oder Beschäftigungskrise. Sollen einbehaltene Gewinne solche Reservefunktionen erfüllen, dürfen sie nicht für so risikoreiche Vorhaben wie Forschung, Entwicklung und Innovationen verwendet werden.

Aber auch wenn man von der Annahme ausgeht, daß nicht ausgeschüttete Gewinne zur Finanzierung risikoreicher Projekte im Unternehmen bereitgestellt werden, ergeben sich innovationshemmende Effekte, weil die Forschungs- und Entwicklungsfinanzierung zu einer Residualfinanzierung wird und nicht durch Optimalitätskriterien bestimmt ist. Bei der Vielzahl der um die nicht ausgeschütteten Gewinne konkurrierenden Ansprüche dürfte das so entstehende unternehmensinterne Risikokapital normalerweise geringer sein als die für eine optimale Forschungs- und Entwicklungstätigkeit und daraus abgeleitete Innovationen notwendigen Mittel. Außerdem beruht dann die Kontinuität der Mittelzuweisungen für Forschungs- und Entwicklungsaktivitäten auf der Kontinuität der Gewinne. Eine langfristige Forschungs- und Entwicklungsplanung ist nicht möglich, weil mit Gewinnänderungen im Zeitablauf zu rechnen ist, von Verlustsituationen ganz zu schweigen.

Volkswirtschaftlich betrachtet ist es generell nicht ausreichend, wenn den einzelnen Unternehmen nur begrenzte interne Reserven zur Risikofinanzierung zur Verfügung stehen, weil dadurch die Obergrenze der durchführbaren risikoreichen Investitionen determiniert ist und alle darüber hinausgehenden Projekte nicht realisiert werden können. Hierfür müßte unternehmensexternes Risikokapital zusätzlich beschafft werden können. Private Investoren werden sich an der Risikofinanzierung jedoch nicht beteiligen, wenn die Risikoübernahme nicht über die angemessene Rendite hinaus mit einer der Risikohöhe entsprechenden Prämie honoriert wird. Es bleibt der Staat mit direkter Forschungsförderung.

Dieser Analyse kann entgegengehalten werden, daß die Mitbestimmungskommission festgestellt hat, «daß die Vertreter der Arbeitnehmer im Aufsichtsrat zu investitionsfreudig seien» und daß «von der Mitwirkung der Arbeitnehmervertreter an Investitionsentscheidungen... allenfalls eine unerwünschte Verstärkung der Investitionsbereitschaft des Unternehmens erwartet werden» kann[6]. Auch ihre Neigung, «die Gewinne des Unternehmens zur Selbstfinanzierung zu verwenden, statt sie an die Aktionäre auszuschütten[7]», die in der Regel von den Vorstandsmitgliedern im «Unternehmensinteresse» unterstützt werden wird, ist hier zu erwähnen. Diese Argumente sind jedoch kaum geeignet, die bisherige Analyse zu entkräften, weil sie nichts über das Risikoproblem aussagen. Die Einbehaltung bereits erwirtschafteter Gewinne sagt nichts aus über die Bereitschaft, Risiko in Erwartung zukünftiger Gewinne zu übernehmen. Die Verlustrisiken zu tragen, bleibt weiterhin den Kapitaleignern vorbehalten.

An dieser Stelle sind einige generelle Bemerkungen zum Investitionsverhalten in mitbestimmten Unternehmen angebracht, da sich daraus Rückschlüsse auf das Innovationsverhalten ziehen lassen.

Für die Kapitaleigner entstehen bei der Entscheidung, Gewinne nicht auszuschütten, sondern für die Selbstfinanzierung im Unternehmen zu belassen, Alternativkosten in Höhe der entgangenen Renditen der rentabelsten Investitionsmöglichkeiten außerhalb des eigenen Unternehmens. Solche Alternativkosten bestehen für die Arbeitnehmervertreter und die Vorstandsmitglieder nicht. Für sie sind die vom Kapitalmarkt angebotenen Investitionsmöglichkeiten irrelevant, weil sie weder die Verwendung der ausgeschütteten Gewinne kontrollieren noch an deren Erträgen partizipieren. Für Arbeitnehmervertreter und Vorstand entstehen Alternativkosten, wenn die Gewinne ausgeschüttet und die Möglichkeiten der Selbstfinanzierung beschränkt werden, weil sie dann auf Verfügungsrechte und Vorteile verzichten müssen. Die größere «Investitionsfreudigkeit» der Arbeitnehmervertreter ist deshalb keineswegs überraschend: Wenn die Mittel kostenlos zur Verfügung stehen, wird man auch unter strikter Berücksichtigung des Rentabilitätsprinzips das selbstfinanzierte Investitionsvolumen solange ausdehnen wollen, bis die Grenzleistungsfähigkeit des Kapitals gleich Null wird. Die Arbeitnehmervertreter werden Investitionen immer zustimmen bzw. zusätzlich verlangen, die den Belegschaftsmitgliedern irgendwelche Vorteile bieten, auch wenn sie für die Anteilsigner mit Verlusten verbunden sind. Eventuell entstehende Nachteile für einzelne Arbeitnehmer können durch Nachteilsausgleich und Sozialpläne ebenfalls auf die Kapitalseite abgewälzt werden.

Gelegentlich wird behauptet, daß die Gewinneinbehaltung die Unternehmenssubstanz stärkt und damit den Wert des Anteilseigentums erhöht. Die Substanzvermehrung hängt jedoch nicht von der Höhe der einbehaltenen Gewinne ab, sondern von deren produktiver Verwendung. Da eine Substanzerhöhung überwiegend und direkt die Anteilsigner und nur sehr indirekt die Arbeitnehmer begünstigt, dürfte sie für die Arbeitnehmervertreter nur von geringer Relevanz sein. Dieses Argument erhält dadurch noch besonderes Gewicht, daß die Arbeitnehmervertreter im Aufsichtsrat für höchstens 5 Jahre, die Betriebsratsmitglieder alle drei Jahre von der Belegschaft gewählt werden mit der Möglichkeit der Wiederwahl. Um in den Wahlkämpfen bestehen zu

---

6) Mitbestimmung im Unternehmen, a.a.O., S. 44f. und S. 83.
7) Ebenda, S. 47.

können, müssen die Arbeitnehmervertreter darauf hinwirken, kurzfristig sichtbare Vorteile für die Belegschaft zu erzielen. Die Vorteile eines Substanzzuwachses sind für die Arbeitnehmer, wenn überhaupt, nur langfristig erkennbar. Ähnliche Wahlprobleme ergeben sich für die Vorstandsmitglieder mitbestimmter Unternehmen, die trotz des Zweitstimmrechts des Aufsichtsratsvorsitzenden bei Stimmenthaltung nur eines Anteilseignervertreters abgelöst werden können, wenn sie nicht wenigstens einen Teil der Stimmen der Arbeitnehmervertreter im Aufsichtsrat für sich gewinnen können. Es mag aus wahltaktischen Gründen sogar zweckmäßig sein, für kurzfristig sichtbare Belegschaftsvorteile auch einen Substanzverzehr in Kauf zu nehmen, dessen Folgen erst langfristig fühlbar werden und überwiegend die Kapitaleigner treffen. Es ist sicher berechtigt, in diesem Zusammenhang von einer Politisierung der Unternehmensentscheidungen zu sprechen.

Der Zwang, für die Sicherung der Wiederwahl kurzfristige Erfolge vorzuweisen, schlägt auf die Unternehmensentscheidungen durch. Da Forschungs- und Entwicklungsinvestitionen in aller Regel erst über längere Zeiträume Vorteile erwarten lassen, mit einem hohen Erfolgsrisiko und bei der Umsetzung der Ergebnisse mit Akzeptanzproblemen belastet sind, ist zu erwarten, daß sie bei Arbeitnehmern und Vorstand nur geringe Priorität genießen und zu Gunsten kurzfristig vorteilhafter Projekte vernachlässigt werden. Soweit Mittel für Forschungs- und Entwicklungsprojekte verfügbar sind, werden sie sich auf kurzfristig realisierbare, relativ risikoarme marginale Verbesserungen der bekannten Produkte und Technologien beschränken, wie es ja schon lange in bürokratisch organisierten Großunternehmen feststellbar ist. Das Innovationspotential sinkt entsprechend, und es gibt eine weitere Entschuldigung für wettbewerbswidrige Maßnahmen der direkten staatlichen Forschungsförderung.

Als Ergebnis kann festgehalten werden, daß die Mitbestimmung direkt und indirekt zu einer gravierenden Innovationsbremse werden kann. Das gilt sowohl für kostensenkende Prozeßinnovationen als auch für Produktinnovationen. Durch ihren negativen Einfluß auf Forschung und Entwicklung ist zu befürchten, daß die technologische Entwicklung insgesamt verlangsamt wird, wodurch auch das Innovationspotential kleinerer und mittlerer Unternehmen beeinträchtigt wird, die nicht von der Unternehmensmitbestimmung erfaßt werden.

Die Mitbestimmungsgesetze der Bundesrepublik Deutschland vernachlässigen somit die bereits im Jahre 1474 in Venedig in die praktische Wirtschaftspolitik umgesetzte Erkenntnis, daß man die Innovationstätigkeit von den Fesseln der Besitzstandswahrung befreien muß und daß man den Wirtschaftssubjekten, die das Risiko von Forschung, Entwicklung und Innovation übernehmen, auch eine dem Risiko entsprechende Gewinnchance einräumen muß, wenn man die Innovationstätigkeit stimulieren will.

Der entscheidende Konstruktionsfehler der Mitbestimmungsgesetze ist darin zu sehen, daß sie den Arbeitnehmern durch ihre Vertreter das Recht zur Mitentscheidung einräumen, ohne ihnen die Pflicht der Mitverantwortung, der Mithaftung aufzuerlegen, daß die Chance der Besitzstandswahrung und der Gewinnbeteiligung nicht mit dem Risiko der Verlustbeteiligung verbunden ist. Das daraus und aus der Besteuerung verbleibender Unternehmensgewinne resultierende Ungleichgewicht von Risiken und Chancen für die Kapitaleigner führt zwangsläufig zur Verweigerung der Risikoübernahme und beeinträchtigt somit nicht nur Forschung, Entwicklung und Innovationen, sondern die volkswirtschaftliche Bildung von produktivem Risikokapital insgesamt. Risikokapital wird für die Unternehmen zu einem äußerst knappen Gut und zum limitierenden Faktor für das wirtschaftliche Wachstum und die Schaffung neuer Arbeitsplätze – eine absurde Entwicklung für ein relativ kapitalreiches Land wie die Bundesrepublik Deutschland[8].

Die Beseitigung der aufgezeigten Mängel des gesetzlichen Mitbestimmungssystems der Bundesrepublik erfordert eine Wiederherstellung des Gleichgewichts von Risiken und Chancen für die Kapitaleigner und Arbeitnehmer. Will man die Chancen der Mitbestimmung für die Arbeitnehmer erhalten, so erfordert das Gleichgewicht eine stärkere Beteiligung der Arbeitnehmer am Risiko, etwa indem ein fühlbarer Teil des Arbeitseinkommens vom Unternehmenserfolg abhängig gemacht, also in ein Residualeinkommen umgewandelt wird. Wenn die Tariflöhne nicht mehr als Mindestlöhne fixiert, sondern als Richtlöhne verstanden werden, die nach einer festgelegten Verteilungsformel bei Verlust unterschritten und bei Gewinnen überschritten werden, dann korrespondiert das Arbeitnehmerinteresse an einem möglichst hohen Arbeitseinkommen mit dem Unternehmensinteresse der Kostenminimierung, und der volkswirtschaftlichen Leistungsverweigerung durch bewußt verhinderte Kostensenkungen sind enge Grenzen gesetzt. Die Arbeitnehmer werden am Innovationsrisiko beteiligt, aber eben auch proportional an den Innovationsgewinnen, und für die Kapitaleigner wird das Gewinnverteilungsrisiko beseitigt.

Würde ein so gestaltetes Tarifvertragsrecht durch eine breite Beteiligung der Arbeitnehmer am Produktivkapital unterstützt, dann würden die Effizienzverluste durch Mitbestimmung behoben. Allerdings wäre dann die gesetzlich verordnete Mitbestimmung auch überflüssig, weil die Arbeitnehmer als Ressourceneigentümer verstärkt über die Märkte mitbestimmen könnten.

---

8) Siehe hierzu Prosi G. (1982): Risikokapital – ein Engpaß unserer marktwirtschaftlichen Entwicklung, in: Trend – Zeitschrift für Soziale Marktwirtschaft, Nr. 13, S. 26 ff.

Workers' Self-Management and Innovative Behaviour

Ljubo Sirc

Introduction

Just as communist governments in other countries, Yugoslav communists have always been great believers in technology and thought with Marx and Engels that the abolition of private ownership of means of production would open new vistas in technological innovation. This attitude was reflected in the 1947 Five Year Plan which set out to change the structure of production in favour of producer goods. As a consequence, personal consumption fell to about 50 per cent of the GSP (gross social product, the Yugoslav version of gross material production).

As elsewhere under communist governments they went in for the latest achievements of science and technology and very large plants which all contributed to very high incremental capital/output ratios of about 5:1 in the period up till 1960.

The introduction of formal self-management in 1950 and the shift to more markets in 1952 did not basically change these attitudes. In fact, there was a concentration on the completion of key projects, i. e. investment in producer goods plants, in 1952–1956 under the initial *new* planning.

This development has to be mentioned because it left its imprint on the production structure in the later period and would make a shift to more rational investment difficult, even if wanted. The approach did come under criticism; it was claimed that economic criteria had been disregarded and that «political» instead of economic factories had been built.

Towards the end of the 1950s the view prevailed that investment decisions, including of course the choice of technique, should not be left to central planners who could not be trusted, but should be handed over to associated labour in autonomous enterprises which would have to act in accordance with market criteria in its own interest (for more details see Sirc, 1979).

Views on Technology

In spite of this intention to let workers in enterprises decide on the deployment of resources so that they would be deployed in accordance with economic criteria, even while the reform of 1965 was being introduced, the top leaders again pushed the allocation of investment finance into pre-determined directions. Engineering industry was singled out for a thorough modernisation as one of the aims of economic reform. When announcing this, the responsible leader Kiro Grlickov did not say that the execution of this objective would depend on profitability (Borba, 11. 6. 1965). Thus old attitudes interfered with new intentions.

The existing theoretical approach did not help much. In 1969, two booklets appeared which expressly mentioned technology – one was «The Working Class, Self-Management and Scientific-Technological Progress» by the leading ideologist Edvard Kardelj himself, the other «Scientific-Technological Revolution and Self-Management» by a collective of authors. Both were published by the Institute of Political Studies, part of the Faculty of Political Sciences in Belgrade.

Kardelj's brochure contained two contributions, written in 1967 and 1969. The first article is still fraught with ideological consideration as shown in the title of «Working Class, Bureaucracy and the Yugoslav League of Communists» and the subheadings such as «Roots and Nature of Contradictions and Clashes in the Process of Transformation of Statist into Self-Management Structures», «What is the Authentic Revolutionary Being of the Working Class in Contemporary Conditions», «Bureaucracy Does not Posses the Essential Characteristics of a Class», and «The Dictatorship of Proletariat and the Withering Away of the State».

In contrast, the later writing comes to grips with the choice of technology without using this term. Kardelj warned about the need to take account of «the framework of necessity» and spoke about some socialist states that were trying legally to enforce a maximum application of modern technology which, however, invariably broke down not only because of the «consciousness lagging behind» but also because of barriers erected by «objective reality, the achieved stage of development of productive forces and of productivity of social labour». It could even happen that attempts to introduce the scale of capacities optimal for highly developed countries and to adopt more modern technology reduce accumulation instead of increasing it and create the impression that modern technology is less productive than antiquated technology.

A year earlier, at least one Yugoslav economist, Dr. Nikola Kljusev (1968, p. 107), brought up the same problem when he spoke about «The Need to Determine the Technical Level of Modernisation under the Conditions of Different Production Factor Endowments». He asked whether Yugoslavia wanted optimal technical solutions on the basis of production factors available or the most advanced techniques, at the level of domestic inventions or world technical achievements. Kljusev expressed his respect for self-management, but admitted that «worker's consciousness did not follow the same path as technical innovation». Finally, he wondered whether the Yugoslav development model did not show a tendency to underrate «live labour as a factor of economic growth». This was a «neuralgic problem» in view of the fact that unemployment in some sectors was between 10% and 25% and rising.

Others still moved along beaten tracks. Rajko Tomovic (Collective, 1969, p. 192), a technical expert, for instance, thought that Yugoslavia was absorbing new technology very slowly and, according to Kardelj, accused the government not to have sufficiently stimulated scientific-technical progress. In a way, Kardelj was in two minds – in spite of what he is quoted to have said above, he denied to have any ideological prejudices or objections in principle against Tomovic's suggestions that the Yugoslav Parliament should fix a technological minimum, or to rule out «adminsitrative measures or other organised State actions» in this respect.

Closely connected with the discussion of technology were the worries about an adequate concentration of capital to allow the financing of optimum projects. Kardelj spoke about this need at length. Initially it was considered that enterprise and plants were the larger, the better (Sirc, 1979, p. 37). As a consequence, the average number of workers in a Yugoslav enterprise tended to be two to three times larger than in Federal Germany or Britain. Later, this tendency was decried as «gigantomania».

Nonetheless, with the introduction of self-management, capital mobility became so low (Sirc, 1979, p. 130) that the authorities considered that they had to foster integration (Sirc, 1979, p. 115) as a concession to technical progress. Kardelj stressed that self-managed enterprises could not be expected to merge unless their «economic, production, development, social and other interests» demanded it. Attempts to persuade them that «technology demanded it» were not enough. When participants discover that mergers lead to cross-subsidisation they opt out. Kardelj likened some integrations to «sacks of potatoes» which fall out as soon as the sack is not firmly tied by government compulsion. He demanded that relations between integrated enterprises should be clarified, that the «unfinished (Yugoslav) system of economic relations under self-management» should be perfected, but the system remains incomplete and inconsistent (Sirc, 1979, pp. 217–245) presumably because there is no way of completing it and eliminating inconsistencies. In addition, as early as 1969, it became clear that there were tendencies to limit integration, such as it was, to within constituent republics instead of it happening at the Yugoslav level, which later led to regional disintegration, regions trying to achieve the highest possible economic self-sufficiency.

In spite of apprehensions about the way in which «integration» was being implemented, the 1976 Act on Associated Labour provided ample scope for it.

Finally, despite the enthusiasm for technology, difficult to restrict even when irrational, the word technocrat is an insult in Yugoslavia. Kardelj blamed the unsatisfactory system of financing scientific research work at least partly on «technocratism and etatistic bureaucratism» without elaborating how and why. Bakaric apparently defines technocratism as the opinion that experts should rule the enterprises and that they, therefore, should have more power, adding that there is much confusion regarding the word and that some go to the other extreme and pretend that experts have nothing to contribute at all (Bakaric, 1975, p. 131). The ambivalent attitudes to technologists, and also managers, do not make their life easy.

Organisation and Financing of Scientific Research Work

As Kardelj pointed out in his 1969 contribution, «our society was one of the first after the Second World War to introduce practical measures for the reform of the organisation and financing of the scientific research work». Initially, science was in the hands of the «State», which means that it was almost entirely financed, planned and directed by budgets and decrees of State organs (Petak, 1980).

From 1964 on, research institutions have been becoming independent and started to establish links by means of contracts with business and non-business organisations of associated labour which also made them largely to switch from basic activity to applied and developmental research. After the adoption of the Act on Associated Labour in 1976, science has been tied into social development also in a «programmatic and economic-functional way» and should help to carry the economic risk for the success of its own results.

At the core of Yugoslav science policy is the idea that it is necessary to include all parts of the complicated social structure into the process of establishing and implementing this policy. Although the important position of the research worker is acknowledged, socialist self-management simultaneously requires collective creativity and liberation of the creative potential of working people. The right to the freedom of scientific creativity and its stimulation is provided for by the Yugoslav Constitution and the constitutions of republics and regions. Research institutions have a complete business autonomy, so that they may «produce» science for the market, but they also participate in the formulation of science policy by means of planning contracts and self-management agreements.

Kardelj thought that, in this context, the system of financing of scientific research work was of decisive importance. In fact, the Yugoslav communists rejected the traditional public finance approach to the provision of public and merit goods and tried to develop the so-called «free exchange of labour» as the arrangement for running the public services of health, pension insurance, children protection, education and culture. Of course, research is included here.

Kardelj (1978, p. 190) described the specific institution in 1978 under the heading of «Self-management income-interest linkage of social labour in material production and social activity». After having stressed that Marx himself foresaw that the part of physical work in production would ever more diminish and that science, knowledge and similar factors would become decisive, Kardelj pointed out that non-physical work could be either a contribution to the productivity of material production or necessary consumption, but it could also be useless consumption. To prevent such useless consumption, social services should be based on equal agreements between workers in material production and workers in social services. A distinction is made between general consumption such as represented by administration, the army or police, and joint or common consumption precisely consisting of social services.

The central institution of this system are the so-called «self-management interest communities» which directly, in a self-management way and democratically link the producers of services and their users so that they can equally and in agreement resolve all problems of the free exchange of labour as well as certain problems of joint planning and mutual cooperation. The State only retained the right to arbitrate when a self-management agreement is not reached, but it should be reached in general interest.

Kardelj does not seem to have understood the peculiar nature of public and merit goods which require compulsory payments either because the use cannot be exclusive or because free preferences are lower than considered socially desirable. In his writing, he complained about initial weaknesses and about the fact that self-management interest communities often only distributed resources obtained through legally obligatory automatic payments by business enterprises. This, he alleged, eliminated the influence of workers in material production, especially if decisions were taken by a majority of votes.

Ekonomska politika (2. 11. 1981, p. 16) was far less circumspect. It gave its criticism the title of «Joint consumption – Unfree exchange of labour» and said that the financing of social services was done in a budgetary way and that the self-management interest communities (whose number had by the end of 1980 inflated to 3842 with 40,000 employees) have all the attributes of State power. They can simply change contributions, their rates and base, via public authorities. Indeed, in 1981 their revenue was expected to be 400 billion dinars which seems overblown in view of the personal incomes of workers amounting to 500 billion dinars. And the expenditure on «general consumption» is not included. The fragmentation of social service bodies also caused that they and their financing worked «without any system».

Research financing is a part of this system so that as *Jugoslovenski pregled* (Petak, 1980, p. 275) puts it, the relative financial crisis of scientific research began in 1966 and especially 1968. While there were only 28 research organisations in 1944 and 96 were founded between 1945 and 1949 plus 290 between 1950 and 1964, the number of newly founded organisations fell to 135 in 1965–1974 and to 26 in 1975–1977. In 1967, Yugoslavia spent 1.1% of GSP on research and development as compared with Austria's 0.53% and Italy's 0.67%, which dropped to 1.03% in 1975 as compared with Austria's 1.2% and Italy's 1.0%. The number of researchers per 10,000 inhabitants in Yugoslavia rose from 6.5 in 1965 to 10.4 in 1977 as compared with Austria's 2.5 to 5.2, Italy's 3.8 to 6.8 and France's 10.3 to 12.6. One of the features of the shifts in the composition of revenue of research organisations was that in 1970 10% came from side-activities while by 1977, this percentage rose to almost 30%. Further in the latter year, business enterprises contributed 36% and various social and political bodies just over 20%.

Again, *Ekonomska politika* (15.2.1982, p. 17) is very critical. Its comment has the heading «Science – Movers of progress running idly» and reports, on the basis of a consultancy paper prepared by the University of Zagreb that Yugoslavia possesses 0.9% of the world research personnel, spends 0.5% of world expenditure on this activity, and produces 0.2 to 0.3% of new world knowledge. The criticism is directed at the fragmentation of research, at restrictions on the purchase of research material and at the unwillingness of enterprises to risk innovation because of their low accumulation and the fact that their results depend, *inter-alia*, more on controlled prices than on productivity.

As an expression of the desire to foster collective creativity, there exist sporadic discussions on the «mass innovative activity» such as the one reported in the Ljubljana *Delo* of 19th September 1981. In the report, it is mentioned that one of the purposes is to base further development on domestic knowledge. To encourage such efforts every organisation has a by-law on innovative activity and many have appointed a specialist secretary who should encourage innovation. But, it is said, in some places innovative activity has fallen, innovative gains get lost in general inflation, it is difficult to think about innovation while the main worry is about how to keep production going at all.

Simultaneously, Yugoslavia has taken the lead in the endeavours of non-aligned nations to weaken patent protection. Stojan Pretnar (1980, p. 25), an old hand in patent law, foresees that this move will harm Yugoslavia since in 1978 the Yugoslav share in patents granted amounted to 1/4000 (one four thousandth) so that it depended heavily on foreign patents which might lead to complications. It created mistrust towards Yugoslavia which presumably also motivated the European Community when it included clauses on patents in an agreement with Yugoslavia that simply repeated existing Yugoslav international obligations.

Technology from Abroad

In spite of the considerable Yugoslav research activity, Petak (1980, p. 269) described it as «a selector *sui generis* for the import of foreign applied knowledge and technology and only partially a ‹real› producer of applied science». In his 1969 article, Kardelj himself was not averse to this state of affairs and welcomed the fact that «our economy ...efficiently used tansferred techniques and technology, licences and patents, that it ever more efficiently integrated with the potential of scientific research in our country and abroad, and that it efficiently undertook and used everything else that could revolutionise our productive forces». He polemicised with other socialist countries which said that it was dangerous for Yugoslav socialism to import private capital and that it was absurd to build socialism with foreign capital. (From the prospective of 1982: had they only stuck to this view and persuaded Yugoslavia to adopt it, too! We would not have the present Eastern over-indebtedness.) Kardelj's considered opinion was that international cooperation could help in the form of either credit or joint ventures, provided it fitted into the social-economic relationships prevailing in Yugoslavia. Only «rentier capital» would reject such cooperation.

Ekonomska politika (15.2.1982, p. 17) is sceptical: «It is hardly necessary to cite evidence and no competent analyses exists anyway – to understand that the major part of domestic production contains foreign knowledge acquired through imported equipment and purchased technology or licences for individual products or processes. But the predominant orientation towards the satisfaction of domestic demand did require neither that much attention be paid to the absorption and advancement of purchased knowledge nor that producers would have to make an effort so that expensive equipment and contemporary technology would have economic effects acceptable to the market». Kardelj was aware of the problem since he did say: «In fact, what is important is not whether a factory or a business association are capable physically to introduce and apply modern technology, but to what extent ... they are able to use and exploit this technology rationally». He was aware of this problem, but must have underrated its significance. The crux of the matter was and is that in far too many instances the technology acquired makes production expensive instead of cheap.

In order economically to streamline production with new technology, the 1965 reform envisaged (Sirc, 1979, p. 117) that joint ventures with foreign enterprises would help with economic rationalisation of technology-intensive enterprises. At the beginning of the 1980s, it is again said to be crystal clear that it is unavoidable that all barriers to the expansion of joint ventures should be promptly eliminated in view of the limited scope of domestic innovation and the extent of Yugoslav foreign indebtedness (Ekonomska politika, 21.12. 1981, p. 20). There were only 150 valid contracts at the end of 1980.

The reason for this limited adoption of joint ventures, «undoubtedly one of the most efficient and most appropriate instruments for the alleviation of our difficulties», were Marxist prejudices. The communist leaders suffered from a constant fear that they would be exploited or that somebody would interfere with their decisions, while it is precisely the Yugoslav system of decision-taking that makes the economy inefficient.

Technology and Entrepreneurship

After having dealt with attitudes to and the organisation of research and other acquisition of technology, we come to the central point of how the choice of techniques takes place under self-management. This choice is an integral part of the entrepreneurial decision on what to produce and how to produce it so as to minimise costs and, the obverse, to maximise the production of goods and services for the society.

Here the difficulties for a self-management system begin.

Entrepreneurial decisions are subjective in the sense that they are based on guesses about future developments and not on data given in any meaning of this word. For the guesses to be as reliable as feasible it is required that they be made by persons possessing information, experience and intimate knowledge of production techniques and markets of specific goods. It is questionable whether a large group of people can be thus qualified.

Further it is necessary that the decision-takers be responsible for the results of their decisions, that is that their incomes and hence well-being should vary with these results. Responsibility requires that the decisions be taken by those on whom responsibility falls or at least by persons whom they have appointed. With self-management, this requirement is not fulfilled – when the decision to establish an enterprise is taken, the working collective is not assembled as yet so that it cannot decide on anything or elect somebody to take the decision. The investment decision is taken by some outsider and investment then transferred to self-managers at book price so that they are saddled with initial mistakes or favoured by brilliant decisions which are none of their doing. This disadvantage or advantage could be adjusted if the original investment was transferred at market price but no such price exists as there is no capital market. Even later the responsibility link is lacking because workers come and go while decisions take time to be implemented (see esp. Sirc, 1980).

A further consequence of self-management or labour-management, that is decision-taking by whoever works in an enterprise instead of whoever owns it, is that workers have no interest in saving for enterprises – since savings do not become theirs – but distribute as much as they can to themselves which is the only way for them to participate in results if they ever leave the enterprise. As Ljubomir Madzar (1982, p. 29) says:

«Indeed, the propensity of the employed to raise personal incomes is empirically proved and it could easily be shown also a priori on the basis of very simple theoretical considerations».

When commenting on the proposal to introduce a «real» interest as a remedy for self-management ills, the leader of *Economska politika* of 11th January, 1982, revealed the full size of the problem:

«For the introduction of a real interest rate, there seems to be insurmountable difficulties. As an example, we quote the data from periodical balance sheets of business enterprises for the first nine months of last year. Within this period, the enterprises have paid 90 billion dinars in interests and achieved accumulation and reserves of 200 billion dinars and losses of 39 billion. Should the interests be required to cover inflation only, business enterprises would have to pay 360 billion dinars in interest, which would leave the enterprises – if there was no change in prices and distribution – without any accumulation or reserves, and raise the losses to over 100 billion dinars».

Of course, this distribution mania does not make workers living standards any higher because this standard depends primarily on the efficiency of production not on distribution. But in money terms they do distribute so much that nothing remains even for replacement of existing capital goods (the accumulation of 200 billion dinars is less than normal depreciation).

Financing of and Decisions on Investment

On the other hand, the continuous push for higher wages would require a change in the structure of production were it not for the inflationary financing of investment amounting to about 35% of GSP in spite of the low utilisation of existing capacities. The sources of gross investment financing are shown in Table 1.

The contribution of banks refers to a considerable extent to monetary issue – the revenue from interests is minimal and the value of debts dwindling. In the 1970s, the increase in money supply oscillated between 15 and 53% (Sirc, 1981, p. 81) – on average it was 30% with rises of 23% in 1980, and 22% in 1981, but prices went up by 39% in

Table 1: Structure of investment outlays according to source in percentages

	1980	1981
Total outlays	100	100
Business working organisations	32.7	34.5
Non-business working organisations	9.5	9.7
Self-management interest communities	4.4	4.3
Banks	46.4	43.5
Placement through banks	5.5	6.7
Social-political communities	1.5	1.2

Source: Ekonomska politika, 22. 3. 1982, p. 17.

1981, so that extreme stringency of money, called «illiquidity» in Yugoslavia, reappeared (Ekonomska politika, 22. 2. 1982, p. 34).

Thus inflation undoes what the workers' propensity to distribute does and, as a result, workers' «personal incomes» tend to be very small and also a very small percentage of GSP. What is more, the principles and mechanisms of distribution have become a «mystical and insoluble problem» because contradictory distribution principles (according to enterprise's revenue, according to labour productivity, equal wage for equal work, according to past work = accumulation) have become hopelessly enmeshed (Ekonomska politika, 8. 2. 1982, p. 21). Losses no longer matter, they have been «socialised». *Delo* of 14th November, 1981, had the headline: «Why is nobody afraid any more of losses? Because we pay everything to everybody...». Losses are in fact covered out of bank loans. Naturally, workers are no longer interested in deciding on investment.

Ekonomska politika (22. 3. 1982, p. 18) describes what actually happens:

«The organisations are investors only in name – practical decisions on investment and securing of finance belong to organs of social-political communities. They provide financial resources by decree (mandatory association, supplementary taxes and contributions etc.) but also by directly influencing the banks when it comes to granting credits»

That is not all. Apparently the involvement of political bodies in economic decisions is being discussed ever more openly. *Ekonomska politika* (18. 1. 1982, p. 5) exclaimed:

«How is it possible to speak about the responsibility of a working organisation, say, for investment if the consent and support of the communal committee of the League of Communists is the crucial point in the investment decision...?»

Attempts at Correction

This is a deplorable state of affairs, as most people admit, but it can of course be said that this is no longer self-management. It may not be, however one must keep in mind that the present state is a direct consequence of the initial failings of self-management.

As soon as full self-management was introduced in 1965, it displayed the tendency towards excessive distribution (Sirc, 1979, p. 125 ff.). Attempts were made to limit rises of wages by means of so-called self-management agreements and social contracts, i.e. negotiations between self-management and sometime government bodies, some kind of incomes policy. They were later elevated to a new instrument of planning (Sirc, 1979,

p. 213 ff.) while it was never quite clear whether this instrument should supplement the market or replace it.

In May, 1981, one of the leading Slovene economists, Aleksander Bajt[1], criticised those economists that considered the system of contracts and agreements a substitute for both the market and the economic system, a kind of socialist market which would liquidate the anarchy of the ordinary market. He thought that a larger part of economic ills were not a result of the «pathological innovation by commercial services» but an unavoidable and foreseeable result of the substitution of contracts and agreements for the market and economic system. A year later, *Ekonomska politika* (29. 3. 1981, p. 5) wrote about «voluntaristic and unreal contracts and agreements» as a prevalent fact and demanded a reaffirmation of the market and all principles on which a commodity economy is based. The Ljubljana *Delo* (quoted in Ekonomska politika, 12. 4. 1981, p. 5) said that, in Yugoslavia, «the market no longer exists in practice, what remains is economic planning which differs from the Eastern type in so far as there is no planning centre...». In other words, the economic logic has been entirely put to one side.

A consequence of such development ist that, during the last ten years, bureaucracy in Yugoslavia has grown, in all its dimensions, beyond anything known before[2]. While in advanced countries administration represents about 20% of the price of a product, in Yugoslavia this percentage rises to up to 40%[3]. According to *Ekonomska politika* (1. 2. 1982, p. 8), in the Rijeka region, one out of four inhabitants is an administrator which entirely swamps for instance the achievement of lathe workers whose productivity is at a European level.

At a more general level, Yugoslav political authorities and political organisations employ 265,000 people while it is estimated that, outside agriculture, there are 3.2 million productive and 2.5 million non-productive workers (Ekonomska politika, 5. 10. 1981, p. 19) but non-productive workers are not all administrators.

In spite of the flourishing administration, investment has been so haphazard that Kiro Gligorov spoke before the Central Committee of the Yugoslavian League of Communists about «the heaps of dead capital into which we had been investing revenue without measure and without reason» (Ekonomska politika, 5. 10. 1981, p. 19). In his view, Yugoslavia could not carry on in the present way.

But what is to be done? At the beginning of 1982, the draft of an Act on Expanded Reproduction and Past Labour was published. The immediate comment was that it was rather unfortunate that the bill itself did not contain a consistent and complete solution for an efficient mechanism of expanded reproduction (Vrcelj, 1982, p. 29). However, the draft did trigger off a discussion in *Ekonomska politika* between its editorial board and the economists Madzar, Korosic and Vrcelj. Madzar formulated the direction in which he was looking for a solution as follows:

«The problem of accumulation concerns the whole society and, therefore, has to be resolved at this level. To try to resolve it at the micro level by means of incentives, implies such a degree of privatisation that a socialist society could never accept it» (Ekonomska politika, 8. 3. 1982, p. 27).

---

1) Ekonomska politika, 18. 5. 1981, p. 13, reprinted a passage from the publication of his Institute at the Faculty of Law in Ljubljana after the Praesidium of the Central Committee of the League of Communists of Slovenia had taken such umbrage at some of his statements published there that it dissociated itself from them.
2) Muhamed Kesetovic, writing in Kommunist, No. 1301, as quoted in Ekonomska politika, 8. 3. 1982, p. 6.
3) Velmir Odovic of the Yugoslav Community for Productivity, quoted in Ekonomska politika, 1. 2. 1982, p. 3.

The editorial board which thought that investment could not become rational unless it is implemented by enterprises which are then made responsible for its success, retorted:

«What would be the essential difference in the position of the worker in such a system as opposed to State-Capitalist and State-Socialist societies... we cannot but say that such a system is economically inferior to the systems based on private property of the means of production. In this latter system, workers are not interested in the maximisation of profit... but owners are, and not only they but also the organisers of the production and business process since their position in the enterprise depends on the degree to which they fulfill this task».

The editorial board admitted that decentralised self-management does not act in a way leading to economic progress because it aims at the *short-term* maximisation of personal incomes. What is required is to shift the workers' motivation to *permanent maximisation* of their personal and other incomes. In reply, Madzar wondered about by what means the board would bring about this great change in human behaviour (Ekonomska politika, 1.2.1982, p. 22). To which the editors answered that they wanted to make the relationship of workers to social means of production similar to the relationship of the owner in the system of private ownership (Ekonomska politika, 8.3.1982 p. 38).

It is not so much that self-management is an impediment to technological innovation, as Kardelj (1978, p. 103) said some people claimed, but that it provides no system for rational decisions on accumulation and investment, including the choice of technique.

Economic Consequences

The ensuing confusion (Ekonomska politika, 4.12.1981, p. 5) about what is what has left Yugoslavia without investment criteria and without a psychological mechanism which would make decision-makers follow such criteria if they existed. As mentioned, the vacuum has been filled mostly by administrators who, instead of following efficiency criteria, try to round up the production structure of their territorial units (Ekonomska politika, 22.3.1982, p. 17) especially because the existing dinar exchange rate forces enterprises to demand at least partial domestic payments in foreign exchange which tempts territorial units into wanting to be self-sufficient (Ekonomska politika, 1.2.1982, p. 5). Another target seems to be to raise local employment, but this target is badly missed by the choice of excessively capital intensive techniques so that, on the one hand, open unemployment is 800,000 and constantly rising by about 10% per year and, on the other, there is considerable excess employment, i.e. concealed unemployment, of about 25% of the employed (Ekonomska politika, 24.8.1981, pp. 16, 17).

The modus operandi of the Yugoslav economy pushes towards very big projects. In 1981, 360 projects of a value over 500 million dinars represented 54.2% of total investment and their average value was 2.1 billion dinars (Ekonomska politika, 22.3.1982, p. 17). The Ljubljana *Delo* (10.10.1981, p. 21) complained in a subheading:

«Because private shops cannot develop into larger economic units, we are forced to invest directly into large factories. Here is hidden one of the fundamental problems of our investment policy».

Inflation of 40% in 1981 and very bad financial results of enterprises are no doubt irksome, but the present atmosphere of deep crisis is primarily due to the fact that various parts of the economy do not fit together. The structure of production is not consistent, let alone optimal. By now shortages of some consumer goods have appeared, but they are of little import as compared with the disharmony between the developments of raw material and processing industries (Ekonomska politika, 12. 4. 1982, p. 17). The required inputs of some Yugoslav industries are not matched by the outputs of others, nor is there production for export which could pay for the import of necesarry inputs. Kiro Gligorow (Ekonomska politika, 5. 10. 1981, pp. 19, 20) spoke of the irrational use of capacities and large disproportions.

The utilisation of capacities is low – 70% on average (Ekonomska politika, 2. 1. 1982, p. 13) – and uneven. The domestic disproportions could somehow be coped with as long as it was possible to rely on the import of raw materials and fuels on credit, but by the end of 1981 foreign indebtedness had reached proportions «when it was no longer possible to expect any kind of additional resources from abroad» (Sirc, 1981, pp. 50, 69).

The debt burden is equal to about one third of the Yugoslav Gross Social Product (Jugoslovenski pregled, 1982, p. 304). At the end of 1981, an administrative clampdown on imports, coupled with mandatory exports at any price succeeded in reducing the trade deficit but at the danger of stopping the domestic production because 76% of imports consist of raw materials and fuels (Ekonomska politika, 8. 2. 1982, p. 17). It is reported in February 1982 that 56% of the Yugoslav industry suffers from a lack of raw materials (Ekonomska politika, 8. 2. 1982, pp. 16, 31).

Foreign indebtedness makes sense if credits are used to build new capacities which produce goods for domestic consumption and for exports to repay the debt. But Yugoslav investment was so badly chosen that it has mainly contributed to the import dependence of the country (Ekonomska politika, 19. 10. 1981, p. 19).

Foreign indebtedness makes it difficult to know what the autochthonous rate of growth of the Yugoslav economy would have been without a foreign contribution. Kiro Gligorov said anyway that the figures on national income are partly unreal (Ekonomska politika, 5. 10. 1981, p. 20). But even taking the Yugoslav official figures on growth at their face value, it transpires that the Yugoslav economy has grown, since 1960, at about the same rate as the Greek, Spanish and Portuguese economies, however investing 1.5 to 3 times as much as the other South-European cuntries. As a consequence, it can consume 20 to 30% less in proportion to national income than the rest.

Conclusion

In the Yugoslav self-management system, so much interference with the market is required that economic calculation becomes very difficult, if not impossible. On the other hand, even if it were possible there is no motivation for decision-makers to follow its indications as economic responsibility has been whittled away. In this environment innovational behaviour is haphazard although comparatively large amounts are spent on research and development.

Literature

Bakaric, V. (1975): Socijalisticki samoupravni sistem i drustvena reprodukcija (Socialist Self-Management System and Social Reproduction), Belgrade.

Collective of Authors (1969): Naucno-tehnoloska revolucija i samoupravljanje (Scientific-Technological Revolution and Self-Management), Institut za politicke studije, Belgrade.

Kardelj, E. (1969): The Working Class, Self-Management and Scientific-Technological Progress, Belgrade.
Kardelj, E. (1978): Svobodno zdruzeno delo – Brionske diskusije (Free Associated Labour – Brioni Discussions), Drzavna zalozba Slovenije, Ljubljana, Section IV.
Kljusev, N. (1968): The Need to Determine the Technical Level of Modernisation under the Conditions of Different Production Factor Endowments, in: D. Horvat (Ed.): Produzece ureformi (Enterprise under Reform), Informator, Zagreb.
Madzar, L. (1982): Expanded Reproduction and Social Regulation, Ekonomska politika, 11. 1. 1982, p. 29.
Petak, A. (Ed.) (1980): Science Policy and Scientific Research Activity, Jugoslovenski pregled, No. 7–8, pp. 269–284.
Pretnar, S. (1980): End of Conventional Patent Protection? Delo, 15. 11. 1980, p. 25.
Sirc, L. (1979): The Yugoslav Economy under Self-Management, London.
Sirc, L. (1980): Peter Jay's Project in the Light of Yugoslave Experience, in: A. Clayre (Ed.): The Political Economy of Cooperation and Participation: A Third Sector, Oxford University Press.
Sirc, L. (1981): Le pratique et la theorie de l'autogestion yougoslave, in: Revue d'Etudes Comparatives Est-Quest, Annexe II.
Vrcelj, D. (1982): How to Direct Investment? Ekonomska politika, 22. 2. 1982, p. 29.

A. Schüller, H. Leipold, H. Hamel (Hrsg.): Innovationsprobleme in Ost und West · Schriften zum Vergleich von Wirtschaftsordnungen · Heft 33 · Gustav Fischer Verlag · Stuttgart · 1983

Institutionelle Determinanten von Innovationen in sozialistischen Wirtschaftssystemen
– Der Fall Ungarn –

Márton Tardos

Ausgehend von Schumpeter lassen sich fünf verschiedene Innovationsfälle unterscheiden (1964, S. 100f.):
1. Herstellung eines neuen, d.h. dem Konsumentenkreis noch nicht vertrauten Gutes oder einer neuen Qualität eines Gutes.
2. Einführung einer neuen, d.h. dem betreffenden Industriezweig noch nicht praktisch bekannten Produktionsmethode, die keineswegs auf einer wissenschaftlich neuen Entdeckung zu beruhen braucht und auch in einer neuartigen Weise bestehen kann, mit einer Ware kommerziell zu verfahren.
3. Erschließung eines neuen Absatzmarktes, d.h. eines Marktes, auf dem der betreffende Industriezweig des betreffenden Landes bisher noch nicht eingeführt war, mag dieser Markt schon vorher existiert haben oder nicht.
4. Eroberung einer neuen Bezugsquelle von Rohstoffen oder Halbfabrikaten, wiederum: gleichgültig, ob diese Bezugsquelle schon vorher existierte – und bloß, sei es nicht beachtet wurde, sei es für unzugänglich galt – oder ob sie erst geschaffen werden muß.
5. Durchführung einer Neuorganisation, wie Schaffung einer Monopolstellung (z.B. durch Vertrustung) oder Durchbrechung eines Monopols.

Diese Deutung der Innovation kann in einer dynamischen Welt mit effektvoller Wirtschaftsweise identifiziert werden.

Im weiteren möchte ich aufgrund der Erfahrungen der ungarischen Wirtschaftsweise das Problem der Innovation im erwähnten Sinne analysieren; und zwar behandele ich das Thema vom Gesichtspunkt dreier Bereiche:
– Welches sind die gemeinsamen Züge und abweichenden Eigenarten, ferner die Mangelhaftigkeiten der beiden Wirtschaftssysteme?
– Was haben wir in Ungarn unternommen, um die systemspezifische Schwäche der Wirtschaftsweise zu beseitigen?
– Und schließlich: Was sollten wir noch tun?

I. Die Eigenarten der beiden Wirtschaftssysteme

In der Sozialökonomie werden die Wirtschaftssysteme traditionsgemäß in zwei Gruppen klassifiziert: in die kapitalistische Marktwirtschaft und in die sozialistische zentralgelenkte Planwirtschaft. Die zunehmende Literatur der vergleichenden Ökonomie weist zwar immer genauere Ergebnisse in der Beschreibung der Funktionierung der Systeme auf, doch klammert sie sich an gewisse stereotype Aussagen, und in deren Begründungen ist sie nicht imstande, sich von der herkömmlichen Denkweise zu lösen.

Wir sind der Meinung, daß man bei der Charakterisierung der Innovationsfähigkeit der real funktionierenden kapitalistischen Wirtschaft einerseits und der sozialistischen Wirtschaft andererseits das Problem nicht von diesen extremen Auffassungen her erfassen sollte.

In der kapitalistischen gemischten Wirtschaft reguliert nicht die «unsichtbare Hand» allein.

1. In breiten Bereichen der Wirtschaft – im Kommunaldienst – dominiert nicht überall das kapitalistische Privateigentum, obwohl das Privat- und das Staatseigentum je nach Land verschiedene Kombinationen aufweisen.
2. Die «unsichtbare Hand» reguliert weder die Herstellung der Marktgüter noch deren Vertrieb allein. Die oft intervenierende Handlungsweise in bezug auf die Geldemission, die Zinspolitik, das Steuer- und Zollsystem weist dem Staat eine bedeutende Rolle zu, und dabei haben wir noch gar nicht erwähnt, daß oft auch andere staatliche Präferenzen zur Geltung kommen.
3. Ferner gilt es nicht als Ausnahme, daß der durch private Firmen ausgeübte Vertrieb der Produkte und Dienstleistungen durch den Staat reguliert wird, eben um die Macht der Monopole zu mäßigen.

Die Gesamtheit der Markt- bzw. Staatsregulierung in der kapitalistischen gemischten Wirtschaft weist nur Resultate auf, weil die Wirtschaftssubjekte nicht ausschließlich als der «homo oeconomicus» tätig sind, sondern weil sie die Gewohnheiten der wirtschaftlichen und technischen Traditionen («Daumenregeln») beachten.

Es wäre auch unbegründet, die sozialistische Wirtschaft in der Weise aufzufassen, wie es durch einige klassische Schriften prophezeit wurde, d.h., daß die Lenkung der Wirtschaft nach Beseitigung der kapitalistischen Ausbeutung von einer Zentrale leicht übersehbar werde, oder wie es die Kritiker des Systems festgestellt haben: Ohne eine omnipotente Zentralmacht sei die moderne Gesellschaft, in der nicht das kapitalistische Privateigentum dominiert, lebensunfähig. Meiner Meinung nach sollten wir davon ausgehen, daß es keine Wirtschaft gibt, die ausschließlich durch die spontanen Prozesse des Marktes reguliert wird oder in der das einzige Mittel der Regulierung das System der zentralen Entscheidung ist.

Zum Beispiel wirkt in den sozialistischen Wirtschaften – in denen die sowjetischen Wirtschaftsformen der dreißiger Jahre, nach der russischen Abkürzung «Chosrastschot», bekannt waren – nicht allein der Planmechanismus der zentralen Plananweisungen und Mittelverteilungen. Der Plan sorgt in diesem Wirtschaftstyp keineswegs für alles. Stimulationssysteme lenken die Bedingungen der Planerfüllung in Hinsicht auf das Produktensortiment, auf die dazu nötigen Kraftquellen und auf den Aufwand der Materialien. Diese Stimuli sind notwendig, weil in solchen Wirtschaften die Vorschriften bezüglich der Produktion und Nutzung der Aggregate nicht genau durchgeführt werden. In der Übererfüllung oder im Rückstand des Plansolls kommen ebenfalls Marktelemente zur Geltung.

Die Eigenart einer solchen Wirtschaftsweise ist – was schon von vielen festgestellt wurde –, daß einerseits unter solchen Umständen die Plananweisungen und die Stimulierung nicht konsistent konzertiert werden können und daß andererseits das System trotz Widersprüchlichkeit zur Entwicklung fähig ist, weil es erstens die Möglichkeit hat, sich mit Hilfe des zentralen Planes auf die Entwicklung der präferierten Zweige zu konzentrieren und weil zweitens das persönliche Verhalten und das Verhalten der Unternehmen – die die traditionsgemäße «Daumenregel» einzuhalten bestrebt sind – die übermäßige Verschärfung der inneren Widersprüche verhindern.

Es ist interessant, daß sowohl die kapitalistische gemischte Wirtschaft als auch die durch zentrale Pläne gelenkte sozialistische Planwirtschaft, die nationalen Eigenarten in Betracht ziehend, sich beide als erfolgreich und fähig zum Wachstum zeigen. Sie verfügen im Grunde genommen über die gleichen Regulierungsmechanismen, aber in unterschiedlicher Kombination. Ferner ist auch auffallend und aller Wahrscheinlichkeit nach die Konsequenz der spezifisch abweichenden Kombinationen der Regulierungen, daß beide Wirtschaftssysteme systemeigene Schwächen aufweisen. In der kapitalistischen Wirtschaft gelingt es nicht,
- die volle Ausnützung der Kraftquellen zu sichern und in diesem Rahmen die Arbeitslosigkeit zu überwinden,
- eine solche Regulierung der finanziellen Prozesse zu gewährleisten, welche die gesellschaftlich ungünstige Inflation zu vermeiden imstande wäre.

In der sozialistischen Planwirtschaft gelingt es nicht,
- das Wachstum mit gleichzeitigem Sparen an Kraftquellen zu verwirklichen,
- die Harmonie zwischen den präferierten Zweigen und den übrigen Wirtschaftsbereichen zu sichern, und dies findet seine Konsequenz im ständigen Waren-Kraftquellen-Mangel und im Rückstand der infrastrukturellen Dienstleistungen,
- gerade wegen der verschwenderischen Wirtschaftsweise und des Mangels die schaffende Kraft der Menschen und das Interesse an ehrlicher Arbeit auf ein entsprechendes Niveau zu heben.

Ich meine, daß man hiernach zu der Erkenntnis gelangen sollte, daß die Wirtschaft – ob kapitalistisch oder sozialistisch – als ein kompliziertes dynamisches System durch eine große Zahl von miteinander zusammenhängenden und doch voneinander getrennten Mechanismen ihre Wirkung ausübt. Von diesen haben meines Erachtens drei eine hervorragende Rolle (ähnlich bei Neuberger, Duffy, 1976):
- die auf gesellschaftlichen und technischen Traditionen ruhende Regulierung;
- die Marktregulierung;
- die zentrale (staatliche) Regulierung, die in den sozialistischen Ländern mit zentraler Planwirtschaft identisch ist.

Die nebeneinander wirkenden drei Regulierungssysteme weisen je nach Land und je nach Typ der Gesellschaftsordnung verschiedene Formen und vielfältige Kombinationen auf. Im weiteren beschäftige ich mich damit, was wir in Ungarn getan haben und mit welchen Plänen wir uns befassen, um die eigenartigen Schwächen des traditionellen sozialistischen Wirtschaftssystems überwinden zu können.

II. Was haben wir in Ungarn zur Verbesserung der Effektivität der Wirtschaft getan?

a) Das Programm der Änderungen

Bei der Analyse bezüglich der Änderung der gesellschaftlichen Bedingungen greifen wir auf die durch Experten und Politiker gründlich ausgearbeiteten Beschlüsse des Zentralkomitees der Ungarischen Sozialistischen Arbeiterpartei (USAP) vom Jahre 1966 zurück. In diesen Beschlüssen wurde festgestellt, daß die Produktion sich nicht elastisch genug der rasch ändernden Nachfrage in unserer Volkswirtschaft angepaßt hatte und die menschlichen und materiellen Kraftquellen zur Befriedigung der Bedürfnisse nicht entsprechend hatten ausgenützt werden können. Die Wirtschaftsweise war durch bedeutende unausgenützte Kraftquellen und durch überflüssige Material- und Fertigproduktreserven charakterisiert, was von drückendem Mangel an anderen Produkten und Dienstleistungen begleitet war.

Der neue Wirtschaftsmechanismus sollte die so charakterisierten Mängel liquidieren. Er sah ein breites gesellschaftliches Programm von Änderungen vor und beabsichtigte, die direkte Leitung durch Plananweisungen und zentrale Materialfonds zu liquidieren, ferner den Zusammenhang zwischen Nachfrage und Produktion im Wege der materiellen Interessiertheit der Unternehmenskollektive und der Individuen durch den Gewinn zu regulieren, außerdem die zweckdienliche und gesteigerte Ausnützung der Kraftquellen zu erreichen. Die vorgesehenen umfassenden, perspektivischen Änderungen wurden durch die folgenden sechs miteinander zusammenhängenden Prinzipien bestimmt (Nyers, Tardos, 1978):

1. Eine Wirtschaftsweise, die das gleichzeitige Bestehen mehrerer, verschieden organisierter Sektoren der Wirtschaft vorsieht; darunter soll verstanden werden, daß die Hindernisse bei der Entwicklung des genossenschaftlichen Sektors beseitigt werden, ferner daß eine Anspornung der rationalen Kleinproduzententätigkeit, welche das Funktionieren des staatlichen und des genossenschaftlichen Sektors zu ergänzen imstande ist, angebahnt wird.
2. Die Ausbildung des freien Handels mit Materialien und Produkten zwischen den Unternehmen.
3. Ein System von größtenteils freien Preisen, die den Bedingungen von Nachfrage und Angebot entsprechen.
4. Enge Beziehungen zwischen Produktion und Außenhandel.
5. Die Selbständigkeit der Unternehmen mit einheitlicher normativer staatlicher Regulierung.
6. Die Erweiterung der demokratischen Rechte der Werktätigen bei der Bestimmung der Tätigkeiten der Unternehmen.

b) Erfolge und Mißerfolge zwischen 1968 und 1981

Die Liquidierung der Plananweisungen hat zur Leistungsfähigkeit der Wirtschaft beigetragen, hat ermöglicht, daß unsere Bevölkerung eine bessere Versorgung genießt als die anderer sozialistischer Länder. Eine Voraussetzung dafür war im Hinblick auf Lebensmittel die rasche Erhöhung der landwirtschaftlichen Bruttoproduktion (in erster Linie die des Getreides) in sozialistischen Großbetrieben, ferner die (nicht immer ungestörte) Entwicklung der Kleinwirtschaften. Was die Industriegüter betrifft, so lag die qualitative Verbesserung der Produktion vor allem in der Erweiterung des Warensortiments. Eine Verbesserung war auch in der Wirksamkeit des Außenhandels bis zum Jahre 1972 zu verzeichnen; doch dann konnte sich die Reform nicht weiter entfalten, teils wegen innenpolitischer Gründe, teils wegen der Preisexplosion am Weltmarkt, womit auch verbunden war, daß sowohl im sozialistischen Warenaustausch als auch im Außenhandel mit den kapitalistischen Ländern ungünstige Änderungen zum Vorschein kamen.

Die Reform der Wirtschaftslenkung vom Jahre 1968 hat es ermöglicht, daß es trotz ungünstiger Wirtschaftsbedingungen gelungen ist, die Qualität der Warenversorgung und damit die Zufriedenheit der Bevölkerung zu sichern. Es soll aber nicht verschwiegen werden, daß die Rezentralisierungsbestrebungen, welche die Entwicklung der Wirtschaftsordnung in 1972 verzögert hatten, einen negativen Einfluß ausübten auf die Effektivität der Anpassungsfähigkeit auf dem Weltmarkt nach dem Jahre 1972. Der Grund dafür war, daß das Lenkungssystem unserer Wirtschaft durch einige schwerwie-

gende negative Faktoren – Erbe der Wirtschaftsweise mit Plananweisungen – gestört wurde. Diese Erscheinungen konnten wegen der Abweichungen von den Prinzipien der Reform nur in ungenügendem Maße gelindert werden:
- Die Bestrebungen der sozialistischen Unternehmen waren nicht zweckdienlich genug, um die Nachfrage wirksam zu befriedigen; aber auch die Intensität ihrer Anstrengungen war unzureichend.
- Das System der Interessiertheit des Unternehmens und im Rahmen dieses Systems die Lohnregulierung stimulierten nicht genügend das Sparen von Material, Grundmitteln und Lohnkosten; ferner waren die Regulierungsmaßnahmen ungenügend, um zu gewährleisten, daß die Ressourcen bestimmungsgemäß verwendet und die Bemühungen um Qualitätsarbeit honoriert wurden.
- Das System der Wirtschaftsbeziehungen war weder zwischen den sozialistischen Unternehmen noch zwischen den Kleinwirtschaften, der «sekundären» Wirtschaft und den sozialistischen Unternehmen offen genug. Der Fluß der Produktion und der Dienstleistungen entsprach im Grunde genommen den Ansprüchen der zentralen Organe und deren Wirtschaftserwartungen. Die monopolistischen Handelskanäle wurden beibehalten. Die Nachfrage war in keiner Weise voll mit dem Angebot abgestimmt; sogar ein andauernder Mangel führte nicht zu einer unmittelbaren Umgruppierung der Produktionsfaktoren.
- Die Preise, sogar die freien Preise, waren zu starr, um die Harmonisierung zwischen Nachfrage und Angebot fördern zu können.
- Die starren Vorschriften in den unternehmerischen Finanzregelungen schafften keine Bedingungen für die freie Entfaltung der Unternehmen, gleichzeitig hielten sich die Zentralorgane nicht an ihre Entscheidung, die Unternehmen nicht vom Druck der Marktbedingungen zu entlasten.

Die Aushilfswirtschaft – d.h. die Wirtschaftstätigkeiten, deren Gesamtheit man als «sekundäre» Wirtschaft zu bezeichnen pflegt und deren Praxis in Ungarn weiterentwickelt ist als in anderen osteuropäischen Ländern – leistete einen großen Dienst für die Befriedigung der Nachfrage und die Linderung der Mängel; doch war sie nicht ihrer Bedeutung entsprechend in das System der Wirtschaftsordnung integriert. Einerseits war die mit großer – selbstausbeutender – Intensität verrichtete Arbeit oft auch hier minderer Qualität und mit hohen Kosten verbunden. Andererseits war das Angebot an Material und Produktionsmitteln bzw. die Möglichkeit der Mietung und Pachtung letzterer unzureichend; die sekundäre Wirtschaft beschaffte sich einen Teil dieses Bedarfs – oft nur wegen materiellen Vorteils – in gesetzwidriger Weise. Das Allgemeinwerden dieser Erscheinung war sowohl unter materiellen als auch unter moralischen Gesichtspunkten gesellschaftlich schädlich.

Die sich bis 1978 angehäuften wirtschaftlichen Spannungen haben die Rückbesinnung auf die Reformgedanken erzwungen. Im Rahmen dieses Weges sind im Jahre 1980 vier miteinander zusammenhängende wichtige Maßnahmen getroffen worden:
- Das Wettbewerbs-Preissystem wurde eingeführt, worunter nicht nur die Korrektur des infolge der Preisexplosion des Weltmarktes verzerrten inländischen Preissystems zu verstehen ist, sondern eine neue Preisbildung, welche nicht an die inländischen Kosten, sondern an die Weltmarktpreise angepaßt ist.
- Im Bereich der Finanzen wurde angestrebt, eine einheitliche normative Finanzregulierung zu verwirklichen, die Praxis der je nach Unternehmen differenzierten Steuern und Subventionen ablösend.
- Es wurden Schritte unternommen, um die finanzielle Betrachtungsweise in der Wirtschaftslenkung zu stärken und das naturale Aufsichtssystem der Branchenministerien über die Unternehmen zurückzudrängen: Der erste Schritt war die Konzen-

trierung der drei im Bereich der Industrie fungierenden Ministerien zu einem einheitlichen Ministerium für die gesamte Industrie, dessen Aufgabe nicht die Überwachung der Wirtschaftsweise bis in die Einzelheiten ist, sondern die Gestaltung der Hauptlinien der nationalen Industriepolitik.

- Schließlich wurde mit der Revision der Unternehmenskonzentration angefangen, mit dem Ziel, die übermäßige Polarisation der Wirtschaft zu verändern. Auf der einen Seite besteht nämlich eine vom Gesichtspunkt der angewandten Technik unbegründete Konzentration der staatlichen und genossenschaftlichen Unternehmen; diese werden auf der anderen Seite durch die «sekundäre» Wirtschaft ergänzt, welche vom Gesichtspunkt der Versorgung mit Mitteln unentwickelt ist und eine große Zahl kleiner Einheiten darstellt, die von den Entwicklungsmöglichkeiten isoliert sind. Charakteristisch ist für diesen Teil der Wirtschaftssubjekte – besonders für die nicht in der Landwirtschaft Tätigen –, daß sie ihre Arbeit oft ohne Zulassung, die Steuervorschriften außer acht lassend, ausüben. Diese extrem polarisierte Struktur sollte durch die Auflösung der unbegründet konzentrierten großen Unternehmen und durch Gründung staatlicher, genossenschaftlicher und privater Kleinunternehmen modifiziert werden.

Eine weitere Fortsetzung der angeführten Änderungen bedarf der Klärung der allgemeinen Probleme des Systems der Wirtschaftslenkung aus der Sicht der ungarischen Praxis. Man muß davon ausgehen, daß sich die Reform, und besonders die Praxis der Wirtschaftspolitik nach 1972, nur auf einzelne Elemente der Reform beschränkt hat. Die Ausdehnung der im Jahre 1968 eingeleiteten Maßnahmen wurde in den 70er Jahren nicht weiter fortgesetzt, und so können wir nur über vorsichtige Anfangsschritte eines breiten gesellschaftlichen Programms sprechen, denen im weiteren keine, die Kritik der Durchführung berücksichtigende Entwicklung folgte. Stattdessen wurden die Änderungen, wie bereits aufgezeichnet, die in der ersten Etappe nicht durchgeführt worden waren (die einheitliche Lenkung der Industriezweige), von der Tagesordnung der wirtschaftspolitischen Aktionen gestrichen, und zahlreiche, nur zeitweilig verwendete Finanzierungsmittel, die sog. «Bremsen», dienten nicht nur dazu, den Schockeffekt der neuen Wirtschaftsordnung zu mäßigen, sondern sind als ständige Elemente des Wirtschaftslebens erhalten geblieben.

Bei der Einführung der Regulierung der Wirtschaft haben sich – wie es in jedem neuen System der Fall ist – Schwachpunkte herausgebildet. So führte zum Beispiel die systematische Korrektur der Lohn- und Investitionsregulierung zur finanziellen Abhängigkeit der Unternehmen vom Staat, was die Entfaltung ihrer Selbständigkeit unmöglich machte. Die Folge war, daß die direkten Plananweisungen nicht durch Marktbeziehungen der Unternehmen abgelöst wurden, sondern durch eine mittels individueller Geldmittelzuweisung regulierten Tätigkeit der Unternehmen. Nach dem Jahre 1972 war das Hauptmittel des unternehmerischen Erfolgs noch weniger die Anpassung an die Bedingungen der Wirtschaft oder die zweckdienliche Organisierung der Anstrengungen des Betriebskollektivs, sondern ein zentraler Apparat, der die unterschiedliche Lage der Unternehmen nach jeweils speziellen Gesichtspunkten auswertete und dementsprechend regulierte; ferner war das Mittel dieses Erfolgs eine «regulierende Verhandlung» zwischen den Unternehmen, die den zentralen Erwartungen in großen Linien entsprechen wollten und ein ruhiges Überleben anstrebten.

Die sechs Hauptanforderungen der Reform waren also nicht entsprechend den Erwartungen zur Geltung gekommen:

- Die Entwicklung der gewerblichen, der Handels- und der landwirtschaftlichen Genossenschaften ging rasch zurück. Statt einer lückenfüllenden Ausbreitung der

genossenschaftlichen Tätigkeit kam es zu einer mit zentralen Aufgaben zusammenhängenden Konzentrierung der Genossenschaften.
- Die Zahl der Handelskanäle wurde nicht wie vorgesehen erweitert; zeitweise kam es zu Bestrebungen, die zentralisierten Methoden der Materialversorgung durch kommerzielle Zwangskanäle zur Geltung zu bringen.
- Trotz ständigen normalen Wachstums der freien Preise haben diese die Beziehungen von Angebot und Nachfrage nicht widergespiegelt. Sodann haben die freien Preise nicht aktiv genug bei der Harmonisierung der Interessen von Verkäufern und Käufern mitgespielt.
- Die enger gewordenen Beziehungen zwischen der Produktion und dem Außenhandel haben wegen der vielen Einzelregulierungen nicht entsprechend auf die Gestaltung einer wirksamen Exportproduktion und eines sparsamen Importverbrauchs gewirkt.
- Der spezielle Charakter der ökonomischen Regler und die allgemeine Überregulierung verhinderten die Entfaltung der Selbständigkeit der Unternehmen in dem gewünschten Maße.
- Es sind nur wenig Änderungen zur Geltendmachung der demokratischen Rechte der Werktätigen durchgeführt worden.

Um diese Probleme zu lösen, reichte es nicht aus, zur Konzeption der Reform von 1968 zurückzukehren, sondern man mußte sowohl die damals ungelösten Probleme als auch die seither in der Praxis aufgetauchten Probleme durchdenken. Die Erfahrungen wiesen klar darauf hin, daß die Maßnahmen zur Liquidierung der direktiven Plananweisungen und der zentralen Verteilung der Materialien und Kraftquellen nicht ausreichend waren. Es wurde ein solches neues System benötigt, das den Spielraum der Marktkräfte erweiterte und gleichzeitig die Gefahr bremste, daß die Wirtschaftsweise – durch Liquidierung der Verkäufermärkte – von den Mängeln der kapitalistischen gemischten Wirtschaft beherrscht werden könnte. Um das zu erreichen, war die Klärung folgender Fragen nötig:
- Welches Maß des Rückzugs der zentralen Intervention ist nötig, damit sich die Marktkräfte mit Erfolg entfalten können;
- welche institutionellen Bedingungen sind zum Selbständigwerden der Unternehmen erforderlich;
- wie soll das Finanzsystem verändert werden, damit nicht eine die Produktion beschränkende, sondern stimulierende Rolle des Geldes zur Geltung kommt;
- wie kann das «mehrkanälige» System des Handels entsprechend den Marktbedingungen zustande gebracht werden; und schließlich:
- wie können die materielle Stimulierung der Teilnehmer der Wirtschaft und die Differenzierung der Einkommen verwirklicht werden?

III. Die zu lösenden Aufgaben

Von den fünf verschiedenen Aufgaben möchte ich hier die Planung und das institutionelle System hervorheben. Ich befasse mich nicht mit den Problemen des Finanzsystems, des Handels und der Stimulierung, auch nicht mit konkreten Lösungsalternativen (diesbezüglich siehe Tardos, 1982).

a) Die Kombination von Plan und Markt

Das konkrete Erfassen der zu lösenden Probleme muß mit der Klärung eines wichtigen Grundbegriffs eingeleitet werden. Laut allgemein angenommener Definition

ist die sozialistische Wirtschaft eine Planwirtschaft. Davon ausgehend, müssen wir jedoch den Inhalt des Volkswirtschaftsplanes und den Inhalt der auf dem Plan basierenden Wirtschaftslenkung präzisieren. Es hat sich erwiesen, daß die Grundannahmen der USAP von 1966, ferner die diese bekräftigenden Beschlüsse im X. Kongreß (1970) richtig gewesen waren: Eine organische Einheit von planmäßiger zentraler Wirtschaftslenkung und funktionsfähigem Marktmechanismus war nötig, also sollte eine mittelbare Planwirtschaft aufgebaut werden. Doch es wurde auch weiterhin nicht festgelegt, welche Aufgaben in einem solchen System der mittelbaren Planwirtschaft der zentralen Wirtschaftslenkung zufallen und welche den Plänen, die nur als Grundlage der Wirtschaftsentscheidungen gelten sollten. Unseres Erachtens soll die planmäßige zentrale Wirtschaftslenkung die Hauptziele der wirtschaftspolitischen Strategie bestimmen, sie soll die kurzfristigen – konjunkturellen – Schwankungen der Wirtschaft zweckdienlich beeinflussen, ferner die notwendigen Lenkungsmittel festlegen, die zur Realisierung der Ziele notwendig sind. Die Hauptaufgaben des als Grundlage der Wirtschaftslenkung dienenden Volkswirtschaftsplans sind – ohne Rangfolge ihrer Wichtigkeit – die folgenden:
1. Die Bestimmung der Veränderungen der Gesamtnachfrage und des allgemeinen Preisniveaus.
2. Die Festlegung der Proportionen zwischen Akkumulation und Verbrauch.
3. Die Entwicklung verschiedener Zweige der Infrastruktur und des Umweltschutzes.
4. Die Auswahl der zu präferierenden Tätigkeiten im Interesse der Wirtschaftsentwicklung und die Bestimmung des Ausmaßes ihrer Unterstützung.
5. Die Zügelung der gesellschaftlichen Ungleichheiten und die Entwicklung der Sozialpolitik.
6. Die Bestimmung der Hauptlinien zur Gestaltung der Außenhandels- und der Zahlungsbilanz sowie der Außenwirtschaftsbeziehungen.
7. Mittels der Aufgaben 1–6 die Sicherung des ununterbrochenen Wirtschaftswachstums und der Vollbeschäftigung.

Andere Teile der volkswirtschaftlichen Planung und deren Berechnungsresultate sollen prognostizierenden Charakter haben. Ihre Aufgabe ist einerseits die Untermauerung des Plansolls und andererseits die Information für die Wirtschaftssubjekte und die Staatsverwaltung. Im Gegensatz zur Praxis des vergangenen Jahrzehnts ist es nicht die Pflicht der staatlichen Wirtschaftslenkung, die in der Planprognose angestrebten Proportionen im Detail zu fixieren. Von der Planung können nicht einmal die hauptsächlichen Proportionen, die im Plansoll figurieren, mit entsprechender Genauigkeit gefordert werden, wie das in früheren Zeiten die Erwartung war. Diese Auffassung von der Planung präzisiert zwar die im Beschluß von 1966 bis 1968 formulierten Aussagen über die planmäßige Lenkung, doch liefert sie keine genügende Information über die Deutung der Planwirtschaft unter den neuen Umständen. Es wurde nämlich nicht genügend geklärt, in welcher Weise sich die staatlichen Behörden verhalten werden, wenn die Wirtschaftsentwicklung von den in den Plankennziffern figurierenden Prozessen abweicht.

Wie war nun in dieser Hinsicht die 1968 angebahnte Praxis? Die Zentralorgane haben den störenden Mangel an Warenmärkten, die unbefriedigende Gestaltung des Exports eines Unternehmens, oft sogar die zu groß angelegten Importansprüche, die selbst seitens der zentralen Organe für übertrieben gehalten wurden, nur ausnahmsweise durch unmittelbaren Eingriff direkt beeinflußt. In der Praxis der siebziger Jahre sind solche direkten Eingriffe des interministeriellen Ausschusses für Güterverkehr häufiger geworden, doch kann behauptet werden, daß für die ganze Periode charakteristisch war, die direkte Lösung durch Verbote und durch Anweisungen möglichst zu vermeiden. Die in der Praxis allgemein angewandte Methode lag im System der Geltendmachung zentraler Erwartungen gegenüber den Unternehmen. Das heißt: Die Leiter der Hersteller- und der Handelsunternehmen waren sich durch direkte und indirekte zentrale Hinweise darüber im klaren, wie sie sich verhalten sollten, um den Erwartungen zu entsprechen; und der schwache Zwang des Finanzsystems hat es ermöglicht, daß die Unternehmensleiter sogar unter Vernachlässigung des Gewinns bestrebt waren, den zentralen Ansprüchen zu genügen. In diesem Punkt lag einer der wichtigsten Widersprüche dieses Systems. Auf der einen Seite war das hauptsächliche Charakteristikum dieses Systems die Interessiertheit am Gewinn. Auf der anderen Seite basierte die Lösung sehr wichtiger Aufgaben darauf, daß die Leiter der Unternehmen Entscheidungen trafen, die weder dem Gesichtspunkt des Gewinns noch dem einer langfristigen Interessiertheit entsprachen, sogar hierzu im Gegensatz standen.

Die Störungen, die aus der Disharmonie von Nachfrage und Angebot stammten, sollten in der neuen Lage durch den Marktmechanismus behoben werden. Die Zentrale sollte sich darauf beschränken, die zum Funktionieren des Marktmechanismus nötigen Bedingungen zu schaffen und zu entwickeln, und zwar in der Weise, daß die zentrale Regulierung die kurz- und langfristige Gewinninteressiertheit der Unternehmen nicht schwächte. Es sollte gesichert werden, daß

– die unbefriedigte Nachfrage die Produzenten zur Steigerung der Produktion mobilisiert,
– der Mangel durch Erhöhung der Preise, eventuell durch Zunahme des Imports, gemäßigt wird.

Diese Deutung der sozialistischen Planwirtschaft entspricht der organischen Einheit von zentraler planmäßiger Lenkung und Marktmechanismus. Diese Einheit basiert darauf, daß die verschiedenen partiellen (staatlichen, genossenschaftlichen, privaten u.a.) Interessen offen erscheinen, was von der Konstruktion des heutigen Institutionensystems grundsätzlich abweicht. Dieses geerbte Institutionensystem ist nämlich dadurch gekennzeichnet, daß die Individuen und die Institutionen in einer stark integrierten Gesellschaft tätig sind. Von der Integriertheit der Gesellschaft wird zwar das Verschwinden der partiellen Interessen nicht erwartet, doch wird angenommen, daß das gesellschaftliche Gesamtinteresse imstande sei, die partiellen Interessen unmittelbar zu beherrschen. Daraus folgt, daß das System den gesellschaftlichen Interessenkonflikten nur eine untergeordnete Rolle zuschreibt und den Institutionen des Interessenschutzes kein entsprechendes Gewicht sichert. Da aber das echte Gesamtinteresse nur über die partiellen Interessen und deren Konfrontation in Erscheinung tritt, muß man den Mechanismen und den Institutionen der Geltendmachung dieser Interessen wesentlich größere Möglichkeiten einräumen; ferner müßte für die Regulierung der Interessenkonflikte gesorgt werden.

– Unter solchen Umständen muß wiederholt überdacht werden, wie die Gewerkschaften der Aufgabe des Arbeitsschutzes besser entsprechen könnten, ob z. B. der durch die Gewerkschaften organisierte Arbeitswettbewerb nötig ist usw.
– Es sollte abgeklärt werden, ob von den Wirtschaftsleitern ein unternehmerisches Verhalten erwartet werden kann, solange deren Position nur durch ihre in der Hierarchie eingenommene Lage – die Genehmigungsnomenklatur – geschützt wird. Wie können sie gegenüber den Werktätigen Unternehmensinteressen vertreten, wenn ihr Rechtsschutz nicht gesichert ist und sie über keine Interessenvereinigung verfügen? In dieser Hinsicht sollte man die weitere Stärkung der mit neuen Rechten ausgestatteten ungarischen Handelskammer in Erwägung ziehen, ferner über die Vernünftigkeit einer Interessenvereinigung der Manager nachdenken.

- Die Funktionen der interessenschützenden Organe der verschiedenen Genossenschaften sind gegenwärtig unklar. Die Lenkungsfunktion des Staates gegenüber den Genossenschaften sollte von den genossenschaftlichen interessenschützenden Funktionen getrennt werden.
- Die Frage der Interessenvertretung taucht noch schärfer im Zusammenhang mit den privaten Handwerkern, Kleingewerbetreibenden und Kleinhändlern auf, deren wirtschaftliche Bedeutung aus gutem Grunde wächst.

b) Das Institutionensystem der Wirtschaft

Einer der entscheidenden Beschlüsse des neuen Wirtschaftsmechanismus war, daß die Leiter der Unternehmen in autonomer Weise über die Produktion, die Beschaffung, den Absatz und in gewissem Rahmen über die Fragen der Investitionen entscheiden dürfen, und wir hatten angenommen, daß sie diese Entscheidungen aufgrund des zu erwartenden Gewinns treffen würden. Die Realisierung und die Vorstellungen sind jedoch voneinander entfernt geblieben. Die Entfaltung der Selbständigkeit der Unternehmen wurde in erster Linie durch zwei Faktoren gebremst:
- Die Wirtschaftsweise wurde auch weiterhin in einem hierarchisch aufgebauten System realisiert. Der Unternehmensleiter durfte mit den ihm zugewiesenen Rechten formell frei entscheiden, doch wegen der Abhängigkeit von der Obrigkeit mußte er deren Gesichtspunkte stets vor Augen halten. Diese Erscheinung wurde besonders offensichtlich nach dem Jahre 1972, als es hieß, im Konflikt zwischen Unternehmens- und Gesamtinteresse solle die Dominanz des letzteren gesichert werden. In der Praxis bedeutete das, daß oft jene (partiellen) Interessen zur Geltung kamen, die durch das leitende Organ für richtig gehalten wurden.
- Die Vorschriften des Finanzsystems (Lohnregelung, Finanzierung der Investitions- und der Umlaufmittel) haben solche Bedingungen geschaffen, daß nur ausnahmsweise das Überleben und die Entwicklungsmöglichkeit der Unternehmen ohne Staatssubventionen gesichert waren. Der Zwang der staatlichen Unterstützung (Budgetsubventionen, Steuernachlaß, Präferenzkredit, lockere Preisüberwachung usw.) – d. h. was Kornai (1981) «weiche Budgetschranken» nennt – hat zu einer unübersehbaren Lage geführt. Unter diesen Umständen wurde der finanzielle Druck der Zentrale gegenüber den Unternehmen neutralisiert, ferner waren die Unternehmen der Zentrale ausgeliefert.

Diese Bedingungen, die den Wettbewerb und das unternehmerische Verhalten bremsen, können nur beseitigt werden, wenn die Abhängigkeit der staatlichen Unternehmen von den traditionellen Verwaltungsinstitutionen behoben wird. Es muß daher überdacht werden, wie man die beiden Funktionen des Staates, die der Wirtschaftslenkung und die des Inhabers der staatlichen Produktionsmittel, voneinander institutionell trennen kann. Das Vorbringen solcher Gedanken ist in der ungarischen Wirtschaftsliteratur nicht neu (vgl. Hegedüs, 1970; Balázsy, 1970; Kopátsy, 1969; Tardos, 1972). Die entfalteten Meinungen fügen sich gut in die in der Wirtschaftsliteratur wohlbekannte Richtung der «Property Rights-Theorie». Laut dieser gilt: Erstens ist die zentrale Figur der Wirtschaftsweise nicht die Organisation selbst, sondern es sind die Personen, die nach eigenen Vorteilen streben, die Möglichkeiten des gegebenen Organisationssystems in Betracht ziehend. Zweitens sind verschiedene rechtliche Strukturen des Eigentums vorstellbar, und diese sichern nicht aus sich selbst heraus die Maximierung des Gewinns oder des Vermögens; die konkrete Art des Systems der Geltendmachung der Eigentumsrechte und des Stimulierungssystems steht in enger Beziehung mit dem tatsächlichen Wirtschaftsverhalten. Drittens beurteilen die Entscheidungsträger den Nutzen und die Kosten ihrer Aktionen vom Standpunkt ihrer eigenen Interessen aus (Furubotn, Pejovich, 1972).

Als Folge der zentralen Finanzierungsregulierung entstehen Probleme des unternehmerischen und des unternehmensinternen Verhaltens, sowohl in der Privatwirtschaft als auch in der Genossenschaftswirtschaft. Was die private Wirtschaft betrifft, so zeigt sie sich wegen der prohibitiven Steuern uninteressiert. Die Leiter der gewerblichen, der landwirtschaftlichen und der Handelsgenossenschaften befinden sich ebenfalls in einer eigenartigen Lage. Die territorialen und zentralen Vertretungsorgane der Genossenschaften sowie die Ratsverwaltung beeinflussen oft überflüssig die Entscheidungen der Genossenschaften. Obwohl die Genossenschaftsleitungen von ihren Mitgliedern nur unvollkommen abhängig sind, können die Mitglieder von den Leitungen eine Verbesserung ihrer Einkommensverhältnisse erzwingen. Dies bedeutet jedoch oft nicht, daß sich die Genossenschaften dem Druck der Marktverhältnisse anpassen und die Mitglieder imstande sind, ihren Willen in der Produktions- und Verteilungspolitik durchzusetzen (vgl. Tellér, 1981).

Bezüglich der für die Genossenschaften gewährten Staatsunterstützungen und Präferenzverfahren weisen diejenigen Genossenschaftsleiter die besten Erfolge auf, die über gute Beziehungen zu den Staats- und Parteiorganen in der Zentrale, im Bezirk oder in der Gemeinde verfügen oder den Wünschen ihrer Obrigkeit entsprechen und dadurch ihrer Organisation eine Ausnahmebehandlung sichern. Dadurch können nicht nur das Interesse an tatsächlicher Effektivität und die unmittelbare Interessiertheit der Mitglieder in Konflikt geraten; es kann sogar vorkommen, daß es im Interesse der Mitglieder auch vorteilhafter ist, wenn die Leitung den Anweisungen der obrigkeitlichen Direktiven folgt und damit das Wohlwollen der Obrigkeit sichert. Das kann oft nützlicher sein, als wenn die Leitung ihre eigenen Interessen und Meinungen zur Geltung bringen will.

Bei den staatlichen Unternehmen sind die Ernennung und Ablösung und größtenteils auch das Einkommen der Direktoren sowohl formell als auch informell von der staatlichen Aufsichtsbehörde abhängig. Aus ihrer natürlichen Position heraus bewertet diese die Tätigkeit der Leiter nicht entsprechend den Anforderungen an den Ertrag, sondern gemäß ihren spezifischen Branchenzielsetzungen. Der Widerspruch zwischen dem Ertrag und der organisatorischen Abhängigkeit hat sich in der Industrie etwas gemildert dadurch, daß die drei Branchenministerien zusammengelegt und die Aufgaben des so entstandenen Industrieministeriums abweichend von der alten Praxis organisiert wurden. Die Lage hat sich auch dadurch verbessert, daß – besonders in der Lebensmittelindustrie – ganze branchenumfassende und oft nur administrativ wirkende Trusts abgeschafft wurden.

Der Widerspruch zwischen der Wirtschaftsregulierung, die auf die Selbständigkeit der gewinninteressierten Unternehmen baut, und dem Branchensystem der Unternehmensaufsicht ist aber damit auch in der Industrie nicht behoben worden. Er ist selbstverständlich in jenen Zweigen noch stärker, in denen das Institutionensystem der mit Plananweisungen regulierenden Wirtschaftslenkung noch unversehrt zur Geltung kommt. Man muß daher klarlegen, welches Maß an Selbständigkeit der Unternehmen im Rahmen des Staatseigentums der sozialistischen Gesellschaft am besten entspricht und ob zu diesem Zweck die Neugestaltung der Beziehungen zwischen Unternehmen und leitenden Staats- und Parteistellen nötig erscheint. Unseres Erachtens ist es nicht zweckdienlich, die Wirtschaft als eine Einheit zu behandeln. Die *Haushaltsorganisationen des Staates* (Bildung, Gesundheitswesen usw.) sind naturgemäß nicht gewinninteressiert. In diesen Gebieten kann die Aufgabe der Institutionen durch Festlegung der Funktionen – der Tätigkeitsbereiche – gut begrenzt werden, und zwar so, daß die

Effizienz ihrer Tätigkeit nicht gestört wird. Diese Betrachtungsweise steht nicht im Widerspruch zu jener Möglichkeit – die wir in diesem Aufsatz nicht behandeln –, daß die Mobilisierung gewisser Elemente des Wettbewerbs sogar in diesem Bereich nicht schaden würde.

In den anderen Bereichen der Wirtschaft sind nicht Haushalte, sondern Unternehmen tätig. Auch hier sind die *Kommunalunternehmen* getrennt zu behandeln, welche die grundlegenden Versorgungsleistungen erbringen (Gaswerke, Wasserwerke, elektrische energieerzeugende Werke, Post, Telefon, Eisenbahn und andere Unternehmen des Massenverkehrs usw.). Die Lage dieser Landesorganisationen ist eine ausreichende Erklärung dafür, daß sie eine wirtschaftlich begründete und sogar durch den Import nicht einschränkbare Monopollage genießen und daß daher die Staatsaufsicht weiter bestehen und die Unternehmensselbständigkeit beschränkt bleiben müssen.

Der Bereich der Wirtschaftstätigkeit aller anderen Unternehmen (Bergbau, Grundstofferzeugung, Landwirtschaft, Baustoffindustrie, verarbeitende Industrie, Binnen- und Außenhandel, verschiedene Dienstleistungen) soll in breitem Sinne als *Wettbewerbssphäre* betrachtet werden. Aus dieser Sphäre kann die Wirtschaftsverwaltung selbstverständlich für eine kürzere oder längere Zeit aus wirtschaftspolitischen Erwägungen oder Sicherheitsgründen einzelne Unternehmen herausnehmen, in gegebenem Falle sogar ganze Branchen; doch in solchen Fällen müßte die Verwaltung für die dadurch entstehenden Mehrkosten der Unternehmen aufkommen.

In der Wettbewerbssphäre müssen wir den Widerspruch zwischen dem zentralen Regulierungssystem der Unternehmen und der praktischen Ausübung der sozialistischen Eigentümerrechte auflösen. Wir müssen die aufgrund wirtschaftlich-finanzieller Ergebnisse tätigen Unternehmen von der Einmischung der zentralen und territorialen Verwaltungs- und Parteiorgane verschonen, falls wir von ihnen ein vollkräftiges, zweckdienliches unternehmerisches Verhalten erwarten. Die Sicherung der Selbständigkeit der Staatsunternehmen steht nicht mit der Rechtsetzung in Zusammenhang. Formell gesehen sichert das Unternehmensrecht den Unternehmen genügende Freiheit (vgl. Sárközy, 1982). Doch die Leiter der staatlichen Unternehmen fungieren trotzdem wie Beamte in der Hierarchie des Zentralorgans, ganz unabhängig davon, wieviel wir über die Unerläßlichkeit der Entfaltung der unternehmerischen Tätigkeit schreiben. Der Widerspruch ist nicht nur darin zu suchen, daß der ernennende und Rechenschaft fordernde Apparat Teil der staatlichen Hierarchie ist. Wie wir sahen, ist der staatliche Apparat imstande, sogar die von ihm unabhängigen Genossenschaften zu dominieren, indem die staatliche Regulierung die Möglichkeiten des unabhängigen Wirtschaftens einengt und indem die Sicherung des Überlebens durch Inanspruchnahme staatlicher Präferenzen erleichtert wird (vgl. Lányi, 1982). Die Voraussetzung für unternehmerische Entfaltung ist auch in diesem Falle die Neugestaltung des Rahmens der Wirtschaftsordnung. Dies allein ist aber noch nicht ausreichend: Es ist auch notwendig, die rechenschaftsfordernde Unterordnung zu ändern.

Zuerst muß geklärt werden, warum es zum Selbständigwerden eines Unternehmensdirektors oder einer ganzen Unternehmensleitung nicht ausreicht, daß dies der Staat in Gesetzen und Vorschriften deklariert. Die Leitung eines Unternehmens bzw. die unternehmerische Tätigkeit ist kompliziert, mit Konflikten verbunden und riskant. Sie kann nur ungenau im voraus eingeschätzt werden, das Rohmaterial muß unter sich ändernden Bedingungen besorgt werden, und der Ausbau und die Entwicklung der Produktionskapazitäten der Werke geschehen auch unter instabilen Umständen; es ist erforderlich, die zur Produktion nötigen Arbeitskräfte zu beschäftigen und die hergestellten Waren und Dienstleistungen – die Zahlungsfähigkeit und die Wünsche des

Verbrauchers in Betracht ziehend – abzusetzen. Das Leben eines Unternehmers ist jedenfalls konfliktreich.

Das Gros der kapitalistischen Unternehmer, die diese Konflikte überleben, wird durch die Kraft des eigenen Kapitals oder des Kapitals ihrer Auftraggeber, ferner durch die die kapitalistische Produktion unterstützende Staatsmacht am Leben erhalten. Der Kapitalist – wenn er selber der Unternehmer ist – weiß wohl, daß er den Wert seines Kapitals langfristig erhöhen muß, um bestehen bleiben und Erfolge aufweisen zu können. Auch dem Management der modernen Großunternehmen ist vollkommen klar, was es zur Stärkung seiner Position machen muß, wie es den Gewinn, die Dividenden und andere Resultate behandeln soll, damit die Aktionäre und der Aufsichtsrat zufrieden sind und es selber sich in Sicherheit fühlen kann. Unter solchen Umständen nehmen die Manager mutig Konflikte auf sich, und dieses «Spiel» ist sogar das Geheimnis ihrer Erfolge und ihrer Sicherheit.

Wie steht es in dieser Hinsicht mit den sozialistischen staatlichen Unternehmen? In der Wirtschaftsweise der früheren Plananweisungen wie auch in der heutigen ungarischen Wirtschaftsweise steht aufgrund der traditionellen staatlichen Hierarchie hinter der Unternehmensleitung der sozialistische Staat. Die Kraft und die Sicherheit des Unternehmensdirektors hängen von seinem in der Staats- und Parteinomenklatur eingenommenen Platz und von dem Vertrauen der oberen Kreise der Hierarchie ab, die an der Effektivität nicht genügend interessiert sind. Das Staatsinteresse kann aber in bezug auf die Wirtschaftsweise der einzelnen Unternehmen nicht eindeutig formuliert werden. Im Spiel der vielfältigen, gegeneinander oft in scharfem Konflikt stehenden gesellschaftlichen Interessen kann sich die Unternehmensleitung nicht auskennen, und so ist es ihr vollkommen unmöglich, allen gesellschaftlichen Erwartungen zu entsprechen. In dieser schwierigen Lage ist es ganz vergeblich sie aufzufordern, unternehmerisch tätig zu sein; in der gegenwärtigen Lage handelt die Unternehmensleitung nicht eindeutig und kraftvoll aus der Betrachtungsweise eines Unternehmers, sie kann es gar nicht.

Aus diesen Gründen sind in erster Linie zwei miteinander eng zusammenhängende Faktoren zu betonen:
- Die Obrigkeit in den Branchenministerien, in den Bezirks- und Gemeinderäten und im örtlichen Parteiapparat fordert in erster Linie den finanziellen Unternehmenserfolg, und im schlimmsten Falle wird es übelgenommen, wenn dieser ein minimales (für sie noch annehmbares) Niveau nicht erreicht.
- Die Basisbetrachtungsweise aufgrund der finanziellen staatlichen Regulierung und der enge Handlungsspielraum des Unternehmens bedeuten im Falle einer zu großen Erhöhung des Erfolgs ein Risiko, weil hierdurch die staatlichen Organe veranlaßt würden, die Resultate durch Modifizierung der Regler zu korrigieren. Unter solchen Umständen fordert jede Rationalität, daß die Unternehmensleiter wie vorsichtige Beamte vorgehen und nicht aus einer mutig abwägenden unternehmerischen Betrachtungsweise heraus handeln. Wenn wir also von der Unternehmensleitung eindeutigen Mut, pragmatisches, doch zielstrebiges unternehmerisches Verhalten in den Konflikten mit den Rohstofflieferanten, Investoren, Kunden und mit den Werktätigen des Unternehmens erwarten, so muß die Unternehmensleitung in eine eindeutigere Lage versetzt werden. Der Standpunkt, daß wir kraft unseres Systems imstande seien, die Dominanz der Gesamtinteressen über die Teilinteressen zu verwirklichen, wie wir das in den 70er Jahren betont haben, ist heute nicht mehr angemessen.

Es geht nicht darum, daß wir den Kompromiß zwischen gegensätzlichen Interessen oder die Notwendigkeit des pragmatischen Verhaltens verneinen wollen. Wir meinen aber, die rasche, kräftige und zielstrebige Anpassung an die Wirtschaftsbedingungen erfordert, daß die Beteiligten bei der Suche nach wirtschaftlich-gesellschaftlichen Kompromissen möglichst klare, eindeutige Ziele vor Augen haben. Ein kraftvolles, langfristiges Interesse der Unternehmensleitung am Gewinn kann nur wirksam sein, wenn die rechenschaftsfordernden Organe der Unternehmensleitung eindeutige Verantwortlichkeiten übertragen. So sollten die Unternehmen der Wettbewerbssphäre über eine solche Institution sozialistischen Eigentums verfügen, die imstande ist, die Unternehmensleitungen im Falle von Konflikten in eine eindeutige Lage zu versetzen. Die Selbständigkeit der Unternehmen kann nicht einfach durch ein Dekret verwirklicht werden. Das Unternehmen ist Träger innerer und äußerer gesellschaftlicher Konflikte, es kann nicht ohne eine genaue, eindeutige Leitung funktionieren. Die mit der Leitung Beauftragten müssen gesellschaftliche Anerkennung, Macht bekommen. Es scheint unwahrscheinlich, daß das Ansehen der Unternehmensleitung verbessert und die unternehmerische Leitung mehrerer tausend selbständiger Unternehmen verwirklicht werden können ohne das Zustandebringen spezieller Institutionen sozialistischen Eigentums.

Bei den staatlichen Unternehmen der Wettbewerbssphäre bieten sich im Grunde genommen zweierlei Lösungen an: die Organisierung der Arbeiterselbstverwaltung oder das Zustandebringen solcher Institutionen sozialistischen Eigentums, die von der Staatsverwaltung abgesondert tätig sind[1].

Betrachten wir zuerst die Institution der Arbeiter- oder Werktätigenselbstverwaltung. Die Arbeiter- oder Werktätigenräte entstehen – nach historischen Erfahrungen – in der Regel in einer Revolutions- oder Krisensituation in spontaner Weise. Die Räte, die in der Periode des Verfallens der Staatsmacht und des Ansehens der Staatsorgane für das Weiterleben der Wirtschaftsorganisationen sorgen, werden nach der Krisensituation entweder aufgelöst, oder ihre Funktionen werden gesellschaftlich umgeändert. Anders hat sich die Arbeiterselbstverwaltung in Jugoslawien entwickelt. Das durch die Resolution des Kominform von der Sowjetunion und von ihren Verbündeten getrennte Jugoslawien, das sich mit der kapitalistischen Außenwelt ebenfalls nicht identifizieren wollte, war bestrebt, eine von den realen sozialistischen Systemen abweichende Machtstruktur zustande zu bringen. Dieser Versuch war zweifelsohne erfolgreich; ist es Jugoslawien doch gelungen, als ein selbständiger sozialistischer Staat bestehen zu bleiben und unter verschiedenen Aspekten hervorragende Erfolge aufzuweisen. Die Erfahrungen des jugoslawischen Selbstverwaltungssystems zeigen eindeutig, daß die selbstverwaltenden Formen sozialistischen Eigentums lebensfähig sind; sogar in bezug auf die Befriedigung der Nachfrage und die Aktivierung der schöpferischen Kraft der Arbeiter weisen sie im Vergleich mit dem System der Plananweisungen entscheidende Vorteile auf. Die Möglichkeiten der Arbeiterselbstverwaltung in einer

---

1) Tibor Liska hat einen dritten Vorschlag ausgearbeitet. Danach würde das staatliche Eigentum den Bürgern, die als Unternehmer fungieren, als «persönliches sozialistisches Eigentum» übertragen. So konzipiert Liska eine sozialistische Gesellschaft der totalen Marktbeziehungen, in der das Kapital gleichsam als «sozialistische Erbschaft» auf die Bürger verteilt ist und von den Unternehmern durch Markterfolge vermehrt werden kann. Das so neugeschaffene Vermögen nennt Liska «das moralische Kapital». Die Unternehmer können die Verfügungsrechte über das Unternehmenskapital im Wege einer öffentlichen Ausschreibung erwerben. Ihre unternehmerische Tätigkeit soll dann durch Marktkräfte kontrolliert werden (vgl. Bársony, 1982). – Meiner Meinung nach ist dieser Vorschlag nicht geeignet für Großunternehmen, weil bei diesen der Erwerb der Verfügungsrechte realiter nicht lösbar ist. Auch die Situation der Bürger, die keine Unternehmer sein möchten, ist nicht geklärt. Zur detaillierten Kritik vgl. Kornai (1982).

ruhigen gesellschaftlichen Lage rufen gleichzeitig gewisse Zweifel hervor, und zwar was ihre Zweckdienlichkeit zur Lösung folgender Probleme betrifft[2]:
Ohne die Gründe tiefgreifend analysieren zu wollen, erscheint es wichtig, einige Elemente zu erwähnen:
– In der Gestaltung wirtschaftlicher Strategien größerer Unternehmen sind die Übersicht und die Interessiertheit der Werktätigen begrenzt. So sind die Arbeitsplätze, die eine technologisch abgeschlossene Einheit bilden, in Jugoslawien als selbständige «Grundorganisationen der vereinten Arbeit» organisiert. Dadurch wird jedoch die wirtschaftlich begründete Einheit und die Schlagkraft der Unternehmen geschwächt. Die Handhabung dieses Gegensatzes macht eine komplizierte Bürokratie und bürokratische Manipulierung nötig (Comisso, 1981).
– Die natürliche Differenzierung der Unternehmenseinkommen unter Marktbedingungen beeinflußt das Einkommen der Werktätigen in direkter Weise. Die großen und sich verändernden Einkommensunterschiede innerhalb derselben Branche lösen in erster Linie im Kreise der Arbeiterschaft Mißfallen aus, was wiederum die zentralen Bestrebungen auslöst, die Differenzierung der persönlichen Einkommen zu beschränken. Sowohl die Einkommensdifferenzierung als auch die dadurch ausgelöste staatliche Intervention stören die rationale Wirtschaftsweise.
Als andere Lösung bietet sich die Schaffung eines neuartigen Staatseigentums für Unternehmen in der Wettbewerbssphäre an, und zwar ein Überwachungssystem, das von der Staatsverwaltung unabhängig funktioniert. Zu diesem Zweck wäre es meiner Meinung nach am günstigsten, wenn die Aufsicht der Unternehmen durch 4 bis 10 voneinander unabhängige Institutionen staatlichen Eigentums ausgeübt würde. Diese Institutionen, die ohne Tätigkeitsbegrenzung frei funktionieren sollten, wären die eigentlichen gewinninteressierten Mittelinhaber, Dachgesellschaften, die in der Wettbewerbssphäre mit Erfolg die verhüllte Wiederherstellung des hierarchischen Systems verhindern und in der Hoffnung auf langfristigen Erfolg der Unternehmen deren Auswertung und Aufsicht übernehmen könnten. Diese Dachgesellschaften, die durch Vertreter von Banken, Gewerkschaften, Versicherungsanstalten usw. ergänzt werden sollten, könnten die Befugnis erhalten, Unternehmen zu liquidieren, neue zu gründen und zur Entwicklung alter Unternehmen Mittel umzugruppieren. Die Quelle solcher Mittelumgruppierungen könnten z. B. die den Inhaberorganisationen in Form der Dachgesellschaften zugeflossenen Dividenden sein. In dieser Weise könnten diese Organe das bis jetzt ungelöste Problem, die Umgruppierung der Mittel unter sozialistischen Umständen, lösen. Die Frage ist, ob es zweckdienlich ist, neue Aufsichtsorgane zu gründen, gerade dann, wenn man bestrebt ist, die Selbständigkeit der Unternehmen zu stärken, ob die Mittelinhaberorganisationen die Selbständigkeit der Unternehmen nicht beschränken würden?
Die Unternehmen und ihre Dachgesellschaften müßten vor allem von der Staatsverwaltung getrennt werden, damit sie selbständig handeln können. In der Beziehung zwischen dem gewinninteressierten Direktionsrat der Dachgesellschaft und dem Unternehmen bekommt das Problem der Selbständigkeit des Unternehmens eine neue Bedeutung. Das eindeutige gemeinsame Ziel ist der langfristige Gewinn; aufgrund der wirtschaftlichen Verläßlichkeit und der Entwicklung können die Aufsichtsorganisation und die Unternehmensleitung entsprechende Formen der Zusammenarbeit leicht gestalten.

---

[2] Wir möchten hier nicht auf die Feststellung in der westlichen ökonomischen Literatur eingehen, nach der das Selbstverwaltungssystem nicht effizient sei, weil es das Unternehmen am Bruttoeinkommen (Umsatzerlös ./. materielle Vorleistungen) interessiere (vgl. Ward, 1958).

Wie kommen diese Dachgesellschaften zustande? Wer beauftragt sie und mit welchen Aufgaben? Mit der Regelung dieser Fragen sollte sich – mit Rücksicht auf die besondere Wichtigkeit – die Rechtsetzung befassen. Seit langer Zeit formen sich Gedanken, nach denen die primäre Aufgabe dieser Organe wäre, das ihnen anvertraute Volksvermögen zu vermehren. An der Spitze dieser Organe stünde eine leitende Körperschaft, bestehend aus 6 bis 12 Mitgliedern, die – ähnlich der Regierung – vom Präsidialrat der Volksrepublik Ungarns ernannt würden. Die Zeitdauer des Auftrags der Mitglieder sollte – um auch damit die Selbständigkeit dieser Organisation zu betonen – keinesfalls mit der des Parlaments zusammenfallen. Die rechtliche Regelung dieser Elemente des Vorschlags ist nicht deshalb wichtig, weil wir der Meinung sind, daß der rechtliche Rahmen die Wirtschaftsweise bestimmt. Zweifelsohne könnten jedoch rechtlich gestaltete Dachgesellschaften besser als zentralistisch-hierarchische Organe solche Bedingungen andauernd aufrechterhalten, die den Marktbeziehungen entsprechen.

Literatur

Balázsy, S. (1970): A gazdasági reformok és a szocialista gazdálkodási rendszerek alaptipusai (Die Weiterentwicklung der Lenkungsorgane), Manuskript.
Bársony, J. (1982): Tibor Liská's Concept of the Socialist Entrepreneurship, Acta Oeconomica, Vol. 28, No. 3–4, pp. 364–397.
Comisso, E. T. (1981): The Logic of Worker(Non)Participation in Yugoslav Self-Management, Review of Radical Political Economics, 13, pp. 11–12.
Furubotn, E. G., Pejovich, S. (1972): Property Rights and Economic Theory: A Survey of Recent Literature, Journal of Economic Literature, No. 5, pp. 1137–1162.
Hegedüs, A. (1970): A gazdasági verseny problémái hazánkban (Die Wirtschaftsreformen und die Grundtypen des Wirtschaftssystems), Közgazdasági Szemle, No. 5, pp. 552–564.
Kopátsy, S. (1969): Az irányitó szervek továbbfejlesztése (Das Problem der komplexen und mehrjährigen Auswertung der Unternehmenstätigkeit), Pénzügyi Szemle, No. 9, pp. 929–936.
Kornai, J. (1981): Economy of Shortage, North-Holland, Amsterdam.
Kornai, J. (1982): Játékszabályok és realitások (Spielregel und Realitäten), Figyelö, 2. 3. 1982.
Lányi, K. (1982): Some Problems of Entrepreneurship in the Hungarian Economy, Acta Oeconomica, Vol. 28, No. 3–4, pp. 351–361.
Neuberger, E., Duffy, W. (1976): Comparative Economic Systems: A Decision-Making Approach, Boston.
Nyers, R., Tardos, M. (1980): Enterprises in Hungary Before and After the Economic Reform, in: W. Baumol (Ed.), Public and Private Enterprises in a Mixed Economy, London.
Sárközy, T. (1982): Problems of Social Ownership and of the Proprietory Organization, Acta Oeconomica, Vol. 29 (im Druck).
Schumpeter, J. (1964): Theorie der wirtschaftlichen Entwicklung, Berlin.
Tardos, M. (1972): A gazdasági verseny problémái hazánkban (Die Probleme des Wirtschaftswettbewerbs in unserem Land), Közgazdasági Szemle, No. 7–8, pp. 911–926.
Tardos, M. (1982): Development Program for Economic Control and Organization in Hungary, Acta Oeconomica, Vol. 28, No. 3–4, pp. 227–247.
Tellér, G. (1981): Munkástanácskozások az ipari szövetkezetekben (Arbeiterberatungen in den Industriegenossenschaften), Szövetkezeti Kutató Intézet, Budapest.
Ward, B. (1958): The Firm in Illyria, Market Syndicalism, American Economic Review, Vol. 48, pp. 566–589.

Innovations in the Polish Economic Reform

Jan Mujżel

I.

1. The results scored by the Polish economy in creating and applying scientific and technical innovations were a mixture of successes and failures over the last twenty-year period. On the one hand, the speed of technical changes was quite rapid or very rapid, which made it possible to raise the economy and the population's living standards to the level achieved by comparable countries with an average industrialization level. On the other hand, innovations, and especially their effectiveness, were gradually falling behind the possibilities and expectations of the society. The main shortcomings in this respect were:

a) Despite the tremendous effort made to expand the research and development sector its productivity continued to be insufficient. The intensive import of technology and know-how in most cases failed to provide a starting point for independent development of technology matching the world standards.

b) Preference was given to embodied and capital-intensive innovations.

c) A propensity could be observed to promote technological progress through new investment projects and new productive capacities and not through modernization of the existing capacities.

d) Process innovations largely predominated product innovations.

e) The launching of new research and development ventures and new technologies was not accompanied by sufficient attention to their economic effectiveness.

These shortcomings became a source of socio-economic tensions leading consequently to a crisis in the Polish economy. They were largely accounting for underdevelopment of the export potentials as well as for insufficient structural and qualitative progress in the domestic markets supply. They were also largely responsible for excessive material intensity, declining progress and later on for regress in the aggregate effectiveness of the national economy.

II.

The unfavourable results mentioned above were primarily a consequence of the manner in which innovations were controlled and managed. It represented a part of the essentially traditional command-distributive mechanism of the Polish economy in the 1960s and 1970s. Excessive science and technique planning by the centre led both to decisions falling wide of the social optimum and to a gradual decay of strategic functions of the plan. Supremacy of directive/command targets and limits among instruments of the plan implementation paved the way for consolidation of the short-term orientation of companies and undermined microeconomic rationality. A tendency prevailed to establish big or very big companies, and to group them into obligatory associations or industrial combines possessing strong monopolistic characteristics. Prices for many products and services detached both from equilibrium level and long-term costs all but added to difficulties in material procurement and distorted allocation decisions.

Attempts to replace the short term costs base in government controlled pricing by a «more parametric» base of utility failed to produce innovation benefits while bringing distortions for other areas.

Financing of science and technology was based on three principles: financing of specific research projects; operation of independent research and development organizations according to rules of self-financing; regulation of development resources supply by the centre both through administrative limits and by forming separate funds for specific aims. These principles despite the fact that they were to promote innovations, failed to fulfil the expectations. Similarly the incentives were weak and inconsistent. Motivation schemes and tools generated by the centre were not forming a system consistently stimulating innovation, which must have been quite difficult under growing tensions and a deteriorating market situation. Rationality on the micro level, long-term horizon of choices, enterpreneurship of managers as well as innovative orientation of engineers, white and blue collar workers on a mass scale continued to be unsolved problems.

III.

Despite the present crisis Poland's economy in the early 1980s possesses a big innovation potential. In the past decades a lot was done to make the assimilation of modern and rapidly changing technologies on the basis of new technical equipment possible. Equally deep transformations occured in the manpower sector. Over a half of the industrial manpower possesses academic, secondary- or vocational-school back-ground, and thus it is well prepared to participate actively in technological and organizational progress. At the same time the international economic relations were developed. In the late 1970s most leading companies in the Polish electro-engineering industry had co-operation ties with foreign technologically advanced counterparts.

Innovation-orientation of the Polish economy is not only possible but necessary as well. Taking into account the available and predicted internal resources and close interdependencies with the world economy the scientific and technical progress becomes a factor of decisive importance in restorating economic development and in improving, or even – preserving the population's living standards at the already achieved level.

IV.

The Polish economic reform places the main emphasis on enterprises and their market environment in creating pro-innovation mechanism.

The enterprise, raised to the status of the basic agent in the national economy, is to be equipped with maximum autonomy. This refers both to innovations and its other activity areas. A formal safeguard is provided here by the principle that all administrative interventions should be legislatively justified and that they are suable. The new law on state-owned companies allows for allocation of directive/command targets only in exceptional cases which cover defence requirements, international government commitments and needs caused by natural disasters. The company self-management is also a safeguard. The workers' council as the main organ of employees' self-management obtains extensive decisional powers in important matters concerning the plan, organization, distribution of profits, and – which is especially far-reaching – in nominating and recalling the company executives.

Employing the principle of company self-financing the reform envisages that its operations should be economically rational and determined by long-term criteria. Two principles are to be at work here: First, the principle of economic, i. e. wage responsibility of the company employees for its financial results; and second, the principle of instituting recovery proceedings in case of companies suffering losses including the possibility of liquidation and bankruptcy proceedings. This incentive scheme is to be strengthened by government evaluation of the managerial staff in state-owned companies and thereby exerting an influence on personnel initiatives and decisions ensuing from it. It is assumed that innovation-propensity will represent one of the leading criteria in government staff evaluations.

Allocation autonomy of the enterprises and pro-innovation motivations are supplemented by a package of financial measures. These include:

a) tax reliefs and exemptions as well as subsidies from the state budget for the preferred areas of technical progress and innovation ventures;

b) a reserve fund formed by companies for covering financial deficits, and credit relations with banks based on negotiated contracts;

c) the possibility of utilizing the development fund created from company profits as a supplementary source of financing innovations;

d) possibilities of spreading over a longer time innovation outlays burdening the current costs in the accounting system;

e) excluding rewards and bonuses paid to inventors and authors of rationalization projects from the average wage increase which is subject to progressive taxation.

The economic system of independent research and development organizations (not being a part of production companies) will be based on similar principles.

The innovation effectiveness of these measures will be largely determined by the state of markets. The reform assumes that they will be quite consistently demonopolized and balanced. Demonopolization of markets should be achieved by liquidation of hitherto existing obligatory branchial associations, government control over mergers of companies and creation of their voluntary associations, promotion of new company formations and production differentiation. In a longer perspective further hopes are linked with the liberalization of foreign trade and the external opening of the economy. Reaching equilibrium in particular markets is to be ensured, to a degree bigger than ever before, by the pricing policy. The share of the so-called negotiated prices, i. e. free from directive/command administrative intervention and control, will be quite big and progressively growing. So the negative impact of the administrative price control on innovations will be curbed or even liquidated.

V.

The reform does not eliminate, to any extent, the significant role played by the centre in the innovation mechanism. On the contrary, it assumes that the central planning in this sphere will be fairly expanded, rationalized, and efficient. This is to be ensured above all by two methodological principles: First, by the extension of the time-horizon of central planning and by treating 5-year plans as decisive ones; second, by the socialization of planning, which implies here a bigger participation of society in the elaboration of plans and the consolidation of social control over their implementation. Long-range plans (of 10 and more years), and especially 5-year plans will be outlining the preferred directions of scientific and technological activities, and stipulate a number of centrally supported research-and-development programmes and innovations.

The implementation of these planned decisions means essentially abandoning the traditional obligatory targets addressed to particular producers and research organizations. It is to be based on the so-called indirect (parametric) instruments of a financial type. However, while applying these instruments the central organs will have to reckon with budgetary constraints. Beyond that the innovation policy sets big hopes on the flow of planning information, from the centre to companies and in the opposite direction, and on contractual ties for the execution of central programmes and undertakings. In areas connected with the normalization of production and in those connected with the protection of the environment and work conditions the state organs on the strength of special law will be able to generate general obligatory norms with regard to the quality of products and processes.

VI.

For the time being the effectiveness of the reform in solving innovation problems is of a hypothetical nature. Theoretical and logical analysis seems to confirm this, but only future practice will be able to verify it finally. The main question which arises here is to what degree such a deep reform is feasible. The scale and complexity of this undertaking are unprecedented in the post-war history of Poland. The task is further complicated by the fact that the reform has been introduced since the beginning of 1982 in economic and social conditions, which are extremely difficult and unfavourable for such an operation. The first threat for the reform is posed by the economic situation, which is characterized by disproportions, disequilibrium, and a coincidence of severe internal and external constraints. Under these conditions an opinion may gain popularity that the reform is but an ill-conceived experiment accounting for huge price hikes, instability of employment, and a deterioration in the population's living standards. Calls for return to solid traditional solutions may find supporters not only among the social groups really affected by the reform.

The second threat is produced by the fact that under the present conditions accompanying the introduction of the reform its main pillar – the autonomous and self-financing enterprise – becomes a crucial problem. This is first of all a result of the central distribution (rationing) of resources (being quite extensive for the time being) and of the suspension of workers' self-management according to the martial law. Restrictions of autonomy and the suspension of self-management become one of the most important causes of paternalism and discretionary power still existing in relations between authorities and business. This obviously undermines efficiency incentives.

The third threat is connected with the sphere of socio-political relations. Tensions and barriers in the democratic renewal of these relations arouse fears not only about the future destiny of the socialization of central planning and decision making, but also about something more – about the permanence and consistency of the policy of reforms.

A. Schüller, H. Leipold, H. Hamel (Hrsg.): Innovationsprobleme in Ost und West · Schriften zum Vergleich von Wirtschaftsordnungen · Heft 33 · Gustav Fischer Verlag · Stuttgart · 1983

Wissenschaftlich-technischer Fortschritt in der Industrie der DDR

Entwicklung, Probleme, Aufgaben

Heinz-Dieter Haustein

1. Zur historischen Entwicklung der Planung von Wissenschaft und Technik in der Industrie der DDR

Unser Land durchlief seit 1945 verschiedene sozialökonomische Entwicklungsphasen, die sich deutlich in der wirtschaftspolitischen Aufgabenstellung unterscheiden. Sie bilden auch den Hintergrund für die historische Betrachtung von Wissenschaft und Technik und sind daher in Tabelle 1 einmal zusammengestellt worden, ohne sie hier detailliert beschreiben zu wollen.

Jedenfalls begann die planmäßige Entwicklung von Wissenschaft und Technik in der Industrie der DDR bereits in den fünfziger Jahren. Unser Land befand sich in dieser Zeit in der Phase der sozialistischen Industrialisierung, in der es darauf ankam, tiefgreifende Disproportionen zu beseitigen, die durch Kriegsschäden, Spaltung des Landes und direkte Wirtschaftsblockade entstanden waren. Die Disproportionen bezogen sich auch auf die vorhandene wissenschaftlich-technische Basis der Produktion, die Struktur der Bildungs-, Forschungs- und Entwicklungskapazitäten. Entsprechend dem Potsdamer Abkommen leistete die DDR ferner bedeutende Reparationsleistungen an die UdSSR.

Im ersten Fünfjahrplan 1951–1955 wurden die Forschungs- und Entwicklungsaufgaben in starkem Maße auf die Überwindung der Disproportionen und die Stärkung der schwerindustriellen Basis der Industrie gerichtet. Damit war die Konzentration der Investitionen auf Bergbau und Hüttenwesen verbunden.

Eine bedeutende originale Innovation, deren Wirkung voll der wirtschaftspolitischen Zielsetzung jener Jahre entsprach, war die Erfindung und die Einführung des Braunkohlen-Hochtemperaturkokses 1951 (vgl. Tabelle 2). Aber auch im Schwermaschinenbau und Fahrzeugbau gelang es, eine ganze Reihe von neuen Erzeugnissen in die Produktion einzuführen, so zum Beispiel Doppelstockpersonenzüge.

In einem bestimmten Maße konnte sich die damalige wissenschaftlich-technische Arbeit noch auf Vorkriegsunterlagen und früher begonnene Forschungs- und Entwicklungsarbeiten stützen. Aber es gab verschiedene Faktoren, die bald zu einem Rückstand im technischen Niveau unserer Industrie im Vergleich zu der schnellen Entwicklung auf dem kapitalistischen Weltmarkt führten.

Dazu gehörte der forcierte Abfluß von Fachkadern in westdeutsche Firmen und Dienststellen und die Verringerung des Informationsflusses über wissenschaftlich-

Tabelle 1: Ausgaben für Wissenschaft und Technik in den verschiedenen Etappen der Entwicklung der Volkswirtschaft der DDR 1946 bis 1980*

Jahr	Wirtschaftliche Hauptereignisse	Ausgaben für Wissenschaft und Technik Mio. M	Anteil am produzierten Nationaleinkommen Prozent	Ausrüstungsinvestitionen Mio. M	Ausrüstungsinvestitionen je Mark Ausgaben für Wissenschaft und Technik
(1)	(2)	(3)	(4)	(5)	(6)
1946	Beseitigung von Kriegsschäden	11	0,08	–	–
1947	Wiederingangsetzung der Wirtschaft	25	0,16	–	–
1948	Enteignung der Kriegs- und Naziverbrecher	47	0,25	–	–
1949	Reparationsleistungen	74	0,33	976	13,19
1950	Schaffung der Grundlagen der sozialistischen	110	0,41	1346	12,24
1951	Wirtschaft in der DDR	157	0,45	1263	8,04
1952	Sozialistische Industrialisierung	319	0,82	2114	6,63
1953	Teilweise Beseitigung und Ausgleich von Dispropor-	430	1,02	2570	5,98
1954	tionen aus der Spaltung Deutschlands	611	1,32	2728	4,46
1955		652	1,30	2883	4,42
1956		730	1,38	4385	6,01
1957	Rekonstruktion der Industrie und sozialistische	767	1,33	4338	5,66
1958	Umgestaltung der Landwirtschaft	960	1,52	5482	5,71
1959		1110	1,64	7038	6,34
1960		1300	1,83	7806	6,00
1961		1383	1,92	8009	5,79

Tabelle 1: Fortsetzung

Jahr	Wirtschaftliche Hauptereignisse	Ausgaben für Wissenschaft und Technik Mio. M	Anteil am produzierten Nationaleinkommen Prozent	Ausrüstungsinvestitionen Mio. M	Ausrüstungsinvestitionen je Mark Ausgaben für Wissenschaft und Technik
(1)	(2)	(3)	(4)	(5)	(6)
1962	Stabilisierung der wirtschaftlichen Entwicklung nach der Schließung der Staatsgrenze	1420	1,92	8190	5,77
1963		1459	1,90	8695	5,96
1964		1686	2,10	9760	5,79
1965	Umgestaltung des Wirtschaftsmechanismus auf Grund der Anforderungen der wissenschaftlich-technischen Revolution. Strukturpolitische Orientierung auf Erdölchemie und Elektrotechnik/ Elektronik	1800	2,14	10734	5,96
1966		2170	2,46	11897	5,48
1967		2474	2,58	12611	5,10
1968		2656	2,72	13808	5,20
1969		3249	3,10	15927	4,90
1970		4229	3,90	17441	4,12
1971	Konsolidierung der wirtschaftlichen Entwicklung und Beseitigung von Wachstumsdisproportionen. Abschluß der sozialökonomischen Umgestaltung der Industrie und des Bauwesens	4650	4,06	17108	3,68
1972		4941	4,09	17507	3,54
1973		5070	3,97	19445	3,84
1974	Weitere Realisierung des wirtschafts- und sozialpolitischen Programms unter den Bedingungen verstärkter außenwirtschaftlicher Belastungen. Abschluß der Kombinatsbildung und Anpassung an die neuen Bedingungen durch neue strukturpolitische Ansätze (Mikroelektronik, Robotertechnik)	5121	3,77	19936	3,89
1975		5275	3,71	20852	3,95
1976		5613	3,80	22222	3,96
1977		6097	3,93	22850	3,75
1978		6544	4,07	23652	3,61
1979		6924	4,15	24114	3,48
1980		7327	4,21	24365	3,33

* Quelle: Statistisches Jahrbuch der DDR diverser Ausgaben, eigene Berechnungen.

Tabelle 2: Produktion von Braunkohlenhochtemperaturkoks nach dem von Bilkenroth und Rammler in der DDR entwickelten Verfahren (geeignet für die Roheisenerzeugung in Niederschachtöfen)

Jahr	Produktion 1000 t	Produktionszuwachs 1000 t
1952	21	21
1953	235	214
1954	424	189
1955	458	34
1956	732	274
1957	782	50
1958	995	213
1959	1005	10
1960	1008	3
1961	1030	22
1962	1031	1
1963	1042	11
1964	1048	6
1965	1051	3
1966	1060	9
1967	1087	27
1968	1093	6
1969	1100	7
1970	1308	208
1971	1759	451
1972	1944	185
1973	1875	−69
1974	1970	95
1975	2041	71
1976	2123	82
1977	2240	117
1978	2297	57
1979	2373	76
1980	2608	235

technische Entwicklungen mit den kapitalistischen Industrieländern. Dadurch wurde der DDR großer Schaden zugefügt, die BRD jedoch erhielt wesentliche Produktionsfaktoren gleichsam gratis.

In den ersten Jahren entwickelte sich die Planung von Wissenschaft und Technik nur langsam und der Produktions- und Investitionsplan dominierten.

Die ersten Überlegungen zu einem zentralen Forschungs- und Entwicklungsplan entstanden 1949. 1950 wurde erstmalig ein entsprechender Planteil in den Volkswirtschaftsplan aufgenommen. Jedoch gelang es im ersten Fünfjahrplan noch nicht, die zentrale Steuerung des wissenschaftlich-technischen Fortschritts auszubauen. Es fehlten Erfahrungen, und die Aufgaben zum Aufbau neuer Kapazitäten ließen wenig Raum und Kraft für das Gebiet von Wissenschaft und Technik.

Hinzu kamen Vorbehalte bei vielen Mitarbeitern in Forschung und Technik gegenüber Planungsprinzipien in Wissenschaft und Technik.

Das seit Beginn des ersten Fünfjahrplans existierende Zentralamt für Forschung und Technik bei der Staatlichen Plankommission, ein Vorläufer des heutigen Ministeriums für Wissenschaft und Technik, wurde zunächst nicht ausreichend wirksam. 1954 wurden bei dem Amt Zentrale Arbeitskreise Forschung und Technik gegründet, die die Aufgabe erhielten, die Ministerien und ihre Hauptverwaltungen wissenschaftlich-technisch zu beraten. Diese Arbeitskreise existieren noch heute und haben eine bedeutende Rolle gespielt, da in ihnen Vertreter ganz verschiedener Ressorts und Branchen an der Lösung gemeinsamer Probleme arbeiten.

Im ersten Fünfjahrplan wurden neben den betrieblichen Mitteln bedeutende zentrale Fonds für Forschung und Entwicklung bereitgestellt. Besonders ab 1954 entwickelten sich die Gesamtausgaben für Wissenschaft und Technik sehr schnell (vgl. Abb. 1). Zunächst aber führten die zusätzlichen Mittel nicht zu einem ausreichend höheren Effekt.

Der bereits erwähnte Abfluß von Fachkräften ließ eine erhebliche Lücke an ausgebildeten Kadern entstehen. Daher wurde es notwendig, neue Hoch- und Fachschulen (in Ilmenau, Dresden, Berlin und Magdeburg) einzurichten und eine neue technische Intelligenz vor allem für die Elektroindustrie und andere führende Zweige zu schaffen.

Aber von der Gründung bis zum Wirksamwerden der ersten Absolventen verstrichen fünf bis acht Jahre. Hinzu kam, daß die neuen Lehrstühle mit Mitarbeitern besetzt werden mußten, die auch in der Industrie dringend gebraucht wurden.

Eine bedeutende Hilfe für Forschung und Entwicklung sowie zur Forcierung ihrer gesellschaftlichen Planung gab die Aktivität von aus der Sowjetunion zurückgekehrten

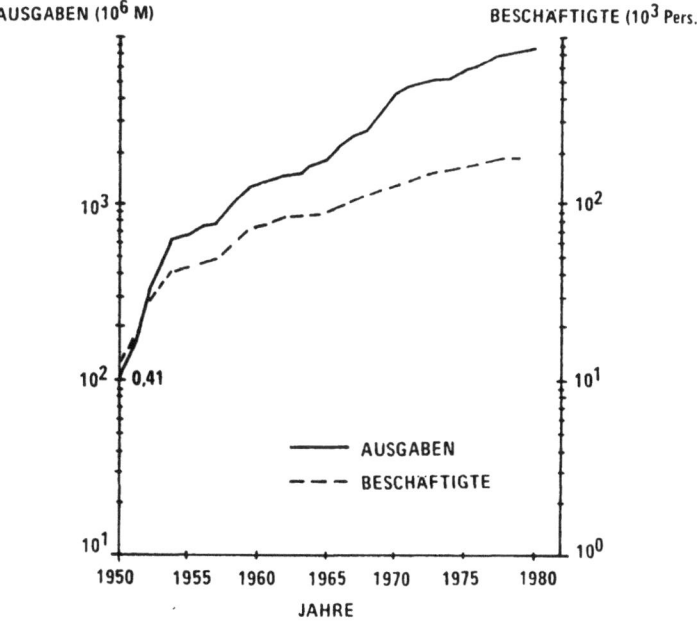

Abb. 1: Ausgaben für Wissenschaft und Technik sowie Beschäftigte in der Volkswirtschaft der DDR 1950–1980

Spezialisten, die nach dem Krieg dort an wichtigen geplanten Projekten gearbeitet hatten.

Die gesellschaftliche Planung von Forschung und Entwicklung war dringend notwendig geworden. Viele Entwicklungsarbeiten der Betriebe waren unzureichend abgestimmt, und häufig kam es zu unnötigen Parallelentwicklungen. Von 145 Entwicklungsthemen, die 1956 im Werk für Fernmeldewesen Berlin abgeschlossen wurden, standen nur für 79 Erzeugnisse die Anwenderbetriebe fest. Auch in den Arbeiten an langfristigen Dokumenten jener Jahre (Betriebspaß, Industriezweigökonomiken) fehlte das Gebiet Forschung und Entwicklung fast vollständig.

In der ersten Zeit wurde versucht, die zentrale Steuerung von Forschung und Entwicklung mit Hilfe detaillierter und umständlicher Verfahrenswege durchzusetzen. Zum Beispiel waren nach einer festgelegten Ordnung bis zur Freigabe eines abgeschlossenen Entwicklungsauftrages 61 Verwaltungsakte, Beratungen, Besprechungen und Genehmigungen vorzunehmen. Das verzögerte erheblich die Einführung von Neuerungen.

In der zweiten Hälfte der fünfziger Jahre wurde daher die Leitung des wissenschaftlich-technischen Fortschritts in der DDR gründlich reorganisiert. Die Verantwortlichkeit der verschiedenen Leitungsebenen (Staatliche Plankommission, Ministerien, Hauptverwaltungen mit eigenen Forschungsstellen und Betriebe) wurden exakt festgelegt. Es wurden die ersten Perspektivpläne für Forschung und Technik ausgearbeitet. Den jährlichen «Plan für Forschung und Technik» ergänzte seit 1956 ein neuer Planteil «Aufnahme neuer Konstruktionen und Verfahren in die Produktion». Seit 1955 gibt es ferner den Plan der Standardisierung. Neben diesen zentralen Plänen entwickelte sich aber auch die betriebliche Planung von Wissenschaft und Technik in ihren ersten Formen.

In den Betrieben gab es zunächst Pläne der Mechanisierung und Automatisierung sowie den Plan der technisch-organisatorischen Maßnahmen. Der Plan der technisch-organisatorischen Maßnahmen wurde auf Initiative von Werktätigen in einer Reihe von Betrieben entwickelt. Er wurde praktisch vierteljährlich abgerechnet und fortgeschrieben und enthielt alle zur Sicherung der Planerfüllung notwendigen Maßnahmen der Veränderung der Produktionstechnik und Arbeitsorganisation.

Der zentrale Plan der Forschung und Entwicklung, der in der zweiten Hälfte der fünfziger Jahre existierte, war zunächst lediglich eine Zusammenstellung und Summe von Vorstellungen bzw. Vorschlägen der Betriebe. Das war ein gewisser Fortschritt gegenüber der ersten Hälfte der fünfziger Jahre, in denen es noch keine vom Plan her bestimmte Verbindung zwischen den zentralen Organen und den Forschungsabteilungen der Betriebe gab.

1975 wurde beim Ministerat der «Beirat für naturwissenschaftliche Forschung und Entwicklung» (Forschungsrat) gegründet. Er erhielt die Aufgabe, die Perspektivpläne der naturwissenschaftlich-technischen Forschung sowie der Entwicklung der neuen Technik aufzustellen, die vorhandenen Forschungskapazitäten in Übereinstimmung mit den ökonomischen Erfordernissen zu bringen und grundsätzliche Maßnahmen zur Einführung der neuen Technik zu koordinieren.

Als Verwaltungsorgan des Forschungsrates fungierte ab 1957 das «Zentrale Amt für Forschung und Technik». Weitere Organe des Forschungsrates sind auch heute noch die bereits erwähnten Zentralen Arbeitskreise sowie zeitweilige Kommissionen und Forschungsgemeinschaften. Seit 1959 bestanden ferner in den Industriezweigen bei den VVB wissenschaftlich-technische Zentren, in denen qualifizierte Wissenschaftler und Techniker zum Nutzen des gesamten Zweiges zusammengefaßt wurden. 1960 gab es etwa 100 solche Zentren. In den Jahren 1958 bis 1961 wurden wichtige Aufgaben der

Rekonstruktion der Industrie auf einem höheren technisch-organisatorischen Niveau gelöst. Eine bedeutende originale DDR-Innovation dieser Jahre war das Nähwirkverfahren Malimo (Produktion 1977 167 Mio m^2).

Im Jahre 1960 wurde ferner damit begonnen, in den zentralen Plan nur komplexe Aufgaben größerer Wichtigkeit aufzunehmen und viele Einzelthemen in die Verantwortung der Betriebe und Branchen zu übergeben. Gleichzeitig wurden verschiedene ökonomische Stimulierungsmaßnahmen für Wissenschaft und Technik eingeführt (Fonds Neue Technik, Gewinnzuschläge für neue Erzeugnisse, Gewinnabschläge für veraltete Technik). So kam es in der ersten Hälfte der sechziger Jahre zu einem beträchtlichen Wachstum des technischen Niveaus der Industrieproduktion der DDR. 1961 wurde erstmalig ein einheitlicher Plan Neue Technik, der die verschiedenen Planteile zusammenfaßt, ausgearbeitet. Es wurde festgelegt, diesen Plan grundsätzlich vor der Aufstellung des Produktionsplans auszuarbeiten, d. h. bereits im Februar bis Mai des Vorjahres, wie es inzwischen Praxis geworden ist.

Die damalige Zeit war mit bedeutenden politischen und ökonomischen Veränderungen nach der Sicherung der Staatsgrenze der DDR 1961 verbunden. Es galt, den hohen Grad der Abhängigkeit von Zulieferungen aus den kapitalistischen Ländern auf den für Wissenschaft und Technik besonders wichtigen Gebieten wesentlich zu reduzieren. Das war mit zum Teil drastischen Veränderungen der wissenschaftlich-technischen Zielstellungen verbunden.

Bald zeigte sich auch deutlich die Notwendigkeit, besser die technisch-ökonomische Perspektive auszuarbeiten. Falsche oder unzureichende Prognosearbeit war die Hauptursache für den Abbruch vieler Entwicklungsarbeiten. Daher wurde ab 1963 verstärkt das Prinzip der Rückrechnung propagiert, d. h. die Ableitung der Gegenwartsaufgaben aus erkannten wissenschaftlich-technischen Zielen der Zukunft.

In diesem Zusammenhang wurde die Prognosearbeit besonders ab 1964 in den Industriezweigen verstärkt entwickelt. Die entsprechenden langfristigen Dokumente wurden zunächst als wissenschaftlich-technische Konzeptionen und ab 1966 als Prognosen bezeichnet.

In der Industrie vollzogen sich wichtige Strukturveränderungen. Das betraf die chemische Industrie, insbesondere die erdölverarbeitenden Zweige, den Plastverarbeitungsmaschinenbau, die elektronische Industrie, die Meß-, Steuer- und Regelungstechnik und die feinmechanisch-optische Industrie.

Hinzu kam eine systematischere wissenschaftlich-technische Zusammenarbeit mit den anderen sozialistischen Ländern. Im März 1966 wurde die Paritätische Regierungskommission für ökonomische und wissenschaftlich-technische Zusammenarbeit zwischen der DDR und der UdSSR gebildet. Ihre Hauptaufgabe bestand darin, praktische Maßnahmen zur Verwirklichung der gemeinsam festgelegten Kooperation und Spezialisierung in Produktion und Forschung auszuarbeiten.

In der zweiten Hälfte der sechziger Jahre gelang es, die Pläne Neue Technik inhaltlich und terminlich besser zu erfüllen. Es wurden das Zentralinstitut für Information und Dokumentation gegründet und ein einheitliches Informationssystem für Wissenschaft und Technik für Betriebe, VVB und Ministerien aufgebaut.

Ferner wurden Erfahrungen gesammelt bei der wissenschaftlich-technischen Kooperation von Betrieben vom Rohmaterial bis zum Endprodukt (z. B. «Wolpryla» in der Chemie- und Textilindustrie).

Ende der sechziger Jahre wurde mit der Akademiereform und Hochschulreform die wissenschaftliche Basis des Landes stärker den Erfordernissen der Praxis angepaßt. Die vertraglichen Beziehungen zwischen Forschung und Industrie entwickelten sich sehr schnell und wirksam.

In den Jahren 1969 und 1970 entstanden jedoch in der Wirtschaft der DDR bestimmte Disproportionen im Energiewesen und in der Zulieferproduktion. Teilweise wurde versucht, prognostizierte Entwicklungen früher als ursprünglich geplant durchzusetzen und das Tempo der Automatisierung zu beschleunigen. Ein zu großer Teil der Forschungs- und Entwicklungsthemen war auf langfristige Themen ausgerichtet. Daher wurde ab 1971 eine größere Ausgewogenheit der Entwicklung in Wissenschaft, Technik und Investitionen angestrebt. Besonders dringlich war die Orientierung auf eine intensive, ressourcensparende Entwicklung geworden. Die Durchführung eines umfassenden sozialpolitischen Programms, das mit seinem Hauptbestandteil, dem Wohnungsbauprogramm, zwei Jahrzehnte in die Zukunft reicht, erforderte einen ebensolchen wissenschaftlich-technischen Vorlauf und vor allem die Ableitung von Forschungsrichtungen aus der Bedürfnisentwicklung. 1973 wurde eine entsprechende langfristige Konzeption der Grundlagenforschung von der Akademie der Wissenschaften ausgearbeitet. Bei der sogenannten Überführung von Forschungsergebnissen der Akademie in die Praxis traten erhebliche Schwierigkeiten auf. Der Begriff Überführung selbst ist merkwürdig und widerspiegelt Mängel in der Erkenntnis und Beherrschung von Neuerungsprozessen, die man nicht einfach als Realisierung des Forschungsangebots verstehen darf.

Im Ergebnis der 1971 eingeleiteten Korrektur entwickelten sich die Forschungskapazitäten 1972 bis 1975 langsamer als in den vorangegangenen Jahren. Die neuen internationalen Bedingungen und die Beschleunigung des wissenschaftlich-technischen Fortschritts in führenden Industrieländern führten jedoch dazu, daß bereits ab 1976 in vielen Industriezweigen wieder eine erhebliche Erweiterung der Forschungs- und Entwicklungskapazitäten der Betriebe realisiert wurde. Auch die neuen außenpolitischen Bedingungen nach der Überwindung der jahrzehntelangen Diskriminierung unseres Landes wirkten sich auf Wissenschaft und Technik positiv aus.

Die Orientierung auf Intensivierung und Rationalisierung führte zu bedeutenden relativen Arbeitskräfteeinsparungen, die jedoch teilweise durch Schaffung neuer Arbeitsplätze aufgehoben wurden. Von ganz wesentlicher Bedeutung war und ist die bis 1980 abgeschlossene Kombinatsbildung, d. h. eine Veränderung der Wirtschaftsorganisation, die sich auch auf Wissenschaft und Technik erheblich ausgewirkt hat. Die Kombinate verfügen in der Regel über beträchtliche Forschungskapazitäten und sind in der Lage, Innovationen in der Phase des schnellen Wachstums und der späteren Rationalisierung wirksam zu organisieren. Ein gutes Beispiel dafür ist zweifellos die Mikroelektronik in der DDR. Nach einem Tempoverlust in den Jahren 1972 bis 1975 durch die damaligen wirtschaftlichen Bedingungen und Aufgaben, sicher aber auch durch Informationsverlust (das trifft bekanntlich auch auf einige westliche Industrieländer zu), wurde ab 1976 dieser Zweig in einem international beachtlichen Tempo forciert, so daß er 1980 bereits 100000 Beschäftigte aufwies. Dazu gehört das Kombinat Mikroelektronik Erfurt, das Kombinat Robotron Dresden, das Kombinat Elektronische Bauelemente Teltow, das Kombinat Rundfunk und Fernsehen Staßfurt und einige andere Kombinate mit mikroelektronischem Teilprogramm.

Seit 1975 sind die außenwirtschaftlichen Belastungen der DDR enorm gewachsen. Die Anforderungen an den Export, insbesondere der höher veredelten Finalgüter, steigen auch weiterhin. Niedrig veredelte Massengüter werden auch künftig eine Rolle im DDR-Export spielen, jedoch verschlechtert sich hier die Rentabilitätslage beträchtlich.

Ein höheres Tempo der Produktinnovation, d. h. ein Generationswechsel der Erzeugnisse, gehört daher zu den Zielen der 80er Jahre. Wir erkennen durchaus, daß dies auch eine Herausforderung für den Wirtschaftsmechanismus und für die Wirtschaftsorganisation ist. In der Regel können große Wirtschaftseinheiten den Effekt von Innovationen in den Phasen des schnellen Wachstums, der Reife und der Saturation am rationellsten nutzen. Schwierig ist es in der Einführungsphase neuer Produkte und Verfahren, wenn die Kapazitäten voll für die laufende Planerfüllung gebunden sind. Das gilt besonders für wirkliche Weltneuheiten, die noch nirgends erprobt und gefertigt wurden und deren künftige Bedeutung noch nicht voll abzusehen ist.

Betrachten wir die Entwicklung des Planungsprozesses in Wissenschaft und Technik bis zur Gegenwart, so können wir feststellen, daß die realen Erfahrungen jene anfänglichen, weit verbreiteten Auffassungen von der Nichtplanbarkeit des wissenschaftlich-technischen Fortschritts widerlegten. Selbst Erfindungen werden heute geplant, wenn auch Zeitpunkt und konkrete Form der Problemlösung nicht eindeutig vorausbestimmt werden können. Auch die Praktikabilität einer zentralen Planung von Wissenschaft und Technik ist hinreichend bewiesen, wenn auch ihre Formen nicht von Anfang an immer den Anforderungen entsprachen. Überhaupt muß man sich vor perfektionistischen Vorstellungen und bürokratischen Entstellungen hüten. Das gilt auch für die langfristige Prognose und Strategie von Wissenschaft und Technik. Ihre Notwendigkeit und Zweckmäßigkeit sind unbestritten, aber sie bewahrt uns nicht in jedem Fall vor Fehlkalkulationen. Der Flexibilität der Planung ist daher eine große Aufmerksamkeit zu schenken auch in der Form des gleitenden Einsteuerns neuer Entwicklungen.

Der heutige Stand der Planung von Wissenschaft und Technik ist das Ergebnis eines langen Lernprozesses und entspricht keineswegs in allen Punkten den Erfordernissen von Gegenwart und Zukunft. Es ist sicher auch deutlich geworden, wie die Planung von Wissenschaft und Technik von der allgemeinen politischen und sozialökonomischen Entwicklung abhängt. Betrachtet man aber objektiv die äußerst ungünstigen Startbedingungen der DDR sowie auch die später eingetretenen äußeren Hemmnisse unseres Wachstums gerade auf dem Gebiet von Wissenschaft und Technik, so erscheinen die Resultate als international sehr beachtlich für ein relativ kleines Land, was auch immer wieder von unvoreingenommenen Beobachtern bestätigt wird.

Historisch hat sich in allen sozialistischen Ländern ein spezifisches Leitungs- und Planungssystem von Wissenschaft und Technik entwickelt. Hier dominierte in der Vergangenheit notwendigerweise die Tendenz der Spezialisierung von Leitungsfunktionen. Heute wird das Hauptaugenmerk auf die Integration von Wissenschaft und Technik in den gesamten Leitungs- und Planungsprozeß gerichtet. Es kommt darauf an, Neuerungsprozesse von der Forschung über Investitionen und Produktion bis zum Markt und bis zur Anwendung zusammenhängend zu leiten und zu planen.

2. Zum erreichten Stand der wissenschaftlich-technischen Entwicklung in der Industrie der DDR

Betrachtet man den gegenwärtigen Stand der Wirtschaft der DDR unter dem Blickwinkel von Wissenschaft und Technik, so sind wesentliche Voraussetzungen dafür gegeben, daß unser Land in den achtziger Jahren eine neue, höhere Stufe seines industriellen Komplexes erreicht, ein höheres Niveau der Veredlung seiner Produkte vor allem. Der Anteil der Facharbeiter an den Berufstätigen mit abgeschlossener beruflicher Ausbildung beträgt jetzt etwa 58 Prozent (1980), der Anteil der Hochschulabsolventen 6,8 Prozent und der Fachschulabsolventen 12,1 Prozent. 182 000 Beschäftigte arbeiteten 1980 in der Forschung und Entwicklung gegenüber 123 000 1970. Von den 182 000 sind 113 000 Hoch- und Fachschulkader.

Tabelle 3: Kennziffern der Entwicklung des technischen Niveaus der Industrie der DDR

	1960	1965	1970	1975	1980
1. Technisierung der Arbeit %	54	62	65	71	75
2. Mechanisierung der Arbeit %	38	47	52	60	66
3. Automatisierung der Arbeit %	3	5	6	10	13
4. Anteil automatischer und teilautomatischer Ausrüstungen %			18	33	42	49
5. Nutzen aus Neuerungen (Erfindungs- und Vorschlagswesen) Mrd. M			1,2	2,5	3,5	4,6
6. Zahl der Arbeitsplätze mit verbesserten Arbeitsbedingungen in 1000					152	219
7. Einsparung AZ Mio.h (einschl. Bau u. Verkehr)					188	422
8. Patentanmeldungen, Einheimische					4559	6599
9. Anteil Gütezeichen Q' an der prüfpflichtigen Warenproduktion %			9	14	24

Tabelle 3 zeigt eine Reihe von Kennziffern der Wirksamkeit von Wissenschaft und Technik, die vor allem erhebliche Rationalisierungseffekte im vergangenen Jahrzehnt widerspiegeln. Worin bestanden die hauptsächlichen Herausforderungen des vergangenen Jahrzehnts für die ökonomische Wirksamkeit von Wissenschaft und Technik?

Erstens hat sich der naturbedingte Erschließungsaufwand der Braunkohle wesentlich erhöht, da sich das Verhältnis Abraum in m³ zu Kohleflöz in t ständig verschlechterte; es beträgt heute etwa 4,5. Hinzu kamen die rapide steigenden Roh- und Brennstoffkosten auf dem Weltmarkt. 1980 wurden in der DDR Rohstoffe im Wert von 58,4 Mrd. M verbraucht. Davon wurden 49 Prozent importiert. Langfristig gesicherte Zulieferungen von Roh- und Brennstoffen zu niedrigeren Preisen als auf dem Weltmarkt aus der UdSSR waren jahrelang sehr vorteilhaft für uns. Es ist aber bekannt, daß auch im RGW-Handel die Roh- und Brennstoffpreise jetzt sukzessive steigen. In den sechziger Jahren begann die DDR den Übergang zur Erdölchemie von der viel aufwendigeren Kohlechemie. Er wurde in den siebziger Jahren abgeschlossen und wirkte sich sehr positiv auf die Effektivitätskennziffer der Chemie aus. Aber in den siebziger Jahren änderten sich die Rentabilitätsbedingungen auch für die chemische Industrie grundlegend.

Der zweite Widerspruch entstand aus unserem anspruchsvollen sozialpolitischen Programm, das nach 1971 verwirklicht wurde. Die zusätzlichen sozialen Leistungen zum Beispiel in Richtung auf gestaffelte Formen der Arbeitszeitverkürzungen, besonders für Frauen, lösten einen starken Druck in Richtung auf die Rationalisierung aus. In der Produktion hatte sich das technische Niveau der Hauptprozesse, das ohnehin höher liegt als das der Hilfsprozesse (Transport, Instandhaltung, Lagerhaltung, Werkzeugbau, Gütekontrolle), auch noch schneller entwickelt.

Rationalisierungsmaßnahmen konzentrierten sich auf die Hauptprozesse, weil hier die Produktivitätseffekte durchschaubar und sofort machbar sind. Damit stieg aber, zunächst unsichtbar, weil langsamer wirkend, der Aufwand in den Hilfsprozessen. Früher oder später mußte das zur Dämpfung des Produktivitätswachstums führen.

Die anspruchsvollen Aufgaben zur Erweiterung der Produktion konnten nur bei erhöhter relativer Freisetzung von Arbeitskräften erreicht werden. Dazu aber benötigt man ein breites Sortiment von Rationalisierungsmitteln, das nicht zur Verfügung stand. Die im EWG-Raum mindestens für die kapitalkräftigen Betriebe vorhandene breite wissenschaftlich-technische Infrastruktur über Ländergrenzen hinweg war für die DDR-Betriebe in dieser Form nicht zugänglich. Das wird gelegentlich vergessen, wenn man die Innovationsleistung der DDR-Industrie von westlicher Seite aus beurteilt.

Ein drittes Problem hängt mit den außenwirtschaftlichen Komplikationen zusammen. Wir entwickeln den Export mit den sozialistischen Ländern ebenso wie mit den kapitalistischen Ländern planmäßig; soweit das natürlich von uns abhängt. Die Preiserhöhung der Rohstoffimporte zwingt uns zu Überlegungen über den Ausgleich der Handelsbilanz, die in verschiedener Richtung gehen und bei denen Wissenschaft und Technik eine Rolle spielen.

Neben den drei genannten Hauptproblemen spielten weitere Zusammenhänge und Widersprüche unserer wirtschaftlichen Entwicklung 1970 bis 1980 eine Rolle für den Fortschritt von Wissenschaft und Technik.

Wie wurde diesen Herausforderungen in unserer Wirtschaftspolitik und Wirtschaftspraxis begegnet? Ich habe die wesentlichen Maßnahmen in Abb. 2 systematisch dargestellt und will kurz auf die wichtigsten von ihnen eingehen.

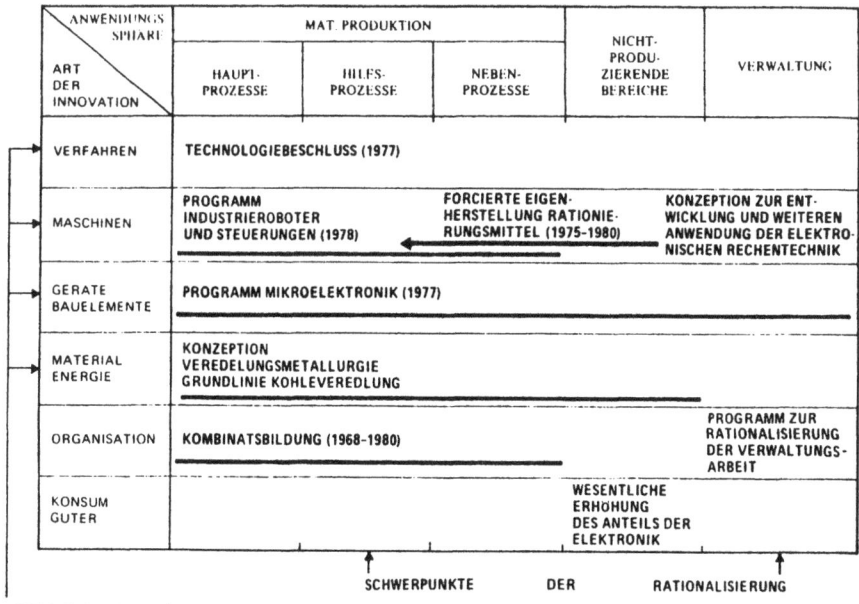

Abb. 2: Maßnahmen zur Förderung von Wissenschaft und Technik.

Nehmen wir zunächst einmal das Problem der Material- und Energieökonomie. Es ist doch sehr bemerkenswert, daß es in den letzten beiden Fünfjahrplänen gelungen ist, die Senkungsraten für den spezifischen Verbrauch wichtiger Energieträger, Rohstoffe und Materialien sukzessive zu erhöhen. Wir haben jetzt einen Stand erreicht, wo jedes Prozent Warenproduktionszuwachs in der Industrie mit einem Prozent Senkung des spezifischen Rohstoff- und Energieaufwands verbunden ist. Das ist nicht zuletzt das Ergebnis einer sehr starken Priorität in Wissenschaft und Technik für die Energie- und

Tabelle 4: Senkungsraten des spezifischen Verbrauchs von Energieträgern, Rohstoffen und Materialien in der Volkswirtschaft der DDR.

Senkungsraten des spezifischen Verbrauchs (in %)	Jahresdurchschnitt 1971–1975	1976–1980	1981–1985 (Plan)
Volkswirtschaftlich wichtige Energieträger, Rohstoffe und Materialien	2,8	3,9	5,0–5,5
Primärenergie	3,6	2,3	4,0–5,0
Gebrauchsenergie in der Industrie	4,6	4,6	–
Elektroenergie in der Industrie	2,2	3,2	–
Walzstahl in der metallverarbeitenden Industrie	4,2	5,6	6,3–6,5

Materialfragen im vergangenen Jahrzehnt. Die Vorgaben zur Material- und Energieeinsparung spielten in der Planung der Forschung und Entwicklung eine erstrangige Rolle. Der internationale Vergleich deckt die Fälle auf, in denen unsere Erzeugnisse noch zu schwer und materialkostenintensiv sind. Die Kombinate haben bekanntlich auch die Außenhandelsfunktion übernommen. Neben der Warenproduktion spielen Nettoproduktion und Grundmaterialkosten eine zunehmende Rolle in der Leistungsbeurteilung, ohne daß wir freilich mit dem Stand auf diesem Gebiet zufrieden sein können.

Das zweite Problem ist die Rationalisierung im Sinne des arbeitsparenden technischen Fortschritts. Ich hatte den Widerspruch zwischen Haupt- und Hilfsprozessen erwähnt. Ein ganz entscheidender Faktor zur Überwindung dieses Engpasses wurde die Eigenherstellung von Rationalisierungsmitteln in den Kombinaten der DDR. Damit wurde eine innere Infrastruktur für den wissenschaftlich-technischen Fortschritt geschaffen, die sich sehen lassen kann. Es war eine adäquate Strategie unter unseren Bedingungen.

Das Wachstumstempo der Eigenproduktion von Rationalisierungsmitteln war im Zeitraum 1976–1980 fast siebenmal so hoch wie das der gesamten industriellen Warenproduktion.

1980 betrug das Volumen der Eigenherstellung von Rationalisierungsmitteln 2,4 Milliarden Mark. Das entspricht einer Steigerung gegenüber 1975 auf mehr als das Dreifache.

Der Anteil der Eigenherstellung von Rationalisierungsmitteln an den Ausrüstungsinvestitionen wurde erhöht; er betrug 1975 6 Prozent und 1980 16 Prozent.

1976 verfügte etwa die Hälfte der Kombinate/VVB über einen eigenen Rationalisierungsmittelbau. Seit 1978 stellen alle Kombinate der Industrie Rationalisierungsmittel in Eigenfertigung her.

Diese Eigenkapazitäten in der Verantwortung der Kombinate sind außerordentlich wesentlich für die praktische Realisierung von Neuerungsprozessen. Man kann natürlich hergehen und sagen, eine breite Angebotsstruktur von Rationalisierungsmitteln würde diese Anstrengungen erübrigen. Aber das ist kein besonders stichhaltiger Einwand. In der westdeutschen Industrie gibt es in einer Reihe von Firmen einen beträchtlichen Eigenbau von spezifischen Rationalisierungsmitteln trotz einer breiten Angebotsstruktur auf dem Maschinen- und Gerätesektor. Auch die Verfahrensentwicklung hat in den 70er Jahren erhebliche Fortschritte gemacht und wurde besonders gefördert. Vor einiger Zeit brachte die *Financial Times* einen Artikel «Ostdeutschland führt im explosiven Umformen», der sich auf die in unserem Automobilbau eingeführte Methode der Herstellung von Achsgehäusen für LKWs, Busse und Traktoren bezog.

3. Die Aufgabenstellung für den wissenschaftlich-technischen Fortschritt in den 80er Jahren

Für das nächste Jahrzehnt erwarten wir eine Beschleunigung des wissenschaftlich-technischen Fortschritts, auf die sich die DDR entsprechend ihren Möglichkeiten und Zielen voll einstellt. Zu den in Tabelle 5 aufgeführten 18 Entwicklungsrichtungen von Wissenschaft und Technik gibt es in der DDR Vorstellungen, Initiativen und auf bestimmten Gebieten auch beachtliche Teilerfolge. Für uns ist es wesentlich, die Frage zu beantworten, welchen Beitrag diese Entwicklungsrichtungen zur Erfüllung unserer sozialökonomischen Ziele leisten können.

Diese Frage wird in der praktischen Leitung und Planung in drei Stufen beantwortet:
1. In einer vorwiegend qualitativen Analyse und schließlichen Bewertung der Entwicklungsrichtungen, wobei viele internationale Informationen und Teilvergleiche eine Rolle spielen.
2. In einer Abschätzung der volkswirtschaftlichen Auswirkungen der wissenschaftlich-technischen Entwicklungsrichtungen.
3. In detaillierten Berechnungen zu speziellen Themen und Projekten im Prozeß der Forschungs- und Entwicklungsplanung, der Investitionsplanung und in anderen Planteilen.

Tabelle 5: Entwicklungsrichtungen des wissenschaftlich-technischen Fortschritts

	1.	Produkte
A	1.1	Generationswechsel auf der Basis der Mikroelektronik
B	1.2	Schaffung neuer Produktgruppen und Zweige, wie z. B. Ausrüstungen für die flexible Automatisierung
	2.	Prozesse
C	2.1	Neue Basistechnologien für höchstintegrierte Schaltkreise
	2.2	Flexible Automatisierung für Klein- und Mittelserien
D	2.21	Roboter
E	2.22	Flexible Fertigungssysteme
F	2.23	NC, CNC, DNC – Maschinen
	2.3	Automatisierung in den Hilfsprozessen
G	2.31	Neue Meß- und Prüfprozesse
H	2.32	Neue Transport- und Lagertechnologien
	2.4	Stoffwandelnde Prozesse
J	2.41	Neue chemische Prozesse (darunter Kohlechemie)
K	2.42	Bessere Nutzung von Sekundärrohstoffen durch neue Verfahren
L	2.43	Biochemische und biologische Verfahren
	2.5	Technische Kommunikation
M	2.51	EDV-Anwendung
N	2.52	Nachrichtentechnik
O	2.53	Büroautomatisierung
P	2.6	Neue Energietechnologien
	3.	Vorleistungen und Materialien
Q	3.1	Verwendung elektronischer Bausteine
R	3.2	Verbundwerkstoffe
S	3.3	Materialsubstitution

Welche Probleme sind in der vor uns liegenden Periode durch Wissenschaft und Technik zu meistern? Erstens weiterhin das Rationalisierungsproblem im Sinne des arbeitssparenden technischen Fortschritts. Das Sozialprogramm wirkt weiter und wird weitergeführt, neue Fertigungen erfordern zusätzliche Arbeitskräfte.

Zweitens das bereits erwähnte Problem der rationellen Stoffnutzung und der besseren Veredlung unserer Produkte.

Drittens die Begrenztheit der Erweiterungsinvestitionen, die uns zwingt, nach Modernisierungslösungen zu suchen. Dafür wird bei uns der Begriff Rekonstruktion verwendet.

Viertens die Verbesserung der Weltmarktfähigkeit unserer Produkte unter Bedingungen des verschärften Konkurrenzkampfes auf den internationalen Märkten.

Auf dem X. Parteitag der SED wurde unter dem Begriff der «ökonomischen Strategie der 80er Jahre» eine Antwort auf diese Fragen gegeben.

Auf einige davon möchte ich hier kurz eingehen.

Die DDR ist ebenso wie Japan eines der wenigen Länder, denen es in den letzten beiden Jahren gelungen ist, den Rückgang der Wachstumsraten der Arbeitsproduktivität zu stoppen und sogar wieder einen Zuwachs der Wachstumsrate der Arbeitsproduktivität zu erreichen. Ganz wesentlich ist dafür die Prioritätssetzung in Richtung auf die *flexible Automatisierung*.

Die Automatisierung der Produktion hat sich seit den fünfziger Jahren in unterschiedlichem Tempo entwickelt. Die Ausbreitung der numerisch gesteuerten Werkzeugmaschinen erfolgte bis zum Anfang der 70er Jahre relativ langsam, obwohl sie bereits 1955 auf dem Markt eingeführt wurden. Die traditionelle Einzweckautomatisierung der Massenproduktion ging schneller voran, zeigt aber jetzt gewisse Erscheinungen der Saturation, d. h. des langsameren Produktivitätszuwachses. Nach Angaben von Arthur D. Little, USA, werden $^4/_5$ der Erzeugnisse der verarbeitenden Industrie der Welt nach wie vor in Losgrößen von 10 bis 50 Stück hergestellt und kosten im Durchschnitt etwa das Fünffache im Vergleich zu Massenprodukten. In den USA werden 40 Prozent des Nettoprodukts der verarbeitenden Industrie in kleinen und mittleren Serien mit relativ niedriger Produktivität hergestellt. Die Mikroelektronik hat nun die Situation wesentlich verändert. Früher machte der Kostenanteil der Steuer- und Lenkungseinrichtungen an den NC-Maschinen etwa 50 Prozent aus, während er heute bereits auf 20 Prozent gesunken ist.

Es gibt eine Reihe von Anzeichen dafür, daß die flexible Automatisierung FA (Roboter, NC, flexible Fertigungssysteme) in den nächsten beiden Jahrzehnten einen Durchbruch in der Automatisierung der Klein- und Mittelserienfertigung erreichen wird.

Wie ist nun die Lage in der metallverarbeitenden Industrie der DDR?

In Tabelle 6 und Abbildung 3 ist die Struktur des Fertigungsaufwands in der metallverarbeitenden Industrie der DDR dargestellt. Es zeigt sich, daß 70 Prozent der Fertigungszeit für Einzel-, Klein- und Mittelserienfertigung vorgesehen sind. Die Relationen sind über acht Jahre fast gleich geblieben. Man kann nach verschiedenen Erhebungen annehmen, daß nur etwa 5 Prozent der Fertigungszeit unmittelbare Maschinenzeit sind. Schätzungsweise werden 40 Prozent der Nettoproduktion der metallverarbeitenden Industrie in der Einzel-, Klein- und Mittelserienproduktion hergestellt, also beträgt die Produktivitätsdifferenz zur Massenproduktion etwa das 3,5fache. Betrachtet man ferner den Automatisierungskoeffizienten der Ausrüstungen, der Arbeit und der Fertigungszeit (Abbildung 4), so wird deutlich, daß die bisherigen Fortschritte der traditionellen Automatisierung nicht allzu beeindruckend sind. Fünf-

Tabelle 6: Struktur des Fertigungszeitaufwands der metallverarbeitenden Industrie der DDR in Prozent

	1970	1980
I. Einzelfertigung		
A. Werkstattfertigung	6,3	6,2
B. Spezialisierte Fertigung	2,2	2,6
C. Montage	6,6	6,3
II. Serienfertigung		
A. Werkstattfertigung	19,8	18,1
B. Spezialisierte Fertigung	22,9	23,0
B 1. Gruppenfertigung	9,3	10,8
B 2. Reihenfertigung	10,8	9,5
B 3. Maschinenfließfertigung	2,8	2,7
B 3.1 Automatische Maschinenfließfertigung	0,6	0,6
C. Montage	24,5	23,6
C 1. Einzelmontage	2,3	1,6
C 2. Losmontage	12,8	14,1
C 3. Montagefließfertigung	9,4	7,8
C 3.1 Automatische Montagefließfertigung	0,1	0,3
Potential für Flexible Automatisierung (alle Kategorien außer II B 3,1, II C 3)	79,3	78,7
bereits automatisiert	0,7	0,9

Quelle: Statistisches Jahrbuch der DDR 1972, 1981

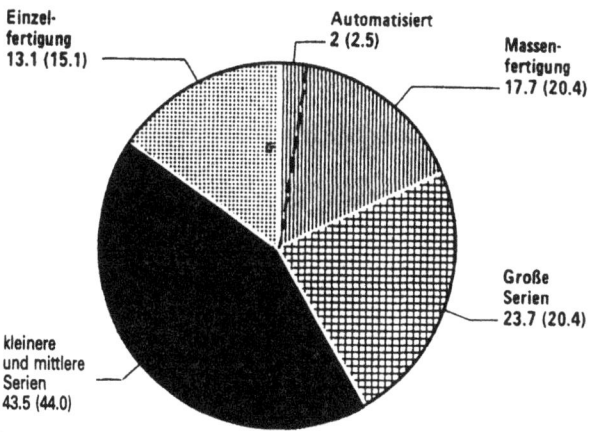

Abb. 3: Struktur des Fertigungszeitaufwands in der metallverarbeitenden Industrie der DDR 1970 (1980).

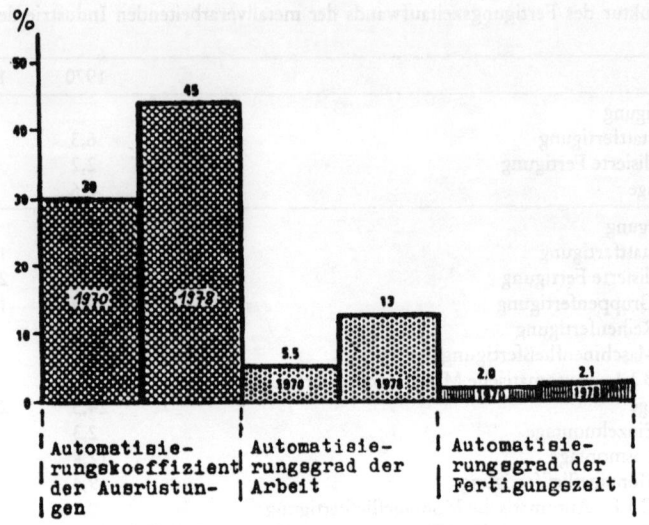

Abb. 4: Automatisierungskennziffern in der metallverarbeitenden Industrie der DDR.

zig Prozent Automatisierung der Ausrüstungen ergeben nur 14 Prozent Automatisierung der Arbeit. Grob gesprochen, wären mit 100 Prozent Automatisierung der Ausrüstungen bestenfalls 28 Prozent Automatisierung der Arbeit denkbar. Legt man eine logistische Funktion durch die bisherigen Werte der Automatisierung der Ausrüstungen und der Arbeit, erhalten wir Sättigungswerte von 54 und 20 Prozent.

Das zeigt nichts anderes als bestimmte Grenzen der herkömmlichen Formen der Automatisierung, die erst jetzt auf der Basis der Mikroelektronik durch die FA überwunden werden können. Damit ist vorauszusehen, daß die Relation zwischen dem Automatisierungskoeffizienten der Ausrüstungen und dem Automatisierungsgrad der Arbeit, die seit 1970 in der DDR sinkt, nach 1980 wieder ansteigen wird (Abbildung 5).

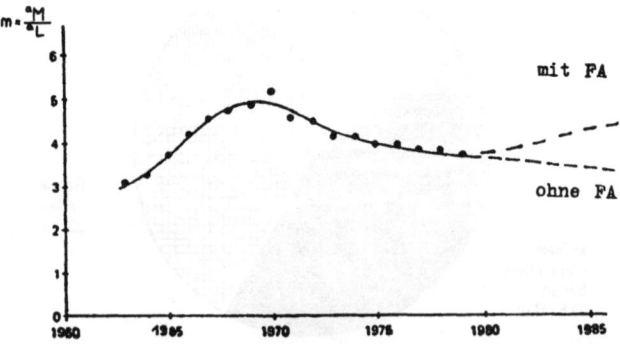

Abb. 5: Relation zwischen dem Automatisierungskoeffizienten der Ausrüstungen und dem Automatisierungsgrad der Arbeit a_L in der Industrie der DDR.

Zum Komplex Flexible Automatisierung FA gehören bis 1985 drei wesentliche Aufgaben:
1. Der Einsatz von 45 000 Industrierobotern mit dem Ziel der Freisetzung von 112 500 Arbeitskräften. Das sind mehr als 7 Prozent der gesamten geplanten volkswirtschaftlichen Freisetzung von Arbeitsplätzen.
2. Die überdurchschnittlich schnelle Steigerung der Produktion und des Einsatzes weiterer Automatisierungsmittel, darunter numerisch gesteuerter Werkzeugmaschinen.
3. Der weitere Ausbau flexibler Fertigungssysteme FFS.

Die DDR hatte 1980 6 flexible Fertigungssysteme, gegenüber 8 in der Bundesrepublik, 16 in den USA und 40 in Japan, ein durchaus beachtlicher Stand.

Auch auf dem Gebiet der Roboter hat die DDR ein schnelles Entwicklungstempo erreicht. Dabei muß man nicht die Zahl der Roboter vergleichen, sondern die Diffusionsrate, gemessen mit der Größe F/1-F, wobei F folgende Relation ist:

$$\frac{\text{Anzahl der durch programmflexible Roboter ersetzten Arbeitsplätze}}{\text{Anzahl der durch programmflexible Roboter ersetzten und der noch ersetzbaren Arbeitsplätze}}$$

Wie der Weltstandsvergleich in Abbildung 6 zeigt, nimmt die DDR seit 1980 hier einen Platz ein, der dem der Bundesrepublik entspricht, also hinter Schweden, das auf dem ersten Platz liegt, Japan und USA.

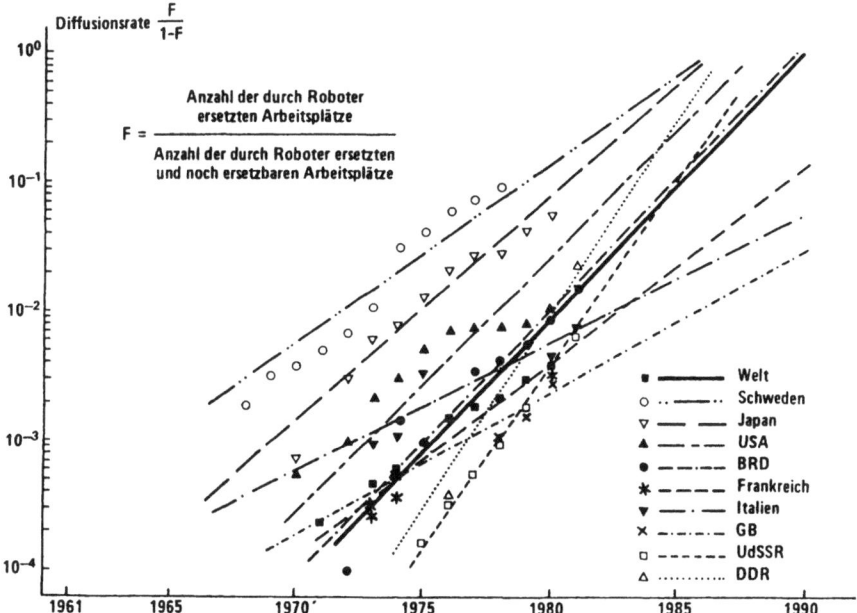

Abb. 6: Ausbreitung von programmflexiblen Robotern in 9 Ländern.

Wohlgemerkt, diesem Vergleich liegt der engere Roboterbegriff zugrunde, nicht der weitere, der einfache Manipulatoren miteinschließt. Die Zielsetzung von 45000 Robotern bis 1985 bezieht sich auf die Roboterdefinition im weiteren Sinne, die auch in Japan oftmals verwendet wird und die in unserer Planungsarbeit verbindlich ist. Die sozialistischen Länder werden im Rahmen ihrer wirtschaftlichen und wissenschaftlich-technischen Integration auf dem Gebiet der flexiblen Automatisierung bald schon über eine eigene entwickelte wissenschaftlich-technische Infrastruktur verfügen. Selbstverständlich sind wir auch an der Zusammenarbeit mit kapitalistischen Industrieländern interessiert, wenn diese nicht von falschen Voraussetzungen bezüglich unserer Möglichkeiten ausgehen oder vordergründig politisch motivierte Restriktionen für zweckmäßig halten. Es ist zum Beispiel bekannt, daß das Potential der sowjetischen Roboterindustrie rasant ansteigt und führende Roboterexperten der USA durchaus bekennen, daß sie auf wichtigen Spezialgebieten dieser neuen Industrie von sowjetischen Kollegen lernen konnten.

Wir sind trotz der anspruchsvollen Zielsetzung für 1985, die 1981 bereits zu 29 Prozent erreicht wurde, auch 1985 noch weit von der Ausschöpfung des gesamten Einsparungspotentials entfernt. Das gilt vor allem dann, wenn man intelligente Roboter annimmt, die ihre eigene Tätigkeit selbständig anhand der Verarbeitung sensorisch erfaßter Daten verändern können. Nach unseren Berechnungen wird 1985 der Ausschöpfungsgrad des Einsparungspotentials für die gegenwärtig bekannten Robotertypen 32 Prozent betragen, für die neuen Typen aber nur 14 Prozent.

Es ist absehbar, daß die Typenvielfalt der Roboter steigen wird. In diesem Zusammenhang wird es notwendig sein, ein Baukastensystem für Roboter zu entwickeln, eine Aufgabe, die gemeinsam mit der UdSSR in Angriff genommen wird.

Soviel zum Rationalisierungsproblem. Das ist gewissermaßen das eine Bein des wissenschaftlich-technischen Fortschritts. Ohne Realisierung riesiger Einsparungssummen aus Fertigungen, die sich in der Reife- und Sättigungsphase aus der Sicht der Produktinnovation befinden, ist die notwendige Akkumulation nicht zu sichern.

Das andere Bein aber ist der Erzeugnisfortschritt und die Verbesserung der Exportstruktur durch innovative Produkte. Das ist im Grunde für die nächsten Jahre eine der wichtigsten Aufgaben für unsere Industrie und unser wissenschaftlich-technisches Potential. Es geht darum, Erzeugnisse aus Produktgruppen mit hohem und auf dem Weltmarkt schnell wachsendem Kilopreis exporttreif zu machen und gezielt auf den Markt zu bringen. Das ist ganz gewiß heutzutage keine einfache Aufgabe. Führende Kombinate haben sich bereits voll darauf eingestellt, wie zum Beispiel Robotron Dresden, wo jährlich etwa 20 bis 25 Prozent des Erzeugnissortiments erneuert werden. Im Prozeß der Planung und Leistungsbeurteilung spielt der Begriff der «Spitzenleistung» wieder eine stärkere Rolle. Es wird auch ausgewiesen, wie hoch der Anteil der Spitzenprodukte an der gesamten Warenproduktion ist. Für 1982 sind zum Beispiel 17 Mrd. M geplant, also etwa 5 bis 6 Prozent der Warenproduktion. Aber was ein Spitzenprodukt ist, wird durch die Kombinate selber und durch staatliche Organe wie das Amt für Standardisierung, Meßwesen und Warenprüfung bestimmt. Das ist zweifellos ein Mangel, der in Zukunft durch bessere, objektivere Meßgrößen des internationalen Vergleichs überwunden werden muß. Dazu gibt es bestimmte Vorstellungen, die aber hier nicht weiter dargestellt werden können.

Resümierend kann man feststellen, daß die ökonomische Wirksamkeit von Wissenschaft und Technik eine wesentliche Grundlage dafür war, daß wir zwischen 1970 und 1980 einen Zuwachs der Arbeitsproduktivität von durchschnittlich 6,1 Prozent je tatsächlich geleisteter Arbeitsstunde der Arbeiter und Angestellten erreichen konnten. In der gleichen Zeit ging die tatsächlich geleistete Arbeitszeit pro Arbeiter und

Angestellten um insgesamt 7,2 Prozent zurück. Auch die Tatsache, daß wir jetzt ein Produktionswachstum zwischen 5 und 6 Prozent mit ebensolchen Raten der Material- und Energieeinsparung und der Produktivitätssteigerung verbinden, spricht dafür. In den achtziger Jahren stehen freilich qualitativ neue Herausforderungen ins Haus, die vor allem auf der Seite des Erzeugnisfortschritts liegen. Das wird uns veranlassen, darüber nachzudenken, wie dies durch wirksame ökonomische Mechanismen und durch Qualifizierung der Planung erreicht werden kann.

Weltstandsvergleiche, Marktprofile, Schutzrechtsarbeit, Marktvorbereitung und ähnliche Gebiete werden einen viel größeren Stellenwert erlangen. Die Schritte zur verbesserten Effizienzmessung und Leistungsbeurteilung, wie sie in den siebziger Jahren gegangen wurden, werden sicherlich fortgesetzt werden.

A. Schüller, H. Leipold, H. Hamel (Hrsg.): Innovationsprobleme in Ost und West · Schriften zum Vergleich von Wirtschaftsordnungen · Heft 33 · Gustav Fischer Verlag · Stuttgart · 1983

Zur Planung von Wissenschaft und Technik in Industriekombinaten der DDR

Joachim Garscha

Wie bisher, spielen auch in der ökonomischen Strategie unseres Landes in den nächsten Jahren die Fragen der Erhöhung der Effektivität von Wissenschaft und Technik eine hervorragende Rolle. Sie sind Schlüsselfragen unseres ökonomischen Wachstums.

Besonders mit der Bildung großer Wirtschaftseinheiten, wir nennen sie Kombinate, wurden neue Bedingungen für Wissenschaft und Technik geschaffen.

Mit der Herausbildung der Kombinate der Industrie vor allem ab 1979 und der damit verbundenen Direktunterstellung unter die Ministerien der Industrie wurde in der DDR unter vielerlei Aspekten eine weitere wesentliche Grundlage für die Sicherung des weiteren Leistungszuwachses der Wirtschaft in Verbindung mit der höheren Wirksamkeit von Wissenschaft und Technik geschaffen. Gleichzeitig war das ein wichtiger Schritt zur Vervollkommnung unseres Leitungs- und Planungssystems. Das Wesen bestand in der weiteren Konzentration der Produktion und deren Leitung sowie der wesentlich engeren Koppelung mit der wissenschaftlich-technischen Basis. Damit existiert in der Industrie der DDR ein zweistufiges Leitungssystem mit den beiden Polen: Ministerrat einschließlich seiner Organe (Staatliche Plankommission, Ministerien der Industrie sowie Querschnittsministerien wie Wissenschaft und Technik, Finanzen u. a.) und Industriekombinate mit ihren Betrieben.

In der DDR gibt es gegenwärtig 157 zentral geleitete Kombinate, in denen 2 900 000 Werktätige arbeiten (150 000 sind davon auf dem Gebiet von Wissenschaft und Technik tätig) und die über 90 Prozent der Produktion der Industrie der DDR realisieren. Unsere Kombinate stellen also eine wichtige Hauptbasis unserer Wirtschaft dar.

Vor diesem Hintergrund möchte ich in meinem Vortrag den Inhalt und die Schwerpunkte der Planung von Wissenschaft und Technik in den Kombinaten unter den gegenwärtigen Bedingungen der Wirtschaftsführung in unserer Republik darlegen und Fragen behandeln, die mit der Planung von Wissenschaft und Technik verbunden sind, sofern sie dazu beitragen, die Komplexität dieses Planungsgebietes und ihrer Einordnung in den Gesamtprozeß der Leitung und Planung unserer sozialistischen Wirtschaft zu demonstrieren.

Zunächst will ich aber noch einmal auf die grundlegende Rolle der Industriekombinate in der Wirtschaft der DDR eingehen. An der eingangs erfolgten kurzen Schilderung des Potentials, das hinter den Kombinaten unserer Industrie steht, sollte deutlich gemacht werden, daß die Kombinate gemeinsam mit dem Forschungs- und Entwicklungspotential der Hochschulen und Universitäten und durch enge Kooperation mit anderen sozialistischen Ländern auf den Gebieten der Produktion, der Forschung und der Wissenschaft die wissenschaftliche Hauptbasis für den wissenschaftlich-technischen Fortschritt der gesellschaftlichen Produktion in der DDR darstellen. Die Kombinate bilden also mit ihren vielfältigen Direktbeziehungen auf materiellem, finanziellem und sozialem Gebiet zu fast allen Bereichen unserer Gesellschaft die grundlegende Wirtschaftseinheit der materiellen Produktion. Hier muß man aber sofort hinzufügen, daß das Kombinat trotzdem natürlich oder gerade deswegen fester Bestandteil der einheitlichen sozialistischen Volkswirtschaft der DDR ist und demzufolge im System der Leitung und Planung einen festen Platz einnimmt und die Leitung durch die grundlegenden und bekannten Prinzipien des Demokratischen Zentralismus und die Dialektik von Politik und Ökonomie bestimmt wird.

Mit der Bildung und der Entwicklung der Kombinate wurde vor allem eine Form der Vereinigung von Wissenschaft und Produktion angestrebt und in vielen Gebieten schon realisiert, die es gestattet, ein solches Tempo der Verwirklichung neuer Erkenntnisse von Wissenschaft und Technik zu sichern, daß alle mit dem Zeitfaktor verbundenen Möglichkeiten zur Erreichung hoher Effektivität möglichst vollständig ausgenutzt werden können. Um es also vereinfacht zu sagen: Die Gründung und Entwicklung unserer Kombinate verfolgt neben anderen Überlegungen eindeutig das Ziel, rasch und nachhaltig durch Nutzung neuer Effekte der Integration zwischen Wissenschaft und Produktion zu hoher volkswirtschaftlicher Effektivität zu führen. Damit ist natürlich sofort etwas zum Ziel der Wirtschaftstätigkeit der Kombinate gesagt, nämlich, daß sie durch vielfältige gesetzliche und andere Regelungen darauf orientiert und verpflichtet sind, planmäßig einen ihren materiellen und anderen Potenzen entsprechenden hohen Beitrag zur Realisierung der Gesamtbelange der Volkswirtschaft und der Gesellschaft der DDR zu erbringen. Das sind Effektivitätsanforderungen des Staates, die Befriedigung der Bedürfnisse unserer Menschen und damit die Gewährleistung der Gesamtpolitik des Staates der DDR auf allen Gebieten. D.h. also, die Wirksamkeit unserer Kombinate, vor allem in Verbindung mit der Beschleunigung des wissenschaftlich-technischen Fortschritts, wird in der DDR gemessen an der Erreichung gesellschaftlicher und damit staatlicher Zielstellungen. Besonders unter diesem Aspekt tragen unsere Industriekombinate eine hohe Verantwortung bei der Entwicklung neuer Erzeugnisse mit hohem volkswirtschaftlichen Effekt, bei der Organisierung aller Bereiche des Reproduktionsprozesses auf der Grundlage modernster Technologien, bei der planmäßigen Verbesserung des Verhältnisses von Aufwand und Ergebnis und nicht zuletzt bei der ständigen Verbesserung der Arbeits- und Lebensbedingungen der Werktätigen.

An dieser Stelle will ich deutlich hervorheben, daß unsere Kombinate nicht nur in Verbindung mit Aufgaben und Zielen des wissenschaftlich-technischen Fortschritts, sondern generell eine große Verantwortung im sozialen Bereich gegenüber unseren Werktätigen tragen. Dieser sozialen Verantwortung ist bei uns selbstverständlich auch der Gesamtkomplex der Planung von Wissenschaft und Technik untergeordnet. D.h., zwischen der Planung von Wissenschaft und Technik und den sozialen Zielen und Aufgaben der Kombinate bestehen ganz enge Beziehungen. Erstens haben die Kombinate bezüglich des wissenschaftlich-technischen Fortschritts alles zu unternehmen, um diesen für die soziale Entwicklung der Werktätigen zu nutzen, und zwar im weitesten Sinne, über die Erreichung einer hohen Effektivität genauso wie über die Verbesserung der Arbeits- und Lebensbedingungen. Und zweitens tragen die Kombinate die volle Verantwortung dafür, daß mögliche negative soziale Folgen des wissenschaftlich-technischen Fortschritts bezüglich ihrer Wirkungen auf die Werktätigen minimiert und möglichst ganz ausgeschlossen werden. Diese Aufgabe gewinnt vor allem mit dem verstärkten Einsatz der Mikroelektronik und von Industrierobotern zunehmend an Bedeutung.

Ich denke, daß schon mit der Darstellung dieser Aufgabenseite unserer Kombinate deutlich wird, daß bei uns in der DDR die Zielstellungen für Wissenschaft und Technik die allgemein üblichen Maßstäbe der Effektivität und ihrer technischen-technologischen Betrachtung weit übersteigen. Nicht zuletzt daraus ergibt sich die Notwendigkeit einer komplexen Betrachtungsweise aller Ziele und Prozesse als Grundlage für die Planung sowohl der Gesamtaufgaben als auch einzelner Maßnahmen von Wissenschaft und Technik.

In all diesen Fragen arbeiten unsere Kombinate nach verbindlichen Aufgabenstellungen im Rahmen unserer Volkswirtschaftspläne, und hier tragen sie die volle Verantwortung für die Einhaltung sämtlicher Aufgabenstellungen. Natürlich ist das keine kollektive Verantwortung, sondern entsprechend dem Prinzip der Einzelleitung im System der Leitung und Planung der Volkswirtschaft tragen die Generaldirektoren für ihren Bereich die persönliche Hauptverantwortung für alle zu treffenden Entscheidungen und zu realisierenden Ziele. Daraus ergibt sich eine weitere Aufgabenstellung, die ich deutlich machen möchte: Der Generaldirektor des Kombinats muß zur Wahrnehmung seiner Verantwortung in starkem Maße eigenverantwortlich konzeptionelle Arbeiten, sowohl zur Vorbereitung der Pläne als auch zur Realisierung verbindlicher Pläne, durchführen. Das heißt, er wirkt mit im Prozeß der Zielfindung im volkswirtschaftlichen Rahmen durch enge Zusammenarbeit mit zentralen Staatsorganen, und er trägt eine große Verantwortung bei der Realisierung staatlich verbindlicher Pläne. Das ist generell so und trifft in besonderem Maße für die Planung von Wissenschaft und Technik zu. Das heißt, der Generaldirektor hat durch seine aktive Arbeit bei der Bestimmung von Entwicklungszielen für Wissenschaft und Technik eine volkswirtschaftliche Verantwortung mitwahrzunehmen, die darin zum Ausdruck kommt, daß unsere Generaldirektoren durch Gesetzeskraft dafür verantwortlich sind, in Vorbereitung der Pläne für Wissenschaft und Technik den staatlichen Organen Vorschläge für anzustrebende Ziele zu unterbreiten. Diese Vorstellungen der Generaldirektoren bilden in der DDR gemeinsam mit den Ziel- und Maßnahmeplanungen des Ministerrates und dessen Organen, vor allem der Ministerien, die Hauptgrundlage zur Ausarbeitung der Pläne.

Ich habe das deshalb dargestellt, um deutlich zu machen, daß unsere Generaldirektoren besonders auf dem Gebiet von Wissenschaft und Technik eine gesellschaftliche Gesamtverantwortung tragen, von der man bei der Darstellung von spezifischen Aufgaben der Leitung und Planung der Kombinate nicht abstrahieren kann und darf.

Die Bildung der Kombinate, in verstärktem Maße ab 1979, ist also eine wesentliche neue Etappe zur Weiterentwicklung der Wirtschaftsorganisation in unserem Lande, die den herangereiften Bedingungen entspricht.

Was verstehen wir in der DDR unter der Planung von Wissenschaft und Technik?

Zunächst möchte ich wiederholen, was ich bereits angedeutet habe: Die Planung von Wissenschaft und Technik folgt bei uns in der DDR volkswirtschaftlichen Erfordernissen und ist damit für alle Ebenen gleichermaßen orientierend und verbindlich. Zunächst ist von mir deshalb hervorzuheben, ohne das entsprechend auszudehnen, daß wichtigster Ausgangspunkt für die Planung von Wissenschaft und Technik in den Kombinaten natürlich die Aufgabenstellung auf diesem Gebiet durch die Staatliche Plankommission, die Ministerien der Industrie, das Ministerium für Wissenschaft und Technik und durch andere Staatsorgane ist. Auf dieser Grundlage wird der Staatsplan Wissenschaft und Technik iterativ als Instrument der zentralen staatlichen Planung von Wissenschaft und Technik ausgearbeitet. Dieser Staatsplan Wissenschaft und Technik enthält erstens Staatsaufträge, auf die ich im weiteren noch zu sprechen komme, er enthält zweitens Einzelaufgaben und drittens Vorgaben allgemein ökonomischer Art, so z. B. zur Einsparung von Energie und zur Entwicklung der Produktion. Das heißt, der Staatsplan Wissenschaft und Technik ist in dieser Dreiteilung ein wichtiger Fix- und Ausgangspunkt für die Planung in den Kombinaten, die ihrerseits in Verbindung mit eigenen Analysen, Prognosen und Recherchen die Ausarbeitung des Planes Wissenschaft und Technik im Kombinat zum Ziel hat. Dieser Plan Wissenschaft und Technik in den Kombinaten ist Bestandteil des Gesamtsystems der Planung, und ihn verbinden deshalb zu anderen Plänen vielfältige Beziehungen, die bei seiner Ausarbeitung und Realisierung stets zu beachten sind. So die Beziehungen zu den Investitions-, Produktions-, Finanz- und Sozialplänen.

Wir haben in der DDR zur Beachtung dieser Beziehungen ein sehr entwickeltes Netz von Methoden und Regelungen, dessen Funktion besonders die Sicherung der Komplexität der Planung ist. Im einzelnen umfassen die Pläne Wissenschaft und Technik die Planung der Forschung und Entwicklung, die Planung von technisch-organisatorischen Maßnahmen, die Planung des ökonomischen Nutzens, die Planung der Neuerertätigkeit und Planungen zur Veränderung der Organisation der Arbeit infolge von wissenschaftlich-technischen Entwicklungen.

Bei Ziel- und Aufgabenbestimmung der Forschung und Entwicklung in den Kombinaten gehen wir von folgendem Grundsatz aus:

Zur Erhöhung des Niveaus und der Effektivität der wissenschaftlich-technischen Arbeit sind für alle Aufgaben der Forschung und Entwicklung, die zu Erzeugnissen, Verfahren oder Technologien führen, Pflichtenhefte zu erarbeiten. Das Pflichtenheft ist ein fester Bestandteil der Planung wissenschaftlich-technischer Arbeiten. Es ist ein wichtiges Führungsdokument des Generaldirektors des Kombinats zur Sicherung hoher Leistungen in Forschung und Entwicklung auf der Grundlage der zentralen volkswirtschaftlichen Vorgaben. Das Pflichtenheft ist verbindliche Grundlage für die Finanzierung und Stimulierung der wissenschaftlich-technischen Arbeit und für die Leistungsbewertung der Forschungs- und Entwicklungskollektive.

Das Pflichtenheft muß gewährleisten, daß mit den Forschungs- und Entwicklungsergebnissen eine hohe Produktionswirksamkeit erreicht, der Produktionsverbrauch gesenkt, ein hoher Exportzuwachs gesichert sowie Importe entschieden reduziert werden. Es muß verbindliche Zielstellungen für die Produktivitätsentwicklung, für das Kosten- und Preisniveau sowie die qualitätsbestimmenden Kennziffern der Entwicklung enthalten.

Dazu sind im Pflichtenheft
- die ökonomische Zielstellung mit den wichtigsten Kennziffern zur Leistungs- und Effektivitätsentwicklung (einschließlich Ziele zur Lizenzvergabe) unter Zugrundelegung von Zeitnormativen zur Sicherung kurzer Bearbeitungsfristen,
- die wissenschaftlich-technische Aufgabenstellung und das zu erreichende wissenschaftlich-technische Niveau für die Entwicklung des Erzeugnisses, des Verfahrens bzw. der Technologie,
- die Realisierungsbedingungen (Aufwand nach Arbeitsetappen und Fristen)

auszuweisen. Bei Verfahren und Technologien sind die ökonomischen Zielstellungen auf die Wirkungen bei der Produktion der entsprechenden Erzeugnisse zu beziehen.

Die Ziel- und Aufgabenstellungen sind im Pflichtenheft durch Berechnungen und Einzelnachweise zu begründen.

Dazu gehören insbesondere:
- Weltstandsvergleiche, Trend-, Schutzrechts- und Marktanalysen, Schutzrechtskonzeption, Sicherung des Geheimnisschutzes,

- wissenschaftlich-technische Parameter (einschließlich Kennziffern zur Funktion, Zuverlässigkeit und Lebensdauer) sowie wichtige Prüfbedingungen,
- erfinderische, schutzrechtliche und formgestalterische Zielstellungen sowie Nachweise über die Nutzung der wissenschaftlich-technischen Information und über durchgeführte Patentrecherchen,
- Nachweise zur Einhaltung volkswirtschaftlicher Normative,
- der Hauptfristenplan, wobei in der Regel höchstens 2 Jahre von der Bestätigung des Pflichtenheftes bis zum Abschluß der Arbeiten zulässig sind,
- Berechnungen über das Verhältnis von Aufwand und volkswirtschaftlichem Ergebnis, über Rückflußdauer, Produktionswirksamkeit, Exportwirksamkeit, Einsparung von Arbeitszeit, Material, Energie und Kosten

sowie weitere Angaben, die für die Entscheidungsfindung erforderlich sind.

Die Entscheidung zum Pflichtenheft, seinen Zielen, Grundlagen und Terminen erfolgt entsprechend der Bedeutung durch den Generaldirektor, den Industrieminister oder den Minister für Wissenschaft und Technik.

Mit der Entscheidung ist die Grundlage für die weitere Planung gegeben.

Wichtig ist noch folgendes:

Zur Erarbeitung und Festlegung der Zielstellungen in den Pflichtenheften haben die wichtigsten Anwender und Zulieferer sowie der Außenhandel und der Binnenhandel ihre volkswirtschaftlich begründeten Anforderungen zu stellen.

Und weiter:

In der Eröffnungsverteidigung haben entsprechend der Spezifik der Aufgabe
- wichtige Hauptanwender,
- Hauptzulieferer bzw. -kooperationspartner,
- der zuständige Außenhandelsbetrieb,
- die zuständigen Einrichtungen des Binnenhandels entsprechend den Festlegungen des Ministeriums für Handel und Versorgung,
- das Amt für Standardisierung, Meßwesen und Warenprüfung (bei allen prüfpflichtigen Erzeugnissen) bzw. andere Kontrollorgane,
- das Ministerium für Materialwirtschaft, das Amt für industrielle Formgestaltung,
- das Amt für Preise (bezüglich der Festlegung der Obergrenzen für Kosten und Preise)

ihre Zustimmung oder Ablehnung zu den im Pflichtenheftnachweis aufgenommenen Ziel- und Aufgabenstellungen zu erklären. Eine Ablehnung ist zu begründen.

Planung so verstanden, ist in der DDR ein Prozeß der kooperativen prognostischen Bestimmung von Zielen und Aufgaben durch alle Ebenen, einschließlich der Sicherung der materiellen, finanziellen und sozialen Grundlagen, an dessen relativem Ende eine staatliche Entscheidung zum Plan steht, die Gesetzeskraft aufweist. Das ist generell so und trifft auf die Planung von Wissenschaft und Technik im besonderen Maße zu.

Ein Wort noch zur Beteiligung aller Ebenen: Das schließt für die Kombinate auch ein, daß in der Phase der Vorbereitung der Pläne, die bei uns fest zum System gehört, neben der konzeptionellen Arbeit der Stabs- und Forschungsbereiche auch die vielfältigsten Vorschläge unserer Werktätigen und ihre Einsteuerung in die Pläne Beachtung finden müssen. Wir verfolgen damit zwei Ziele: *Erstens* streben wir damit an, daß unsere Werktätigen ihre Überlegungen und Ideen zum Gesamtplan äußern und sich dadurch mit der Gesamtlinie der wissenschaftlich-technischen Entwicklung identifizieren. Das ist aus unserer Sicht sowohl ein wichtiges Erfordernis sozialistischer Planung und andererseits von nicht zu unterschätzender psychologischer Relevanz. *Zweitens* gehen wir davon aus, daß es ein ökonomisches Reservoir auch größter sozialer Dimension ist, wenn sich das geistige Potential unserer hochqualifizierten Arbeiterklasse direkt niederschlägt in Aufgaben- und Zielstellungen des wissenschaftlichtechnischen Fortschritts. All das fassen wir zusammen in den Planungen der Neuerertätigkeit. Wir messen der Planung der Neuerertätigkeit überhaupt große Bedeutung bei. Sie ist seit über 10 Jahren (22. Dezember 1971, GBl. II 1972, Nr. 1, Seite 1) gesetzlich geregelt und ist Ausdruck der direkten Zusammenarbeit zwischen den Leitungen der Betriebe und Kombinate und unserer Gewerkschaft. Der Grundtenor ist, daß wir neben den bereits genannten Akzenten Zielstellungen für die Neuerertätigkeit aus ökonomischen und wissenschaftlich-technischen Aufgabenkomplexen direkt ableiten und die Neuererarbeit zu ihrer Lösung einsetzen. Ich wollte damit zum Ausdruck bringen, daß sowohl der Planungsprozeß insgesamt als auch die Planung von Wissenschaft und Technik durch die demokratische Diskussion zum Plan und bei seiner Realisierung dadurch geprägt ist, daß unsere Werktätigen die Ziele und Aufgaben genau kennen und im Rahmen ihrer Möglichkeiten an deren Lösung konstruktiv mitarbeiten.

Wir verfolgen diese Linie konsequent, ganz besonders auf dem Gebiet von Wissenschaft und Technik, wohl wissend, daß es bei der Realisierung nicht wenige Probleme gibt. Aber über die wollte ich hier nicht sprechen, sondern es ging mir um die Darstellung des Maßstabes und der Grundlinie.

Jetzt ein Wort zum Verhältnis von zentraler staatlicher Planung und Planung in den Kombinaten:

Ich denke, es ist deutlich geworden, daß beide Ebenen, also die zentrale staatliche Ebene, repräsentiert vor allem durch Industrieministerien und das Ministerium für Wissenschaft und Technik einerseits und durch die Ebene der Kombinate andererseits, an einheitlichen wirtschaftspolitischen Aufgaben und Zielen arbeiten. Daraus ergibt sich grundsätzlich auch das Verhältnis zwischen beiden Leitungsebenen. Ausgangspunkt der Planung von Wissenschaft und Technik sind für alle gleichermaßen die volkswirtschaftlichen Erfordernisse für die Erhöhung der Effektivität der gesellschaftlichen Produktion. Beide Ebenen haben diesen Erfordernissen bestmöglichst zu entsprechen. Neben der direkten Ziel- und Aufgabenfindung durch die zentralen Staatsorgane besteht eine vorrangige Aufgabe der Industrieministerien darin, die Erfahrungen bereits gut wirtschaftender Kombinate zu verallgemeinern und vor allem auf dem Gebiet von Wissenschaft und Technik für ein gleiches Planungsniveau in den Kombinaten zu sorgen. Mit der Entwicklung der Kombinate wurden neue Möglichkeiten geschaffen, die so charakterisierte Wirksamkeit der zentralen staatlichen Leitung und Planung zu erhöhen. Das gilt besonders für Wissenschaft und Technik, und zwar deshalb, weil die Kombinate über wesentlich größere Rechte und materielle Fonds verfügen und damit in der Lage sind, eigenverantwortlich große Problemkreise selbst zu bearbeiten.

Aber auch hier gilt, was ich bereits eingangs formuliert habe: Um dem vollständig Rechnung zu tragen, ist es erforderlich, daß die Generaldirektoren der Kombinate vor allem für die Zielfindung auf wissenschaftlich-technischem Gebiet selbst ihre Verantwortung voll wahrnehmen. Das wird dadurch unterstützt, daß neben der Schaffung entsprechender Rechtsgrundlagen, der planmäßigen Qualifizierung der Generaldirektoren und der anderen Leiter der ersten, zweiten und dritten Leitungsebene große Bedeutung dadurch beigemessen wird, daß die genannten Leiter auch einer ständigen Qualifizierung auf wissenschaftlich-technischem Gebiet unterzogen werden.

Ausdruck dieser Verantwortung der Kombinate muß vor allem ihre eigene, mit den Staatsorganen abgestimmte konzeptionelle Planungsarbeit im Prozeß der Zielfindung sein. Diese erfaßt bei uns in der Regel folgende Komplexe: *Erstens* die Entwicklung neuer Erzeugnisse, *zweitens* die Entwicklung neuer Technologien, *drittens* die Entwicklung der Effektivität, *viertens* die Einflüsse auf die Entwicklung der Produktionsstruktur und *fünftens* die sozialen Komplexe.

Ich will damit zum Ausdruck bringen, daß ein ganz wichtiger Ansatzpunkt für die Planungen der Kombinate auf dem Gebiet von Wissenschaft und Technik in einem hohen Niveau der konzeptionellen Arbeit besteht. Wir betrachten das als eine Kernfrage solider Zielbestimmung und messen diesem Komplex in der theoretischen und praktischen Arbeit deshalb große Bedeutung bei.

Was muß die konzeptionelle Arbeit der Kombinate, wie eben genannt gegliedert, zum Ziel haben?

1. Es geht um die Erfüllung langfristiger Entscheidungen und Orientierungen zentraler staatlicher Organe oder – soweit diese nicht vorliegen – grundsätzlicher volkswirtschaftlicher Erfordernisse. Darauf bin ich bereits eingegangen. Damit soll gesagt werden, daß die Abdeckung staatlicher Aufgaben das wesentlichste Kriterium für die Nützlichkeit wissenschaftlich-technischer Konzeptionen ist. Wir sind uns im klaren, daß das höchste Anforderungen an die staatliche Planung stellt, andererseits aber auch zwingendes Kriterium für die Planungen der Kombinate sein muß.

2. Unsere Planungen müssen generell und besonders die von Wissenschaft und Technik die Sicherung der Deckung des Bedarfs der Volkswirtschaft und der Bevölkerung nach Quantität und Qualität und der notwendigen Effektivitätsentwicklung nachweisen, wobei es bei größeren Diskrepanzen zwischen Bedarf und Aufkommen um den Nachweis der Verringerung dieser Diskrepanzen geht, und es ist selbstverständlich, daß die Kombinate in diesem Zusammenhang auch nachzuweisen haben, wie sie mit ihren Zielen und anvisierten Aufgaben im Verhältnis zum Weltmaßstab liegen. Das ist keine einfache Aufgabenstellung. Ihre Verwirklichung hat viele Seiten, und wir können auch nicht sagen, daß diese Grundlinie schon durch alle Kombinate verwirklicht wird. Aber das ändert nichts an der Grundlinie.

3. Die Konzeptionen sind bezüglich des zugrunde gelegten Ressourceneinsatzes in jeder Hinsicht zu bestimmen, das heißt, es ist nachzuweisen, daß mit den in der Volkswirtschaft und im Rahmen des RGW vertraglich zur Verfügung stehenden Ressourcen die wissenschaftlich-technische Zielstellung realisierbar ist. Das erreichen wir dadurch, daß wir wichtige wissenschaftlich-technische Aufgaben für den Zeitraum von fünf Jahren materiell und finanziell in den Eckdaten bilanzieren und damit die volkswirtschaftliche Einordnung der Realisierbarkeit erreichen. Spätestens an diesem Punkt der Prüfung der Konzeptionen sind natürlich Entscheidungen über die Aufnahme in die Pläne erforderlich, und es ist sicher sehr leicht einzusehen, daß hier in der Regel schwierige Leitungsfragen entstehen können. Hier ist auch die Frage nach der effektivsten Produktionsstruktur zu beantworten, und zwar zunächst unter dem Aspekt der Gewährleistung eines hohen wissenschaftlich-technischen Entwicklungstempos, initiiert durch prognostische Forschungsergebnisse.

Deshalb ist m. E. folgendes hervorzuheben:

Sollen unsere Kombinate über einen längeren Zeitraum einen wesentlichen Beitrag zur Erhöhung der Effektivität des gesellschaftlichen Reproduktionsprozesses leisten, so ist eine Umgruppierung des materiellen Potentials innerhalb und teilweise zwischen den Kombinaten unter Beachtung der sozialen Fragen eine unabdingbare Notwendigkeit. Diese jetzt in Angriff genommenen Maßnahmen zu schrittweisen Veränderungen der Produktionsstrukturen erfolgen mit dem Ziel, die relative Geschlossenheit des Reproduktionsprozesses im Kombinat herzustellen.

Bei allen dazu jetzt einzuleitenden Maßnahmen und Schritten zur Konzentration und Spezialisierung der Produktion, der Vertiefung der vertikalen Arbeitsteilung und der Zuordnung von wichtigen Zulieferbetrieben sowie der Zentralisierung von produktionsvorbereitenden und produktionsabschließenden Prozessen innerhalb der Kombinate, ist der Maßstab anzulegen, daß die Umgruppierung des Potentials zu einer Erhöhung des Grades der Proportionalität führt, der die Voraussetzung für die weitere Beschleunigung des wissenschaftlich-technischen Fortschritts und Garantie für jene Neuerungen ist, die die Konkurrenzfähigkeit auf den Außenmärkten sichert. Wir sind uns in der DDR voll darüber im klaren: *Gemessen werden unsere Kombinate auf dem Weltmarkt letztlich daran, wie sie ein beliebiges Tempo bei der Entwicklung und Einführung von Spitzenerzeugnissen oder -technologien mitgehen können bzw. dieses Tempo für ausgewählte Erzeugnislinien selbst bestimmen.*

4. Bei der jetzigen Ressourcenlage der DDR, vor allem auf dem Energie- und Rohstoffsektor, haben die wissenschaftlich-technischen Konzeptionen nachzuweisen, daß sich die Realisierung im Rahmen der staatlich bestätigten Zuwachsgrößen bewegt, und zum Ausdruck zu bringen, daß der Mitteleinsatz für Wissenschaft und Technik auf eine spürbare Verringerung des Rohstoff- und Energieeinsatzes orientiert. In diesem Zusammenhang werden die Konzeptionen ein zweites Mal an gesamtgesellschaftlichen Maßstäben orientiert. Das hier genannte Kriterium trifft natürlich auch für alle ökologischen Aufgabenstellungen zu. Das heißt, mit den Konzeptionen ist nachzuweisen, wie z. B. die staatlichen Normative für Umweltschutz eingehalten werden u. a.

5. Die Konzeptionen müssen nachweisen, wie sie auf die weitere Entwicklung der Zusammenarbeit mit Kooperationspartnern im Rahmen des RGW orientieren und welche Voraussetzungen dazu zu schaffen sind. Auf dieses Problem gehe ich etwas später ein.

Zunächst will ich hervorheben, daß wir der Erhöhung des Niveaus des analytisch konzeptionellen Fundaments der Planung von Wissenschaft und Technik das Hauptaugenmerk widmen. In dem Maße, wie wir auf diesem Gebiet vorankommen, werden sich auch der Schärfegrad der technisch-technologischen Aufgabenstellung erhöhen und das Zielfeld für die wissenschaftliche Arbeit in seinen Konturen schärfen. Die Qualifizierung der analytischen und konzeptionellen Basis der Planung von Wissenschaft und Technik ist natürlich nicht nur eine Aufgabe der Industriekombinate, sondern gilt für alle Leitungsebenen, weil davon naturgemäß auch abhängt, welches Niveau die zentrale staatliche Planung besitzt.

Wir gehen hier auf Grund von Analysen von folgendem aus: 30 bis 40 Prozent der Zeit müssen die Leiter für vorausschauende langfristige Arbeit verwenden, um beim heutigen Stand von Wissenschaft und Technik Spitzenleistungen zu erreichen und auf lange Sicht überdurchschnittliche Wachstumsraten zu garantieren.

In diesem Zusammenhang möchte ich auf die Rolle und Funktion der Staatsaufträge eingehen. Staatsaufträge zur Planung von Wissenschaft und Technik werden in der DDR zur Durchsetzung komplexer volkswirtschaftlicher Neuerungsprozesse erteilt. Als Beispiel sei hierfür die Anwendung der Mikroelektronik genannt. Die Planung mit Hilfe von Staatsaufträgen hat drei Funktionen zu erfüllen:

1. Es ist der absolute Vorrang derjenigen wissenschaftlich-technischen Aufgabenstellungen durchzusetzen, die durch ihre Breitenwirkung den wissenschaftlich-technischen Fortschritt am nachhaltigsten beschleunigen und deshalb für die volkswirtschaftliche Leistungsentwicklung am wichtigsten sind.

2. Durch die Staatsaufträge werden die Aufgaben in ihrer sachlichen und zeitlichen Komplexität geplant und die Bearbeitung und Lösung der zu einem Problem gehörenden Teilaufgaben in der notwendigen Rang- und Reihenfolge entsprechend der volkswirtschaftlichen Endzielstellung durch die Pläne gewährleistet.

3. Es geht um eine durchgängige und einheitliche Leitung aller Arbeiten des jeweiligen Neuerungsprozesses von der Forschung und Entwicklung bis zur Einführung der Ergebnisse und ihrer Ausbreitung in der Produktion.

Vor allem dem dritten Aspekt ist die Tatsache zuzuordnen, daß für Planung und Leitung volkswirtschaftlich bedeutsamer Neuerungsprozesse in der Regel zentrale Staatsorgane verantwortlich sind. Deshalb erarbeiten diese – vor allem die Staatliche Plankommission der DDR und das Ministerium für Wissenschaft und Technik –, ausgehend von langfristigen Erfordernissen der Leistungs-, Effektivitäts- und Strukturentwicklung der Volkswirtschaft sowie auf der Grundlage von Entwicklungskonzeptionen der unterschiedlichsten Leitungsbereiche, also auch der Kombinate, die volkswirtschaftlichen Probleme, zu deren Lösung Staatsaufträge erteilt werden sollten.

Die sich aus Staatsaufträgen für die jeweiligen Kombinate, andere Forschungseinrichtungen oder Industrieministerien ergebenden Aufgaben und Ziele sind durch diese vorrangig zu realisieren. Darauf habe ich schon verwiesen. Nun haben wir mit der Planung über Staatsaufträge von Wissenschaft und Technik noch keine allzu langen Erfahrungen. Aber die Ergebnisse, die für die Planung des Zeitraumes 1981 bis 1985 vorliegen, zeigen, daß wir in der DDR damit eine Vorgehensweise gefunden haben, die uns in die Lage versetzt, Schwerpunkte der Entwicklung von Wissenschaft und Technik unter unseren gesellschaftlichen Bedingungen rasch umzusetzen und zur geplanten ökonomischen Wirksamkeit zu bringen. Staatsaufträge für Wissenschaft und Technik werden damit von uns bewußt als eine entscheidende Planungsmethode zur Sicherung volkswirtschaftlich begründeter Produktionsstrukturen in den Kombinaten entwickelt. Dem Wesen nach geht es bei der Arbeit mit Staatsaufträgen darum, in stärkerem Maße die Frage der Zielbezogenheit im gesamten Komplex zum Ausgangspunkt der Planung zu nehmen. Aus unserer Sicht wird damit gewährleistet, daß *alle* an der Entwicklung, Produktion und Realisierung wichtiger wissenschaftlich-technischer Neuerungen beteiligten Einrichtungen, Zulieferer, Produzenten und Handelsbetriebe, unabhängig von deren wirtschaftsorganisatorischer Zuordnung, über ihren Plan ein gemeinsames Ziel realisieren und damit eine Veränderung in der Produktionsstruktur realisieren, die im Zentrum volkswirtschaftlicher Interessen liegt. In dem Maße, wie es durch eine solide konzeptionelle Vorbereitung, eine ausreichende Koordinierung mit allen Beteiligten und eine volkswirtschaftliche Einordnung im Rahmen der Bilanzierung gelingt, ausgehend vom anzustrebenden Ziel die erforderlichen sozialen und ökonomischen Beziehungen und Verpflichtungen zwischen den Betrieben sachlich, zeitlich und von ihrer volkswirtschaftlichen Bedeutung her zu gestalten, wird u. E. über die Arbeit mit Staatsaufträgen eine wichtige Quelle der ökonomischen Effektivität des wissenschaftlich-technischen Fortschritts erschlossen.

Noch ein Wort zur Leitung der Arbeit mit Staatsaufträgen:
Die Leitung und Koordinierung der im Staatsplan Wissenschaft und Technik festgelegten Aufgaben eines Staatsauftrages erfolgen durch staatliche Auftragsleiter. Bisher waren das Stellvertreter von Industrieministern, Stellvertreter des Ministers für Wissenschaft und Technik, Generaldirektoren wichtiger Kombinate oder Leiter von direktunterstellten Forschungseinrichtungen. In Zukunft werden wir wegen der damit erforderlicherweise verbundenen Entscheidungsbefugnisse die komplexe Leitung der Planung und Realisierung von Staatsaufträgen vor allem im Verantwortungsbereich des Ministers für Wissenschaft und Technik belassen. Unabhängig davon werden die an der Realisierung von Staatsaufträgen beteiligten Ministerien der Industrie, Generaldirektoren der Kombinate und Leiter von zentralen Forschungseinrichtungen ihre Aufgaben im Rahmen der Jahres- und Fünfjahrespläne durch den Ministerrat der DDR erhalten. Wir verwirklichen auf diesem Gebiet der Planung von Wissenschaft und Technik ein

wichtiges Prinzip der Planung, das gewährleistet, daß wesentliche Aufgaben von Wissenschaft und Technik – obwohl in Verantwortung der Kombinate realisiert –, insbesondere die Zielfindung und Zielbestimmung, von zentraler staatlicher Ebene durchgeführt werden.

Eine ähnliche Vorgehensweise praktizieren wir bezüglich der Zusammenarbeit unserer Kombinate mit Partnern im RGW-Bereich. Zunächst muß folgendes hervorgehoben werden: Entsprechend den geltenden Gesetzen sind alle Kombinate verpflichtet, bei der Planung der Entwicklung der Produktion und der Effektivität die Möglichkeiten der sozialistischen ökonomischen Integration mit der Sowjetunion und den anderen Mitgliedsländern des RGW weitestgehend auszuschöpfen. Dazu ist jedes Kombinat zunächst verpflichtet, den Organen der zentralen staatlichen Planung Vorschläge für Maßnahmen auf dem Gebiet der Integration zu unterbreiten. Wir praktizieren also auch hier den gleichen Verfahrensweg, wie er bereits im Zusammenhang mit der konzeptionellen Arbeit für Wissenschaft und Technik gezeigt wurde. Das heißt, die Kombinate schlagen den zentralen Organen ihrerseits vor, welche Aufgaben im Rahmen des RGW zu lösen sind bzw. gelöst werden sollten und gelöst werden können. Die Leitungen der Kombinate arbeiten in diesem Zusammenhang gemeinsam mit den Außenhandelsbetrieben – die ihnen ja größtenteils zugeordnet sind – in Vorbereitung der staatlichen Koordinierung der Pläne ökonomisch begründete Vorschläge und Lösungsvarianten zur internationalen wissenschaftlich-technischen Zusammenarbeit und vor allem zur Forschungskooperation aus.

Das betrifft natürlich auch die Frage der Koordinierung der Produktion und des Absatzes. Darauf soll jedoch hier nicht näher eingegangen werden. In Verbindung damit gelten für die Kombinate natürlich auch die Aufgaben zur Durchführung der sich aus völkerrechtlichen Verträgen und internationalen Wirtschaftsverträgen ergebenden Verpflichtungen. Das heißt, die Kombinate haben neben ihren eigenen Vorstellungen – unterstellt die Bestätigung durch zentrale Organe – die Pflicht, staatliche Aufgaben zur Zusammenarbeit im Rahmen des RGW zu realisieren. Die Kombinate stimmen deshalb auf der Grundlage staatlicher Plankennziffern und anderer zentraler staatlicher Festlegungen mit den entsprechenden Partnern in den Mitgliedsländern des RGW die Entwicklung der Forschung und der Produktion ab. Dazu werden Verträge abgeschlossen, und diese sind Gegenstand der Pläne.

Nun ist die Untersuchung von Wechselbeziehungen zwischen wissenschaftlich-technischem Fortschritt, internationaler Arbeitsteilung, Spezialisierung und Kooperation keineswegs eine völlig neue Fragestellung. Andererseits ergeben sich aus Inhalt und Wesen volkswirtschaftlich bedeutsamer Neuerungsprozesse einige Aspekte, die stärker als bei einzelnen technischen Neuerungen zwingend auf die Vertiefung von Arbeitsteilung, Spezialisierung, Kooperation und Kombination ökonomischer und wissenschaftlich-technischer Potentiale innerhalb der RGW-Länder und darüber hinaus drängen.

Bei der Konzipierung und Realisierung von grundlegenden Neuerungsprozessen – wie sie z. B. die Mikroelektronik darstellt – gehen wir immer mehr davon aus, daß die sozialistische ökonomische Integration selbst eine objektive Bedingung der Durchführung sowie Beschleunigung von grundlegenden Neuerungsprozessen ist. Es ist kaum vorstellbar, daß ein sozialisitisches Land ohne Kooperation mit anderen sozialistischen Ländern sich stabil entwickeln und solche Probleme lösen kann wie die Energie- und Rohstoffversogung und die Einführung neuester Erkenntnisse aus Wissenschaft und Technik. Natürlich: Die stimulierenden Wirkungen des Außenhandels auf das Tempo des wissenschaftlich-technischen Fortschritts, auf die Spezialisierung und Kooperation der Produktion setzen sich auf Basis der sozialistischen ökonomischen Integration in einem komplizierten und widerspruchsvollen Prozeß durch. Trotzdem: In den letzten

Jahren konnten bedeutende Fortschritte in der internationalen Spezialisierung und Kooperation der Produktion der RGW-Länder erzielt werden. Der Anteil spezialisierter Erzeugnisse am Export und Import der RGW-Länder ist stark gestiegen, zum Beispiel am Export der DDR in die UdSSR von 1% 1970 auf 28% 1978 und 36% 1981.

Ähnliche Entwicklungen haben wir auf dem Gebiet von Wissenschaft und Technik zu verzeichnen.

Ich will deshalb am Beispiel einiger ausgewählter Basisinnovationen den Zusammenhang von planmäßiger Vertiefung der sozialistischen ökonomischen Integration und Beherrschung von Neuerungsprozessen veranschaulichen. Für die beschleunigte Einführung der Mikroelektronik in der Volkswirtschaft der DDR ist z. B. die weitere Vertiefung der internationalen Spezialisierung und Kooperation, insbesondere mit der UdSSR, unabdingbar. So wurde u. a. im Rahmen der getroffenen Vereinbarungen festgelegt, wie arbeitsteilig die gemeinsame Entwicklung einer neuen Generation von Ausrüstungen zur Produktion hochintegrierter Schaltkreise auf der Basis von Silizium-Einkristallen erfolgen soll.

Weitere Schwerpunkte im Rahmen der internationalen Spezialisierung und Kooperation mit der UdSSR sind die Entwicklung und Produktion bestimmter Sortimente von analogen Schaltkreisen, hochintegrierten digitalen Schaltkreisen und Mikroprozessoren. Die Zusammenarbeit mit der UdSSR und den anderen RGW-Ländern sichert vor allem die erforderliche Breite des Sortiments elektronischer Bauelemente. Das ist von enormer volkswirtschaftlicher Bedeutung, da in den nächsten Jahren die Sortimentsbreite auf die doppelte Typenzahl steigen wird, wobei etwa ein Drittel auf hochintegrierte Schaltkreise entfällt.

Von großer Bedeutung für die Entwicklung der Mikroelektronik in der DDR ist deshalb die Realisierung des Programms der Spezialisierung und Kooperation der Produktion zwischen der DDR und der UdSSR bis 1990.

Es sind hier vor allem solche Maßnahmen wie die gemeinsame Schaffung neuer Basistechnologien, die Entwicklung und Produktion einer breiten Nomenklatur von Bauelementen und Erzeugnissen sowie die Schaffung von hochproduktiven technologischen Spezialausrüstungen von großem ökonomischen Gewicht. So enthält das im Dezember 1981 auf der 29. Tagung der Paritätischen Regierungskommission DDR-UdSSR unterzeichnete Abkommen zur Zusammenarbeit bei einer Reihe von Erzeugnissen der Mikroelektronik konkrete Vereinbarungen für die gegenseitige Lieferung von technologischen Spezialausrüstungen und von Bauelementen für verschiedene Anwendungsgebiete.

Die Entwicklung neuer technologischer Verfahren und Ausrüstungen für die Herstellung mikroelektronischer Bauelemente steht auch im Mittelpunkt der multilateralen Arbeitsteilung und Kooperation im Rahmen des RGW. Davon zeugte nicht zuletzt das während der XXXV. Tagung des RGW im Juli 1981 von der VRB, UVR, DDR, Kuba, VRP, SRR, UdSSR und ČSSR unterzeichnete Regierungsabkommen über die Schaffung einer einheitlichen unifizierten Basis von Erzeugnissen der elektronischen Technik, technologischen Spezialausrüstungen sowie von Halbleitermaterialien und Spezialwerkstoffen für deren Herstellung.

An der Erfüllung dieses Abkommens arbeiten unsere Kombinate im Rahmen von Staatsaufträgen besonders intensiv. Mit seiner Realisierung wird es besser möglich sein, den Bedarf der RGW-Länder an elektronischen Erzeugnissen mit hohem technischen Niveau durch die Vereinigung und rationelle Nutzung der wissenschaftlich-technischen und produzierenden Potentiale dieser Länder zu befriedigen.

Auch der weitere Aufbau von Atomkraftwerken in den RGW-Ländern ist ohne die mehrseitige arbeitsteilige Kooperation nicht zu realisieren, da die Entwicklung,

Herstellung und gegenseitige Lieferung von Ausrüstungen umfangreiche Aufwendungen erfordert. Grundlage des Zusammenwirkens auf diesem Gebiet ist das auf der XXXIII. Tagung des RGW im Juni 1979 von der VRB, UVR, VRP, SRR, UdSSR, CSSR und SFRJ unterzeichnete mehrseitige Abkommen über die internationale Spezialisierung und Kooperation der Produktion sowie von gegenseitigen Lieferungen von Ausrüstungen für Atomkraftwerke im Zeitraum 1981–1990.

Mit all dem soll zum Ausdruck gebracht werden, daß für die Realisierung wichtiger Neuerungsprozesse ein sehr zentralisiertes Planungsinstrument (Staatsaufträge) angewandt wird, welches ergänzt wird durch die Instrumente, die die planmäßige Koordinierung von Aufgaben des wissenschaftlich-technischen Fortschritts im Rahmen des RGW gestatten.

Natürlich gilt auch hier, daß die teilweise sehr starken Turbulenzen des Weltmarktes auch Auswirkungen schwer kompensierbarer Art auf die Handhabung unserer Planungsmethoden haben, aber darüber ist hier nicht zu sprechen, sondern ich will auch hier hervorheben, daß es mir vor allem um die Darlegung unserer Grundkonzeption und bewährter Arbeitsmethoden ging.

Nun einige ausgewählte Einzelfragen der Planung von Maßnahmen des wissenschaftlich-technischen Fortschritts auf Kombinatsebene:

Eine wichtige Vorgehensweise bildet für die Kombinate die Planung des wissenschaftlich-technischen Fortschritts in Verbindung mit der Entwicklung des Generationswechsels. So hat sich z. B. im Werkzeugmaschinenbau ein Innovationszyklus von etwa fünf Jahren durchgesetzt. Das heißt mit anderen Worten, daß ein neu in die Produktion eingeführtes Erzeugnis mit seinen Gebrauchseigenschaften das durchschnittliche internationale Niveau beträchtlich übertreffen muß, um auch im fünften Produktionsjahr noch konkurrenz- und absatzfähig zu sein. Bei einer Entwicklungszeit von durchschnittlich eineinhalb bis zwei Jahren muß demnach jede konstruktive Aufgabenstellung die wissenschaftlich-technischen und die kommerziellen Erfordernisse von insgesamt sieben Jahren berücksichtigen, und wir können davon ausgehen, daß eine weitere Verringerung des Innovationszyklus gerade im Werkzeugmaschinenbau noch höhere Anforderungen mit sich bringen wird.

Meine Darlegungen zur Erhöhung des Niveaus der konzeptionellen Arbeit sollen in diesem Zusammenhang nochmals betont werden. Die Planung des Generationswechsels kann also nur auf der Grundlage von Analysen und Prognosen des wissenschaftlich-technischen Fortschritts ausgearbeitet werden. Fragen der Robotertechnik, der Vervollkommnung von NC-Maschinen in Verbindung mit der stärkeren Nutzung der Mikroelektronik stehen dabei jetzt im Mittelpunkt aller Planungen der Kombinate für die nächsten Jahre. Bei all diesen Aufgaben stützen sich unsere Kombinate auf die Kooperation mit Universitäten, Hochschulen und Akademien.

An unseren Universitäten und Hochschulen hat sich ein leistungsfähiges Forschungspotential herausgebildet, das durch seine disziplinäre Vielfalt ein idealer Kooperationspartner der Industrie ist. Je tiefer die Hochschulforschung in wissenschaftliche Grundprobleme eindringt, je fundamentaler das Erkenntnisreservoir einer Wissenschaftsdisziplin wird, um so besser sind die Hochschulen und Universitäten in der Lage, produktive Partner der Industrie zu sein. Auf dieser Grundlage gibt es zwischen den Kombinaten und Hochschulen eine Vielzahl von Formen der vertraglichen Zusammenarbeit. Als höchste Form besitzen wir die Zusammenarbeit im Rahmen von Hochschul-Industrie-Komplexen. Hochschul-Industrie-Komplexe sind eine entwickelte Form breit angelegter und stabiler Partnerschaftsbeziehungen von Hochschulen mit Kombinaten. Die äußerst intensive Zusammenarbeit erfaßt dabei alle Leistungsprozesse der Hochschule.

Im Mittelpunkt der Tätigkeit der Hochschul-Industrie-Komplexe stehen:
- die Zusammenarbeit bei der Ausarbeitung und Durchsetzung der wissenschaftlich-technischen Strategie des Kombinats, d. h., die gemeinsame Erarbeitung und Realisierung einer langfristigen Konzeption für die Entwicklung der Grundlagen- und angewandten Forschung sowie zur schnellen Überführung ihrer Ergebnisse in die Produktion;
- die Schaffung gemeinsamer materiell-technischer Voraussetzungen für eine effektive Forschung und die Konzentration der vorhandenen Wissenschaftspotentiale der Partner auf wissenschaftlich-technische Schwerpunkte wie die Steigerung der Arbeitsproduktivität, die Verbesserung der Material- und Energieökonomie u. a. mit dem Ziel, den wissenschaftlich-technischen Fortschritt in den entsprechenden Kombinaten wesentlich zu beschleunigen.

Wie funktioniert diese Art der Zusammenarbeit?

Es werden monatliche Beratungen unter Leitung des Forschungsdirektors des Kombinates zur Kontrolle des Arbeitsfortganges und zur Entscheidung anstehender Probleme durchgeführt. Vorliegende Arbeitsergebnisse werden vor dem Forschungsdirektor verteidigt. Mit ihm werden auch alle Fragen der Sicherung der materiell-technischen Bedingungen für den Arbeitsfortschritt behandelt.

Damit nutzen wir in der DDR das an den Hochschulen und Universitäten vorhandene Forschungspotential und sichern gleichzeitig durch die Einbeziehung volkswirtschaftlicher Forschungsprobleme in die Arbeit der Hochschulen und Universitäten die ständige Aktualisierung der Lehre und Forschung.

Lassen Sie mich meine kurzen Darlegungen zusammenfassen:

Die Erfolge, die unser Land in der ökonomischen und sozialen Entwicklung und bei der Hebung des Volkswohlstandes erzielt hat, demonstrieren die Vorteile des Planungssystems unserer sozialistischen Wirtschaft. Die beträchtlich gestiegenen Maßstäbe der gesellschaftlichen Produktion in allen ihren Zweigen, die in der Ökonomie vor sich gehenden Strukturveränderungen, die komplizierter werdenden ökonomischen Beziehungen, die Notwendigkeit der Überwindung von Engpässen und der Lösung von Problemen, die mit dem weiteren ökonomischen Wachstum auf der Grundlage der Ausnutzung der intensiven Entwicklungsfaktoren verbunden sind, die Aufgaben der ständigen Steigerung der Effektivität der Produktion auf der Basis der beschleunigten Einführung der wissenschaftlich-technischen Errungenschaften – alles das erfordert zugleich auch die größtmögliche Vervollkommnung der Leitung der Volkswirtschaft, die Erhöhung des Planungsniveaus, sein Inübereinstimmungbringen mit den Forderungen der nächsten Jahre. Wir sind überzeugt, daß wir mit den Kombinaten unserer Industrie über Wirtschaftspotenzen verfügen, die auch für die Zukunft Erfolge in der gesellschaftlichen Entwicklung gewährleisten.

A. Schüller, H. Leipold, H. Hamel (Hrsg.): Innovationsprobleme in Ost und West · Schriften zum Vergleich von Wirtschaftsordnungen · Heft 33 · Gustav Fischer Verlag · Stuttgart · 1983

Der wissenschaftlich-technische Fortschritt in der UdSSR und seine außenwirtschaftlichen Aspekte

Oleg Bogomolow

Die Pläne für die Entwicklung und Umgestaltung unseres Landes wurden immer von den Möglichkeiten und Errungenschaften des wissenschaftlich-technischen Fortschritts abhängig gemacht. «Wenn wir Rußland nicht eine andere, höhere Technik geben als früher, so kann keine Rede sein von der Wiederherstellung der Volkswirtschaft und vom Kommunismus», stellte seinerzeit Lenin fest. Lenin hielt die Elektrifizierung Sowjetrußlands für das Kernstück der technischen Neuausrüstung des Landes.

Eine Besonderheit der wissenschaftlich-technischen Entwicklung der UdSSR in der Vorkriegszeit war ihr selektiver Charakter, die Konzentration auf einige wenige (vor allem für die Verteidigung und für den Aufbau der Schwerindustrie) lebenswichtige Bereiche. Die eigene Forschungs-, Projektierungs- und Entwicklungsbasis war damals relativ schwach, wir waren in der Anfangsperiode auf den Import von Maschinen und Ausrüstungen sowie auf die Übernahme technischer Erfahrungen des Auslands angewiesen. Ungeachtet dessen konnten wir bis zum Beginn des Krieges nicht nur technisch-ökonomische Unabhängigkeit erzielen, sondern besaßen auf vielen Gebieten schon eigene Technik, die derjenigen im Ausland nicht nachstand und mitunter sogar überlegen war.

Die Prüfungen und Lehren des Krieges hatten die stürmische Entwicklung der Wissenschaft und Technik in der Nachkriegsperiode stark gefördert. Von der Welt wurde dies anerkannt, als ein sowjetischer künstlicher Erdtrabant erstmals in der Geschichte eine erdnahe Umlaufbahn erreichte und wir die Entwicklung der Kernenergetik für friedliche Zwecke einleiteten.

Heute kann die UdSSR viele Errungenschaften in der Wissenschaft und Technik vorweisen, die weltweit Anerkennung gefunden haben. Es seien nur der Bau gigantischer Wasserkraftwerke, die Verlegung von Stromleitungen über große Entfernungen, der Bau von Fernrohrleitungen, die Herstellung von einigen einzigartigen Typen von Metallverarbeitungs-, Hütten-, Bergbau- und Schweißausrüstungen, Geräten, Ausrüstungen für die Luft- und die Raumfahrt usw. erwähnt. Allgemein bekannt sind die Erfolge der sowjetischen Grundlagenforschung, vor allem der Mathematik und der Quantenmechanik, der Festkörperphysik und der Kernenergetik. Dies schafft den nötigen Vorlauf für den wissenschaftlich-technischen Fortschritt in vielen Bereichen.

Zugleich ist für uns die Aufgabe äußerst aktuell, den wissenschaftlich-technischen Fortschritt zu beschleunigen, die Qualität vieler technischer Erzeugnisse auf das Niveau des Welthöchststands zu heben, neue Technik und neue Verfahren rasch in die Produktion überzuleiten und ihre weitgehende Anwendung in der Volkswirtschaft zu fördern. So groß unser wissenschaftlich-technisches Potential auch sein mag, es bildet nur einen Teil des entsprechenden Potentials der Welt. Wir sind bestrebt, unseren Beitrag zum wissenschaftlich-technischen Fortschritt in einigen entscheidenden Richtungen zu leisten und gleichzeitig die Vorteile der internationalen Zusammenarbeit und des Technologietransfers zu nutzen.

Um mit den Erfordernissen des wissenschaftlich-technischen Fortschritts in allen Zweigen der Volkswirtschaft Schritt zu halten, muß ein solches Land wie unseres selbstverständlich vor allem die inneren Potenzen besser nutzen, um so mehr, als die Länder des Westens von Zeit zu Zeit Versuche unternehmen, der UdSSR und den anderen sozialistischen Ländern den Zugang zum Weltangebot an modernen Verfahrenstechniken zu erschweren.

Wir besitzen für eine erfolgreiche wissenschaftlich-technische Entwicklung die notwendigen materiellen, intellektuellen und organisationsmäßigen Voraussetzungen. Wir investieren in die Forschung bereits mehr als 23 Milliarden Rubel im Jahr, also mehr als ein beliebiges anderes Land außer den USA. In der Forschung sind gegenwärtig 1340000 wissenschaftliche Mitarbeiter beschäftigt, d. h. etwa ebensoviele wie in den USA. Tausende Institute und andere Forschungseinrichtungen befassen sich an einer breiten Front mit Forschungen und Projekten, die praktisch alle Richtungen der Wissenschaft und Technik erfassen. Unser mächtiges Produktionspotential ist in der Lage, einen immer größeren Teil der in unserem Lande gewonnenen wissenschaftlich-technischen Erkenntnisse zu verwerten und eine breite Diffusion der Innovationen zu sichern.

Die Beschleunigung des wissenschaftlich-technischen Fortschritts wird vor allem durch die gesamtstaatliche wissenschaftlich-technische Politik gefördert, die sicherzustellen vermag, daß die Erkenntnisse der Wissenschaft und Technik im Maßstab des ganzen Landes zielstrebig und planmäßig genutzt, daß die vorhandenen Ressourcen entsprechend den festgelegten Prioritäten konzentriert und die Interessen der gesamten Volkswirtschaft und der einzelnen Wirtschaftszweige sowie die lokalen Interessen im Einklang mit dem gesamtstaatlichen Nutzen aufeinander harmonisch abgestimmt werden.

Das Komplexprogramm des wissenschaftlich-technischen Fortschritts für die nächsten 20 Jahre mit Aufschlüsselung auf Fünfjahresperioden, das gegenwärtig ausgearbeitet wird, soll auf dem betreffenden Gebiet hohe Ziele abstecken, ein entsprechendes System von Prioritäten festlegen und auch jene Umgestaltung des sozialistischen Wirtschaftsmechanismus entwerfen, die es ermöglichen wird, die im Programm formulierten Ziele zu verwirklichen.

Großes Augenmerk gilt bei uns den Zielprogrammen für die Lösung der wissenschaftlich-technischen Schlüsselprobleme. Hier besteht die Aufgabe darin, die Konzentration der Kräfte und das Zusammenwirken verschiedener Ministerien und Organisationen in jenen Richtungen sicherzustellen, denen der Vorrang gegeben wird.

Das Vorhandensein einer zukunftsorientierten Strategie des wissenschaftlich-technischen Fortschritts im Maßstab der gesamten Volkswirtschaft und ihrer wichtigsten Zweige bildet eine der wichtigsten Voraussetzungen für die effektive Nutzung des in der UdSSR vorhandenen Forschungspotentials. Ist diese Strategie allseitig durchdacht und sieht sie die Konzentration der Anstrengungen in den die größten Ergebnisse verheißenden Bereichen vor, so wird in der zentralisierten Planwirtschaft durch Innovationen besonders hoher Nutzen erzielt; und umgekehrt kommt jeder strategische Fehler besonders teuer zu stehen.

Unsere Strategie geht davon aus, daß die Investitionen für Innovationszwecke einen besonders großen Zuwachs des Nationaleinkommens gewährleisten können. So beträgt der Gewinn je Rubel für Investitionen in das Erfindungs- und Rationalisierungswesen

16 Rubel, und der Jahresnutzeffekt dieser Investitionen macht rund 6 Milliarden Rubel aus.

Um die Resultate der Ausgaben für Innovationen zu erhöhen, muß man ein richtiges Verhältnis zwischen den Investitionen in die Forschung und Entwicklung und denen in die Überleitung neuer Technik in die Produktion und ihre rasche Verbreitung sicherstellen.

Vorerst stellt die industrielle Verwertung technischer Neuentwicklungen einen Engpaß dar. Eine bedeutende Anzahl patentierter Erfindungen gelangt am Ende nicht zur Realisierung. Unsere wissenschaftlich-technische Politik berücksichtigt diesen Umstand und sieht entsprechende Änderungen in der Struktur der Innovationsausgaben vor.

Durch Korrekturen an der Struktur der Investitionen in die Forschung kann man ihre Effektivität wesentlich erhöhen. Zu diesem Zweck muß man den Anteil der Ausgaben für den Erwerb neuer wissenschaftlicher Geräte sowie anderer Ausrüstungen und Hilfsmittel gegenüber den Ausgaben für die Entlohnung der Forscher ständig vergrößern. Entsprechend wird in der wissenschaftlich-technischen Strategie der UdSSR der beschleunigten Entwicklung des wissenschaftlichen Gerätebaus ein wichtiger Platz eingeräumt.

Um eine gesamtstaatliche wissenschaftlich-technische Politik zu verwirklichen, muß man den wirtschaftlichen Leitungsmechanismus ständig vervollkommnen und den spezifischen Entwicklungsbesonderheiten der Wissenschaft und Technik in der Gegenwart anpassen. Diese entwickeln sich aber bekanntlich rasch, sie bewirken revolutionäre Wandlungen in der Technologie und zwingen uns, die Ausrüstungen viel häufiger zu erneuern und zu modernisieren als früher. Folglich bedarf es eines flexiblen Mechanismus der Beschlußfassung auf allen Ebenen – auf der gesamtstaatlichen Ebene sowie auf der Ebene der Zweige, der einzelnen Betriebe und Vereinigungen –, der auf die heranreifenden Wandlungen feinfühlig reagiert. Es bedarf auch entsprechender materieller und moralischer Anreize, die das Leitungspersonal auf allen diesen Ebenen zu Innovationen anregen.

Die Praxis zeigt, daß der Innovationsprozeß auch in der sozialistischen Planwirtschaft mit der Überwindung von Widersprüchen und der Trägheitskraft, mit dem Kampf zwischen fortschrittlichen und konservativen Tendenzen verbunden ist. Die Abstimmung der gesamtstaatlichen Interessen mit den Interessen des jeweiligen Wirtschaftszweiges sowie der einzelnen Betriebe und Produktionskollektive erfordert mitunter sowohl organisationsmäßige Wandlungen im System der Verwaltungsstrukturen als auch in den ökonomischen und sozialen Mechanismen des technischen Fortschritts selbst.

Im Einklang mit den objektiven Entwicklungsgesetzen kommt es zu einer Differenzierung der Forschungsgebiete, es wächst die Zahl der Forschungs- und Entwicklungskollektive. Zugleich wird öfters der Zusammenhang zwischen Forschung und Produktion schwächer. Unter den gegenwärtigen Bedingungen kommt es auf neue Formen der Integration von Forschungstätigkeit und Produktion an, die die Forschungserkenntnisse in die Praxis umsetzen. Eine Form solcher Integration sind in unserem Lande leistungsstarke Forschungs- und Produktionsvereinigungen: Sie verfügen sowohl über ein mächtiges Forschungspotential als auch über eine industrielle Basis für die versuchsweise Auswertung der wissenschaftlichen Erkenntnisse und die Vorbereitung von Voraussetzungen für die Serienproduktion neuer Technik. Dank solcher Vereinigungen, von denen es mehr als 200 gibt, wurde der raschen Entwicklung der Produktion von Mikroprozessoren, Industriemanipulatoren (bzw. -robotern) und mehreren Arten von modernen Geräten ein starker Impuls verliehen.

Indem der wissenschaftlich-technische Fortschritt revolutionäre Wandlungen in der Technik herbeiführt, bereitet er somit (gemäß der marxistischen Theorie) Wandlungen in den wirtschaftlichen Beziehungen und den Mechanismen der gesellschaftlichen Produktion vor. Er kann einige überholte Formen der ökonomischen und organisationsmäßigen Beziehungen einfach sprengen und ihren grundlegenden Umbau erfordern.

Die Wirtschaftsreform, die in der UdSSR durchgeführt wird, soll in erster Linie den Innovationsprozeß fördern und auf dieser Basis die Effektivität der Produktion erhöhen. Diese Reform soll den Industriebetrieben und Vereinigungen größere Rechte und umfangreichere ökonomische Möglichkeiten bieten, selbständig Beschlüsse auf wirtschaftlichem Gebiet, darunter auch hinsichtlich der technischen Modernisierung, zu fassen. Die Reform führt das Prinzip der vollständigen wirtschaftlichen Rechnungsführung und der Selbstfinanzierung der Betriebe ein, sie sieht eine Reform der Preise sowie die Festlegung langfristiger Normative für das finanzielle Gebaren der Betriebe, darunter auch für die Steuern und andere Zahlungen an den Staatshaushalt, vor; sie fördert auf diese Weise die Interessiertheit der Betriebe an technischen Innovationen und bietet ihnen die Möglichkeit, das damit verbundene Risiko zu tragen.

Unter den gleichen Gesichtspunkten wird die Planung «von oben» umgestaltet. Die zentralen Planungsorgane fördern unter Ausnutzung der ihnen zu Gebote stehenden Mittel auf jede Weise den technischen Fortschritt und beseitigen alle branchenmäßigen und anderen Hürden auf dem Wege des Einsatzes neuer Technik und ihrer Verbreitung.

Die planmäßige Lenkung des technischen Fortschritts erfordert, daß strenge Kriterien der volkswirtschaftlichen Effektivität neuer Technik ausgearbeitet, die Preise dafür im Hinblick auf eine richtige Verteilung des Nutzens vom Einsatz dieser Technik zwischen Produzent und Verbraucher sinnvoll reguliert sowie flexible Formen der staatlichen Finanzierung und Gewährung von Krediten angewandt werden.

Viele komplizierte Fragen ergeben sich im Zusammenhang mit der Festlegung der Größe der materiellen Belohnung der Erfinder usw. Kurzum, die Förderung des Innovationsprozesses in der UdSSR ist nicht zu trennen von einer ständigen Vervollkommnung der ökonomischen und sozialen Mechanismen unserer Gesellschaft, einschließlich der Verstärkung der Prinzipien des sozialistischen Demokratismus in der Leitung.

Was nun die äußeren Faktoren des wissenschaftlich-technischen Fortschritts in der UdSSR anbetrifft, so möchte ich betonen, daß wir die Ausnutzung der Vorteile des internationalen Austauschs des Know-how nie abgelehnt haben. Für uns ist dies ein wichtiges Mittel für die Beschleunigung des wissenschaftlich-technischen Fortschritts und die Reduzierung der damit verbundenen Kosten. Im Westen versucht man nicht selten, die Intensivierung bzw. Reduzierung des betreffenden Austauschs durch Veränderungen in der sowjetischen Außenpolitik zu begründen. In der Tat hängen sie jedoch vor allem von dem handelspolitischen Regime ab, das für diesen Austausch vom Westen selbst festgelegt wird.

Heute sind wir Zeugen einer neuen starken Welle solcher diskriminierender Einschränkungen, die sich unabwendbar sowohl auf die Ausmaße des Austauschs mit dem Westen als auch auf unsere Einstellung zu diesem Austausch als zuverlässiger Faktor der Beschleunigung des wissenschaftlich-technischen Fortschritts auswirken werden. Wir wollen die Situation nicht dramatisieren und glauben, daß sich der gesunde Menschenverstand letzten Endes Bahn brechen wird, wie es in der Vergangenheit wiederholt der Fall war; wir sind jedoch gezwungen, entsprechende Maßnahmen zu ergreifen, um unsere technisch-ökonomische und technologische Unabhängigkeit zu festigen und den eigenen Beitrag zum Innovationsprozeß zu vergrößern. Wir müssen dem Umstand Rechnung tragen, daß wir im zurückliegenden Jahrzehnt im Westen öfters kostspielige Technologien erwarben, die durchaus im eigenen Lande oder im Rahmen des Rates für Gegenseitige Wirtschaftshilfe (RGW) entwickelt werden könnten.

Im Westen ist es jetzt Mode, die Rolle der importierten Technologien in unserer wissenschaftlich-technischen Entwicklung zu übertreiben. Mitunter werden Milliardensummen angeführt, die wir angeblich durch die Ausnutzung dieser Quelle zum Schaden der grundlegenden Interessen des Westens eingespart haben. Meiner Meinung nach gab es hierbei nicht nur Gewinne, sondern auch Verluste. Bestrebt, neue Technik so schnell wie möglich durch Importe aus dem Westen zu erhalten, haben wir mitunter der Entwicklung des eigenen Forschungs- und Produktionspotentials in einzelnen Industriezweigen ungerechtfertigten Schaden zugefügt. Man muß auch einen weiteren Umstand beachten. Während sich der Austausch bei Maschinen und Ausrüstungen mit einem großen aktiven Saldo für den Westen gestaltete, waren unser Export und Import von Lizenzen, die eine konzentrierte Quelle von Technologien darstellen, etwa gleich groß, und die Ausnutzung unseres gigantischen Vorlaufs in der Grundlagenforschung durch den Westen läßt sich wohl überhaupt kaum bewerten. Es ist daher nicht weiter verwunderlich, daß sogar kompetente westliche Spezialisten die Möglichkeit einer exakten Bewertung der gegenseitigen Technologieströme bezweifeln und den gegenseitig vorteilhaften Charakter des entsprechenden Austauschs anerkennen.

Besonders typisch ist gegenwärtig die im Westen übliche Übertreibung der Rolle westlicher Technologien bei der Vervollkommnung unserer Verteidigungsmittel. Nicht selten werden alle unsere Erfolge auf diesem Gebiet durch die Übernahme dieser Technologien erklärt. Dabei muß man beachten, daß eine grundlegende Erneuerung entsprechender sowjetischer Technik gerade in jenen Perioden vorgenommen wurde, da die Verbote für den Verkauf von Know-how an uns besonders hart waren. Die Schwierigkeiten bei der Einfuhr technischer Erzeugnisse aus dem Ausland veranlaßten uns, unsere eigenen Anstrengungen und geistigen Kapazitäten vollständiger zu mobilisieren. Ich glaube, die jetzigen «Sanktionen» des Westens hinsichtlich des Verkaufs moderner Technik an die Sowjetunion werden für den Innovationsprozeß in der UdSSR den gleichen «Nutzen» haben.

Von den äußeren Quellen der wissenschaftlich-technischen Entwicklung ist für uns die Integration im Rahmen des RGW (COMECON) am wichtigsten. Sie bildet einen wesentlichen und stabilen Faktor der Beschleunigung des wissenschaftlich-technischen Fortschritts in der gesamten sozialistischen Staatengemeinschaft. Der Austausch als solcher, der herkömmliche Transfer der Technologien macht hierbei zunehmend der Durchführung gemeinsamer Forschungen und der Auswertung ihrer Ergebnisse durch den Ausbau der Spezialisierung und Kooperation in der Wissenschaft, Technik und Produktion Platz. Für die 80er Jahre haben die RGW-Länder ein Programm für eine intensive Produktions- sowie wissenschaftlich-technische Kooperation übernommen, die sich auf die wichtigsten Richtungen des wissenschaftlich-technischen Fortschritts konzentriert. In allernächster Zunkunft werden die RGW-Länder wohl in der Lage sein, eine abgestimmte wissenschaftlich-technische Politik für eine längere Periode auszuarbeiten. Dies wird ihre kollektive technologische Selbstversorgung und eine rationelle Arbeitsteilung im Bereich der Wissenschaft und Technik fördern.

Die Integration der RGW-Länder in der Wissenschaft und Technik ist von mehreren unanfechtbaren Errungenschaften gekennzeichnet. Im Bereich der Energetik ist es dank der Zusammenarbeit möglich, moderne Kernkraftwerke zu bauen und in den Kraftwerken Turboaggregate zu installieren, die in bezug auf ihre Größe und Wirtschaftlichkeit einzigartig in der Welt sind. Die RGW-Länder nehmen bei der Übertragung großer Energiemengen über weite Entfernungen einen der vorderen Plätze in der Welt ein. Durch die Bildung des Vereinigten Verbundnetzes und der Zentralen Dispatcherverwaltung ist ein in seiner Art einmaliges Ring-Energiesystem entstanden. Eine der wichtigsten Richtungen der Zusammenarbeit auf diesem Gebiet sind gemeinsame Forschungen in der Kernenergetik. In den vergangen Jahren wurden unter anderem gemeinsame Forschungen zwecks Entwicklung und Bau von Energieblöcken mit 1000 MW-Wasser-Reaktoren durchgeführt. In der UdSSR wurde der weltgrößte Schnellbrüter in Betrieb genommen.

Auf kollektiver Basis wurde im Bereich der Elektrotechnik ein großer Schritt vorwärts getan. Spezialisten der UdSSR und der DDR bauten erstmals in der Welt einen Plasmaofen mit einem Volumen von 30 Tonnen zum Erzeugen von hochlegiertem Stahl. Dank der erzielten Temperatur von 15000 Grad Celsius konnte eine fast hundertprozentige Absorption der legierenden Elemente erreicht werden. Als eine der letzten erfolgreichen gemeinsamen Neuentwicklungen sei der standardisierte Halbautomat «Intermigant» zum Bogenschweißen mit einer abschmelzenden Elektrode in einem Schutzgasmedium genannt, an dem Spezialisten Bulgariens, der DDR und der UdSSR gearbeitet haben. Erwähnt sei auch die von Spezialisten der RGW-Länder gemeinsam entwickelte elektronische Strahlenschweißanlage «Paton ZIS/700». In dem Weltumfang an wissenschaftlich-technischen Informationen zu Problemen der Forschung, der Technik und der Produktion auf dem Gebiet des Schweißens entfällt etwa ein Drittel auf die RGW-Länder.

Man kann eine ganze Reihe weiterer Beispiele dafür anführen, wie die RGW-Länder durch gemeinsame Anstrengungen komplizierte volkswirtschaftliche Aufgaben lösen konnten (Einwicklung einer hochmodernen Technologie für die Produktion von Hochdruckpolyäthylen, der Bau von E-Loks für eine Geschwindigkeit von 200 Stundenkilometern und eines Rübenroders mit einer 2,5- bis dreimal so hohen Leistung wie bei den anderen bekannten Typen usw.).

Eine große Rolle hat die Vereinigung der wissenschaftlich-technischen Potentiale auf dem Gebiet der elektronischen Datenverarbeitung gespielt, ohne die der Abstand vom Westen ohne Zweifel viel größer gewesen wäre. Nach Expertenschätzungen wurde hier innerhalb von 5–6 Jahren so viel erreicht wie in den einzelnen Ländern etwa in den 25 Jahren zuvor. Ein zwischenstaatliches Abkommen sicherte eine abgestimmte Arbeit von 300 Betrieben mit 350000 Beschäftigten.

Im Bereich der Grundlagenforschung möchte ich das internationale Forschungsprogramm «Interkosmos» nennen, in dessen Rahmen Kosmonauten aus allen RGW-Ländern Raumflüge unternommen haben. Erwähnt sei auch die unanfechtbare Priorität der RGW-Länder auf dem Gebiet der Entwicklung und Nutzung unkonventioneller Energiequellen (MGD-Generatoren, gesteuerte thermonukleare Synthese) und der praktischen Auswertung der Überleitfähigkeit. RGW-Länder nehmen in der Welt auf dem Gebiet der Arzneimittel- und Antibiotikasynthese sowie der Ausarbeitung der theoretischen Grundlagen der Gen-Technik führende Positionen ein.

Ungeachtet der immer stärkeren Winde des kalten Krieges, die aus Übersee blasen, schließen die RGW-Länder in ihren Plänen die Möglichkeit des Ausbaus gegenseitig vorteilhafter Verbindungen mit Ländern des anderen sozialen Systems im Bereich der Wissenschaft und Technik keinesfalls aus. Wir sind allerdings gezwungen, in der Zusammenarbeit mit dem Westen verstärkt ein selektives Herangehen anzuwenden, die Zuverlässigkeit der Partner zu berücksichtigen und uns gegen die eventuelle Anwendung eines ökonomischen bzw. technologischen Boykotts gegen uns rückzuversichern. Die Tendenz zu einer gewissen Reduzierung des wirtschaftlichen Zusammenwirkens zwischen Ost und West hat heute zwar bestimmte objektive Voraussetzungen, entspricht aber keinesfalls den Interessen der Zunkunft. Unser Land ist bestrebt, dieser Tendenz entgegenzuwirken.

Wir gehen davon aus, daß bei den sich rasch und unentwegt erweiternden Maßstäben des wissenschaftlich-technischen Fortschritts einzelne Staaten in verschiedenen Richtungen unterschiedlich schnell vorankommen. Eine optimale, gegenseitig vorteilhafte Ergänzung der Anstrengungen entspricht in dieser Situation den Interessen aller Teilnehmer der Zusammenarbeit, sie fördert die Beschleunigung des Fortschritts der Wissenschaft und Technik in der Welt und reduziert die Möglichkeit den Frieden gefährdender Konfrontationen. Von der Fähigkeit der UdSSR und der anderen RGW-Länder, einen Beitrag zum technischen Fortschritt in der Welt zu leisten, zeugt allein schon die Tatsache, daß die Zahl der in diesen Ländern jährlich registrierten Erfindungen im vergangenen Jahrzehnt von 44 000 auf 130 000 gestiegen ist und damit mehr als ein Drittel des Weltfonds ausmacht. Leider wird nur der geringere Teil dieser Menge an neuen Technologien rechtzeitig in der Praxis verwertet. Dadurch entstehen jedoch Reserven für eine gegenseitig vorteilhafte Kooperation mit anderen Ländern, diejenigen von Westeuropa nicht ausgenommen. Dabei ließe sich unser technologischer Vorlauf im Rahmen einer breiten Forschungs-, Produktions- und Handelskooperation erfolgreich mit den Innovationskapazitäten Westeuropas verbinden.

Unsere Strategie hinsichtlich des Imports westlicher Technologien wird darauf gerichtet sein, anstelle von fertigen Ausrüstungen für einzelne Industriezweige, Verkehrsmitteln und Rohren in zunehmendem Maße Anlagen und Technologie für die Produktion entsprechender Erzeugnisse im eigenen Lande zu erwerben. Wir werden auch künftighin am Erwerb von Lizenzen interessiert sein, hauptsächlich aber in den Fällen, in denen uns die eigene Forschungsbasis gestattet, die erworbene Technologie weiter zu verbessern.

Die Errungenschaften der gegenwärtigen wissenschaftlich-technischen Revolution müssen unseres Erachtens so schnell wie möglich zum Gemeingut der Menschheit werden. Der Zugang einzelner Länder zu diesen Errungenschaften darf nicht künstlich eingeschränkt werden. Der Transfer des Know-how darf nicht als Waffe in Handels- und Wirtschaftskriegen verwendet werden. Er muß der Festigung des Friedens und des Vertrauens zwischen den Völkern dienen.

Vierter Teil

Empirische Befunde zum Innovationsverhalten

A. Schüller, H. Leipold, H. Hamel (Hrsg.): Innovationsprobleme in Ost und West · Schriften zum Vergleich von Wirtschaftsordnungen · Heft 33 · Gustav Fischer Verlag · Stuttgart · 1983

Technical Progress and Political Change in the Soviet Union

Ronald Amann

Since the mid-1970s a research team at Birmingham University has been carrying out an extensive investigation into Soviet applied science and innovation, based on the evidence of particular branches of industry and sectors of technology. That work has now been completed. The first part of the project (*«The Technological Level of Soviet Industry»*) was published in 1977 (Amann, Cooper, Davies, 1977); the second and final part, which attempts to explain Soviet performance in terms of historical and institutional factors (*«Industrial Innovation in the Soviet Union»*) will be coming out later this month (Amann, Cooper, 1982). This paper attempts to summarise our findings in those two volumes and in the light of that agreed evidence to advance a more personal evaluation of prospects for technical progress in the Soviet Union during the 1980s. Since future technical progress will depend crucially on factors which lie beyond the present mode of operation of the research and development network in the USSR it is important to set our evidence in a much broader political and economic context. In this paper, therefore, I have not hesitated to sacrifice detail (already published or soon to be published) in order to make room for the essential components of the entire argument, as I see them. It seems probable that many of these «systemic» factors will apply with varying degrees of emphasis to all East European economies based on the Soviet centrally-planned model, thus influencing the collective prospects of the CMEA countries throughout the present decade.

Technological Performance

The premise from which all subsequent analysis in this paper flows is that Soviet industry is technologically backward compared with equivalent industries in the major manufacturing countries of the West. Within this general pattern, our sample of technologies permits us to make a number of distinctions. High priority industries, as one would expect, fare better than those branches which are obliged to hustle for scarce investment resources and supplies. The defence and aero-space industries are prime examples of sectors in which successful innovations have occurred, promoted by the political willingness of the Soviet leadership to bear (or impose!) the huge development costs; even here, however, the sheer numbers of weapons systems deployed and ingenious design improvisations often compensate for lack of technological sophistication *per se* in the balance of overall military effectiveness. In the domain of civilian industry the USSR tends to be relatively advanced in non-research intensive traditional industries which have enjoyed longstanding government priority (for example, iron and steel and electric power) and weakest in the newer research intensive industries where the country has been attempting to make up lost ground after a period of neglect (for example, polymer chemistry, electronics and computers). In general, there is a tendency in all industries for performance during the later phases of the Soviet research-production cycle, innovation (i. e. first commercial production) and diffusion, to be less successful than the earlier phases of research and prototype design; this phenomenon is reflected in the disparity between the superfluity of ideas at one end of the continuum and the quite primitive patterns of industrial output and unit-values of foreign trade at the other. Thus, in 1977 we concluded that, «in most of the technologies we have studied there is no evidence of a substantial diminution of the technological gap between the USSR and the West in the past 15–20 years, either at the prototype/commercial application stages or in the diffusion of advanced technology.» (Amann, Cooper, Davies, 1977, p. 66).

When we first published this conclusion its severity came as a surprise to some fellow researchers. Given the low static efficiency of the Soviet economy and the technology gap facing the USSR at the beginning of the 1960s one might perhaps have anticipated more rapid rates of technical change if the Soviet Union was following the usual pattern traced by technological imitators: rapid rates of catching up, which decelerate as the imitating country approaches the research frontier and the levels of static efficiency of the technologically advanced countries (Gomulka, 1971). A further puzzle was the size of the Soviet research and development effort, at least on a par with that of the United States even if we accept the more conservative estimates of the Soviet *industrial* R and D effort recently calculated by Cooper[1]. Surely, in view of the vast manpower and material resources which the Soviet Union has devoted to technical progress the bleak picture which we have painted, in terms both of comparative levels of technology and rates of change, is simply implausible?

We continue to see this paradox as truly remarkable rather than implausible. The updated evidence which we have collected for our forthcoming volume only serves to strengthen our previous judgements. Moreover, studies carried out independently by American colleagues into case-studies included in our original 1977 sample have arrived at even more negative verdicts[2]. The falling rates of economic growth and capital accumulation throughout the late 1970s have also inevitably acted as a brake upon the diffusion (as distinct from the invention) of new technologies. But the most clinching evidence comes from Soviet officials and academic specialists. Following the scathing exposure of technological shortcomings which Brezhnev (Pravda, 28.11.1979) laid before his colleagues at the Central Committee Plenum in November 1979 we have seen a spate of press criticism of particular branches of industry, including industries previously thought to be relatively advanced: for example, the paper and cellulose

---

1) According to the estimates of Nolting and Feshbach (1979, p. 746) there were 928,200 specialists engaged in R and D in the USSR in 1978 (excluding humanities) compared with an approximately equivalent figure of 595,000 for the United States. Cooper (1981, p. 48) estimates that it was not until the mid-1970s that the numbers of scientists in industry in the USSR exceeded those of the USA. Without making allowance for productivity or quality there were 434,557 industrial scientists in the USSR in 1977 compared with 389,600 in the USA.

2) See, for example, the papers by James Grant on machine tools and by K. Tasky and S. E. Goodman on computers in: The Soviet Economy in a Time of Change, JEC of US Congress, Washington DC 1979.

industry, machine tools, transportation equipment, metallic powder technology, rolling mill equipment, petrochemicals and mining equipment[3] – the list goes on and on.

It would be wrong to overstate the case by painting too black a picture of Soviet deficiencies. There clearly are technologies in which the USSR is for one reason or another well advanced: electro-welding, the development of industrial robots (Cooper, 1980) and directionally deviated oil drilling technology (Tavana, 1981), to name but a few (Kiser III, 1977). But these technologies, together with those in our sample which provide evidence of patches of success and periods of dynamism, run counter to the general trend. In the next section of the paper I will attempt to explain these somewhat contradictory phenomena, drawing upon the conclusions of our most recent work.

Determinants of Industrial Innovation in the USSR

There are three categories of factors which might explain the innovative performance of the Soviet economy: (a) «systemic» factors, stemming from the operation of the central planning mechanism, which determine the character of material incentives and which structure relationships between individuals and institutions; (b) historical and environmental factors, which are exogenous to the system itself; (c) the (sometimes unintended) consequences of governmental policies in assigning resource priority to some branches of industry rather than to others. Each of these categories, which are to some extent independent of each other, must be examined before it is possible to arrive at a balanced view of the problem.

Turning firstly to the central planning mechanism itself, it seems to be a well established consequence of the system that economic incentives are insufficient to encourage industrial innovation. This is not, of course, deliberate. There have been prolonged and agonizing attempts to find the magic mix of success indicators; but despite this «treadmill of reforms», to use Gertrude Schroeder's (1979, p. 312–340) apt phrase, the problem remains intractable. One might go further than this. In the absence of a market, the substitute system of administered incentives is so complex that in many instances it passes the point of ineffectualness and becomes counterproductive. For example, the major economic reform of September 1965, which heralded the (alleged) break with output maximisation and placed new emphasis on sales and profitability, had several unintended consequences. Because many Soviet firms found themselves in a seller's market they had little additional incentive to innovate. The bonuses derived from the manufacture of an existing assortment of products were much more attractive than the uncertain and short lived gains of innovation. Moreover, as a consequence of pricing policy, an increase in the proportion of new products in the total output assortment of the firm could lead to a corresponding decrease in its overall profitability. The pricing system, isolated from trustworthy details, thus discouraged genuine innovation with genuine costs; it did not discourage pseudo-innovation with fictitious costs, one of the major sources of price inflation in the Soviet economy. In industrial research institutes and design organisations, despite some formalistic tightening up during the 1970s, personnel could receive bonuses based on their own optimistic and

---

[3] V. S. Sominskii: Ėkonomika i Organizatsiya, Promyshlennogo proizvodstva, No. 11, 1980; A. P. Kirilenko: Pravda, 12. 3. 1980; V. Musalitin: Izvestiya, 21. 8. 1981; P. Hanson (1981 b): Quarterly Economic Review of the USSR, 4th Quarter, Economist Intelligence Unit, London, p. 18.

self-serving estimates of the economic return that projects would yield to the national economy, irrespective of how successfully and how widely results were applied in practice. The reaction of the authorities to these problems has been to place renewed faith in more sophisticated forms of planning to promote novelty directly (the «technocratic» option – see below) while designing even more complex success indicators to improve the efficiency of industrial enterprises, culminating in the July 1979 decree on planning and management[4].

The astute avoidance of technical change by industrial enterprises, which stems from their reaction to the prevailing system of bonuses and success indicators, is reinforced further by the administrative gulf which separates R and D from production. We know from the writings of industrial sociologists that the harmonisation of these two distinctive activities is no easy matter (Kornhauser, 1963, Cotgrove, Box, 1970, Price, 1972). But whereas in large Western corporations R and D and production are to some extent integrated within the overall objectives of the firm, in the USSR, with the possible exception of the science-production associations created during the 1970s, they are not; research personnel in their specialised institutes pursue technical perfectionism and academic success while production managers devote themselves to maximising output, without any mutual modification of behaviour. This organisational fragmentation *within* industrial ministries is often compounded further by uncooperative relationships *between* ministries, which the central planning agencies appear to be powerless to prevent; indeed fragmentation exists at the very summit of the system in the division of responsibilities between the State Committee for Science and Technology (R and D up to the prototype stage) and Gosplan (series production and diffusion). Typically, the progress of a new project is accompanied by massive paperwork, buck passing, retreat into narrow specialisms and no clear lines of authority. The larger the project the more troublesome these relationships can become, especially in the case of process innovations which involve the construction of new plants; it is the coordination of design and construction, even more than research and development in the strict sense, which exposes some of the weakest features of the central planning mechanism.

Much of the account presented, so far covers conceptually familiar ground, though it is useful to have it confirmed in the novel context of specific case studies. These factors apply with equal force to all the industries in our sample, though the following variations should be noted. Firstly we could find no evidence that major process innovation is any more successful than product innovation. The typical balance of impediments differs in each case: the obstacles to process innovation lie mainly in the coordination of plant design and construction of new factories; product innovation, which is undertaken by existing enterprises and therefore to a large extent avoids these massive organisational disruptions is retarded primarily by the absence of economic incentives. Secondly, it is clear that the position of the defence industries is fundamentally different from that of civilian R and D; within the defence sector there appear to be closer links between designers and manufacturers, generous development facilities, which permit competition of models up to the prototype phase and close relationships with the military customer at the planning and quality control stages.

If the defects in the central planning mechanism, described above, could be corrected simply by the introduction of some new success indicator or the creation of a new

---

4) Published in Ekonomicheskaya Gazeta, 12. 7. 1979. (Pithy scepticism will be expressed by P. Hanson in a forthcoming article entitled «Success Indicators Revisited: The July 1979 Decree on Planning and Management.»)

coordinating body it would be difficult to understand why, after such a prolonged period of trial and error, this had not already been successfully accomplished. The answer to this puzzle lies in the fact that resistance to reform is the result of institutionalised structures and attitudes, deeply rooted in the history of Soviet industrialisation. Soviet technological backwardness today can not be explained solely by the fact that many key industries (machine tools, chemicals, battle tanks etc.) were comparatively primitive and underdeveloped in 1917. They were, it is true. But the width of the initial technology gap *per se* is a less potent factor explaining long run performance than the mixture of policies and organisational modes which was adopted in order to overcome this backwardness in the shortest possible time. The salient features of this strategy were: (a) the acquisition, replication, scaling-up and adaptation to Soviet conditions of Western technologies; (b) the heavy concentration of resources on key industrial and strategic objectives; (c) the creation of a specialised network of research and development organisations under each industrial ministry which would rationalise resources (considered then, as now, to be one of the unique advantages of Socialism) and would insulate scientists from the distraction of minor manufacturing problems. The above strategy, successful during the 1930s in laying the foundation for the impressive quantitative expansion of basic industrial sectors, increasingly became a liability during the post-war period. An industrial «culture» had been created which was hostile to indigenous innovation and spontaneous change. From the ministry to the shop floor, decision-makers had assimilated the micro-politics of survival, manipulating the rules of the game to their own advantage and using a network of informal contacts to cushion the worst effects of directives from above. Thus, current Soviet technological performance is related to economic backwardness in the sense that long established Soviet industries are, institutionally speaking, prisoners of their pasts. It is this historical perspective which Brezhnev and Tikhonov have in mind when they refer to «outdated customs and indicators» which have survived from a time when «the quantitative aspect of work loomed the largest» (Brezhnev, 1981) and can only be overcome by «remoulding the very psychology of managerial staff» (Tikhonov, 1981).

Another explanatory factor, to some extent associated with patterns of historical evolution, is the policy dimension. Conservative policies and inadequate resources are independent variables which can condemn even an efficient economic system to technological stagnation. Our evidence suggests to us that technological conservatism in the USSR is not simply the result of subjective factors: intellectual mediocrity tempered by hare-brained schemes[5]. The prime cause lies in institutional constraints upon decision-makers. These stem partly from the early experience of assimilating and modifying Western technology, which crystalised into a widespread psychology of dependence on the West, both for a sense of direction and for occasional booster injections of advanced equipment. Conservative policies can also be the result of resource starvation in industries which have not been assigned a high investment and supply priority in the Soviet «documonetary economy»[6]. This phenomenon, of course, is the reverse side of concentrating resources on key objectives and has become an

---

5) A. Amalrik: (Will the Soviet Union Survive until 1984? New York 1970, p. 20) argues that this is the result of an inherent tendency for leading cadres in the USSR to be recruited according to a «law of unnatural selection»

6) This term was coined by J. Berliner to describe the fact that the Soviet economy functions on the basis of official authorisation to receive supplies in contrast to monetary purchases; money thus becomes a unit of accounting and little more.

especially critical problem in recent years as a result of the growing specialisation and interdependence of different sectors of the economy; rash concentration of resources can, by a complex and unpredictable multiplier effect, threaten the prime objectives of the government. Finally, and most importantly, conservative policies are the result of the inherent incapacity of the centre to anticipate all the detailed opportunities for innovation possible in such a huge country as the USSR. Yet, ironically, because of inertia and apathy at the lower levels of the system the central planners and political leaders are compelled to play this impossible role of innovator of last resort. Into the decision-making vacuum comes a flood of technological forecasts, new techniques for calculating the economic effectiveness of proposed projects and other ritual devices. It is a classic case of the informational breakdown of the «centreperiphery model», which has been analysed so acutely by Donald Schon (1971).

In view of what we have said above, it might appear paradoxical that the major countervailing force for promoting innovation in the Soviet system can be located in the informal relationships between individual scientist-entrepreneurs and political leaders. The path of Soviet history is littered with conflicts between science and ideology as systems of knowledge (Graham, 1972, Medvedev, 1969) or between party functionaries and scientists on the issue of professional autonomy (Kneen, 1979); however, support by the party leadership for science as a progressive *activity* has been consistently high. In the absence of market forces or satisfactory technological forecasting techniques, shared enthusiasm for novelty and national prestige may well be the mainspring of technical change in the USSR. We can see this factor at work in major campaigns such as chemicalisation or computerisation, where prominent scientists articulated their interests through the pages of the national press in terms which were calculated to appeal to the values and priorities of the leadership. It would seem to be a reasonable working hypothesis that such mechanisms are at the root of most examples of genuine novelty in the Soviet economy. The answer to the paradox, posed above, lies in the essential selectivity of this process. It does not solve the overall innovation problem. It only mitigates its worst effects.

The Political Context: Soviet «Corporatism», the «Politics of Stringency» or Both?

On the basis of the foregoing account we might predict that no significant acceleration of technical progress is likely to occur in the USSR during the 1980s. But, without further argument, this would be a shallow projection. We have not yet established what the broader political impact of technological backwardness is and, therefore, we are not able to estimate how far the Soviet leadership might contemplate the introduction of institutional reforms which could transform the effectiveness of the innovation system.

In recent years two general images of the Soviet political system have been formulated by Western political scientists, which are of particular interest in assessing the leadership's attitude towards vigorous reform. The first of these approaches attempts to analyse Soviet politics in terms of a «corporatist» model, located somewhere between the excessive coercion and central control implied by the «totalitarian» model and the unrealistic passivity of the elite which is portrayed by «institutional pluralism». Corporatists argue that one can find close parallels between Soviet experience and the tendency in many Western societies for the major functional interest groups, labour and capital, to be granted a representational monopoly and thus incorporated within the state in order to reconcile the central conflicts of society (Middlemass, 1979, Panitch, 1976, Ionescu, 1975, Habermas, 1971); these groups are persuaded to accept and implement the resulting compromises as a result of their complicity in the decision-making process. Western-Soviet specialists who have applied this concept (Bunce, Echols, 1978, pp. 911-932, 1980, p. 17, 18, Lapidus, 1977, Cocks, 1977) point to the active role of the Soviet state in formulating explicit policy goals (as distinct from passive interest aggregation), its commitment to complex tradeoffs between planned objectives and the tacit «deal» which is struck between the political elite and latent social forces as manifested in «guaranteed» minimum levels of welfare and job security. In sharp contrast to the «storming» of the Stalin era and Khrushchev's «voluntarism», the characteristic features of corporatist politics in the contemporary USSR are: low rates of turnover of government personnel, incremental shifts in resource priorities, the formulation of a «technocratic» ideology which is at the same time evasive about ultimate social objectives and the time-scale for achieving them, cautious economic reforms which avoid antagonising powerful vested interests, narrowing income differentials between industrial workers and white collar professions and the increasing component of working class recruitment within an expanding Communist Party as a calculated measure of social integration. As far as it goes, this kind of evidence is extremely persuasive and the overwhelming picture that emerges is of a rugged and stable society – a society which could absorb the innovation problems described above without drastic political repercussions. As Bunce and Echols (1980, pp. 17, 18) have put it, the steady but unspectacular growth rates of recent years are

«sufficient to generate continuous albeit incremental increases for all sectors, which further ensure stability and the existing order... This indeed is the promise of a corporatist arrangement and it is the essence of the Brezhnev era... Thus, corporatism would seem to be here to stay.»

However, a more detailed consideration of Soviet economic problems can yield a very different picture. Through the corporatist prism the Brezhnev leadership appears to have displayed shrewd steersmanship; through the economic prism, social stability may have been achieved at the cost of postponing crucial decisions affecting the long term future of the nation. These two general images are not, of course, mutually exclusive and can be reconciled by the notion that what we are now seeing is the disintegration of Soviet corporatism[7].

The central thrust of the economic argument is that after an «extensive» «dash for modernity» the centrally-planned economies lack «policies commensurate with the requirements of modern society» (Schopflin, 1981, p. 61). In the Soviet case, this failure is seen most clearly in the decline in the average annual rate of growth of industrial output from 13.1 per cent in 1951-55 to 3.4 per cent in 1981, accompanied by widespread plan underfulfilment and an absolute decline in the output of some key industrial products in the last few years. To make matters worse, there have been three successive harvest failures in the USSR in 1979, 1980 and 1981. Labour productivity, at just over 50 per cent of US levels grew by only 18 per cent during the period 1976-80 and not by 35 per cent as planned (Bergson, 1981). This economic slowdown is threatening to leave the USSR stranded on a plateau of underdevelopment, in relative

---

7) And Western corporatism? See, for example A. King (Ed.): Why is Britain Becoming Harder to Govern? London 1976; R. E. Tyrell in: The Future That Doesn't Work: Social Democracy's Failures in Britain, Garden City N. Y. 1977.

per capita terms, which could have very serious political consequences. Not only does it undermine the attractiveness of central planning to potential sympathisers throughout the world, it could also pose excruciating choices in the sphere of domestic politics between the demands of the defence-heavy industry lobby and the muffled aspirations of the consumer: hence, Bialer's term «the politics of stringency» (Bialer, 1980, Part V). On the one hand the USSR will want to maintain levels of defence spending which will give it «equivalence of esteem» (Aspaturian, 1980, pp. 1–18) and, correspondingly, will deny the United States the opportunity of dictating world affairs from a position of strength; on the other hand, in the light of the Polish crisis, the Soviet leadership must be all too aware of how intimately the political legitimacy of communist regimes is bound up with their capacity to satisfy the norms of consumption and welfare which are component parts of a tacit social contract[8]. Unfortunately for the East European elites they can not use the mystification of the market as a handy form of false consciousness to moderate the demands of the masses! All economic conflicts are immediately and transparently political.

How real are these economic constraints? In a very sober and careful analysis of the situation, written at the end of 1980, Hanson (1980, pp. 21–42) concluded that although the USSR was near the safety margin it would be able to stave off a decline in per capita consumption levels and maintain its share of world industrial output and balance of military forces provided that no further economic deterioration occurred in 1981–85 (i. e. if an annual rate of real GNP growth of 2.5 per cent or above could be sustained). However, according to a more recent estimate, Soviet performance has already fallen below the red line; the rate of growth of real GNP in 1981 is estimated by Hanson (1981 b, p. 2) to be running at only 2 per cent. Further confirmation of the seriousness of the situation comes from other leading specialists. Becker (1981, pp. 58, 69–70) concludes that falling rates of economic growth will make it difficult for the USSR to maintain the high levels of defence spending which were characteristic of the 1970s (13–14 per cent of GNP growing at 4–5 per cent a year); conversely, following the computational work of Bond and Levine, he argues that a substantial cut in military spending will be needed just to maintain living standards by the end of the decade. Bergson (1981) lends his authority to the general view that Soviet targets in the 11th five year plan, modest though they might seen, are plainly implausible in view of the declining rates of growth of energy supplies, labour force and the rate of capital accumulation. These targets *only* become plausible if the USSR achieves substantial improvements in factor productivity; improvements on the scale required can only be obtained by a rapid rate of technical progress and the latter does not appear to be possible within the existing institutional framework. Thus, because the innovation problem is at the same time a major political problem the Soviet leadership is faced with a number of unwelcome and perplexing options, some of which it has already begun to grapple with.

---

8) J. Kuron and K. Modzelewski (1971, pp. 8–16) use the term «subsistence minimum» in: A Revolutionary Socialist Manifesto. See also the empirical evidence of Z. Gitelman: Soviet Political Culture: Insights from Jewish Emigres, Soviet Studies, Vol. XXIX, 1977, pp. 543–564.

Technical Progress in the 1980s

I. The Marketisation Option

Provided that administrative decentralisation and the transition from planner's preference to market forces went far enough it is very probable that a new surge of technological dynamism would (eventually) be released into the Soviet economy. To date, no Soviet economic reform has even approached this threshold. The «crippled market reform» (Selucki, 1972, p. 47) of 1965 was essentially limited in scope; the major elements of the traditional planning mechanism – centrally determined prices, central supply allocations and taut planning «from the achieved level» – all remained in force. Consequently, when bottlenecks and other economic dislocations occurred after 1965 the system returned naturally to its original inner logic of direct central intervention. As Katz (1972, p. 180) has noted, by 1968 the conservative viewpoint was clearly dominant in public discussion of economic reform in the USSR. Under present circumstances, however, it seems certain that Soviet leaders will have to apply a fresh mind to these problems in their urgent search for technical progress and economic improvement; Brezhnev, for example, spoke quite approvingly about the Hungarian experiment at the 26th Party Congress. It is by no means self evident that even the present team of Soviet leaders would necessarily be opposed to far reaching institutional reforms, since if these led to greater levels of public affluence it would enhance the legitimacy of the political elite (Yanov, 1977, Chap. 2). However, it is not quite as simple as that. Marketisation reforms could have complex and unpredictable side-effects and it is these which no doubt induce hesitation and caution. In sum, the major problems arising from the market reform option are as follows:

(1) In extreme circumstances marketisation would involve the transplantation of the characteristic problems of capitalism into a culturally alien framework of state ownership: inequalities between individuals and enterprises which are unrelated to effort, bankruptcies and (overt) unemployment, inflation, neglect of national objectives (defence, public welfare and major investment projects) at the expense of consumption, and the deepening of regional inequalities. None of these problems is insuperable but the government (as in Hungary) would be called upon to strike a difficult balance between the encouragement of competitiveness [the «invisible foot» (Berliner, 1976, p. 528) of the market], which is the prime reason for initiating the reform and the use of subsidies to offset the harsher social effects of competition. This would be a new political game altogether for an ageing Soviet leadership tempered in the furnace of Stalinist industrialisation.

(2) As Brus (1981, p. 86) has observed, however, the political obstacles to reform are more important than the economic. Marketisation foreshadows the abandonment by the party of its «solidarity conception» of society (Burks, 1973, p. 381, Lewin, 1974, p. 336); instead of the supposedly automatic correspondence between the interests of society and the state, the overall «social interest» would be determined by the interaction of heterogeneous actors in the market place. The retreat of the vanguard party from its unique claim to formulate and impose a broad national perspective in accordance with its «scientific» understanding of immutable historical laws (and this is what socialism must *mean* for many functionaries) would be hastened by the loss of prefectorial power (Hough, 1969) to allocate resources at the regional level and the dilution of the *nomenklatura* system; the basing of appointments on the criterion of strict professional competence has been a central objective of economic reformers in all the East European countries. Thus, although the party under market socialism could

play something called an «inspirational role» it is not evident how, without effective power, this would not degenerate into a somewhat irrelevant theology.

(3) Market reforms would almost certainly be opposed by the powerful defence and heavy industry lobby for whom central planning and privileged access to key political functionaries are the instruments which ensure their priority receipt of scarce supplies and investment funds (Yanov, 1977, Chapter 2). This, historically, has been one of the main *purposes* of central planning. As Agursky and Adomeit (1979, pp. 107-108) put it – «the USA *has* a military-industrial complex, the USSR *is* a military-industrial complex.» Leading advocates of reform would have to run the gauntlet of popular pro-military sentiments, which have been carefully nurtured over the years, and decisively change the balance of power within a compact and centralised decision-making process which has hitherto filtered out dovish opposition (Becker, 1981, p. 34).

(4) The main supporters of a market-type reform in Soviet society at large are rank and file members of the technical intelligentsia who do not at present enjoy the material privileges of those in *nomenklatura* positions[9]. This is the group whose bolder members could expect to gain most from the greater rewards for skill, initiative and risk that marketisation would bring. But as Hungarian and Czech experience has shown, there is a danger here of activating dormant class antagonisms (Connor, 1975, 1980, pp. 1-17, Schopflin, 1981, pp. 73-74); a mature working class, aware of its growing social immobility, would be confronted by widening income differentials and the emergence of a new stratum whose affluent life-style was openly purchased and displayed, compared with the discreet hypocrisy of the old time bosses. These potentially serious obstacles to institutional reform would create a real role for the party as the mediator between the technical intelligentsia and the working class: enforcing the social control that the former needs for economic modernization (and which it lacks the ideological credentials to carry out itself) while maintaining the living standards of the latter (Rakovski, 1978, Chap. 2, Bauman, 1971). However, the equilibrium position in this triangle of forces is a species of corporatism very different from the undiluted influence of the market.

Thus, when Soviet political leaders contemplate the marketisation option they must weigh uncertain long run economic gains against the certainty of short term political disruption. It is an excruciating choice and yet, as I will argue below, because of the inherent limitations of other available options it is the only one which ultimately yields the prospect of a satisfactory solution to the Soviet Union's innovation problem.

II. The Technology Transfer Option

By the mid-1960s the Soviet government had come to realise that Western technological levels were moving targets which could only be caught up with if the USSR implemented a new strategy of growth. An important element in this strategy was greater enthusiasm for «negotiable modes» of technology transfer compared with the arm's length practices (reverse engineering, industrial espionage and literature screening), which were characteristic of the Stalin period. The acquisition of key Western technologies within the framework of closer industrial «cooperation» would

---

9) S. White: Contradiction and Change in State Socialism, Soviet Studies, Vol. XXVI, 1974, pp. 41-55. Naturally, not all members of this stratum will want reform; many will prefer a quiet life free from the risks of failure and therefore, the greater security of a planned economy: A. Katz (1972, p. 200).

have an immediate impact on economic performance. Many of the key systemic blockages in the Soviet research-production cycle, especially at the design/construction interface, could be by-passed and steady modernization and rejuvenation of skills could take place without having recourse to dangerous and unpredictable institutional reforms. If Japan could achieve an «economic miracle» by these means, why not the Soviet Union too? Although there is not a great deal of hard evidence available on the *impact* of Western technology on Soviet economic performance, sufficient is known for us to conclude that the results of this strategy are inherently modest.

(1) From the mid-1950s to the mid-1970s Soviet purchases of Western machinery rose as a proportion of total domestic investment in equipment from approximately 2.5 per cent to 5–6 per cent. These modest proportions, however, conceal two important aspects: firstly, macro-economic estimates suggest that rouble for rouble the marginal productivity of Western machinery is substantially greater than that of Soviet equipment (just *how* much greater is a matter of dispute) (Green, Levine, 1977, pp. 394–423, Hanson, 1977, pp. 365–368); secondly, careful screening narrows down purchases to key areas of technological backwardness such as complex fertilisers, for example, so that the economic impact of Western technology in these industrial branches is considerable (Hanson, 1981 c, Chap. 10). Overall, however, it is unlikely that imported Western equipment has in any given year accounted for more than 0.5 per cent of the growth of Soviet industrial output (Hanson, 1981 c, p. 50). This is a very useful increment but it is by no means the answer to the USSR's economic problems.

(2) The acquisition of Western industrial plant does not, in the short run at least, appear to have conferred upon the Soviet Union the capacity to replicate and modify the technologies embodied in it (Rothlingshofer, Vogel, 1979, Hanson, Hill, 1979). These will no doubt be assimilated eventually, as in the 1930s, but by that time the technological frontier will have advanced and the USSR will be no nearer self-sufficiency. This is the main point of departure from the Japanese model. The purchase of turn-key plants minimises demands upon the domestic R and D network; but subsequent diffusion/modifications or the exploitation of licences demand that institutions have a positive attitude towards innovation. Thus, as a strategy, technology transfer can only avoid systemic reform up to a point.

(3) East European countries such as the USSR and Czechoslovakia, which have purchased Western technology in a prudent manner during the 1970s have not succeeded in reversing the downward trend in their rates of industrial growth and technical progress. Countries such as Poland and Rumania, which have made a more reckless bid for growth have come unstuck largely as a result of the inability of Western countries to absorb their manufactured exports; after an initial up-turn in growth rates they were gripped by a downward spiral of import dependence, indebtedness, squeezes on consumption and serious political discontent. There now seems to be a mutual realisation that the medium of technology transfer is inherently limited by hard currency balances and demand on Western markets. Western firms, for example, are now more reticent about entering into buy-back agreements with Eastern partners (East-West Trade in Chemicals, 1980, OECD, Paris, p. 63). The feelings of Western bankers in the midst of the Polish crisis need hardly be described. And on the Soviet side too, it now appears in retrospect that these problems were foreseen at least as far back as 1976 when despite a healthy hard currency balance there was a marked slackening off in the rate of Western machinery purchases (Hanson, 1981a). As if to

make a virtue of necessity, some Soviet officials from Brezhnev downwards are now playing down the usefulness of Western equipment[10].

III. The Technocratic Option

A technocratic reform, unlike a market reform, is one which can be introduced without requiring fundamental changes in the nature of the political system (Selucki, 1972, pp. 43, 52). In the Soviet case it means the retention of a «directed society» but one in which coercion has given way to new managerial expertise and the use of systems analysis to «steer» the society in a predetermined direction (Cocks, 1972, pp. 53–92). It is, not surprisingly, the officially approved approach, which finds its supreme ideological embodiment in the concept of «developed socialism» and in the application of the term «political system» to the Soviet state in the 1977 Constitution.

In the sphere of industrial innovation, the rise of the technocratic approach has meant less reliance on indirect economic incentives and greater direct involvement by the central planners. There is now a bewilderng profusion of new innovation mechanisms in the USSR, in practice or in print, which have been analysed in considerable detail by my colleague Julian Cooper (Amann, Cooper, 1982, Chap. 10) in our forthcoming book. Many of these mechanisms appear to have been inspired by successful experience in the defence industries: large-multi-disciplinary programmes which cut across traditional administrative boundaries, close administrative links between R and D and production (science-production associations) and the greater use of state quality control to promote and monitor technical progress. It is quite likely that these reforms could have *some* effect on the rate of innovation and on economic efficiency generally. But I have doubts as to whether they represent a deep and permanent solution to the innovation problem because in at least two respects they fail to get to grips with the central systemic problems described earlier:

(1) An important issue is whether arrangements which have worked successfully in the highly specific context of the defence industries can be transplanted more widely into the civilian economy. The point is that defence production enjoys resource priority, close links with a single powerful customer, and the direct intervention of political leaders to dissolve conflicts; these are all *scarce commodities* which can only be called upon selectively. The key determinant of success, therefore, is how far the time and resources of the centre, the innovator of last resort, can be stretched. The failure of the GDR's selective «offensive strategy», 1968–71, does not give strong grounds for hope (Bentley, 1981, Chap. 6). If the decision-making centre is unable to offer the right mixture of effective control and support, there is little to prevent the re-appearance of ministerial barriers, or the deception of state quality controllers or the continued separation of science and production. Our case studies provide examples of all these phenomena[11].

(2) The technocratic approach is also, to some extent, based on a false premise. Soviet writers have been impressed by the use in Western societies of sophisticated

---

10) Brezhnev (1981) set the tone by his remark that «we at times forfeit our priority and spend a great deal of money on the purchase abroad of machinery and technology that we can well produce ourselves and often at a higher quality at that»; A. P. Alexandrov: Pravda, 26. 2. 1981; N. Antonov: Ekonomicheskaya Gazeta, No. 40, 1981, p. 21.

11) See also, the revealing remarks about inter-branch programmes by D. Gvishiani: Pravda, 27. 3. 1981, and on quality attestation by M. N. Petrov: Ekonomika i Organizatsiya Promyshlennogo Proizvodstva, No. 4, 1981, pp. 139–142.

management and planning techniques (forecasting, network analysis, budgeting) to control the potential contradictions of capitalist development and to channel them into socially acceptable directions (Cocks, 1977, p. 57). But this conception misses the main point; the role of the Soviet central authorities is primarily to *initiate* change, not to shape autonomous forces. The analogy with Western systems management is a false one because it assumes an uncontrolled (and potentially harmful) dynamism which under Soviet state socialism does not appear to exist. The absence of this raw dynamism is at the heart of the Soviet innovation problem but the technocratic approach does nothing to remedy it.

IV. Enhanced Discipline: The Neo-Stalinist Option

I will refer only briefly to this option because, although many Western specialists touch upon it in their writings, nobody seems to be clear about what it means in specific institutional terms. Presumably, it means something more than plaintive appeals by the leadership for more work discipline[12] or greater reliance on ideological work, which Brezhnev (Pravda, 24. 2. 1981) himself has with painful honesty described as «fossilised» and prone to «stereotyped phrases and ready made formulae». These sources of dynamism have been tried and found wanting. The dark prospect which many Western analysts and some Soviet emigrees seem to have at the back of their minds is of a much more prominent role for the military and the internal security forces, facilitated to some extent by a popular desire for strong leadership to «clear up the mess». Under this option, therefore, the «directed society» would retreat from systems management to Stalinist storming and coercion.

The obvious problem with this option is that it provides no solution at all. Indeed, the history of the USSR since 1953 has been an attempt to break away from the economic structures and attitudes of the Stalin era, which still «lie heavily on the brain». (as Marx might say). The central economic problem is no longer the forced development of selected basic industries but the creation of a suitable framework for «intensive» development on a broad front. It is just possible that if citizens were really scared out of their wits some improvement in *effort* could occur: but not in creativity, willingness to take risk, or in the capacity to direct and coordinate a highly complex, interdependent, modern economy. The neo-Stalinist approach, therefore, appears to provide no objective solution to the Soviet Union's economic problems and could only be turned to as a result of some desperate or romantic impulse. Needless to say it would also be a severe blow to the international prestige of the USSR and probably a strong impetus towards much closer cooperation between Western countries on matters of security and trade.

Conclusions

The foregoing analysis suggests that there is unlikely to be any sharp acceleration of technical progress in the Soviet Union for at least the first half of the 1980s; present

---

12) See «Letter to the Soviet People» issued by the Party Central Committee and the Trade Union Central Council in: Pravda, 14. 1. 1978; followed up by a decree «on the further strengthening of labour discipline and reducing the fluidity of manpower in the national economy», Sobranie Postanovlenii Pravitel'stva SSSR, No. 3, 1980.

trends in economic growth and productivity are likely to continue. However, the analysis also suggests that in the long run the USSR has no objective alternative to a thoroughgoing institutional reform, which would inject the missing elements of dynamism and spontaneity into a ponderous central planning mechanism. The introduction of these reforms would raise enormous political difficulties for the ruling Communist party and could not be contemplated lightly; nor could they be depended upon to produce significantly better economic results much before the end of the 1980s. It is possible, nevertheless, that the 1980s will be the decade of decision, the watershed between the conditioned reflexes of Stalinist industrialisation and the gradual evolution of a new model of social and economic development. The objective need to engage in this exercise will coincide with the emergence of a new generation of leaders in the USSR (Hough, 1979, pp. 1–16).

These complex processes of change are, of course, extremely sensitive to varying levels of Western defence spending and the political pressures that these exert on the Soviet economy. On the one hand, higher Western defence spending, by intensifying the «politics of stringency» in the USSR, could force the pace of institutional change or, conversely, it could provoke a blind stampede towards the neo-Stalinist option as an instrument for maintaining the priority of national defence under conditions of increased economic scarcity. These are vitally important issues and for the sake of completeness it is right to raise them – but they concern matters of judgement and of fact which are beyond the scope of this paper.

Literature

Agursky, M., Adomeit, H. (1979): The Soviet military-industrial Complex, Survey, London, Vol. 24, No. 2, pp. 107–108.

Amann, R., Cooper, J. M., Davies, R. W. (1977): The Technological Level of Soviet Industry, Yale University Press.

Amann, R., Cooper, J. M. (1982): Industrial Innovation in the Soviet Union, Yale University Press.

Aspaturian, V. (1980): Soviet Global Power and the Correlation of Forces, Problems of Communism, Washington D. C., pp. 1–18.

Bauman, Z. (1971): Systematic Crises in Soviet-type Societies, Problems of Communism, Washington D. C., pp. 45–53.

Becker, A. S. (1981): The Burden of Soviet Defence: A Political Economic Essay, Rand R-2752-AF, Santa Monica (Cal.).

Bentley, R. (1981): Technical Change in the GDR, D. Phil. Thesis, University of Sussex.

Bergson, A. (1981): Soviet Economic Slowdown and the 1981–1985 Plan, Problems of Communism, Washington D. C., p. 24–36.

Berliner, J. S. (1976): The Innovation Decision in Soviet Industry, MIT Press, Cambridge (Mass.).

Bialer, S. (1980): Stalins Successors: Leadership, Stability and Change in the Soviet Union, Part V, Cambridge University Press (England).

Brezhnev, L. I. (1981): Report to the 26th Party Congress, Pravda, 24. 2. 1981.

Brus, W. (1981): Economic Reforms as an Issue in Soviet-East European Relations, in: K. Dawisha, P. Hanson: Soviet-East European Dilemmas, London, pp. 84–89.

Bunce, V., Echols, J. M. (1978): Power and Policy in Communist Systems: The Problem of Incrementalism, Journal of Politics, Vol. 40, pp. 911–932.

Bunce, V., Echols, J. M. (1980): Soviet Politics in the Brezhnev Era; Pluralism or Corporatism, in: D. R. Kelley (Ed.): Soviet Politics in the Brezhnev Era, New York, pp. 1–26.

Burks, R. V. (1973): The Political Implications of Economic Reform, in: M. Bornstein: Plan and Market: Economic Reform in Eastern Europe, Yale University Press, pp. 373–402.

Cocks, P. M. (1977): Retooling the Directed Society: Administrative Modernization and Developed Socialism, in: J. F. Triska, P. M. Cocks: Political Development in Eastern Europe, New York, pp. 53–92.

Connor, W. D. (1975): Social Consequences of Economic Reforms in Eastern Europe, in: Z. M. Fallenbuchl (Ed.): Economic Development in the Soviet Union and Eastern Europe, New York, Vol. 1, pp. 65–99.

Connor, W. D. (1980): Dissent in Eastern Europe: A New Coalition? Problems of Communism, Washington D. C., pp. 1–17.

Cooper, J. M. (1980): Industrial Robots in the USSR, CREES Discussion Paper, Series RC/B, No. 13, University of Birmingham.

Cooper, J. M. (1981): Scientists and Soviet Industry: A Statistical Analysis, CREES Discussion Paper Series RC/B, No. 17, University of Birmingham.

Cotgrove, S., Box, S. (1970): Science, Industry and Society, London.

Gomulka, S. (1971): Inventive Activity, Diffusion and Stages of Economic Growth, Economic Institute, Aarhus University, Monograph 24.

Graham, L. (1972): Science and Philosophy in the USSR, New York.

Green, D. W., Levine, H. S. (1977): Macroeconomic Evidence of the Value of Machinery Imports to the Soviet Union, in: J. R. Thomas, U. M. Kruse-Vaucienne: Soviet Science and Technology: Domestic and Foreign Perspectives, National Science Foundation, Washington D. C., pp. 394–423.

Habermas, J. (1971): Towards a Rational Society, London.

Hanson, P. (1977): International Technology Transfer from the West to the USSR, in: J. R. Thomas, U. M. Kruse-Vaucienne: Soviet Science and Technology: Domestic and Foreign Perspectives, Washington D. C., pp. 365–368.

Hanson, P. (1980): Economic Constraints on Soviet Policies in the 1980s, International Affairs, pp. 21–42.

Hanson, P. (1981a): A Backlash against Technology Imports?, Radio Liberty Research, 12.11.1981.

Hanson, P. (1981b): Quarterly Economic Review of the USSR, 4th Quarter 1981, Economist Intelligence Unit, London.

Hanson, P. (1981c): Trade and Technology in Soviet-Western Relations, London.

Hanson, P., Hill, M. R. (1979): Soviet Assimilation of Western Technology: A Survey of UK Exporters' Experience, in: Soviet Economy in a Time of Change, JEC of US Congress, Washington DC, pp. 582–605.

Hough, J. F. (1969): The Soviet Prefects: Local Party Organs in Industrial Decision-Making, Harvard University Press, Cambridge (Mass.)

Hough, J. F. (1979): The Generation Gap and the Brezhnev Succession, Problems of Communism, Washington D. C., pp. 1–16.

Ionescu, G. (1975): Centripetal Politics: Government and the New Centres of Power, London.

Katz, A. (1972): The Politics of Economic Reform in the Soviet Union, New York.

Kiser III, J. W. (1977): Report on the Potential for Technology Transfer from the Soviet Union to the United States. Prepared for the Department of State and the National Science Foundation, Washington D. C.

Kneen, P. H. (1979): Natural Scientists and Political Authority in the Soviet Union, Ph. D. Thesis, University of Birmingham.

Kornhauser, W. (1963): Scientists in Industry: Conflict and Accommodation, Institute of Industrial Relations, University of California.

Lapidus, G. W. (1977): The Brezhnev Regime and Directed Social Change: Depoliticisation as Political Strategy, in: A. Dallin (Ed.): The Twenty-Fifth Congress of the CPSU, Hoover Institution Press, Stanford (Cal.), pp. 26–38.

Lewin, M. (1974): Political Undercurrents in Soviet Economic Debates, Princeton University Press.

Medvedev, Zh. (1969): The Rise and Fall of T. D. Lysenko, Columbia University Press.

Middlemass, K. (1979): Politics in Industrial Society: The Experience of the British System Since 1911, London.

Nolting, L. E., Feshbach, M. (1979): R and D Employment in the USSR – Definitions, Statistics and Comparisons, in: The Soviet Economy in a Time of Change, JEC of US Congress, Washington DC, pp. 710–758.

Panitch, L. (1976): Social Democracy and Industrial Militancy, Cambridge University Press (England).

Price, D. de S. (1972): Science and Technology: Distinctions and Interrelationships, in: B. Barnes (Ed.): Sociology of Science, London, pp. 166–180.

Rakovski, M. (1978): Towards an East European Marxism, Nottingham.

Rothlingshofer, K. C., Vogel, H. (1979): Soviet Absorbtion of Western Technology: Report on the Experience of West Germany Exporters, Munich, IFO.

Schon, D. (1971): Beyond the Stable State, New York.

Schopflin, G. (1981): The Political Structure of Eastern Europe as a Factor in Intra-Bloc Relations, in: K. Dawisha, P. Hanson (Eds.): Soviet-East European Dilemmas, London, pp. 61–83.

Schroeder, G. E. (1979): The Soviet Economy on a Treadmill of Reform, in: The Soviet Economy in a Time of Change, JEC of US Congress, Washington DC, pp. 312–340.

Selucki, R. (1972): Economic Reforms in Eastern Europe: Political Background and Economic Significance, New York.

Tavana, J. (1981): Soviet Drilling Technology, CREES Discussion Paper, Series RC/B, No. 16, University of Birmingham.

Tikhonov, N. A. (1981): Report to the 26th Party Congress, Pravda, 28. 2. 1981.

Yanov, A. (1977): Detente After Brezhnev: The Domestic Roots of Soviet Foreign Policy, Policy Papers in International Affairs, No. 2, University of California, Berkeley CA.

A. Schüller, H. Leipold, H. Hamel (Hrsg.): Innovationsprobleme in Ost und West · Schriften zum Vergleich von Wirtschaftsordnungen · Heft 33 · Gustav Fischer Verlag · Stuttgart · 1983

Vergleichende Analysen der Innovationskraft in West und Ost

Heinrich Vogel

Vorbemerkungen

In einer Zeit abnehmender Wachstumsraten des Sozialprodukts in nahezu allen Ländern der industrialisierten Welt, einer von wechselseitigen Bedrohungsvorstellungen beherrschten Diskussion des Technologietransfers zwischen Ost und West (vgl. Gustafson 1981 und Vogel 1982) und angesichts des anhaltenden Wettbewerbs normativ-ökonomischer Puristen bzw. ideologischer Apologeten in Ost und West kommt einer vergleichenden Analyse der Innovationskraft unterschiedlicher Wirtschaftssysteme nicht nur theoretische Bedeutung zu. Der folgende Beitrag faßt die Ergebnisse einer Vielzahl von Forschungsansätzen zu verschiedenen Aspekten des Innovationsproblems zusammen, soweit sie für eine Reihe von Ländern empirisch untersucht wurden.

Verallgemeinerungsfähige Aussagen in diesem Bereich, «Hochrechnungen» auf das Gesamtsystem, sind freilich kaum möglich. Die Reichweite der Teilaussage wechselt, je nach den gewählten Kriterien. Eine Aggregation verschiedener, empirisch belegbarer Teilaussagen und deren Gewichtung setzt die Explikation des jeweils eingesetzten normativen Kriteriums voraus. Weder die theoretische Diskussion über Effizienzkriterien und Möglichkeiten einer Normativfunktion (vgl. Conn 1978) noch der Stand der empirischen Forschung rechtfertigen bis heute zusammenfassende Feststellungen, die den unterschiedlichen Rahmenbedingungen für die praktische Wirtschaftspolitik verschiedener Länder – reale Systeme arbeiten unter nicht-identischen Voraussetzungen – in der Weise Rechnung tragen, daß die Innovationseffizienz ökonomischer Systeme eindeutig identifiziert werden könnte.

Definitionen und Indikatoren

Im folgenden wird unter «Innovationskraft» verstanden: die Fähigkeit zur Generation und Diffusion technischer Neuerungen, d.h. neuer Produkte und Produktionsprozesse. Damit werden berücksichtigt die Ergebnisse des gesamten Zyklus von der endogenen Forschung bis zur industriellen Serienreife, aber auch die Rezeption und Diffusion ausländischer Entwicklungen. Das jeweilige Wirtschaftssystem (definiert durch unterschiedliche Informations-, Entscheidungs- und Motivationsstrukturen) fungiert als eine Kombination nur zum Teil transparenter Subsysteme (Forschung und Entwicklung, einzelne Industriezweige, Steuerungsinstanzen), ingesamt aber als black box, in der vergleichbare Inputs an sozialökonomischen Faktoren sich in unterschiedlich hohen Outputs an innovativer Leistung niederschlagen. Für die folgenden Überlegungen ist es wichtig, daß nicht nur die großen, strukturrevolutionierenden Erfindungen als Innovation zu berücksichtigen sind, sondern ebenso die unzähligen marginalen produktivitätssteigernden Veränderungen der Produktionsfunktionen in der Wirtschaft. Ohne Zweifel gilt, daß «strategische Erfindungen die kumulative Synthese vieler Einzelerfindungen» (Ruttan 1959) und gesamtwirtschaftliche Produktivitätsfortschritte das Ergebnis spektakulärer wie auch unauffälliger Maßnahmen sind.

Das vorliegende umfangreiche empirische Material umfaßt Untersuchungen des einzel- und gesamtwirtschaftlichen Ertrags von Aufwendungen für Forschung und Entwicklung, einschließlich des Imports von Lizenzen. Der Output im Sinne von innovatorischer Leistung wird zumeist gemessen an der Berücksichtigung von Ergebnissen der Grundlagenforschung in der wissenschaftlichen Literatur, der Anmeldung von Patenten (vor allem im Ausland) und dem Export von Lizenzen (vgl. Science Indicators 1980), häufig auch am Anteil der jeweils bei einem bestimmten Produkt bzw. Produktionsprozeß führenden Technologie an der gesamten Produktion bzw. der ausgelasteten Kapazität der betreffenden Industrie eines Landes. Als weitere Indikatoren werden die Warenstruktur von Exporten und die Wettbewerbsfähigkeit einzelner Exportgüter – gemessen etwa am relativen unit-value nicht nur homogener Güter – herangezogen (eine Zusammenfassung der Ansätze enthält Slama, Vogel 1977).

Quellen

Die große Mehrzahl der im folgenden zusammengefaßten Studien stammt von westlichen Autoren. Eine in den 70er Jahren stark angewachsene östliche Literatur über Innovationsprobleme im Westen vermeidet den intersystemaren Vergleich. Nur wenige ihrer Autoren stellen die Situation sozialistischer Volkswirtschaften nebeneinander, wobei die UdSSR grundsätzlich ausgeklammert bleibt (vgl. Komlósy, Nyers 1979 und Rapacki 1981). Die sowjetische Literatur konzentriert sich dagegen auf die Analyse von Entwicklungen im Westen (vgl. Zubčaninov 1981, Gorjunov 1981 und Marcinkevič 1981). Die westlichen Arbeiten befassen sich meist mit der Wirtschaft der UdSSR, nur in seltenen Fällen mit kleineren sozialistischen Staaten. Hinsichtlich der in den letzten Jahren eingetretenen Veränderung in östlichen Wirtschaftssystemen (hier ist besonders wichtig die VR Ungarn, aber auch die DDR) kann also nicht die sicherlich notwendige Differenzierung in der gewünschten Tiefe vorgenommen werden (Zaleski, Wienert 1980).

Ungeachtet früh einsetzender Bemühungen um die Entwicklung einheitlicher Kategorien zur Erfassung des technologischen Niveaus der Maschinen und Anlagen in den sozialistischen Staaten (begonnen in der DDR im Jahr 1963, später in Polen, der ČSSR und in Ungarn), entspricht der methodische Standard der wenigen veröffentlichten komparativen Arbeiten nicht dem der empirischen Forschung im Westen. Bezeichnend ist, daß die systematische Beschäftigung mit internationalen Patentstatistiken in der UdSSR erst 1972 einsetzt (vgl. Filippovskij 1972) und Ende der 70er Jahre intensiviert wird.

Erst in jüngster Zeit werden zusätzlich die analytischen Möglichkeiten des Science Citation Index diskutiert (vgl. Markusova, Chariarov 1982). Ganz allgemein begann im Rahmen des RGW eine öffentliche Diskussion über Methoden und Ergebnisse der vergleichenden empirischen Forschung zum eigenen innovatorischen Leistungsstand mit den 70er Jahren, einer Periode, in der nach Abkehr von der Blockautarkie die

Förderung der eigenen Wettbewerbsfähigkeit auf den Weltmärkten zu einem immer dringlicheren Problem wurde.

Einige wichtige Ergebnisse komparativer Forschung

Der für westliche Industriestaaten statistisch nachgewiesene positive Zusammenhang zwischen dem Forschungs- und Entwicklungsaufwand, den Patentanmeldungen im Ausland und der Wettbewerbsfähigkeit von Exportgütern als Kriterium für den jeweiligen Stand der Technologie eines Landes (vgl. Pavitt 1982) bestätigt sich auch für die sozialistischen Staaten. Unter 27 meistentwickelten Industrieländern erzielen die RGW-Staaten, ungeachtet überdurchschnittlich hoher Anteile an der Gesamtzahl der Studierenden im Hochschulbereich bzw. von in Forschung und Entwicklung eingesetzten Wissenschaftlern und Ingenieuren, nur unterdurchschnittliche Quoten bei den Patentanmeldungen (vgl. Tabelle S. 216).

Das Mißverhältnis kann durch drei Schlüsselzahlen verdeutlicht werden: 52,7% des in der Stichprobe erfaßten Potentials an Wissenschaftlern und Ingenieuren stehen 23% des Sozialprodukts, 10,2% der Exporte von Maschinenbauerzeugnissen, 5,9% der Exporte von Chemikalien und nur 3,5% der Patentanmeldungen im Ausland gegenüber. Ein derartiges Mißverhältnis, wie es für 1978 berechnet wurde (vgl. Slama 1981 a), kann schwerlich nur den teilweise immer noch bestehenden Unterschieden der Patent- oder Außenhandelssysteme zugeschrieben werden. Auffallend sind die Unterschiede zwischen den sozialistischen Staaten selbst: Das besonders krasse Mißverhältnis zwischen dem Forschungsaufwand und den erwähnten Output-Indikatoren in der UdSSR kann nicht auf die für große Länder typisch niedrigere Außenhandelsintensität zurückgeführt werden, wie der Vergleich mit den USA zeigt. (Die beste gegenwärtig verfügbare Gegenüberstellung der Forschungsaufwendungen in der UdSSR und in den USA enthält Campbell 1978. Zur Beschäftigung im Forschungs- und Entwicklungssektor vgl. Nolting, Feshbach 1980). Relativ günstig stehen in einer solchen Betrachtung die DDR, die Tschechoslowakei und Ungarn.

Ein weiteres Ergebnis der westlichen Literatur bezieht sich auf die Vorlaufzeiten in Forschung und Entwicklung: Diese sind ungeachtet des überdurchschnittlich hohen Einsatzes von Forschungspersonal, technischem Personal und Sachmitteln im Vergleich über längere Perioden im Bereich des RGW nach wie vor zu lang, um die für eine Schließung der Lücke notwendige Beschleunigung des technischen Fortschritts zu erreichen. Erfahrungsberichte westlicher Naturwissenschaftler und Selbstdarstellungen in der sowjetischen Literatur deuten auf ein auch im Vergleich mit dem Westen hohes Niveau der sowjetischen Grundlagenforschung hin. Die Weiterentwicklung und Übertragung ihrer Ergebnisse in die wirtschaftliche Praxis scheitern dann jedoch zu häufig: Nur ein Drittel aller im Inland angemeldeten Patente werden in der UdSSR wirtschaftlich genutzt, vielfach erst, nachdem die jeweilige Erfindung im Westen für eine industrielle Verwertung weiterentwickelt und in größerem Umfang genutzt wurde. Für die Vermutung einer «Kopflastigkeit» des Innovationsprozesses in der UdSSR und in den meisten sozialistischen Staaten spricht auch die Struktur vieler wissenschaftlich-technischer Kooperationsabkommen mit westlichen Unternehmen: Praktiker des Osthandels sehen Möglichkeiten für eine intensivere Zusammenarbeit, in der von seiten der westlichen Unternehmen vor allem die überlegene organisatorische und technische Erfahrung bei der Überleitung von Forschungsergebnissen in experimentelle Anwendung, Entwicklung von Prototypen und schließlich Serienreife eingebracht werden kann.

Tabelle: Ausgangsdaten für eine empirische Überprüfung der Innovationsleistung der RGW-Staaten im Vergleich einer Stichprobe von 27 Industriestaaten (1978) (Anteile an der gesamten Stichprobe in vH).

Land	BSP	Bevölkerung	Forschungs-personal	Patentanmeldungen			Maschinenbau-erzeugnisse		Chemische Erzeugnisse	
				Inländer	Ausländer	im Ausland	Export	Import	Export	Import
1. Bulgarien	,36	,81	,66	,64	,23	,13	,94	,98	,29	,57
2. Tschechoslowakei	1,04	1,38	1,60	1,52	,74	,45	1,57	1,45	,63	1,38
3. DDR	1,17	1,53	1,50	1,23	,71	,76	1,96	1,40	1,38	1,16
4. Ungarn	,48	,98	,76	,28	,55	,63	,62	1,23	,62	1,47
5. Polen	1,58	3,20	3,26	1,52	,64	,21	1,69	2,00	,80	1,73
6. Rumänien	1,00	2,00	,98	,58	,28	,05	,66	1,07	,71	,68
7. Sowjetunion	17,40	23,88	43,90	30,33	1,24	1,28	2,78	7,12	1,37	4,19
8. Österreich	,73	,69	,07	,50	2,54	1,06	,95	2,01	1,08	2,18
9. Belgien/Luxemburg	1,27	,93	,38	,24	4,13	1,23	3,04	5,23	6,38	6,23
10. Kanada	3,22	2,15	,57	,41	8,18	1,64	4,13	7,82	2,36	3,73
11. Dänemark	,67	,47	,16	,20	1,77	,75	,83	1,73	,92	1,90
12. Finnland	,47	,43	,21	,29	,98	,44	,50	,89	,38	1,08
13. Frankreich	6,50	4,87	2,28	2,48	9,22	7,61	7,81	7,86	9,88	10,62
14. BR Deutschland	6,21	5,60	3,76	6,56	10,11	19,75	18,76	9,72	21,07	12,82
15. Griechenland	,46	,86	,04	,34	,49	,06	,03	1,26	,16	,89
16. Irland	,16	,50	,08	,07	,81	,05	,22	,89	,76	1,24
17. Italien	3,28	5,18	1,22	1,52	7,35	3,28	5,16	4,38	4,15	6,90
18. Japan	10,07	10,50	14,11	30,64	8,81	8,33	15,58	1,84	5,63	5,28
19. Niederlande	1,59	1,23	,85	,44	3,83	3,22	2,55	5,26	8,31	6,09
20. Norwegen	,56	,37	,20	,17	1,31	,41	,84	1,62	,74	1,11
21. Portugal	,29	,90	,08	,03	,52	,05	,09	,63	,14	,91
22. Spanien	1,88	3,36	,34	,39	3,25	,57	,94	1,51	,96	2,68
23. Schweden	1,22	,76	,44	,99	3,20	3,03	2,62	2,43	1,25	2,71
24. Schweiz	,98	,58	,54	,99	3,14	6,82	2,20	2,56	5,37	3,58
25. Großbritannien	4,30	5,10	1,64	4,20	11,10	7,92	6,05	7,19	9,02	7,77
26. USA	30,35	19,93	19,66	13,24	14,16	30,27	16,89	16,25	15,07	9,74
27. Jugoslawien	,70	2,00	,62	,25	,71	,06	,51	1,68	,48	1,65
RGW-Länder	23,05	33,78	52,73	36,08	4,40	3,51	10,22	15,24	5,88	11,02
Westliche Länder	76,26	64,22	46,65	63,67	94,90	96,43	89,27	83,09	93,64	87,00
Gesamt	100,00	100,00	100,00	100,00	100,00	100,00	100,00	100,00	100,00	100,00

Quelle: Slama (1981a).

Die Diagnose eines anhaltenden technologischen Vorsprungs des Westens findet sich für alle weiteren Stufen des Innovationsprozesses, insbesondere aber in der Analyse von Produktionsstrukturen sowie von Schlüsseltechnologien und Schlüsselprodukten. Die Ausnahmen sind freilich zu zahlreich (insbesondere in Schwerpunkten der jeweiligen nationalen Entwicklungsstrategie, aber auch in Bereichen mit industrieller Tradition), um eine uneingeschränkte Verallgemeinerung zuzulassen. J. Kiser (1982, p. 86) hat das Problem anschaulich formuliert:

«Technology is highly specific: it differs from industry to industry, from company to company, from plant to plant within a company and from component to component within a product. The engine may be excellent, but the tires or brakes inferior... Poor quality control can degrade good design technology... Does a high rating in one area cancel out a low rating in another? To what extent is the level a reflection of the particular economic environment or of technical competence? Is the ‹average› more important than the ‹best› level achieved?»

Dies sind schwerwiegende Fragen, die um so berechtigter sind, wenn es um den Abbau von Vorurteilen geht, die der Wahrnehmung wirtschaftlicher Chancen in der internationalen Kooperation im Wege stehen. Die Argumentation führt im Zusammenhang mit der Frage nach der Innovationskraft von Systemen jedoch zu ganz anderen Schlußfolgerungen: Gerade das Nebeneinander herausragender Leistungen («Innovationsinseln») und rückständiger Technologien, zu messen etwa an der extrem breit gestreuten Altersstruktur des sowjetischen Anlagekapitals, ist ein wesentlicher Faktor zur Erklärung des in Außenhandelszahlen und Industriestrukturanalysen sichtbaren durchschnittlichen Rückstands der RGW-Staaten. Ganz gewiß aber ist es ein Faktor zur Erklärung des deutlich langsameren Tempos der Innovation auf breiter Front, d. h. über die gesamte Breite der industriellen Produktion. Dies gilt besonders für die UdSSR und Polen, in geringem Maße für die DDR und ČSSR. Das Nebeneinander von fortschrittlicher und rückständiger Technologie auf allen Ebenen innerhalb von Betrieben, Industriezweigen und Gesamtwirtschaft macht Aussagen über ein durchschnittliches technologisches Niveau bei Anlegen eines strengen Maßstabs unmöglich. Es bleibt jedoch die Vermutung, daß durch die im Vergleich mit den meisten westlichen Industriestaaten ausgeprägteren Probleme der Inkompatibilität von alter und neuer Technologie die Generation und Diffusion von technischem Fortschritt nicht eben gefördert wird. Die Analogie zu den Modernisierungsproblemen etwa der englischen Industrie liegt nahe. Sie dürfte jedoch nicht zur Beschreibung der Dimensionen des Problems ausreichen, denn im Fall Osteuropas fördern politisch motivierte Investitionsschwerpunkte und eine extreme Anspannung gesamtwirtschaftlicher Pläne die Entstehung kumulativer lags und verzerrter Strukturen.

In Einzeltechnologien empirisch belegt (vgl. Schaubild) ist ein für sozialistische Staaten typischer zeitlicher Verlauf der Diffusion von Neuerungen: Während Industrien des Westens bei zumindest nicht abnehmender Nachfrage und unter der Voraussetzung des Wettbewerbs den Anteil eines neuen Produktionsverfahrens an der Kapazität so rasch wie möglich ausweiten, indem sie die gesamten Neuinvestitionen darauf konzentrieren (eine «reformistische» Strategie), vielfach sogar die nach veralteten Verfahren produzierenden Anlagen verschrotten (eine «radikale» Strategie), ist in den sozialistischen Staaten ein von diesen Strategien abweichendes («konservatives») Verhalten zu beobachten: Neuinvestitionen fließen weiterhin in die Erstellung von Anlagen auf der Basis der veralteten Technologien, alte Anlagen werden sehr zögernd (wenn überhaupt) abgebaut. Damit wird die Realisierung ganzer Modernisierungsstrategien chronisch verzögert – in bemerkenswertem Gegensatz zu den a-priori-Annahmen über die Möglichkeiten zentralgeplanter und -kontrollierter Strukturpolitik

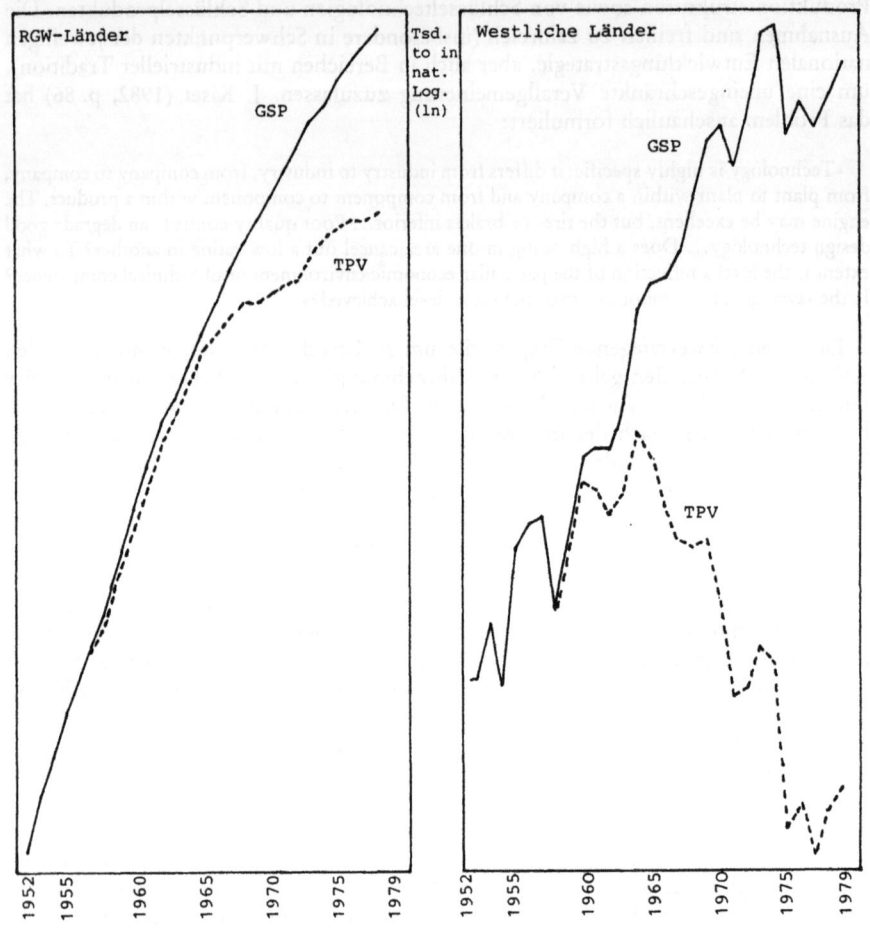

Schaubild: Einführung einer neuen Technologie im Systemvergleich - der Fall des Oxygenkonverterstahls 1952 - 1979

GSP = Gesamtstahlproduktion
TPV = Traditionelle Produktionsverfahren
Quelle: SLAMA (1981 b).

(Slama, Vogel 1975 und Slama 1981 b). Eine ähnliche Aussage wird durch empirisches Material gestützt für den Bereich der produktionsrelevanten Forschungspolitik, wo neue Forschungsansätze die alten eher ergänzen als ablösen (Copper 1981). Das Ergebnis ist eine im Vergleich zum Durchschnitt westlicher Industriestaaten eindeutig langsamere Diffusion vieler neuer Technologien.

Dies gilt auch für die Absorption importierter Technologien in der UdSSR. Ungeachtet der bei Einsatz knapper Devisen erheblichen Opportunitätskosten wie auch der langfristigen Akkumulation von Erfahrungen in der Verhandlung und Abwicklung des Imports großer Produktionsanlagen, liegt der Zeitaufwand von der ersten kommerziellen Anfrage bis zur Inbetriebnahme westlicher Anlagen in der

UdSSR beim Doppelten bis Dreifachen der Frist, die für die Realisierung größerer Projekte zwischen Unternehmen westlicher Industriestaaten als normal angesehen wird. Der Einsatz von Arbeitskräften nach Fertigstellung liegt meist über der projektierten, technisch notwendigen Norm, die Kapazitätsauslastung ist vielfach suboptimal. Bei der Abwicklung des Transfers, im Produktionseinsatz wie auch in der weiteren Diffusion auf benachbarte Betriebe und Sektoren scheinen negative Reaktionen der Anwender nach dem Prinzip des «Not invented here» häufig; es zeigt sich, daß die organisatorische Flexibilität des sowjetischen Wirtschaftssystems höchst begrenzt ist (Hanson, Hill 1979 und Röthlingshöfer, Vogel 1980).

Der Befund einer im Vergleich mit westlichen industrialisierten Gesellschaften langsameren Innovation ist klar, und er wird sogar in der UdSSR deutlich angesprochen in einer breiten öffentlichen Diskussion, von den Leserbriefen frustrierter Arbeiter über detaillierte Fallstudien in wissenschaftlichen Fachzeitschriften bis hin zur Kritik von seiten führender Politiker. In diesem Zusammenhang ist die Äußerung von Generalsekretär Breschnew auf dem XXIV. Parteitag der KPdSU äußert anschaulich: Betriebe und ihr Management scheuten den technischen Fortschritt «wie der Teufel das Weihwasser». Adressaten dieser Kritik sind Bürokraten, die sich immer wieder in Details betrieblicher Planung einmischen, vor allem aber Betriebsleiter, die nicht die richtige Einstellung zur Innovation als gesamtgesellschaftlicher Aufgabe hätten. Kritisiert wird in der Mehrzahl falsches Bewußtsein, unzulängliche Motivation (vgl. u. a. Schtscherbizki 1981), nicht aber die gegebene Struktur der für die ökonomischen Entscheidungen relevanten Informationen und Sanktionen, d. h. das ökonomische System selbst. Das am 20. Juli 1979 vom ZK der KPdSU und dem Ministerrat der UdSSR verabschiedete «Komplexprogramm des technischen Fortschritts in der UdSSR für die nächsten 20 Jahre» fordert die Herstellung der «notwendigen wirtschaftlichen, organisatorischen und anderen Voraussetzungen für die Beschleunigung des technischen Fortschritts», die Schaffung eines entsprechenden «sozialökonomischen Klimas» (Ančiškin 1981, S. 27), ohne sich freilich konkret festzulegen.

Interessanter sind die Versuche, die Risikoscheu des Managements der Unternehmen, ja selbst bei den Leitern von Entwicklungsbüros, durch Zahlung von Prämien zu überwinden (vgl. die Diskussion bei Dudkin 1976). Im Rahmen der nach wie vor geltenden administrativen Regelungen verhalten sich die Gescholtenen durchaus rational und kompatibel mit den gegebenen Anforderungen, indem sie das mit der Innovation verbundene Risiko systemspezifisch minimieren: Konfrontiert mit einer Vielzahl (mindestens 10) geplanter Erfolgsindikatoren (als wichtigste die abgesetzte Warenproduktion, also der Output) und ohne die Sicherheit kontinuierlicher Inputs, selbst für traditionelle Produktionsprozesse und -produkte, gibt es keinen vernünftigen Grund, neue und größere Risiken einzugehen, nur um eine schwierige zusätzliche Aufgabe zu erfüllen. Eine nicht-konsistente Informationsstruktur, die Forderung nach permanenter Vollauslastung der volkswirtschaftlichen Kapazitäten in «angespannten Plänen», d. h. ohne mobilisierbare Reserven (vgl. die Diskussion in Dietz, Uffhausen 1981), ein notorisch unzuverlässiger Mechanismus der staatlichen Zuteilung von Kapitalgütern und nicht zuletzt die Bequemlichkeit von Verkäufermärkten machen Innovationen zu einer unter vielen, sicher jedoch nicht zur wichtigsten, geschweige attraktivsten Aufgabe durchaus verantwortungsbewußter Manager in der UdSSR.

Innovationen sind unter solchen Bedingungen keineswegs unmöglich. Sie entstehen in der Regel jedoch eher als Koppelprodukt, häufig in der Absicht, Kapazitätsreserven für die Notzeiten der unvermeidlichen nächsten Kampagne zur Erfüllung der Outputnorm zu schaffen, und vielfach erst unter massivem politischem Druck zugunsten einer speziellen, zur gesamtwirtschaftlichen Priorität erhobenen Einzelinnovation (vgl. hierzu den Beitrag von R. Amann in diesem Band). Erstaunlich ist der nur in den Kategorien einer konservativen technologischen Lobby zu erklärende hinhaltende Widerstand herrschender Denkschulen und Forschungseinrichtungen, wie er z. B. für das Oxygen-Blasstahlverfahren in der UdSSR und darüber hinaus im ganzen RGW nachgewiesen wurde (vgl. Slama, Vogel 1973 und das Schaubild S. 218). Diese, dem herkömmlichen SM-Verfahren in praktisch allen Aspekten wirtschaftlich überlegene Technologie war in den 50er Jahren in der UdSSR sogar wesentlich mitentwickelt worden; bis heute hat sich jedoch im Gegensatz zu den westlichen Industriestaaten nicht die in gemeinsamen Erlassen von ZK und Ministerrat, ja sogar Parteitagsdokumenten geforderte Verbreitung gefunden. Ein wichtiger Faktor für den erstaunlichen Einfluß der erwähnten Lobby ist die Trennung von Forschung und Entwicklung von der industriellen Anwendung, die in den letzten Jahren durch Bildung sogenannter Forschungs- und Produktionsvereinigungen mit ressortübergreifender Investitionsplanung und -finanzierung beseitigt werden sollte (vgl. Hewer 1977 und Vogel 1977). Diese Reform ist jedoch bis heute nicht in der gesamten Industrie der UdSSR durchgesetzt; nach wie vor wird gegen negative Auswirkungen des typischen anwendungsindifferenten Egoismus der Forschung Klage geführt. Die von Amann (vgl. Amann 1982) festgestellten Reformzyklen mit sehr frühzeitig abnehmenden Grenzerträgen scheinen sich fortzusetzen.

Bei der Festlegung gesamtwirtschaftlicher Prioritäten für die in Volkswirtschaftsplänen verarbeitete Innovationspolitik sind zentrale Planungsinstanzen grundsätzlich überfordert, da sie weder die Berechnung der gesamtwirtschaftlichen Opportunitätskosten in ihrer ganzen Verästelung noch die Anwendungsprobleme in der Produktion überblicken können. Es wird versucht, ressortübergreifende Schwerpunktprogramme aufzustellen, deren Zahl sich im Übergang von mittelfristigen Projektionen zu konkreten Jahresplänen freilich immer wieder vermehrt. Nicht nur in diesem Zusammenhang haben Prioritätslisten erfahrungsgemäß die Tendenz, sich bis zur Bedeutungslosigkeit zu verlängern.

Die Reform des ungarischen Wirtschaftsmechanismus geht deshalb bewußt den Weg der Einführung von marktgesteuerten, d. h. dezentralisierten Innovationsentscheidungen, begründet mit der Außenhandelsabhängigkeit Ungarns und dem Zwang, sich dem technischen Fortschritt «möglichst rasch» (d. h. ohne Zeitverlust durch Mangel an interner Flexibilität) anzuschließen (vgl. Roman 1981).

Die beste Aussicht auf Erfolg für die Formulierung einer zentral gesteuerten Technologiepolitik sozialistischer Staaten besteht demgegenüber wohl in der genauen Beobachtung von Trends der Welttechnologie sowie der Adaptation führender Technologien entsprechend den für das jeweilige Land aus den wirtschaftspolitischen Rahmendaten zu errechnenden Sättigungskurven. DDR und ČSSR haben ihre Technologiepolitik am weitesten auf diesen Maßstab hin ausgerichtet. Zweifellos gilt Johnson's für die westlichen Industriestaaten formulierte Aussage auch für sozialistische Volkswirtschaften (1976, p. 421):

> «...experience amply demonstrates that explicitly political decision processes result in waste of resources on politically attractive endeavour, whereas decision processes based on expert scientific advice result in waste of scientifically appealing but economically not worth-while projects. In other words, any decision process that is not compelled to face a market test develops an alternative test of its own with comparable biases towards underinvestment in some directions and overinvestment in others».

Für unseren Zusammenhang und in einer realtypisch-systemimmanenten Betrachtung bedeutet dies jedoch nicht, daß das gesamte Wirtschaftssystem zugunsten marktwirtschaftlicher Allokationsmechanismen umgestaltet werden muß, um die in Realsystemen unvermeidlichen Verzerrungen bei den Investitionsentscheidungen zu reduzieren. Eine ähnliche Funktion kann auch die Beobachtung des Weltmarktes für Technologie und ein daran orientiertes Preissystem übernehmen. Ein solches Monitor-System ist freilich eher darauf ausgerichtet, Trends nachzuvollziehen, als sie mitzubestimmen, und wird deshalb bei fortgesetzter Rigidität des Planungs- und Lenkungssystems nur zweit- und drittbeste Ergebnisse im Sinne der Wettbewerbsfähigkeit und der Erschließung neuer Märkte erzielen.

Grenzen der ökonomischen Betrachtung

Das Gewicht systemunabhängiger Faktoren bei der Bewertung der Innovationsleistung unterschiedlicher Systeme muß im Hinblick auf jeden der oben aufgeführten Indikatoren geprüft werden. Weitere Erklärungsvariable sind sicherlich die Ausstattung eines Landes mit Ressourcen bzw. seine Außenhandelsabhängigkeit ebenso wie der Industrialisierungsgrad. Eine Rolle in der Entstehung einer bestimmten Product-mix spielt die historische Vorlaufzeit beim Aufbau eigener Forschung und Entwicklung, d.h. die Dauer der Erfahrung im Umgang mit Problemen der Generation und Diffusion des technischen Fortschritts. Interessant im intersystemaren Vergleich ist sicher auch die Frage nach dem Einfluß der Größe eines Landes bzw. der durch Integrationsprozesse erweiterten Absatzmärkte auf Struktur und Dimensionierung des Forschungs- und Entwicklungsaufwands, nicht zuletzt auf die Philosophie der Innovation (der Versuchung des «Big is beautiful» erliegen kleine Länder zuletzt). Im Vergleich von UdSSR und DDR kann weiter vermutet werden, daß auch die Länge der Informationswege in relativ hochzentralisierten Systemen von Bedeutung ist. In dieser Betrachtung erscheinen z.B. die 1982 verstärkten Eingriffsrechte der Wirtschaftsführung in Wissenschaft und Technik der DDR (vgl. DIW 1982) schwer übertragbar auf die sowjetische Wirtschaft. Schließlich bleibt noch ein Residualfaktor im Vergleich etwa der Innovationsleistung Japans mit der der westlichen Länder, auf der anderen Seite der DDR im Vergleich mit dem übrigen RGW, dessen Erklärung den Sozialpsychologen und Soziologen vorbehalten ist. Der Einfluß der Rahmenbedingungen ist bei prozeß- und produktspezifischen Vergleichen freilich leichter quantifizierbar als bei Untersuchungen der Branchenstruktur oder gar der Innovationskraft ganzer Länder oder Systeme.

Offensichtlich befinden sich die Industriestaaten in Ost und West auf einer, durch die erwähnten jeweiligen Rahmenbedingungen modifizierten, gemeinsamen Trajektorie der technologischen Entwicklung in einem «imitatorischen Wettbewerb» (vgl. Slama 1978), der mehr von der Dynamik systemunabhängiger Wissenschaft und Technik getragen wird als von politischen Programmen. Fraglich ist, ob der «Vorteil der Rückständigkeit» (Dennison) von nachholend industrialisierenden Staaten des RGW wie der UDSSR bewußt im Sinne einer eigenen, unabhängigen Innovationsstrategie genutzt wird. Dies erscheint zweifelhaft, ein solcher Anspruch wird auch nirgends explizit erhoben (vgl. Plate 1982, insbesondere S. 45–47).

Der beobachtete imitatorische Wettbewerb um ein Maximum an wachstumsförderndem technischem Fortschritt hat zur Folge, daß als Antwort auf die mit der jeweiligen technologischen Innovation verbundenen Herausforderungen an die Gesellschaft systemspezifische organisatorische Innovationen gefunden werden müssen. Bei der Definition innovationsfördernder gesellschaftlicher Rahmenbedingungen ist die von ungarischen Sozialwissenschaftlern geführte Diskussion besonders hervorzuheben. Ein Beispiel für die Reichweite der Überlegungen: «Wie der Markt der technisch-ökonomischen Innovation Impulse gibt, bedarf auch die Verwaltungsinnovation einer Art von Impulsen, Signalen. Diese Signale kommen aus der gesamten Gesellschaft, also einem breiteren Raum, als ihn der Markt darstellt. In ihnen artikuliert sich zugleich die demokratisch-gesellschaftliche Kontrolle». Innovation schließt hier neben Kultur, Kunst, Verwaltung im engeren Sinne auch die Politik explizit ein (vgl. Bihari 1981).

In den übrigen sozialistischen Staaten ist das Diskussionsspektrum dagegen entscheidend eingeengt. Ideologisch begründete Berührungsängste spielen eine wichtige, aber kaum die ausschlaggebende Rolle (vgl. Höhmann 1982). Die Monopolisierung der Informations- und Entscheidungsstrukturen, politische Tabuzonen, die Trägheit etablierter Institutionen und der Widerstand gefährdeter Bürokraten erklären die Unfähigkeit der Mehrzahl der sozialistischen Staaten zu mehr als marginalen Reformen. Das Risiko einer überzentralisierten Entscheidungskompetenz ist nicht auf die wirtschaftliche Sphäre zu begrenzen, wie der Zusammenbruch des politischen Systems in Polen gezeigt hat. Andererseits können Reformen zur Förderung technologisch-wirtschaftlicher Innovationen nicht unter politischer Quarantäne gehalten werden, ohne in ihrer Wirksamkeit empfindliche Einbußen zu erleiden.

Brus (1980) untermauert seine Feststellung: «In the East European case the system seems to have acted as a powerful brake both on the generation and the diffusion of technological innovations» (p. 43), mit dem Hinweis auf die Politisierung des wirtschaftlichen Managements und dem Mangel an politischem Pluralismus. Die Erfahrungen einer gegen alle wirtschaftspolitischen Planungen und ideologischen Beschwörungen resistenten Wachstumskrise in Osteuropa könnten dazu beitragen, daß die Implikationen einer auch die politische Sphäre einbeziehenden Reformdiskussion zumindest in den kleineren Staaten in anderem Licht gesehen werden: Eine Delegation von wirtschaftlichen Innovationsrisiken auf die mittlere und untere Entscheidungsebene würde auch das Risiko der unmittelbar zurechenbaren, negativen Gesamtverantwortung der politisch führenden Kraft (wie im Fall Polens deutlich wurde: der kommunistischen Partei als Ganzes) reduzieren. Aber selbst wenn man «direct risk in terms of political penalties for failure» (Brus, p. 44), d. h. das Risiko eines Verlusts der politischen Kontrolle, an Gruppierungen mit alternativem politischem Programm nicht a priori an die Voraussetzungen des pluralistischen Modells westlicher Demokratien knüpft, sind die Aussichten für irgendwelche politischen Veränderungen in den Staaten Osteuropas äußerst gering einzuschätzen. Nicht einmal der Spielraum unterhalb dieser durch Machterhaltungsinstinkte definierten Schwelle wird ausgelotet.

Die anhaltende Weigerung der politischen Führer in Osteuropa zur Selbstbeschränkung des Machtmonopols der Partei – und darauf laufen die notwendigen innovationsorientierten Reformen hinaus – ist gleichbedeutend mit dem Verzicht auf Produktivitätsfortschritte und mit einer Selbstbescheidung in der Rolle des «Innovations-Anpassers». Ob dies Anlaß zur Selbstzufriedenheit für den «Innovationsführer», den industrialisierten Westen sein kann, mag indes bezweifelt werden. Denn ob die durch wachsenden Monopolgrad belasteten wirtschaftlichen und politischen Strukturen im Westen den Wettlauf mit den dramatischen Zuwachsraten unaufschiebbarer Probleme gewinnen, d. h. ob sie eine ausreichende politische Innovationskraft bewahren oder neu entwickeln können, ist keineswegs sicher.

Eine zusätzliche, die Innovationsprozesse immer mehr beeinflussende Dimension ergibt sich aus der Akzeptanz der verschiedenen Gesellschaften gegenüber technischen Innovationen im Rahmen der unterschiedlichen politischen und sozialen Systeme. Die Grenzen des Machbaren bzw. Zumutbaren wie auch die Artikulation des Protests angesichts technokratischer Überlastung des sozio-ökonomischen Systems sind sicher unterschiedlich gezogen und nicht auf einen einfachen Nenner zu bringen, definiert etwa durch schlichte Kategorien wie «demokratisch/autoritär» oder «kapitalistisch/ sozialistisch». Der oben erwähnte Markt-Test reicht auch nicht aus für eine um die gesellschaftliche Akzeptanz erweiterte Technologiefolgen-Abschätzung. Gleiches gilt für den politischen Prozeß in den westlichen Industriegesellschaften, was am Entstehen spontaner «alternativer» Bewegungen deutlich wird. Der von ideologischen Wolkenschiebern (vgl. Nick 1981) und politischen Propagandisten auf beiden Seiten der Systeme erhobene Anspruch, für eine integrierte, komplexe Technologiepolitik stünden alle erforderlichen Instrumente zur Verfügung, ist Hochstapelei.

Stellvertretend für eine umfängliche, theoretisch beachtliche, wenn auch für die wirtschafts- und gesellschaftspolitische Praxis in Osteuropa irrelevante Literatur (vgl. Toms 1980, insbesondere S. 134 ff.; in eher skeptischem Sinne äußern sich Fel'senbaum, Efimova, Fabrirovič 1982) sei Fedorenko (1980, p. 55) zitiert: «Die crux der gesellschaftlich effizienten Planung von Innovation ist die richtige Wahl der Zielfunktion». Der Abstand zwischen dieser Diskussionsebene und der in ihrem Problembewußtsein im Sinne einer theoretischen Überlegenheit zentralisierter Ansätze bestätigten politischen Führung einerseits und den Versorgungsengpässen im täglichen Leben Osteuropas andererseits wird zunehmend zu einem demoralisierenden Politikum. Aber auch der Abstraktionsgrad wohlklingender politikbezogener Analysen im Westen («Technologiepolitik als demokratischer, partizipationsvermittelter Prozeß» – vgl. Bartelt u. a. 1980, S. 23) läßt demgegenüber nicht auf einen Vorsprung im Sinne einer aufgeklärten Innovationspolitik schließen. Die Feststellung dieser allgemeinen Aporie darf jedoch angesichts der erheblichen und weiter wachsenden Konfliktpotentiale in der Folge des technischen Wandels nicht als Empfehlung zur Flucht wissenschaftlicher Bemühungen in die Partialanalysen verstanden werden.

Literatur

Amann, R.: Die Effizienz von Forschung und Entwicklung in der Sowjetunion, in: *Wirtschaftsprobleme Osteuropas in der Analyse*, (H. Vogel Hrsg.), Berlin 1982, S. 32–45.
Ančiškin, A. I.: Naučno-tehničeskij progress i intensifikacija proizvodstva (Wissenschaftlichtechnischer Fortschritt und Intensivierung der Produktion), in: *Izvestija Akademii Nauk – Serija Ekonomičeskaja*, 2/1981, S. 18–28.
Bartelt, M., Kaiser, K., Volz, F.-R., Wenke, K. E. und Zillessen, H.: Forschungspolitik, Technologiefolgenabschätzung und öffentlicher Dialog, in: *Aus Politik und Zeitgeschichte*, B 28/80, 12. Juli 1980, S. 22–36.
Bihari, M.: Auszugsweise Wiedergabe aus Budapester Rundschau vom 6. 6. 1981, in: *Wissenschaftlicher Dienst Südosteuropa*, 30. Jg., Heft 8, 1981, S. 208–209.
Brus, W.: Political System and Economic Efficiency: The East European Context, in: *Journal of Comparative Economics*, Vol. 4, No. 1, March 1980, pp. 40–55.
Campbell, R. W.: *Reference Source on Soviet R&D Statistics 1950–1978*, Report Prepared for the National Science Foundation, Washington 1978.
Conn, D.: Economic Theory and Comparative Economic Systems: A Partial Literature Survey, in: *Journal of Comparative Economics*, Vol. 2, No. 4, December 1978, pp. 355–381.
Cooper, J.: Scientists and Soviet Industry: a Statistical Analysis, *CREES Discussion Papers*, Series RC/B17, Birmingham, November 1981.
Dietz, B. und Uffhausen, R.: Die Auswirkung der «Ratchet-Planung» auf die Produktionsentscheidung des sowjetischen Managers, *Arbeiten aus dem Osteuropa-Institut*, München, Nr. 82, Oktober 1981.
DIW (Deutsches Institut für Wirtschaftsforschung), *Wochenbericht* 21/82, 27. 5. 1982.

Dudkin, L. M.: Ekonomika riska: kak zainteresovat'chozjajstvennogo rukovoditelja vo vnedrenii izobretenija? (Ökonomie des Risikos: Wie interesiert man einen Wirtschaftsführer an der Einführung von Erfindungen?), in: *EKO (Ekonomika i organizacija promyšlennogo proizvodstva)* 4/1976, S. 103–111.

Fedorenko, N. P.: Scientific and Technological Progress, Economics and Social Development, in: *Science, Technology and the Future* (E. P. Velikhov, J. M. Gvishiani, S. R. Mikulinsky eds.), Oxford, New York, Toronto, Sydney, Paris, Frankfurt 1980, S. 51–62.

Fel'senbaum, V., Efimova, E., Fabrirovič, V.: Effektivnost' naučno-techničeskich programm (Die Effektivität wissenschaftlich-technischer Programme), in: *Voprosy ekonomiki*, 4/1982, S. 36–46.

Filippovskij, E. E.: *Patentnaja sistema i naučno-techniceskij progress v kapitalističeskich stranach* (Das Patentsystem und der wissenschaftlich-technische Fortschritt in den kapitalistischen Ländern), Moskva 1972.

Gorjunov, I.: Protivorečija sozdanija novoj techniki v korporacijach SŠA (Widersprüche bei der Schaffung neuer Techniken in den Konzernen der USA), in: *Mirovaja ekonomika i meždunarodnye otnošenija*, 10/1981, S. 50–59.

Gustafson, Th.: Selling the Russians the Rope? *Soviet Technology Policy and US Export Controls*, RAND Corporation, Santa Monica, April 1981.

Hanson, P. and Hill, M. R.: Soviet Assimilation of Western Technology: A Survey of UK Exporters' Experience, in: Joint Economic Committee of US Congress, *Soviet Economy in a Time of Change*, Vol. 2, October 10, 1979, pp. 582–605.

Hewer, U.: *Zentrale Planung und technischer Fortschritt. Probleme seiner Organisation und Durchsetzung am Beispiel der sowjetischen Industrie*, Berlin 1977.

Höhmann, H. H.: Grenzen für Wirtschaftsreformen in der UdSSR: Welche Rolle spielt die Ideologie? *Berichte des Bundesinstituts für ostwissenschaftliche und internationale Studien*, 25/1982.

Johnson, H.: Patents and Licences as Stimuli to Innovation, in: *Weltwirtschaftliches Archiv*, Vol. 112, 3/1976, S. 417–428.

Kiser, J. W.: Tapping Eastern Bloc Technology, in: *Harvard Business Review*, March/April 1982, pp. 85–93.

Komlósy, E. and Nyers, J.: International Comparison of the Technological Level of Industry, in: *Acta Oeconomica*, Vol. 22, No. 3–4/1979, S. 398–441.

Marcinkevič, V.: Protivorečija v sfere nauki razvitych kapitalističeskich stran (Widersprüche im Bereich der Wissenschaft der entwickelten kapitalistischen Länder), in: *Mirovaja ekonomika i meždunarodnye otnošenija*, 11/1981, S. 82–94.

Markusova, V. A. and Chariarov, G. G.: Ob ocenkach s pomošč' ju citirovanija v nauke (Über Beurteilungen mit Hilfe von Zitaten in der Wissenschaft), in: *Vestnik Akademii Nauk*, 4/1982, S. 61–65.

Nick, H.: Mensch und Technik in unserer Zeit, in: *Einheit*, 36. Jg., Heft 9/1981, S. 866–874.

Nolting, L. E. and Feshbach, M.: R&D Employment in the UdSSR, in: *Science*, Vol. 207, 1. February 1980, pp. 493–503.

Pavitt, K.: R&D, Patenting and Innovative Activities, in: *Research Policy*, 11/1982, S. 33–51.

Plate, B. von: Zur Grundsatzdiskussion in der DDR über die Frage des Wirtschaftswachstums, in: *Deutschland Archiv*, 1/1982, S. 37–55.

Rapacki, R.: *Polish Licence Exports*, Paper No. 2, Central School of Planning and Statistics – Institute for Economic Developement, Warszawa, July 1981.

Röthlingshöfer, K. Ch. and Vogel, H.: *Soviet Absorption of Foreign Technology – an Analysis of the FRG Experience*, SRI International, Stanford 1980.

Roman, Z.: Auszugsweise Übersetzung aus Figyelö vom 5. 8. 1981, in: *Wissenschaftlicher Dienst Südosteuropa*, 30. Jg., Heft 8, 1981, S. 206–207.

Ruttan, V.: Usher and Schumpeter on Invention, Innovation and Technological Change, zitiert nach: *The Economics of Technological Change*. (N. Rosenberg ed.), Middlesex – Baltimore – Ringwood 1971, pp. 73–85.

Schtscherbizki, W. W.: Die wissenschaftlich-technische Revolution und die Leitung der gesellschaftlichen Prozesse, in: *Gesellschaftswissenschaftliche Beiträge*, 34. Jg., Heft 2, März/April 1981, S. 161–174.

Science Indicators 1980: *Report of the National Science Board*, National Science Foundation, Washington 1981.

Slama, J.: Wirtschafts- und Industriestrukturen im internationalen Vergleich, in: *Internationale Wirtschaft – Vergleiche und Interdependenzen*, Festschrift für Franz Nemschak, (F. Levčik Hrsg.), Wien/New York 1978, S. 57–86.

Slama, J.: *Technologietransfer durch den Lizenz- und Patentverkehr in den Ost-West-Wirtschaftsbeziehungen unter besonderer Berücksichtigung der Bundesrepublik Deutschland*, Gutachten im Auftrag des Bundesministerims für Wirtschaft, Osteuropa-Institut München, München 1981 (a).

Slama, J.: Das Innovationsverhalten der Länder und der Wirtschaftssysteme, *Miszellen des Osteuropa-Instituts München*, Nr. 7, Januar 1981 (b).

Slama, J. und Vogel, H.: Zur Verbreitung neuer Technologien in der UdSSR – eine Fallstudie: das Oxygenblasstahlverfahren, in: *Jahrbücher für Nationalökonomie und Statistik*, Band 187, Heft 3, März 1973, S. 245–261.

Slama, J. and Vogel, H.: Comparative Analysis of Research and Innovation Processes in East and West, in: *Industrial Policies and Technology Transfers between East and West* (C. T. Saunders ed.), Wien – New York 1977, pp. 103–120.

Toms, M.: Economic Growth, Choice of Technology and Socio-Economic Efficiency, in: *Czechoslovak Economic Papers*, Vol. 18, Prague 1980, S. 119–157.

Vogel, H.: Problemfeld technischer Fortschritt: Auf der Suche nach Initiative in der Bürokratie, in: *Sowjetunion 1976/1977*, München – Wien 1977, S. 149–161.

Vogel, H.: The Politics of East-West Economic Relations Reconsidered: A German View, *Berichte des Bundesinstituts für ostwissenschaftliche und internationale Studien*, 22/1982.

Zaleski, E. and Wienert, H.: *Technology Transfer between East and West*, OECD, Paris 1980.

Zubčaninov, V.: Čto ograničivaet techničeskij progress v kapitalističeskich stranach (Was den technischen Fortschritt in den kapitalistischen Ländern begrenzt), in: *Mirovaja ekonomika i meždunarodnye otnošenija*, 6/1981, S. 45–59.

Anschriften der Autoren

Dr. *Ronald Amann*, University of Birmingham, Centre for Russian and East European Studies, P. O. Box 363, Birmingham B15 2TT/Großbritannien.

Professor Dr. *Oleg T. Bogomolow*, Institut für Ökonomie des sozialistischen Weltsystems, IEMSS, ul. Novoceremuskinskaja 46, 117418 Moskau B-418/UdSSR.

Professor Dr. *Béla Csikós-Nagy*, Präsident der Ungarischen Ökonomischen Gesellschaft, Pf. 544, H-1370 Budapest/Ungarn.

Professor Dr. *Ulrich Fehl*, Universität Oldenburg, Ammerländer Heerstraße 67–99, 2900 Oldenburg.

Professor Dr. sc. *Joachim Garscha*, Hochschule für Ökonomie »Bruno Leuschner« Berlin, Hermann-Duncker-Straße 8, 1157 Berlin/DDR.

Professor Dr. *Heinz-Dieter Haustein*, Akademie der Wissenschaften der DDR, Arbeitsgruppe Angewandte Systemanalyse beim Präsidenten, Leipziger Straße 3–4, 1080 Berlin/DDR.

Privatdozent Dr. *Helmut Leipold*, Universität Marburg, Forschungsstelle zum Vergleich wirtschaftlicher Lenkungssysteme, Barfüßertor 2, 3550 Marburg.

Professor Dr. *Jan Mujżel*, Institut für Ökonomische Wissenschaften PAN, ul. Huculska 3 m. 45, 00-730 Warschau/Polen.

Professor Dr. *Svetozar Pejovich*, Center for Education and Research in Free Enterprise, Texas A&M University, College Station, Texas 77843-4231/USA.

Professor Dr. *Gerhard Prosi*, Universität Kiel, Institut für Wirtschaftspolitik, Olshausenstraße 40–60, 2300 Kiel.

Professor Dr. *Jochen Röpke*, Universität Marburg, Universitätsstr. 25, 3550 Marburg.

Dr. *Otto Schlecht*, Staatssekretär im Bundesministerium für Wirtschaft, 5300 Bonn-Duisdorf.

Professor Dr. *Alfred Schüller*, Universität Marburg, Forschungsstelle zum Vergleich wirtschaftlicher Lenkungssysteme, Barfüßertor 2, 3550 Marburg.

Professor Dr. *Ljubo Sirc*, Department of Political Economy, Adam Smith Building, University of Glasgow, Glasgow G12 8RT/Großbritannien.

Professor Dr. *Márton Tardos*, Ökonomisches Institut MTA, Budaörsi út 45, Pf. 262, H-1502 Budapest/Ungarn.

Dr. *Heinrich Vogel*, Bundesinstitut für ostwissenschaftliche und internationale Studien, Lindenbornstraße 22, 5000 Köln 30.

TEILNEHMER des internationalen Symposions «Innovationsprobleme in Ost und West» vom 20. bis 22. Mai 1982 in Marburg

Altmann, Dipl.-Volksw. Franz-Lothar, Osteuropa-Institut München
Amann, Dr. Ronald, University of Birmingham/Großbritannien
Arndt, Prof. Dr. Helmut, Universität Berlin

Barth, Prof. Dr. Klaus, Universität Marburg
Bauernfeind, Prof. Dr. Heinz, Industrie- und Handelskammer, Osnabrück
Behrendt, Dipl.-Wirtsch. Willy, Universität Marburg
Beyer, Dipl.-Volksw. Achim, Institut für Gesellschaft und Wissenschaft, Erlangen
Bing, Dr. Wilhelm, Korbach
Bog, Prof. Dr. Ingomar, Universität Marburg
Bolz, Dr. Klaus, HWWA-Institut für Wirtschaftsforschung, Hamburg
Borchert, Prof. Dr. Manfred, Universität Münster
Bress, Prof. Dr. Ludwig, Gesamthochschule Kassel
Bruncken, Dipl.-Kfm. Wolfgang, Hanns Martin Schleyer-Stiftung, Köln
Bryson, Prof. Dr. Phillip, University of Arizona/USA
Buck, Dr. Hannsjörg, Gesamtdeutsches Institut, Bonn

Cassel, Prof. Dr. Dieter, Universität GHS Duisburg
Clapham, Prof. Dr. Ronald, Universität GHS Siegen
Clement, Dr. Hermann, Osteuropa-Institut München
Cornelsen, Dr. Doris, Deutsches Institut f. Wirtschaftsforschung, Berlin
Csikós-Nagy, Prof. Dr. Béla, Staatssekretär, Präsident der Ungarischen ökonomischen Gesellschaft, Budapest/Ungarn

Dehnhardt, Dipl.-Volksw. Michael, Forschungsstelle Marburg
Delhaes, Dr. Dietrich von, Universität GHS Essen
Delhaes, Dr. Karl von, Herder-Forschungsrat, Marburg
Dülfer, Prof. Dr. Eberhard, Universität Marburg

Eckert, Dipl.-Volksw. Detlef, Universität GHS Siegen
Eger, Dr. Thomas, Gesamthochschule Paderborn
Eisold, Dipl.-Volksw. H., Hochschule der Bundeswehr Hamburg
Erdmann, Dipl.-Kfm. Kurt, Forschungsstelle für gesamtdeutsche wirtschaftl. und soziale Fragen, Berlin
Erlinghagen, Prof. Dr. Peter, Universität Hamburg

Fehl, Prof. Dr. Ulrich, Universität Oldenburg
Förster, Prof. Dr. Wolfgang, Berlin
Förster, Prof. Dr. Wolfgang, Universität Marburg
Freyn, Dipl.-Volksw. Ulrich, Forschungsstelle Marburg
Fuchs, Prof. Dr. Dieter, Fachhochschule f. Wirtschaft, Pforzheim

Garscha, Prof. Dr. J., Hochschule für Ökonomie «Bruno Leuschner», Berlin/DDR
Geer, Dr. Thomas, Friedr. Krupp GmbH, Essen
Görgens, Prof. Dr. Egon, Universität Bayreuth
Götz, Dr. Hans Herbert, Frankfurter Allgemeine Zeitung, Redaktion Berlin

Gröner, Prof. Dr. Helmut, Universität Bayreuth
Grünärml, Priv.-Doz. Dr. Frohmund, Universität Marburg
Gumin, Prof. Dr. Heinz, Siemens AG, München
Gusel, Prof. Dr. Leo, Universität Maribor/Jugoslawien
Gutmann, Prof. Dr. Gernot, Universität Köln

Haendcke-Hoppe, Dipl.-Volksw. Maria, Forschungsstelle f. gesamtdeutsche wirtschaftl. u. soziale Fragen, Berlin
Haffner, Prof. Dr. Friedrich, Universität Münster
Hagemann, Dr. Michael, Wiesbaden
Hahn, Dr. Gerhard, Deutscher Bundestag – Bibliothek, Bonn
Hajda, Prof. Dr. Joseph, Kansas State University/USA
Hamel, Dr. Hannelore, Forschungsstelle Marburg
Hamm, Prof. Dr. Walter, Universität Marburg
Hanel, Prof. Dr. Alfred, Universität Marburg
Hartwig, Dr. Karl Hans, Ruhr-Universität Bochum
Hartbrich, Esther, Wirtschaftsredaktion WDR Köln
Hasse, Prof. Dr. Rolf, Hochschule der Bundeswehr Hamburg
Haustein, Prof. Dr. Heinz-Dieter, Hochschule für Ökonomie «Bruno-Leuschner», Berlin/DDR
Heinicke, Dr. Günther, Oberaudorf
Hempel, Dipl.-Ing. Arnd, Viessmann Werke KG, Battenberg/Eder
Hensel, Brigitte, Freiburg
Herion, Dr. Erhard, Bundesverband der Deutschen Industrie, Köln
Hilterhaus, Dr. Friedhelm, Hanns Martin Schleyer-Stiftung, Köln
Hochstrate, Dr. Achim, Bundeshaus Bonn
Hof, Prof. Dr. Hans-Joachim, Fachhochschule f. Wirtschaft, Pforzheim
Holzwarth, Dipl.-Volksw. Fritz, Universität Bayreuth
Homann, Dr. Wilhelm, Forschungsstelle für gesamtdeutsche wirtschaftl. und soziale Fragen, Berlin
Horváth, Dr. László, Ungarisches Zentralinstitut f. Führungskräfte, Budapest/Ungarn
Hribernik, Dipl.-Ing. Božo, Technische Hochschule, Maribor/Jugoslawien

Jansen, Dr. Paul, Gesamtverband des Dt. Steinkohlenbergbaus, Essen
Janzon, Erika, Bundesverband des Deutschen Groß- und Außenhandels, Bonn
Jásič, Prof. Dr. Zoran, Universität Zagreb/Jugoslawien
Jüttner-Kramny, Dipl.-Volksw. Lioba, Forschungsinstitut für Wirtschaftsverfassung u. Wettbewerb, Köln

Kath, Prof. Dr. Dieter, Universität GHS Duisburg
Kerkloh, Dipl.-Volksw. Michael, Universität Frankfurt
Klein, Dr. Werner, Universität Köln
Knauff, Dr. Rudolf, Kassel
Köhler, Dipl.-Volksw. Walter, Hochschule der Bundeswehr, München
Kocks, Dr. Klaus, Ruhrkohle AG, Essen
Kotow, Prof. Dr. Wladimir N., Moskau, z. Zt. Rheinisch-Westfälische Auslandsgesellschaft Dortmund
Krause, Prof. Dr. Detlef, Universität Bremen
Kröll, Prof. Dr. Walter, Präsident der Universität Marburg
Kruber, Prof. Dr. Klaus-Peter, Pädagogische Hochschule Kiel
Krüsselberg, Prof. Dr. Hans-Günter, Universität Marburg
Kuhla, Dipl.-Volksw. Matthias, Dynamit Nobel, Troisdorf
Kuhn, Prof. Dr. Helmut, Universität Göttingen
Kuhn, Prof. Dr. Johannes, Universität Marburg

Lah, Prof. Dr. Tine, Universität Maribor/Jugoslawien
Lauterbach, Dipl.-Volksw. Günter, Institut f. Gesellschaft und Wissenschaft, Erlangen
Ławniczak, Dr. Irena, Universität Poznan/Polen
Ławniczak, Doz. Dr. Ryszard, Universität Poznan/Polen
Leipold, Dr. Helmut, Forschungsstelle Marburg
Lenel, Prof. Dr. Hans O., Universität Mainz
Leptin, Prof. Dr. Gert, Osteuropa-Institut Berlin

Linder, Prof. Dr. Willy, Neue Zürcher Zeitung, Zürich
Lipovez, Dr. Iwan, Ungarischer Rundfunk, Bonn
Lorenz, Prof. Dr. Detlef, Universität Berlin

Malle, Prof. Silvana, Universität Padua/Italien
Mampel, Prof. Dr. Siegfried, Berlin
Maneval, Prof. Dr. Helmut, Hochschule d. Bundeswehr München
Meyer, Prof. Dr. Willy, Universität Marburg
Möllmann, Dipl.-Ök. Willi, Universität Tübingen
Monissen, Prof. Dr. Hans G., Universität Gießen
Münkner, Prof. Dr. Hans-H., Universität Marburg

Neumann, Prof. Dr. Manfred, Universität Bonn

Oberender, Prof. Dr. Peter, Universität Bayreuth
Opitz, Dr. Gerhard, Marburg
Paraskewopoulos, Dr. Spiridon, Universität Köln
Pechel, Dr. Dieter, Universitäts-Bibliothek, Marburg
Pejovich, Prof. Dr. Svetozar, Texas A+M University/USA
Peterhoff, Dr. Reinhard, Forschungsstelle Marburg
Peters, Prof. Dr. Rudolf, Universität Oldenburg
Plötz, Dr. Peter, HWWA-Institut f. Wirtschaftsforschung, Hamburg
Pohling, Dr. Roland, Universität Marburg
Priewasser, Prof. Dr. Erich, Universität Marburg
Prosi, Prof. Dr. Gerhard, Universität Kiel
Pryor, Prof. Dr. Frederic L., Swarthmore College/USA

Reuter, Prof. Dr. Hans-Georg, Heckners Verlag Wolfenbüttel
Rhiel, Dr. Alois, Kirchhain
Röpke, Prof. Dr. Jochen, Dekan des FB Wirtschaftswissenschaften der Universität Marburg

Schaldach, Dipl.-Volksw. Heinz, Universität GHS Siegen
Schenk, Prof. Dr. Karl-Ernst, Universität Hamburg
Schiemenz, Prof. Dr. Bernd, Universität Marburg
Schilling, Dr. Rainer, Hochschule f. Wirtschaft und Politik, Hamburg
Schlecht, Dr. Otto, Staatssekretär im Bundesministerium f. Wirtschaft, Bonn
Schlüter, Dr. Rolf, Studienhaus Wiesneck, Buchenbach b. Freiburg
Schmidt, Dr. Hans-Ludwig, Hoechst AG, Frankfurt
Schmidtchen, Prof. Dr. Dieter, Universität Köln
Schönbeck, Knut, Wirtschaftswoche, Redaktion Düsseldorf
Schönfelder, Dipl.-Volksw. Bruno, Universität München
Schoppe, Doz. Dr. Siegfried, Universität Hamburg
Schröder, Dr. Klaus, Stiftung Wissenschaft und Politik, Ebenhausen
Schüller, Prof. Dr. Alfred, Direktor der Forschungsstelle Marburg
Schumann, Prof. Dr. Jochen, Universität Münster
Seiffert, Prof. Dr. Wolfgang, Universität Kiel
Seitz, Dipl.-Volksw. Siegbert, Hohenstein
Sirc, Prof. Dr. Ljubo, University of Glasgow/Großbritannien
Sláma, Doz. Jiří, CSc., Osteuropa-Institut München
Starbatty, Prof. Dr. Joachim, Ruhr-Universität Bochum
Striewski, Dr. Ernst, Industrie- und Handelskammer, Kassel

Tardos, Prof. Dr. Márton, Institut f. Wirtschaftswissenschaften, Budapest/Ungarn
Thieme, Prof. Dr. H. Jörg, Ruhr-Universität Bochum
Thieme, Dipl.-Volksw. Uta, Essen

Tietzel, Prof. Dr. Manfred, Universität GHS Duisburg
Toepel, Dipl.-Ing. Georg, Verein d. Bayerischen Metallindustrie, München
Tyrassek, Dipl.-Volksw. Heike, Universität München

Uhr, Dipl.-Volksw. Elfriede, Bundeshaus Bonn

Viessmann, Hans, Viessmann Werke KG, Battenberg/Eder
Vogel, Dr. Heinrich, Bundesinstitut f. ostwissenschaftliche und internationale Studien, Köln

Wagener, Prof. Dr. Hans-Jürgen, Universität Groningen/Niederlande
Wagner, Prof. Dr. Adolf, Universität Marburg
Wang, Dr. Pau-Sheng, Dillenburg
Westerburg, Dr. E.-J., Industrie- und Handelskammer, Kassel
Winter, Prof. Dr. Helmut, Berufsakademie Ravensburg

Zechlin, Dr. Jürgen, Verein Deutscher Maschinenbau-Anstalten, Frankfurt
Zohlnhöfer, Prof. Dr. Werner, Universität Mainz

Bei Fragen zur Produktsicherheit wenden Sie sich bitte an:
If you have any questions regarding product safety,
please contact:

Walter de Gruyter GmbH
Genthiner Straße 13
10785 Berlin
productsafety@degruyterbrill.com